BOSQUEJOS
EXPOSITIVOS
DE LA
BIBLIA

NUEVO TESTAMENTO

WARREN W. WIERSBE

BOSQUEJOS EXPOSITIVOS DE LA BIBLIA

NUEVO TESTAMENTO

TOMO IV HECHOS-FILIPENSES

CARIBE

© 1995 **Editorial Caribe, Inc.**
P.O. Box 141000
Nashville, TN 37214-1000 EE.UU.

Título del original en inglés:
Wiersbe's Expository Outlines
on the New Testament
© 1992 SP Publications, Inc.
Publicado por *Victor Books*

A menos que se indique lo contrario,
los pasajes bíblicos con lenguaje contem-
poráneo son traducciones libres del inglés.
El resto se tomó de la Versión RV,
© 1960, Sociedad Bíblica en América Latina.

Traductor: *Miguel A. Mesías*

ISBN: 0-89922-582-9

Impreso en EE.UU.
Printed in U.S.A.

CONTENIDO

Prefacio	9
Hechos	11
Romanos	85
1 Corintios	133
2 Corintios	183
Gálatas	219
Efesios	237
Filipenses	257

DEDICADO CON APRECIO
Y AGRADECIMIENTO
A LA MEMORIA DEL
DR. D.B. EASTEP (1900-1962),
AMOROSO Y FIEL PASTOR,
TALENTOSO EXPOSITOR
DE LA PALABRA
Y PIADOSO MENTOR
DE TODOS LOS PASTORES.

PREFACIO

El propósito de esta colección es llevarle a través de la Biblia, darle la oportunidad de estudiar cada libro y capítulo, y descubrir cómo encajan en la revelación total que Dios nos ha dado de Cristo y de su obra redentora. Los estudios son concisos y prácticos, especialmente apropiados para clases de Escuela Dominical y grupos de estudio bíblico que deseen examinar la Palabra de Dios de una manera sistemática.

Estos estudios surgieron de las lecciones que preparé para la Calvary Baptist Church, Covington, Kentucky, Estados Unidos, cuando ministré allí entre 1961 y 1971. Mi piadoso predecesor, el Dr. D.B. Eastep, había confeccionado «The Whole Bible Study Course» [El curso de estudio de toda la Biblia], el cual llevaba al estudiante a recorrer toda la Biblia en siete años, tres en el Antiguo Testamento y cuatro en el Nuevo. Las lecciones se reproducían y se distribuían semana tras semana a los estudiantes de la Escuela Bíblica. Finalmente, cuando empezaron a llegar peticiones de parte de otras iglesias que querían seguir el mismo plan de estudios, las lecciones fueron compiladas en forma de cuadernos y publicadas por Calvary Book Room [Sala de lectura Calvario], el ministerio de literatura de la iglesia. Miles de juegos de estos bosquejos se han distribuido por todo el mundo y el Señor se ha complacido en bendecirlos de manera singular.

Cuando decidí que era tiempo de publicar estos estudios en una forma más permanente, hablé con Mark Sweeney, de la Editorial Victor Books; y él se mostró más que dispuesto a trabajar junto a mí en el proyecto. He revisado y puesto al día el material, y añadido bosquejos en 1 y 2 Crónicas que no estaban en los estudios originales; pero no ha habido ningún cambio en la posición teológica o las interpretaciones básicas.

Si usted ha usado alguno de los volúmenes de mi serie *Usted puede*, reconocerá en estos estudios un enfoque similar. Sin embargo, en esta colección hay material que no se halla en dicha serie; y el enfoque aquí es capítulo por capítulo antes que versículo por versículo. Incluso, si tiene mi *Bible Exposition Commentary* [Comentario expositivo de la Biblia], hallará este volumen útil en sus estudios.

Quiero dejar constancia de mi profundo aprecio a la esposa del Dr. D.B. Eastep, por los muchos años que dirigió el Calvary Book Room, y quien supervisó la publicación y distribución de la obra original *Bosquejos expositivos de la Biblia*. Ella y su personal aceptaron esta difícil tarea como un ministerio de amor, por el cual el Señor les recompensó abundantemente. No puedo ni empezar a nombrar a cada una de las amadas personas de la Calvary Baptist Church que han tenido parte en producir las hojas originales de las lecciones y luego los cuadernos, pero ellas saben quiénes son y que los amo y aprecio su ministerio sacrificial. Algunos ya están en el cielo y saben de primera mano cómo Dios ha usado en todo el mundo estos sencillos estudios para ganar a los perdidos y edificar a su Iglesia.

Robert Hosack, mi editor en la editorial Victor Books, merece un agradecimiento especial por su paciencia y estímulo, particularmente cuando batallaba por conseguir que el programa de la computadora trabajara de manera adecuada para poder editar el material con rapidez.

Finalmente, a mi esposa Betty que con toda seguridad la están considerando para una corona especial de manera que la recompensen por todas las horas que me dio para estudiar la Biblia y escribir mientras estos estudios estaban en preparación. No fue fácil para el pastor de una iglesia grande y en crecimiento, y padre de cuatro hijos activos, encontrar tiempo para escribir estas lecciones; pero Betty siempre estuvo lista para mantener la casa marchando normalmente, para controlar las llamadas telefónicas y las interrupciones, y para estimularme a practicar la filosofía de Pablo de «una cosa hago».

Mi oración es que esta nueva edición de los *Bosquejos expositivos de la Biblia* tengan un ministerio amplio y fructífero para la gloria de Dios.

Warren W. Wiersbe

HECHOS

Bosquejo sugerido de Hechos

I. El ministerio de Pedro: Misión a Israel (1–12)

A. Pedro y los judíos (1–7)
   1. Preparación para el Pentecostés (1)
   2. El primer mensaje de Pedro (2)
   3. El segundo mensaje de Pedro (3)
   4. La primera persecución (4)
   5. La segunda persecución (5)
   6. El rechazo final de Israel: Matan a Esteban (6–7)

B. Pedro y los samaritanos (8)

C. La conversión de Saulo (9)

D. Pedro y los gentiles (10–11)

E. Arresto y liberación de Pedro (12)

II. El ministerio de Pablo: Misión a judíos y gentiles (13–28)

A. Primer viaje misionero de Pablo (13–14)

B. Pablo defiende el evangelio (15)

C. Segundo viaje misionero de Pablo (16.1–18.22)

D. Tercer viaje misionero de Pablo (18.23–21.17)

E. Arresto de Pablo y viaje a Roma (21.18–28.31)

Hechos abarca un tiempo de transición cuando Israel se retira de la escena y la Iglesia sale a primera fila. El programa profético de Dios bosquejado en el AT da lugar a un nuevo programa, el misterio de la Iglesia. Fue principalmente a través de Pablo que Dios reveló su nuevo programa (véase Ef 3).

Notas preliminares a Hechos

I. Escritor

Lucas, el médico amado, es el autor de Hechos. El «primer tratado» (Hch 1.1) es el Evangelio de Lucas (véase Lc 1.1-4). Lucas era un médico (Col 4.14) que se unió al grupo de Pablo en Troas (Hch 16.8-10; nótese el cambio del «descendieron [ellos]» al «procuramos [nosotros]») y viajó con el misionero a Filipos. Es evidente que se quedó en Filipos y no se unió a Pablo sino cuando este regresó de su tercer viaje (20.6). Por lo general se cree que Lucas fue un gentil.

II. Tema

Es de vital importancia que comprendamos el mensaje básico del libro de Hechos, y para hacerlo debemos examinarlo en sentido general para captar su mensaje. Es este libro vemos el mensaje del reino y la puesta a un lado de la situación de Israel; también presenciamos la expansión de la Iglesia y el mensaje de la gracia de Dios. En los capítulos 1–7 definitivamente estamos en terreno judío. Si tenemos presente que Hechos es en realidad una continuación de Lucas y reflexionamos en Lucas 24.46ss, veremos por qué los discípulos empezaron en Jerusalén: Cristo les ordenó que se quedaran allí hasta que viniera el Espíritu. Su ministerio debía empezar en Jerusalén: «al judío primeramente» (Ro 1.16). Incluso, cuando llegamos a Hechos 8.1, hallamos a los apóstoles que con valor permanecen en Jerusalén, mientras que los demás huyen. No desobedecían al Señor, sino seguían sus órdenes. Las siguientes son unas pocas de las muchas evidencias en Hechos 1–7 de que el ministerio de los apóstoles en este tiempo fue a los judíos y todavía era el mensaje del reino:

(1) Los discípulos esperaban el establecimiento del reino (1.6) y Cristo no los reprendió por su petición. Él les prometió que se sentarían en doce tronos (Mt 19.28).

(2) Era necesario que eligieran al doceavo apóstol (1.22) para que tomara el lugar de Judas, de manera que la promesa de Cristo pudiera cumplirse. No se suponía que Pablo fuera ese nuevo apóstol, por cuanto su ministerio fue principalmente a los gentiles. Su ministerio tenía que ver con un cuerpo: la Iglesia.

(3) Pedro predicó a los hombres de Judá, Jerusalén e Israel en su mensaje en Pentecostés (2.14,22). No habló a los gentiles. Ante todo, fue un mensaje judío, para una congregación judía, en una festividad religiosa judía.

(4) La profecía de Joel (Hch 2.16ss) se relaciona en primer lugar a Israel, no a la Iglesia.

(5) Pedro describió la cruz como instrumento de crimen, no como el remedio de la gracia de Dios para el pecado (2.22-23). Compare esto con el mensaje de Pablo en 2 Corintios 5.

(6) El tema de Pedro en Pentecostés es la resurrección. Cristo prometió darle a Israel una señal, la del profeta Jonás, que es la muerte, sepultura y resurrección (Mt 12.38ss). De esta señal predicó Pedro. Dios estaba ahora dándole a Israel otra oportunidad para que aceptaran al Mesías y fueran salvos.

(7) Los apóstoles y los primeros convertidos adoraban en el templo (2.46ss; 3.1ss) y mantuvieron contacto con el ministerio del templo hasta que los expulsaron.

(8) Pedro dijo que los días de la bendición que estaban experimentando en Hechos habían sido profetizados por los profetas del AT (3.21,24). Pero la Iglesia era un misterio que Dios tenía escondido y no lo dio a conocer a plenitud sino hasta el ministerio de Pablo (léase con cuidado Ef 3). Los profetas hablaban del reino judío, no de la Iglesia. Confundir estas dos cosas crea problemas.

(9) Jerusalén era el centro de la bendición; todo el mundo llegaba allá (5.16). Era definitivamente terreno del reino; véase Isaías 66.5ss.

(10) Pedro sin rodeos le dijo al concilio que el mensaje era de arrepentimiento para Israel (5.31).

(11) En el capítulo 7, Esteban repasó la historia de Israel y mostró cómo la nación había rechazado la verdad a través de los años. No hace falta mucho esfuerzo para ver que en los primeros siete capítulos de Hechos el interés está en la nación judía y que el mensaje tiene que ver en primer lugar al reino, no a la Iglesia. Es importante que comprendamos el porqué.

Hay tres asesinatos en la historia de Israel que marcan su rechazo a la voluntad de Dios. Juan el Bautista vino predicando el reino (Mt 3.1ss) y los judíos permitieron su asesinato. De esta manera rechazaron al Padre que le envió. Luego vino Jesús, predicando el mismo mensaje (Mt 4.12-17), y le crucificaron. De este modo, rechazaron a Dios el Hijo. En la cruz Jesús oró por los judíos: «Padre, perdónalos porque no saben lo que hacen» (Lc 23.34). Esta oración hizo posible una tercera oferta del reino mediante los apóstoles, registrada en los primeros siete capítulos de Hechos. ¿Cuál fue el resultado? ¡Los líderes religiosos asesinaron a Esteban! Este fue el pecado de resistir al Espíritu Santo (Hch 7.51), el «pecado imperdonable» de que Cristo habló en Mateo 12.31,32. La muerte de Esteban marca el cierre de la oferta de Dios del reino a los judíos.

En los capítulos 8–12 tenemos una transición. En el capítulo 8 el evangelio va de los judíos a los samaritanos. En el capítulo 9 Pablo se convierte de una manera inusual y milagrosa, y Dios prepara al apóstol para su ministerio a la Iglesia. En el capítulo 10 el evangelio va a los gentiles y Pedro defiende esta nueva partida en el capítulo 11. En el capítulo 12 vemos a Pedro por última vez como líder entre los creyentes. En el capítulo 13 es Pablo el que asume el liderazgo, aquí y por todo el resto del libro.

III. La Iglesia en Hechos

Si los primeros siete capítulos describen un mensaje que se ofrecía a los judíos, entonces, ¿dónde encaja la Iglesia, el cuerpo de Cristo? La respuesta: la Iglesia empezó en Pentecostés, pero Dios no la reveló a plenitud sino hasta más tarde, principalmente a través de los escritos de Pablo. Cristo prometió edificar su Iglesia (Mt 16.18); pero casi en el mismo instante le dio a Pedro «las llaves del reino de los cielos» (Mt 16.19). Pedro usó estas «llaves» para abrir la puerta de la fe a los judíos en Pentecostés (Hch 2), a los samaritanos (cap. 8) y a los gentiles (cap. 10). En otras palabras, hay una transición en estos primeros siete capítulos de Hechos, con Israel y el reino saliendo de la escena, y entrando la Iglesia y el evangelio de la gracia de Dios.

Cristo les prometió a los apóstoles un bautismo del Espíritu (Hch 1.5) y esto sucedió en Pentecostés (Hch 2; véase 1 Co 12.13) y en la casa de Cornelio (Hch 10.45; véase 11.15-17). Estos dos sucesos incluyeron tanto a judíos como a gentiles, y así se formó el cuerpo de Cristo. Los apóstoles no sabían si Israel recibiría o no su oferta del reino (1.6,7), pero Cristo sí lo sabía. De esta manera la Iglesia estaba a punto de hacerse cargo del propósito de Dios debido al fracaso de Israel.

Es fácil ver que a medida que la acción de la Iglesia empieza a llenar las páginas de Hechos, Israel se vuelve menos y menos significativa en el programa de Dios sobre la tierra. En el capítulo final (28.17ss) Pablo pronunció el juicio de Dios sobre la nación. Como explica Romanos 9–11 Dios dejó a un lado a Israel hasta que «la plenitud de los gentiles» (Ro 11.25) pudiera ser una realidad mediante el ministerio de la Iglesia. Debe reconocerse este énfasis del reino que se halla en los primeros siete capítulos de Hechos; de otra manera uno pudiera aplicar ciertas prácticas que en realidad no se ajustan a la iglesia de hoy. Por ejemplo, algunos cristianos bien intencionados quieren «regresar a Pentecostés» en busca de su ideal espiritual; pero a la luz del análisis que acabamos de hacer, Pentecostés (un festival judío) incluyó señales para los judíos que no necesariamente tienen relevancia para la iglesia de hoy. El «comunismo cristiano» de Hechos 4.31ss no es para nosotros hoy. Fue una evidencia temporal de la obra de gracia del Espíritu, un cuadro de la bendición del reino que vendrá. Por supuesto, los principios espirituales dados en estos capítulos se aplican a los creyentes de todas las edades; pero debemos tener cuidado de no mezclar la verdad del reino del AT con la verdad de la Iglesia, y así confundir el mensaje y el ministerio.

IV. El Espíritu Santo en Hechos

A este libro se le pudiera bien llamar «Los Hechos del Espíritu Santo». Es importante notar el progreso en la experiencia de los creyentes según el libro avanza de terreno judío al terreno de la Iglesia.

Hechos 2.38: Pedro les dice a los judíos que se arrepientan, que crean y sean bautizados para recibir al Espíritu.

Hechos 8.14-15: Pedro ora por los samaritanos para que reciban el Espíritu, les impone las manos y reciben el don del Espíritu.

Hechos 10.44: ¡El Espíritu Santo viene sobre los gentiles cuando creen, y Pedro sólo puede asombrarse! Hechos 10.44 es el patrón de Dios para hoy: oír la Palabra, creer, recibir el Espíritu y después bautizarse como evidencia de la fe.

V. El bautismo en Hechos

Cuando Pedro estaba ofreciendo el reino a los judíos, el bautismo era esencial para que recibieran el Espíritu Santo (Hch 2.38). El bautismo en el nombre del Mesías rechazado los identificaría con Él y los separaría de los demás judíos, a quienes Pedro llama «esta perversa generación» (2.40). Pero el bautismo de los samaritanos no les concedió el Espíritu (8.12-17). Tuvieron que llamar a Pedro y a Juan, dos judíos, quienes oraron por los nuevos creyentes y les impusieron las manos; y entonces recibieron el Espíritu. Así fue el segundo uso que Pedro hizo de «las llaves del reino». Pero el modelo del bautismo para esta edad se halla en Hechos 10.44-48: estos creyentes fueron bautizados después que recibieron el don del Espíritu.

HECHOS 1

I. Un nuevo libro (1.1-2)

El «primer tratado» a que se refiere es el Evangelio de Lucas (véase Lc 1.1-4), donde Lucas relató la historia de lo que Jesús empezó a hacer y a enseñar mientras estaba en la tierra. Hechos retoma la narración, relatando lo que Él continuó haciendo y enseñando a través de la Iglesia en la tierra. El Evangelio de Lucas relata el ministerio de Cristo en la tierra en un cuerpo físico, en tanto que Hechos relata su ministerio desde el cielo a través de su cuerpo espiritual, la Iglesia. Por ejemplo, en 1.24 los creyentes le piden al Cristo ascendido que les muestre a qué hombre deben elegir como apóstol. En 2.47 es el Señor el que añade creyentes a la asamblea. En 13.1-3 es Cristo, mediante su Espíritu, quien envía a los primeros misioneros; y en 14.27 Pablo y Bernabé relatan lo que Dios hizo a través de ellos.

Todo cristiano necesita salir del Evangelio de Lucas y entrar en Hechos. Saber acerca del nacimiento, vida, muerte y resurrección de Cristo es suficiente para la salvación, pero no para el servicio lleno del poder del Espíritu. Debemos identificarnos con Él como nuestro Señor ascendido y permitirle que obre a través de nosotros en el mundo. La Iglesia no es simplemente una organización involucrada en el trabajo religioso; es un organismo divino, el cuerpo de Cristo sobre la tierra, a través del cual su vida y poder deben operar. Él murió por el mundo perdido; nosotros debemos dar nuestra vida para traer a ese mundo a Cristo.

II. Una nueva experiencia (1.3-8)

Cristo ministró a los apóstoles durante los cuarenta días que estuvo en esta tierra después de su resurrección. Se debe leer Lucas 24.36ss en conexión con estos versículos. En ambos lugares Cristo instruyó a los apóstoles a que se quedaran en Jerusalén y esperaran la venida del Espíritu. Debían empezar su ministerio en Jerusalén.

Juan el Bautista anunció este bautismo del Espíritu (Mt 3.11; Mc 1.8; Lc 3.16; Jn 1.33). Nótese que Cristo no dijo nada respecto a un bautismo con fuego, porque ese bautismo se refiere al juicio. La venida del Espíritu uniría a todos los creyentes en un cuerpo, que se conocería como la Iglesia (véase 1 Co 12.13). El Espíritu también les daría a los creyentes poder para ser testigos a los perdidos. Finalmente, el Espíritu capacitaría a los creyentes para hablar en lenguas y hacer otras obras milagrosas para despertar a los judíos. (Véase 1 Co 1.22: los judíos exigen señal.) Hay en realidad dos referencias de este bautismo del Espíritu en Hechos: en el capítulo 2, cuando Él bautizó a judíos; y en el capítulo 10 (véase Hch 11.16) cuando vino sobre creyentes gentiles. De acuerdo a Efesios 2.11ss, el cuerpo de Cristo está compuesto por judíos y gentiles, todos bautizados en este cuerpo espiritual. Es incorrecto orar por un bautismo del Espíritu; podemos pedirle a Dios que nos llene (Ef 5.18), o que nos dé poder para un servicio especial (Hch 10.38), pero no debemos orar por su bautismo.

¿Era correcto que los apóstoles le preguntaran a Cristo acerca del reino? (vv. 6-8). Sí. En Mateo 22.1-10 Cristo prometió darle a la nación de Israel otra oportunidad para recibirle a Él y su reino. En Mateo 19.28 Cristo prometió que los apóstoles se sentarían en doce tronos (véase Lc 22.28-30). En Mateo 12.31-45 Cristo afirmó que Israel tendría otra oportunidad para ser salva, incluso después de haber pecado contra el Hijo, y prometió darles una señal para alentarles. Fue la señal de Jonás: la muerte, sepultura y resurrección. Los apóstoles sabían que su ministerio empezaría con Israel (véanse las notas introductorias); ahora querían saber lo que Israel haría. ¿Aceptaría el mensaje o lo rechazaría? Cristo no les dijo si lo haría o no. Si les hubiera dicho a los apóstoles que Israel despreciaría las buenas nuevas, no hubieran podido dar al pueblo una oferta sincera; su ministerio hubiera sido falso. Lo que les dijo fue que debían ser testigos, empezando en Jerusalén y con el andar del tiempo llegar a todo el mundo.

III. Una nueva seguridad (1.9-11)

No confunda las promesas del v. 11 con las del Rapto de la Iglesia dadas mediante Pablo en 1 Tesalonicenses 4. Los ángeles aquí están prometiendo que Cristo volverá al Monte de los Olivos, visiblemente y en gloria. Lucas 21.27 y Zacarías 14.4 dan la misma promesa. Si Israel hubiera aceptado el mensaje de los apóstoles, Cristo hubiera regresado al Monte de los Olivos (véase Hch 3.19-21) y establecido su reino. Los misioneros judíos hubieran esparcido su evangelio hasta los fines de la tierra, e Israel hubiera sido el centro de la bendición para toda la humanidad, según se promete en Isaías 35.1-6 y 65.19-23.

IV. Un nuevo apóstol (1.12-25)

¿Estuvo bien que los apóstoles seleccionaran este nuevo hombre? ¡Por supuesto! Debían tener doce hombres para sentarse en los doce tronos prometidos (Mt 19.28; Lc 22.28-30) si Israel se arrepentía y recibía el reino. Su decisión se basó en la Palabra de Dios (Sal 109.8; 69.25) y en la continua oración (Hch 1.14,24). El seleccionado, Matías, fue ratificado por Dios puesto que junto a los otros recibió la plenitud del Espíritu el día de Pentecostés.

Nótese que Pedro se hizo cargo de la reunión. Este es quizás otro uso de sus poderes de «atar y desatar» que Cristo le dio en Mateo 16.19. El cielo les dirigió y ratificó su decisión después que la tomaron.

Pablo no podía ser el doceavo apóstol. Por un lado, no llenaba los requisitos que aparecen en los versículos 21-22; y además, su ministerio especial tenía que ver con la Iglesia, no con el reino.

Ahora todo estaba listo para la venida del Espíritu. Sólo era cuestión de tiempo y mientras los creyentes esperaban el día de Pentecostés, pasaban sus horas en oración y comunión en el aposento alto.

HECHOS 2

El día de Pentecostés tenía lugar cincuenta días después de la Fiesta de las Primicias. (La palabra «pentecostés» significa «cincuentavo».) Esta fiesta se describe en Levítico 23.15-21. Así como la Pascua es un cuadro de la muerte de Cristo (1 Co 5.7) y las Primicias uno de su resurrección (1 Co 15.20-23), Pentecostés es un cuadro de la venida del Espíritu Santo (1 Co 12.13). Las hogazas de panes con levadura se presentaban ese día, un cuadro de la Iglesia compuesta de judíos y gentiles. (En 1 Co 10.17 la Iglesia se describe como un pan.) La levadura en el pan habla del pecado que todavía hay en la Iglesia. Hay dos referencias al bautismo del Espíritu en Hechos: sobre los judíos en Hechos 2, y sobre los gentiles en Hechos 10. Los dos panes presentados en Pentecostés eran sombra anticipada de estos acontecimientos.

I. Los milagros (2.1-13)

Los creyentes estaban esperando y orando conforme Cristo les había ordenado (Lc 24.49), y en el tiempo apropiado el Espíritu descendió. Cuando lo hizo, los bautizó en un cuerpo espiritual en Cristo (véanse Hch 1.4-5; 1 Co 12.13), y les llenó con poder para testificar (Hch 2.4). El sonido de un viento recio nos recuerda a Juan 3.8 y de la profecía de Ezequiel sobre los huesos secos (Ez 37). Las lenguas de fuego simbolizaban el poder divino que hablaría por Dios. No confunda estas lenguas de fuego con el bautismo de fuego al que hace alusión Mateo 3.11. El bautismo de fuego que se menciona allí se refiere al tiempo de la tribulación de Israel. Puesto que todo creyente es bautizado por el Espíritu (1 Co 12.13), no es correcto orar por un bautismo del Espíritu Santo y fuego.

Los creyentes hablaron en lenguas. No predicaron en lenguas, sino que más bien alabaron a Dios en idiomas que no sabían naturalmente (véase Hch 2.11). Es evidente que estaban en el aposento alto cuando descendió el Espíritu (2.2), pero deben haber salido a los atrios del templo donde se reunió una gran multitud. El propósito del don de lenguas fue impresionar a los judíos con el milagro que se estaba realizando. En 10.46 los gentiles hablaron en lenguas como prueba a los apóstoles de que habían recibido el Espíritu; y en 19.6 los efesios seguidores de Juan el Bautista hablaron en lenguas por la misma razón.

II. El mensaje (2.14-41)

A. *Introducción (vv. 14-21).*

Pedro respondió primero a la acusación de que los hombres estaban borrachos. Ningún judío comería o bebería nada antes de las nueve de la mañana en el sabat o en un día de fiesta, y era entonces la hora tercera del día, o sea las nueve de la mañana. Nótese que en todo este sermón Pedro se dirige sólo a los judíos (vv. 14,22,29,36). Pentecostés era una fiesta judía y no había gentiles participando. En este sermón Pedro se dirigió a la nación judía y le demostró que su Mesías se había levantado de los muertos. En los versículos 16-21 Pedro hizo referencia a Joel 2.28-32 (lea ese pasaje con todo cuidado). No dijo que esto era un cumplimiento de la profecía, porque las palabras de Joel no se van a cumplir sino hasta el fin de la tribulación, cuando Cristo vuelva a la tierra. Pedro sí dijo que este era el mismo Espíritu del que se habla en Joel. Los versículos 17 y 18 se cumplieron en Pentecostés, no así los versículos 19-21, y no se cumplirán sino hasta el fin de los tiempos. Entre los versículos 18 y 19 se desarrolla la era de la Iglesia.

B. La explicación (vv. 22-36).

Pedro ahora demuestra a los judíos que Jesucristo estaba vivo. Usó cinco argumentos muy convincentes:
  (1) La persona y vida de Cristo exigían que Él se levantara de los muertos (vv. 22-24). Véase Juan 10.17-18. ¡El que resucitó a otros no podía quedarse muerto!
  (2) El Salmo 16.8-11 predecía la resurrección (vv. 25-31).
  (3) Los apóstoles mismos eran testigos y habían visto al Cristo resucitado (v. 32).
  (4) La venida del Espíritu es prueba de que Jesús vive (v. 33).
  (5) El Salmo 110.1 prometía su resurrección (vv. 33-35). Tenga presente que Pedro no está predicando el evangelio de la cruz como nosotros lo hacemos hoy en día. Estaba acusando a Israel de un gran crimen (v. 23), y le advertía que había rechazado y crucificado a su Mesías (v. 36). Pedro estaba dándole a Israel una oportunidad más de recibir a Cristo. Habían matado a Juan el Bautista y a Jesús, pero ahora Dios les daba otra oportunidad. La resurrección de Cristo fue la «señal de Jonás» prometida, que demostraba que Él era el Mesías (Mt 12.38-40).

C. La aplicación (vv. 37-40).

Los hombres quedaron culpables y le pidieron consejo a Pedro. Este les dijo que se arrepintieran, que creyeran y que se bautizaran; así se identificarían con Jesús como el Cristo. Este es el mismo mensaje que predicaron Juan el Bautista (Mc 1.4) y Jesús (Mt 4.17). Hacer que el bautismo sea esencial para la salvación y para recibir el Espíritu es negar la experiencia de los gentiles en Hechos 10.44-48, que es el modelo de Dios para hoy. (Véanse las notas introductorias a Hechos.) Los judíos en Hechos 2 recibieron el Espíritu cuando se arrepintieron y bautizaron; los samaritanos en Hechos 8 recibieron el Espíritu mediante la imposición de manos de los apóstoles; pero los creyentes de hoy reciben el Espíritu cuando creen, como sucedió con los gentiles en Hechos 10. No hay salvación en las aguas del bautismo, porque la salvación es por la fe en Jesús.

Pedro afirmó que la promesa del Espíritu no era sólo para los judíos presentes en Jerusalén, sino también para los esparcidos por todo el mundo (v. 39; véase Dn 9.7). Este versículo no puede referirse a los gentiles, porque estos no recibieron ninguna promesa (Ef 2.11,12).

III. La multitud (2.42-47)

Nótese que los creyentes permanecieron en el templo y dieron su testimonio y adoración. El Espíritu les dio unidad de corazón y de mente, y añadía creyentes cada día a la Iglesia. Estos versículos son una hermosa descripción de lo que será la vida durante la edad del reino. Aun cuando la Iglesia (como nosotros la conocemos) existía entonces sólo en la mente de Dios, su plena revelación no fue efectiva sino hasta más tarde por Pablo. Hechos 2 es un mensaje para el pueblo judío, de modo que no lea en estos versículos verdades que sólo se revelaron posteriormente. La iglesia de hoy no se reúne en el templo judío, ni se le pide que practique el comunismo. La oferta del reino estaba aún abierta y continuaría estándolo hasta los sucesos de Hechos 7, cuando los líderes de la nación resistieron al Espíritu una vez más y mataron a Esteban.

HECHOS 3

I. Poder (3.1-11)

El hecho de que Pedro y Juan todavía asistían al templo y observaban las costumbres judías es evidencia de que estos primeros siete capítulos de Hechos tienen un énfasis judío. Ningún cristiano hoy que comprende Gálatas y Hebreos participaría de las prácticas del AT.

El cojo es una vívida ilustración del pecador perdido pues: (1) nació cojo, y todos nacemos pecadores; (2) no podía andar, y ningún pecador puede andar de manera que agrade a Dios; (3) estaba fuera del templo, y los pecadores están fuera del templo de Dios, la Iglesia; (4) mendigaba, porque los pecadores son mendigos buscando satisfacción.

Pedro realizó este milagro, no sólo para aliviar la invalidez del hombre y salvar su alma, sino también para probar a los judíos que el Espíritu Santo había venido con las bendiciones prometidas. Isaías 35.6 promete a los judíos que Israel disfrutaría de tales milagros cuando recibieran a su Mesías. La conducta del hombre después del milagro muestra cómo debe actuar cada cristiano: entró en el templo en comunión con los siervos de Dios y alabó a Dios. Su andar era nuevo y diferente, y no huyó de la persecución. Era tal su testimonio que los oficiales no tenían explicación para lo que había ocurrido.

II. Predicación (3.12-26)

Pedro usó esta curación como una oportunidad para presentar a Cristo y ofrecer perdón a la nación. Nótese que se dirige a los «varones israelitas», como lo hizo en 2.14 y 22. Les predicó a Cristo y les acusó de negar a su Mesías. Justo unas pocas semanas antes Pedro mismo había negado a Cristo tres veces. Sin embargo, debido a que confesó su pecado y arregló las cuentas con el Señor (Jn 21), pudo olvidar su fracaso. (Léase Ro 8.32-34.)

El versículo 17 es de mucha importancia, porque Pedro allí afirmó que la ignorancia de Israel le hizo cometer este crimen terrible. La ignorancia no es excusa, pero sí afecta la pena que se impone. Por eso es que Jesús oró: «Padre, perdónalos, porque no saben lo que hacen» (Lc 23.34). Dios estaba ahora dando a Israel una oportunidad más para recibir a su Mesías. Pedro prometió, en los versículo 19-20, que si la nación se arrepentía y recibía al Señor, Él borraría sus pecados (Is 43.25; 44.22-23), enviaría a Cristo y daría «tiempos de refrigerio». Estos «tiempos» se describen en Jeremías 23.5; Miqueas 4.3; Isaías 11.2-9; 35.1-6; y 65.19-23. Pedro no describe aquí la salvación individual tanto como la bendición que vendría a la nación si se arrepentían y creían. Por supuesto, la salvación nacional dependía de la fe personal.

El cielo recibiría y retendría a Cristo hasta que Israel se arrepintiera, y entonces vendrían los «tiempos de la restauración». Esto se refiere al reino que Cristo establecerá cuando Israel se vuelva a Él y crea. En el versículo 21 Pedro afirma que de este hecho hablaron los profetas, lo cual prueba que no se refería a la Iglesia. El «misterio» de la Iglesia no se les reveló a los profetas del AT. Los profetas hablaron del futuro reino de Israel, y ese reino se hubiera establecido si los gobernantes y el pueblo hubieran creído el mensaje de Pedro y se hubieran arrepentido.

¿Qué en cuanto a los gentiles? Pedro lo respondió en el versículo 25. Los judíos eran hijos de Abraham y del pacto de Dios, y Él guardaría su promesa a Abraham y bendeciría a los gentiles mediante Israel. «En tu simiente [la de Abraham] serán benditas todas las familias [los gentiles] de la tierra» (véanse Gn 12.3; 22.18). El programa de Dios en el AT era bendecir a los gentiles mediante el Israel restaurado, y Pedro y los demás apóstoles judíos lo sabían. Se dieron cuenta de que Dios prometió bendecir a los gentiles cuando Israel fuera establecido en su reino. Es por eso que los apóstoles no pudieron comprender por qué Pablo se marchó a los gentiles después que Israel fue desechado. No se dieron cuenta entonces del «programa de misterio» que Dios reveló a través de Pablo, de que mediante la caída de Israel los gentiles serían salvos (véase Ro 11.11,12). Este programa fue un «misterio» oculto en los días del AT, pero revelado a través de Pablo (léase Ef 3). Cuando la nación mató a Esteban y cometió el «pecado imperdonable» contra el Espíritu Santo, el programa profético de Dios para los judíos se detuvo. A partir de ese día Israel fue puesto a un lado y la Iglesia pasó al escenario central.)

¿Cómo respondió la nación a la invitación? Mucha de la gente común creyó y se salvó, pero los gobernantes hicieron arrestar a los apóstoles. Los saduceos, por supuesto, no creían en la resurrección, y rechazaron el mensaje de Pedro de que Cristo había resucitado de entre los muertos. Los fariseos detestaban a Jesús porque los había condenado (Mt 23). Comenzó la persecución que Cristo prometió a los apóstoles en Juan 15.18–16.4, como lo veremos en el próximo capítulo.

HECHOS 4

I. El arresto (4.1-4)

Este es el principio de la persecución de la Iglesia. Los saduceos no creían en la resurrección de los muertos y se opusieron a la predicación de Pedro. Los sacerdotes, por supuesto, no querían que los acusaran de la crucifixión de Cristo. Los líderes de Israel ni siquiera se dieron cuenta de que el mensaje de Pedro ¡era lo único que podía salvar a la nación! Si hubieran admitido su pecado y recibido a Cristo, Él hubiera derramado las promesas que los profetas habían proclamado siglos antes.

II. El juicio (4.5-22)

La corte que se reunió aquí, compuesta ante todo por familiares del sumo sacerdote, se había corrompido con el correr de los años. Esta fue una reunión oficial del sanedrín, el supremo concilio judío. Algunos de estos mismos hombres habían ayudado en el «juicio» de Cristo no muchas semanas antes. Es más, su pregunta en el versículo 7 nos recuerda del juicio de Jesús (léase de nuevo Mt 26.57ss). Jesús había prometido a los discípulos que el mundo los trataría de la misma manera que le había tratado a Él (Jn 15.17ss). Nótese también que en Mateo 21.23-44 estos mismos líderes habían cuestionado a Cristo respecto a su autoridad.

El Espíritu Santo dirigió la respuesta de Pedro, en cumplimiento a la promesa que se halla en Lucas 21.12-15 y Mateo 10.20. Los creyentes de hoy nunca deben reclamar esta promesa como una excusa para descuidar el estudio y la preparación para la enseñanza o predicación. Si hemos sido fieles en otras ocasiones, el Espíritu Santo nos ayuda en esas horas de emergencia cuando la preparación es imposible. Pedro intrépidamente afirmó que Jesucristo, el crucificado y ahora vivo Señor, realizó el milagro por medio de sus apóstoles. ¡Cómo deben haber temblado esos judíos al verse cara a cara con su crimen! Sin embargo, de nada sirvió, porque sus corazones estaban encallecidos.

El versículo 11 identifica a Cristo como la Piedra y a los líderes judíos como los edificadores. Esto es una cita del Salmo 118.22,23. Cristo mismo usó este pasaje al debatir con esos líderes (Mt 21.43). Los judíos rechazaron a Cristo como la Piedra escogida sobre la cual se establecería el reino; esa Piedra desechada llegó a ser la Piedra angular de la Iglesia (Ef 2.20). Nótese que Pedro afirmó sin rodeos que Israel había rechazado a Cristo. Sin embargo, en el versículo 12 les invitó a creer en Él y ser salvos. En tanto que es cierto que este versículo se aplica a todos los pecadores en cualquier época, tenía un significado especial para la nación en los días de Pedro. Si los líderes se hubieran arrepentido y recibido a Cristo, Él hubiera salvado a la nación de la terrible tragedia que vino pocos años después, cuando Roma destruyó el templo y la ciudad.

En los versículos 13-17 el «jurado» se retiró a deliberar el caso. Quedaron impresionados por la intrepidez de los apóstoles. Esto era significativo, puesto que Pedro había negado al Señor con miedo apenas unas semanas antes. La frase «sin letras y del vulgo» significa que los apóstoles no habían recibido instrucción en las escuelas oficiales de los rabíes. Sin embargo, sabían mucho más acerca de las Escrituras que los mismos líderes religiosos. Los líderes también se dieron cuenta de que estos hombres «habían estado con Jesús» (v. 13) en el jardín y durante su última semana en Jerusalén antes de su muerte. Pero enfrentaban un problema aún más grande: ¿cómo podían explicar la curación del mendigo? No podían negar el milagro, de modo que decidieron silenciar a los mensajeros.

Los apóstoles no aceptaron este veredicto, porque su lealtad a Cristo significaba más que cualquier protección del gobierno. Los jueces finalmente tuvieron que dejarlos ir. La audacia de los discípulos, el poder de la Palabra y el testimonio del mendigo sanado fueron un «caso» demasiado bueno y los jueces no encontraron ninguna respuesta.

III. La victoria (4.23-37)

Los verdaderos cristianos siempre regresan «a los suyos». (Léase 1 Jn 2.19.) La Iglesia no se lamentó debido a que la persecución había empezado; antes bien, ilos creyentes se regocijaron y oraron! Nótese que en los versículos 25 y 26 hacen referencia al Salmo 2, que es un salmo mesiánico, hablando acerca del día cuando Cristo volverá para regir con poder. Los cristianos de hoy deben imitar a los primeros cristianos en cuanto a la oración, porque ligaron su oración a la Palabra de Dios (Jn 15.7).

Oraron por intrepidez y Dios les contestó llenándoles con el Espíritu. Este no fue un «segundo Pentecostés», porque el Espíritu vino para llenar con poder y no para bautizar a los creyentes. El Espíritu Santo también les dio una maravillosa unidad, al punto de que vendían sus bienes y los compartían con los que tenían necesidad. Este «comunismo cristiano» fue otra prueba de la presencia del Espíritu, un ejemplo de lo que ocurrirá en la edad del reino cuando todas las naciones tengan el Espíritu y un amor desinteresado las unas por las otras. Este «comunismo» no tiene ninguna relación con el comunismo marxista. Por favor, nótese que este compartir de bienes fue algo temporal y no se le exige a la Iglesia de Cristo hoy. Aun cuando los cristianos de hoy deben tener el mismo espíritu de amor, no se espera que vendan sus bienes y formen una comunidad separada. En 11.27-30 los cristianos en Antioquía tuvieron que auxiliar a los creyentes de Jerusalén. (Véanse también Ro 15.26; 1 Co 16.1-3; 2 Co 8.1-4; 9.2.) Cuando Israel rechazó el mensaje esta obra de gracia del Espíritu gradualmente desapareció. El modelo de ofrendar de la iglesia del NT se halla en 2 Corintios 8–9, 1 Timoteo 5.8 y 2 Tesalonicenses 3.7-13.

«Denuedo» parece ser clave en todo este capítulo. Véase cómo los primeros creyentes recibieron este valor: fueron llenos con el Espíritu (vv. 8,31), oraron (v. 29) y confiaron en la Palabra de Dios (vv. 25-28). Usted y yo podemos tener ese denuedo para andar y testificar si nos alimentamos de la Palabra, oramos y nos rendimos al Espíritu. Podemos tener denuedo en la tierra debido a que Cristo nos lo da en el cielo (Heb 4.16; 10.19).

HECHOS 5

Satanás todavía está atacando a los creyentes, y al hacerlo usa un plan doble: engaño desde adentro y persecución desde afuera. Satanás es mentiroso y homicida, y en este capítulo lo vemos operando en ambas esferas.

I. Oposición desde adentro (5.1-16)

Aquí vemos a Satanás operando como la serpiente, usando a los creyentes desde adentro de la iglesia para estorbar la obra del Señor.

A. El engaño (vv. 1-2).

Ananías y Safira querían tener la reputación de ser más espirituales de lo que realmente eran. Sintieron celo cuando los demás trajeron sus donaciones (4.34-37) y quisieron el mismo reconocimiento. Por favor, tenga presente que su pecado no fue robar dinero de Dios, debido a que Pedro afirma en el versículo 4 que de ellos dependía el uso que iban a darle al dinero. Su pecado fue la hipocresía, tratando de aparecer más espirituales de lo que en realidad eran.

B. El descubrimiento (vv. 3-4).

Pedro era un hombre con discernimiento dado por el Espíritu. Aquí le vemos ejerciendo el poder de «atar y desatar» que Cristo le había dado (Mt 16.19). El pecado siempre se descubre de una manera u otra. Esta pareja no mencionó nada abiertamente, pero el pecado terrible estaba en sus corazones. Mintieron al Espíritu de Dios, quien con toda gracia estaba obrando en los corazones de los creyentes, guiándoles a vender sus posesiones y compartirlas con otros.

C. Las muertes (vv. 5-11).

Este no fue un caso de «disciplina eclesiástica» puesto que Dios lidió con los pecadores directamente. Las dos muertes ilustran la clase de juicio que Cristo hará durante el reino (véanse Jer 23.5; Ap 19.15). A diferencia de la disciplina de la iglesia local, donde el pastor y los miembros al investigar algún asunto dan la oportunidad de arrepentimiento y perdón y procuran restaurar a los que yerran, este fue un caso definitivo de juicio divino. Es interesante comparar este capítulo con Josué 7, donde el codicioso Acán trató de esconderle a Dios su pecado y fue apedreado. Gran temor cayó sobre la Iglesia (Hch 5.11) cuando la gente vio la mano de Dios obrando.

D. El testimonio (vv. 12-16).

La iglesia estaba ahora unánime y la alababan y, por consiguiente, se multiplicó. Esto siempre ha ocurrido cuando se purga el pecado. Satanás trabaja desde adentro de la iglesia y trata de dividirla, que caiga en desgracia y destruirla; pero si permitimos que el Espíritu obre, detectaremos la operación del diablo y evitaremos problemas en la iglesia. No es la iglesia que da la bienvenida a todo el mundo la que tiene el mejor testimonio, porque la gente tenía miedo de unirse a la iglesia allí en Jerusalén (v. 13). Una iglesia local debe tener normas y permitir que el Espíritu guíe. Nótese que Pedro es el hombre clave en este período de la historia de la Iglesia; incluso de su sombra se pensaba que producía sanidad.

Satanás todavía se opone desde adentro a la obra de la Iglesia. Pablo les advirtió a los ancianos que los lobos vendrían desde afuera para atacar al rebaño, pero también que se levantarían hombres «de vosotros mismos» para hacer daño a la Iglesia (Hch 20.29,30). El peligro más grande que la Iglesia enfrenta hoy no es tanto la oposición de afuera, sino el pecado adentro. Por eso es tan importante buscar la dirección de Dios al recibir nuevos miembros y disciplinar a los que se descarrían.

II. Oposición de afuera (5.17-34)

Los líderes judíos (instigados por los saduceos incrédulos) se llenaron de celos (v. 17) por el éxito y la popularidad de los apóstoles. Tal vez en esta oportunidad encarcelaron al grupo apostólico entero, y lo más probable es que fuera en la prisión pública y no en alguna sección especial. Un ángel del Señor (este puede haber sido el mismo Cristo) los libró y así la gracia de Dios le dio a la nación otra oportunidad de oír el mensaje de salvación. Nótese que los hombres fueron directamente al templo, porque allí era donde podían encontrar a la gente que necesitaba su mensaje. ¡Imagínese la sorpresa de los líderes cuando descubrieron que sus prisioneros se habían esfumado! Tenga en mente que la liberación no siempre es el plan de Dios; Él permitió la liberación de Pedro, pero que Jacobo muriera (Hch 12) debido a que cada hecho fue para su gloria.

Los líderes rehusaron pronunciar el nombre de Jesús (v. 38). «La sangre de ese hombre» (v. 28) nos recuerda lo que dijo la nación en Mateo 27.25. La nación judía no se limpiará sino hasta que vean a su Mesías y purguen su pecado (Zac 12.9–13.1).

Pedro y los apóstoles no se darían por vencidos. De nuevo anunciaron que Dios salvaría a Israel si los líderes se arrepentían (Hch 5.31). Si los líderes se volvían de su pecado, la gente seguiría su ejemplo (véase Jn 7.48). La Palabra, como una espada (Heb 4.12), penetró en sus corazones y quisieron matar a los apóstoles, ¡exactamente como mataron a Jesús!

Gamaliel entonces dio su consejo al concilio: sean neutrales y averigüen si Dios está o no en el asunto. Esto parece ser un consejo sabio, pero en realidad no lo era. Nadie puede ser neutral con Cristo. Posponer una decisión es arriesgarse al desastre. Dios dio toda evidencia mediante señales y milagros de que estaba obrando y no había razón para posponer la decisión. Es interesante notar que Gamaliel era un fariseo y no parte del grupo de los saduceos que habían encabezado el arresto. También es el gran rabí judío que enseñó al apóstol Pablo (Hch 22.3). ¡Su discípulo tomó una mejor decisión que la que él hizo!

A los apóstoles los azotaron (véase Dt 25.2,3) y dejaron en libertad, pero ¡se fueron gozosos, no derrotados! Consideraron un privilegio sufrir por Cristo (véase Flp 1.27-30). Nótese que el ministerio de la Iglesia continuó: (1) diariamente, (2) en público, y (3) en hogares privados, a medida que los apóstoles predicaban y enseñaban de Jesucristo. Este debe ser el ministerio de la iglesia hoy.

HECHOS 6

Ahora encontramos un segundo problema dentro de la iglesia. En el capítulo 5 fue el engaño en los corazones de Ananías y Safira; aquí es una queja en las filas de creyentes.

I. Una dificultad de familia (6.1-7)

En cierto sentido, ¡la queja era una evidencia de bendición! La asamblea había crecido tan rápidamente que los apóstoles no podían manejar la distribución diaria de alimento, y como resultado estaban descuidando a algunas de las grecojudías. Es estimulante trazar el crecimiento de la iglesia: Creyeron tres mil (2.41); luego se añadían cada día creyentes (2.47); más tarde creció con cinco mil hombres (4.4); luego este número se multiplicó (6.1); y después el número volvió a multiplicarse grandemente (6.7).

¿Cuál fue el secreto de este crecimiento asombroso? Léase la respuesta en 5.41-42: los líderes estaban dispuestos a pagar el precio de servir a Cristo, y la gente vivía su fe diariamente. Hechos 5.42 es un buen modelo a seguir: (1) servicio cristiano diario; (2) servicio en la casa de Dios; (3) servicio de casa en casa; (4) trabajo de cada miembro; (5) servicio continuo; (6) enseñanza y predicación de la Palabra; (7) exaltando a Jesucristo. Los pastores y dirigentes piadosos solos no pueden hacer que una iglesia crezca; todos los miembros deben hacer su parte.

El problema de los alimentos se resolvió al poner primero lo primero. Los apóstoles sabían que su ministerio principal era la oración y la Palabra de Dios. Si las iglesias locales permitieran que sus pastores obedezcan Hechos 6.4, verían un aumento en poder espiritual y numérico. La oración y la Palabra van juntas (Jn 15.7; Pr 28.9). Samuel ministraba de esta manera (véase 1 S 12.23); y también lo hacía Cristo (Mc 1.35-39) y Pablo (Col 1.9,10).

En Hechos 1, mediante la oración y la Palabra los apóstoles hallaron la voluntad de Dios. Efesios 6.17-18 afirma que la oración y la Palabra vencerán al diablo. Segunda de Corintios 9.9-15 indica que el ministerio de la oración y de la Palabra proveerán los recursos financieros que una iglesia necesita. La oración y la Palabra edificarán siempre a una iglesia (Hch 20.32-36).

A estos siete hombres no se les llamó en realidad «diáconos», aunque la palabra «distribución» en 6.1 es en griego *diakonía* y es la misma que se traduce «diácono» en el resto de la Biblia. La palabra simplemente significa «sirviente»; y en 6.2 se traduce «servir» y en 6.4 como «ministerio». Nótese que la iglesia hizo la elección, en tanto que los apóstoles hicieron el nombramiento efectivo. Los apóstoles también, guiados por el Espíritu, fijaron los requisitos, los cuales los creyentes gozosamente aceptaron. Este es un cuadro de unidad y armonía entre los líderes espirituales y los miembros del rebaño. Es posible que de este primer nombramiento se haya desarrollado el oficio de diácono (1 Ti 3.8ss). La tarea principal de los diáconos era atender las necesidades materiales y así aliviar a los apóstoles para que se dedicaran a su ministerio espiritual. Hoy, el diácono asiste al pastor en la consejería y el servicio, ayudándole a lograr que se haga el mayor trabajo posible. Cuando los diáconos (o cualquier otro dirigente de la iglesia) encadena al pastor y le hace un «mandadero» santificado, o se considera «su jefe», Dios no puede bendecir.

Nótese que los hombres seleccionados (v. 5) ¡tenían nombres griegos! Esto muestra el amor de los primeros creyentes; en honor, se preferían los unos a los otros (Ro 12.10). Felipe más tarde llegaría a ser un evangelista (8.5,26; 21.8). Cualquier oficial de la iglesia debe ser un evangelista. Observe cómo Dios bendijo al pueblo cuando enfrentaron el problema con sinceridad y lo resolvieron (v. 7).

II. Diácono fiel (6.8-15)

El nombre Esteban significa «corona de victoria», y ciertamente se ganó una corona al ser fiel hasta la muerte (Ap 2.10). De acuerdo con el versículo 3 Esteban tenía buena reputación entre los creyentes, estaba lleno del Espíritu y tenía sabiduría práctica. ¡Qué combinación para cualquier cristiano! Tenía un testimonio doble: Sus palabras (v. 10) y sus obras (v. 8).

Había centenares de sinagogas en Jerusalén, muchas de ellas establecidas por judíos de otras tierras. La sinagoga de los libertos estaba formada por judíos romanos que descendían de esclavos hebreos que se les había dado la libertad. Es interesante notar que Esteban testificó donde había judíos de Cilicia, porque Pablo procedía de aquel lugar (21.39), y bien puede haberse enfrentado a Esteban en el debate allí en la sinagoga.

El enemigo siempre está trabajando, y antes de que pasara mucho tiempo Esteban fue arrestado. Le acusaron de blasfemar contra Moisés y la ley, y de decir que el templo sería destruido; esto tal vez puede ser una referencia a las palabras de Cristo en Juan 2.19-21. Los judíos trataron a Esteban de la misma manera que lo hicieron con Cristo: contrataron testigos falsos, hicieron acusaciones dudosas y no le dieron el beneficio de un juicio justo. (Véase Mc 14.58,64.) Dios testificó de la fe de Esteban mediante la gloria que irradiaba de su rostro (2 Co 3.18).

En el próximo capítulo consideraremos el gran discurso de Esteban que muestra el fracaso de Israel a través de los siglos. El capítulo 7 es un punto crucial en Hechos, al rechazar Israel finalmente a Jesucristo y perseguir a la Iglesia. Después de este acontecimiento el mensaje salió de Jerusalén y fue a los gentiles.

HECHOS 7

Este capítulo registra el discurso más largo del libro de Hechos, así como el punto decisivo de la historia espiritual de Israel. Registra el tercer homicidio importante de la nación (Juan el Bautista, Cristo y ahora Esteban) y su final rechazo del mensaje de salvación. En su discurso Esteban repasó la historia de Israel y destacó que la nación siempre rechazó a los líderes escogidos por Dios cuando aparecieron por primera vez, pero los recibieron la segunda vez. Tanto Moisés como José fueron ejemplos de este patrón (7.13,35). Asimismo Israel trató a Cristo: Juan el Bautista y los apóstoles lo presentaron a la nación, pero esta lo rechazó; sin embargo, Israel recibirá a Cristo cuando aparezca por segunda vez.

I. El pacto de Dios con Abraham (7.1-8)

El pacto con Abraham está registrado en Génesis 13.14-18, así como en Génesis 15 y 17. Incluye la posesión por parte de la simiente de Abraham de la tierra prometida, y la promesa de la multiplicación de sus descendientes en los años venideros. El sello de este pacto fue la circuncisión. Este pacto con Abraham fue el fundamento de la nación judía. Dios no hizo este pacto con los gentiles, ni tampoco se aplica a la Iglesia. «Espiritualizar» estas promesas y aplicarlas a la Iglesia es entender mal y tergiversar las Escrituras. Dios les prometió a los judíos una tierra y un reino; debido a su desobediencia perdieron la posesión de la tierra y no recibieron su reino. Este pacto con Abraham todavía sigue vigente, sin embargo, y se cumplirá cuando Cristo retorne para establecer su reino en la tierra.

II. Israel rechaza a José (7.9-16)

José tiene una semejanza maravillosa a Cristo en muchas maneras: (1) su padre lo amaba (Gn 37.3; Mt 3.17); (2) sus hermanos lo aborrecían (Gn 37.4-8; Jn 15.25); (3) sus hermanos lo envidiaban (Gn 37.11; Mc 15.10); (4) lo vendieron por el precio de un esclavo (Gn 37.28; Mt 26.15); (5) lo humillaron como sirviente (Gn 39.1ss; Flp 2.5ss); (6) lo acusaron falsamente (Gn 39.16-18; Mt 26.59,60); (7) lo exaltaron y honraron (Gn 41.14ss; Flp

2.9-10); (8) sus hermanos no lo reconocieron la primera vez (Gn 42.8; Hch 3.17); (9) se reveló a sí mismo la segunda vez (Gn 45.1ss; Hch 7.13; Zac 12.10); (10) aunque rechazado por sus hermanos, tomó una esposa gentil (Gn 41.45; Hch 15.6-18).

El argumento de Esteban aquí es que los judíos habían tratado a Cristo de la manera que los patriarcas trataron a José, pero no enfocó esta acusación sino hasta el final. Así como José sufrió para salvar a su pueblo, Cristo sufrió para salvar a Israel y a toda la humanidad; sin embargo, los judíos no lo recibieron.

III. Israel rechaza a Moisés (7.7-41)

Así como José, Moisés tiene una asombrosa similitud con Cristo: (1) fue perseguido y casi lo matan cuando era niño (Éx 1.22; 4.19; Mt 2.13-20); (2) rechazó el mundo para salvar a su pueblo (Heb 11.24-26; Mt 4.8-10; 2 Co 8.9); (3) la primera vez que trató de ayudar a Israel lo rechazaron (Éx 2.11-14; Is 53.3); (4) se hizo pastor (Éx 3.1; Jn 10); (5) tomó esposa gentil durante el rechazo que experimentó (Éx 2.21); (6) sus hermanos lo recibieron la segunda vez (Éx 4.29-31; Hch 7.5); (7) libró a su pueblo de la esclavitud mediante la sangre del cordero (Éx 12; 1 P 2.24). Moisés fue un profeta (Dt 18.15-19; Hch 3.22), sacerdote (Sal 99.6) y rey (Dt 33.4-5).

Se hace necesario un comentario acerca del versículo 38, en el cual a Israel se le llama «la congregación en el desierto». La palabra «congregación» es *eklesía* en griego, que significa «una asamblea convocada» y no sugiere que Israel haya sido una «iglesia» en el AT. En el AT no hallamos profecías respecto a la Iglesia. Israel (un pueblo terrenal) no estaba en la misma relación con Dios en el AT, como los creyentes (un pueblo celestial) lo estaban en el NT.

Aunque Israel tenía un líder piadoso y Dios mismo en su presencia (v. 38), sin embargo ise rebelaron y rechazaron la voluntad de Dios! «En sus corazones se volvieron a Egipto» (v. 39). Se volvieron a la idolatría y Dios los desechó. ¿No habían hecho lo mismo mientras Cristo estaba con ellos en la tierra? Moisés realizó milagros, suplió para sus necesidades en el desierto y les dio la Palabra de Dios; Cristo también había realizado obras poderosas, alimentado a la gente y les había dado la Palabra de Dios... iy sin embargo se alejaron!

IV. Israel rechaza a los profetas (7.42-50)

En estos versículos Esteban se refiere a Amós 5.25-27 e Isaías 66.1-2. Los judíos pensaban que debido a que tenían su templo, estaban seguros contra cualquier daño y que Dios tenía que bendecirlos. Todos los profetas advirtieron que el templo no les aseguraría la bendición si su corazón no estaba bien con Dios. ¿Cómo puede Dios, quien llena el cielo y la tierra, estar confinado a un templo hecho de manos? La vida religiosa de Israel era puro formulismo; tenían las formas externas de la religión, pero sus corazones no

estaban bien con Dios. Rechazaron la voz de los profetas, incluso persiguién-
dolos y matándolos (véase Mt 23.29-39); y cuando el Profeta (Cristo) apareció (v. 37), ¡rechazaron sus Palabras y le crucificaron!

V. El juicio de Israel se sella (7.51-60)

Israel había cometido dos asesinatos y estaba a punto de cometer el tercero.
Al permitir que mataran a Juan el Bautista, rechazaron al Padre que había
enviado a Juan para preparar el camino a Cristo. Cuando crucificaron a
Cristo, rechazaron al Hijo. Ahora, al matar a Esteban, estaban llegando al
«pecado imperdonable» final (Mt 12.31,32) de resistir al Espíritu Santo.
Dios hubiera perdonado a la nación por la manera en que trataron a su Hijo,
pero no podría perdonar a los judíos una vez que resistieran al Espíritu que
testificaba con tanto poder acerca de su Hijo. Dios había dado toda evidencia
a la nación de que Cristo era su Mesías, pero prefirieron endurecer su cerviz
y corazón (Hch 7.51). ¡Qué semejanza con los pecadores de hoy!

Esteban usó la Palabra y esta «espada del Espíritu» (Ef 6.17; Heb 4.12)
perforó con convicción sus corazones. A punto de ser apedreado, Esteban
levantó sus ojos al cielo y vio la gloria de Dios. «Icabod[...] ¡Traspasada es la
gloria de Israel!» (1 S 4.19-22) podía decirse ahora de la nación de Israel;
pero Esteban vio la gloria en Cristo, donde la vemos hoy (2 Co 4.1ss).
Versículos tales como el Salmo 110.1, Marcos 16.19 y Hebreos 1.3 y 10.12
indican que Cristo «se sentó» debido a que su obra estaba terminada; pero el
versículo 55 señala que Él estaba de pie. Algunos han sugerido que se puso
de pie para recibir a su mártir, Esteban, al llegar a la gloria. Otros piensan
que Cristo se puso de pie como testigo, la postura usual de los testigos en la
corte judía que testifican del mensaje y ministerio de su siervo. Otro hecho
que queremos notar es que la muerte de Esteban cerró la oferta del Rey de
los judíos y fue el punto decisivo en Hechos, porque ahora la Iglesia, como
el cuerpo de Cristo, empieza a asumir importancia principal; y es para la
Iglesia que Cristo tiene su ministerio a la diestra de Dios. Tal vez se debe tener
presente Lucas 22.69; no cabe duda de que los líderes judíos recordarían el
testimonio de Cristo.

La oración de Esteban muestra su amor por su pueblo y nos recuerda la
intercesión de Cristo en la cruz. Tal vez Esteban pensó, viendo a Cristo de
pie, que Él iba a traer juicio sobre la nación por su continuo pecado (véase
Sal 7.6), y así oró por gracia y para que se pospusiera la ira. «Durmió» es un
hermoso cuadro de lo que la muerte significa para el creyente.

El juicio de Israel quedó sellado; en los próximos capítulos veremos el
evangelio de la gracia (no el mensaje del reino) pasando de los judíos a los
samaritanos y luego a los gentiles.

HECHOS 8

Los capítulos 1–7 han descrito el «período de prueba», durante el cual se ofreció el reino a Israel por tercera vez. Los capítulos 8–12 describen el «período de transición», durante el cual ocurren los siguientes cambios:

(1) El centro de actividad pasa de Jerusalén a Antioquía.

(2) El mensaje va de los judíos a los samaritanos y luego a los gentiles.

(3) Las actividades de Pedro tienen menos importancia y Pablo llega a ser el líder.

(4) El comunismo de la «economía del reino» se reemplaza por la actividad de la Iglesia. La Iglesia existía desde el Pentecostés, pero ahora se revela su significación y lugar en el programa de Dios mediante el ministerio de gracia que Pablo lleva a cabo.

(5) Se reemplaza el evangelio del reino por el evangelio de la gracia de Dios. Si el eunuco etíope fue negro (como algunos lo dicen), en los capítulos 8–10 se tiene tres conversiones destacadas que se colocan paralelamente a los tres hijos de Noé en Génesis 10.18. El etíope sería descendiente de Cam; Pablo, un judío, de Sem; y Cornelio, un gentil, de Jafet. Así tenemos un cuadro del evangelio yendo a toda la humanidad.

I. Felipe el evangelista (8.1-25)

Satanás de nuevo atacó como león tratando de devorar a los creyentes. Pablo era el líder principal en esta gran persecución, y con posterioridad lo admitió varias veces (Hch 26.10,11; 22.4-5, 18-20; 1 Ti 1.13; 1 Co 15.9; Gl 1.13). Nótese que Pablo definitivamente afirmó que perseguía a la Iglesia de Dios, lo cual prueba que la Iglesia ya existía antes de su conversión, si bien su lugar en el plan de Dios todavía no se había revelado. Algunos enseñan que Dios tenía que enviar la persecución para obligar a los apóstoles a dejar Jerusalén y cumplir su comisión, pero esto es completamente errado. Para empezar, los apóstoles no salieron de la ciudad, sino que con valentía se quedaron para dar su mensaje a los líderes judíos y testificar a los perdidos. Los apóstoles esperaban, contra toda esperanza, que Israel se arrepintiera y se salvara. Podían tener este ministerio sólo en Jerusalén. El mandamiento que Cristo les dio fue que se quedaran allí; sería Pablo el que llevaría el evangelio «hasta lo último de la tierra».

La persecución es una oportunidad para el servicio, y Felipe se menciona aquí como un ejemplo de evangelista (Ef 4.11). Llamado al diaconado (6.5), como Esteban antes que él, Felipe descubrió dones espirituales adicionales y llegó a ser un poderoso evangelista. Llevó el evangelio a Samaria, así como Cristo lo hizo en Juan 4; de esta manera vemos por vez primera en Hechos, que sale de territorio judío el ministerio de la Palabra. La persecución tan solo abrió las puertas para que se ganaran almas; lo que empezó como una «gran persecución» (v. 1) se convirtió en «gran gozo» (v. 8).

Lo que Satanás no pudo conseguir mediante la destrucción, aquí trata de hacerlo mediante el engaño; el león se convierte en serpiente (Jn 8.44). Simón el mago hizo profesión de fe en Cristo y hasta se bautizó; pero acontecimientos subsecuentes demostraron que su corazón nunca cambió. Su «fe» era como la descrita en Juan 2.23-25. Es evidente que Simón nunca se salvó: (1) Pedro dijo: «Tu dinero perezca contigo» (v. 20); (2) también dijo: «no tienes tú parte [comunión] ni suerte en este asunto» (v. 21); (3) el versículo 23 indica que Simón estaba en prisión de iniquidad. Simón fue una falsificación satánica, un «hijo del diablo». Dondequiera que se siembra la semilla verdadera (cristianos, véase Mt 13.36-40), Satanás siembra falsificaciones.

Pedro hizo su primer uso de «las llaves del reino» en Pentecostés cuando abrió la puerta de la fe a los judíos; las usa por segunda vez cuando imparte el Espíritu a los samaritanos. Hasta ahora la gente tenía que bautizarse para recibir el Espíritu; pero ahora el don se da mediante la imposición de manos (véase el caso de Pablo en 9.17). Los que enseñan que el mandamiento de Pedro en 2.38 es la exigencia de Dios para hoy tienen serias dificultades para explicar cómo estos creyentes samaritanos recibieron el Espíritu varios días después de su bautizo. Cuando llegamos a Hechos 10, que concierne a los gentiles, tenemos la orden de Dios para hoy: oír la Palabra, creer, recibir el Espíritu, ser bautizados.

II. Felipe el obrero personal (8.26-40)

Cualquier cristiano puede disfrutar de un despertamiento tal como el que Dios dio en Samaria, ¡pero no todo el mundo dejaría tal reunión para conducir un alma a Cristo! Felipe obedeció al Señor y halló a un etíope, indudablemente un prosélito de la fe judía, un hombre que era un alto funcionario en su tierra. Vemos en este acontecimiento los factores necesarios para la obra personal eficaz y para ganar almas con eficiencia.

A. *El varón de Dios.*

Felipe fue obediente al Espíritu yendo hacia donde Dios le conducía. Conocía a Cristo como su Salvador personal. El método de Dios para ganar a otros no usa la maquinaria denominacional, las atracciones mundanas o promoción de alto calibre. Dios usa personas, hombres y mujeres entregados que obedecen al Espíritu. Felipe era la clase de evangelista que estaba dispuesto a dejar la reunión pública con sus emociones, para ayudar a un alma a hallar la paz en un lugar donde sólo Dios podía ver.

B. *El Espíritu de Dios.*

El Espíritu Santo es el Señor de la mies y a través de Él tenemos poder para testificar (Hch 1.8). El Espíritu le abrió el camino a Felipe para que se acercara al hombre; abrió las Escrituras al pecador que buscaba; y abrió el corazón del pecador al Salvador. Una persona no puede salvarse si no entiende lo que hace y sólo el Espíritu puede enseñar al pecador las verdades del evangelio. Cuando el Espíritu junta a un siervo preparado con un pecador contrito, habrá cosecha.

C. La Palabra de Dios.

«La fe viene por el oír, y el oír por la palabra de Dios», dice Romanos 10.17. Isaías 53 fue el capítulo que Felipe usó (vv. 32-33), ese hermoso cuadro del Cordero de Dios; Felipe comenzó a predicar de Cristo a partir de ese capítulo. Comenzó donde el hombre estaba y le llevó a través de las Escrituras explicando quién era Jesús y lo que había hecho. No puede haber conversión real aparte de la Palabra de Dios. Considere las siguientes porciones de la Escritura: Juan 5.24; Efesios 1.12-14; 1 Tesalonicenses 2.1-6; 2 Tesalonicenses 3.1; 2 Timoteo 4.1-5; y Tito 1.3. El testimonio personal que finalmente lleva fruto es el que planta la semilla de la Palabra y exalta a Jesucristo.

El etíope demostró su fe al bautizarse, en obediencia a la Palabra de Dios. Felipe fue llevado para ministrar en alguna otra parte; ¡pero el tesorero se fue por su camino regocijándose! Cuando Felipe predicó a Cristo en la ciudad, hubo gran gozo (v. 8), y cuando presentó a Cristo en el desierto, envió al nuevo creyente por su camino regocijándose. El gozo es una de las evidencias de la verdadera conversión. Véanse Lucas 15.5-7, 9-10, 23-24, 32.

HECHOS 9

La conversión de Pablo es el punto decisivo en los tratos de Dios con Israel. Su programa total para la evangelización del mundo dependía de este hombre nada común. Si hemos de trazar bien la Palabra de verdad, debemos tener presente que Pedro y Pablo en el libro de los Hechos representan dos ministerios diferentes. Nótese los siguientes contrastes:

Pedro	Pablo
1. Uno de los doce apóstoles	1. Llamado aparte de los doce
2. Centrado en Jerusalén	2. Centrado en Antioquía
3. Ministró principalmente a Israel	3. Ministró a los gentiles
4. Llamado por Cristo en la tierra	4. Llamado por Cristo desde el cielo
5. Vio la gloria de Cristo en la tierra	5. Vio la gloria de Cristo en el cielo

Demasiados cristianos confunden estos dos ministerios y así convierten a la iglesia local en una mezcolanza de «verdad del reino» y «verdad de la iglesia». Pablo es el portavoz de Dios a la iglesia local; incluso Pedro lo admite (2 P 3.15,16). Seguir las prácticas de Hechos 1–7 e ignorar así las instrucciones de Dios a la Iglesia por medio de Pablo es desobedecer la Palabra. Incluso Pedro no comprendía plenamente el nuevo programa de Dios que se reveló mediante Pablo y tuvo que recibir instrucción adicional (véase Gl 2).

I. Pablo y el Señor (9.1-9)

La conversión de Pablo fue toda por pura gracia; Dios repentinamente le interrumpió en su misión asesina y por gracia le transformó en una nueva persona. Así como la Iglesia es un cuerpo compuesto de judíos y gentiles, Pablo fue un hombre tanto con relaciones judías como gentiles. Era judío de nacimiento, pero gentil por su ciudadanía. Fue el siervo escogido de Dios (v. 15) para anunciar el mensaje de la Iglesia, este «misterio» que Dios había guardado en secreto por las edades pasadas. Estando asociado tanto con judíos como con gentiles, preparado tanto en las Escrituras del AT como en las filosofías griegas y las leyes romanas, Pablo era el hombre ideal para dar este nuevo mensaje de que en Cristo no hay diferencia entre judío y gentil.

Su experiencia de conversión puede resumirse en estas afirmaciones: (1) Vio una luz; (2) Oyó una voz; (3) Obedeció un llamado. Todo pecador está en las tinieblas hasta que la luz del evangelio brilla en él. Pablo oyó la voz del Señor mediante la Palabra de Dios, a pesar de que oyó a Cristo hablar audiblemente. (Los hombres que estaban con él oyeron ruidos, no así las palabras.) ¡Cómo humilló Cristo a Pablo! «Cayó», no sólo su cuerpo, sino también su corazón; porque a menos que caigamos en humildad no podemos ser salvos. El versículo 4 es otra prueba de que el cuerpo de Cristo ya existía; de otra manera, ¿cómo podía Pablo perseguir a Cristo? Cuando puso sus manos sobre los creyentes, las puso sobre los miembros de su cuerpo y esto afectó a la Cabeza del cuerpo, Cristo.

II. Pablo y Ananías (9.10-19)

Pablo había visto en visión que Ananías le visitaría, porque cuando Dios obra, lo hace en ambos extremos de la línea. Dios calmó los temores de Ananías mediante su promesa de que Pablo tendría un ministerio especial entre los gentiles, y ¡cómo deben haber chocado esas palabras a este fiel creyente judío! (Véase Hch 22.12-13.) El ministerio de Pablo fue en primer lugar a los gentiles; véase Hechos 13.46,47; 18.6; 22.21. El hecho de que Pablo ya había sido salvado cuando Ananías llegó se ve en el saludo de Ananías: «Hermano Saulo». Algunos malentienden la experiencia bautismal de Pablo que se registra en Hechos 22.16: «Levántate y bautízate, y lava tus pecados». Los tiempos de los verbos en el griego son importantes aquí: «Habiéndote levantado, sé bautizado y lava tus pecados, habiendo previamente invocado su nombre» (traducción de Wuest, en inglés). Cuando los pecadores invocan el nombre de Dios, son salvados (Hch 2.21; 9.14). Hechos 10 lo ilustra: los pecadores oyen la Palabra, creen en Jesucristo, reciben el Espíritu y entonces son bautizados.

III. Pablo y los judíos (9.20-31)

Se dan dos evidencias de la conversión de Pablo: oró (v. 11) y predicó (v. 20). Hablar a Dios a favor de los hombres y a los hombres por Dios son buenas pruebas de la conversión. Pablo empezó donde estaba y predicó lo que sabía; otra buena costumbre para que la sigan los nuevos cristianos. Su conversión sucedió probablemente en el año 37 d.C. Pasó tiempo en Damasco predicando y luego fue a Arabia (Gl 1.15-18), regresando a Damasco «pasados muchos días» (Hch 9.23). Al parecer esto abarcó un período de tres años, durante los cuales Pablo estaba siendo enseñado respecto a las verdades de Dios respecto al «misterio de la iglesia». Cuando regresó a Damasco, los judíos lo atacaron y tuvo que salir por una ventana y de noche (2 Co 11.32-33; Hch 9.23-26).

Esto nos lleva del año 37 d.C. al año 39 d.C., en el cual Pablo fue a Jerusalén y donde encontró a los apóstoles (Hch 9.26-29; 22.15-21; Gl 1.17-20). Los apóstoles temían a Pablo y fue Bernabé («hijo de consolación», Hch 4.36) el que lo introdujo al grupo. Es importante el hecho de que Pablo fue un extraño (y hasta un enemigo) para los apóstoles: esto prueba que recibió el mensaje de la gracia del mismo Cristo y no de los hombres. (Véase Gl 1.15-18.) Dios tomó toda precaución para mantener separados los ministerios de Pablo y los doce apóstoles. Qué tragedia que la gente lo confunda hoy. Pablo se quedó con Pedro quince días (Gl 1.18), pero no vio a ninguno de los demás apóstoles (Gl 1.19). Visitó, eso sí, a Jacobo, el hermano del Señor (Gl 1.19), quien más tarde ocupó el lugar de Pedro como líder espiritual en Jerusalén (Hch 15). Pablo quería ministrar a los judíos en Jerusalén, pero Dios le ordenó que saliera de la ciudad (Hch 22.17-21). El programa del reino de Dios en Jerusalén estaba ahora cerrado y Pablo tenía un ministerio que cumplir entre los gentiles.

La persecución adicional hizo necesario que Pablo saliera, de modo que regresó a su hogar en Tarso. Gálatas 1.21 sugiere que Pablo predicó en esa región y Hechos 15.23 indica que había iglesias en esa área. Es posible que durante su estadía de cuatro o cinco años Pablo predicó el evangelio de la gracia de Dios y estableció iglesias gentiles. Cuando el centro del ministerio pasó de Jerusalén a Antioquía (una ciudad gentil), Bernabé fue y buscó a Pablo y le trajo de regreso para que ministrara con él (véase Hch 11.19-30).

IV. Pedro y los santos (9.32-43)

¿Por qué Lucas habla de Pedro en este punto? La respuesta tal vez tenga que ver con la ciudad que menciona: Jope (vv. 36,43). Esta ciudad nos recuerda inmediatamente al profeta Jonás, quien descendió a Jope para huir a Tarsis (Jon 1.1-3). Dios llamó a Jonás para que llevara su mensaje a los gentiles; y Dios estaba a punto de llamar a Pedro para hacer lo mismo (Hch 10). Pedro vivía en Jope con Simón, un curtidor, lo que sugiere que Pedro estaba abandonando algunos de sus prejuicios judíos, por cuanto curtir era «inmundo» en tanto y en cuanto a los judíos atañía. Pedro estaba a punto de descubrir que nada de lo que Dios ha santificado es inmundo.

HECHOS 10

Este capítulo es uno de los más importantes en Hechos, porque registra cómo se abre la puerta de la fe a los gentiles. Pedro había usado «las llaves del reino» para abrir la puerta de la fe a los judíos (Hch 2) y a los samaritanos (8.14ss), y ahora completaría su ministerio especial al abrir la puerta a los gentiles (véase 15.6-11). También debe leerse 11.1-18 para ver el cuadro que Pedro tenía de este acontecimiento tan significativo.

Notamos en Hechos 8 que cuando Dios quiere realizar una obra, llama a un hombre de Dios, le da poder con su Espíritu y lo capacita para que predique su Palabra. En este capítulo se ve en operación este mismo programa.

I. Preparación por el Espíritu de Dios (10.1-22)

A. El Espíritu prepara a Cornelio (vv. 1-8).

Cesarea era una ciudad romana, la capital romana de Palestina. Cornelio era un hombre temeroso de Dios que no conocía la verdad del evangelio. Era devoto, honesto, generoso y sincero; pero no era salvo. ¡Es posible ser muy religioso y todavía estar perdido! Si no fuera porque Dios en su gracia le habló a Cornelio, este nunca se hubiera convertido en creyente. Aquí vemos un cumplimiento de la promesa de Cristo registrada en Juan 7.17: «El que quiera hacer la voluntad de Dios, conocerá» la verdad. Un ángel le habló y le dijo que enviara a buscar a Pedro. ¿Por qué el ángel no le dio el mensaje a Cornelio? Porque Dios no les ha dado a los ángeles el ministerio de hablar del evangelio a los pecadores. ¡Qué privilegio tenemos al contarles el evangelio a las almas perdidas! Es un privilegio que los ángeles no pueden tener. Pedro estaba a cincuenta kilómetros de Jope, pero Cornelio, con obediencia militar, llamó a dos de sus criados y un guardia, y los envió en esta importante misión. El Espíritu estaba guiando esta actividad (vv. 19-20).

B. El Espíritu prepara a Pedro (vv. 9-22).

Dondequiera que Dios obra, lo hace «en ambos extremos de la línea». Él nos prepara para lo que Él nos está preparando. Pedro vio todo tipo de animal, tanto limpio como inmundo (ceremonialmente hablando, cf. Lv 11) y se le ordenó que matara y comiera. Su «Señor, no» nos recuerda Mateo 16.22, donde le dijo a Cristo que no fuera a la cruz. Cualquiera que le dice «Señor», no puede decirle «no». Si Él es realmente el Señor, debemos obedecerle. Mientras Pedro meditaba en esta visión, la cual ocurrió tres veces, el Espíritu le habló directamente y le dijo: «Levántate, y ve», Pedro no fue a los gentiles porque entendió la visión, sino porque el Espíritu mismo se lo dijo (véase 11.11-16). Más adelante comprendería el significado de la visión, de que Dios había, por medio de la cruz, derribado toda división entre judíos y gentiles.

II. Obediencia del hombre de Dios (10.23-33)

Tenga presente que hasta este momento los apóstoles no les han predicado a los gentiles. Incluso, los samaritanos (cap. 8) eran «mestizos» de judíos, que reverenciaban la Ley Mosaica. Pedro no fue a los gentiles en obediencia a la Gran Comisión (aunque lo estaba), sino porque el Espíritu distintivamente le había ordenado que fuera. Es más, cuando llegó a la casa de Cornelio, preguntó: «¿Por qué causa me habéis hecho venir?» (v. 29). Y cuando predicó, Dios tuvo que interrumpirle para lograr su propósito (v. 44; 11.15-16). Como los otros apóstoles, Pedro todavía se aferraba a su perspectiva judía y sabía que los gentiles no podían ser alcanzados mientras que los judíos no hubieran aceptado a su Mesías y Él hubiera establecido su reino. Pero ahora Pedro iba a aprender que Dios estaba introduciendo un nuevo programa: la Iglesia. Por favor, no dé por sentado que Pedro comprendía todo acerca de este nuevo programa; por cierto que Pablo posteriormente tuvo que reprenderlo por su inconsistencia (véase Gl 2). Durante este período de transición (Hch 8–12) vemos a Pedro desaparecer de la escena y con él el mensaje del reino para Israel.

III. La predicación de la Palabra de Dios (10.34-48)

Un predicador y una congregación preparados forman un equipo maravilloso. Léase Hebreos 11.6 en conexión con el versículo 35 de este capítulo. Pedro no dice que todos los que «hacen bien» serán salvos. Empezó con el mensaje de Cristo a Israel, que dio inicio con el ministerio de Juan el Bautista. Indicó que Cornelio y sus amigos sabían ya el mensaje respecto a los milagros de Cristo, su muerte y su resurrección, y que esos acontecimientos se relacionaban en especial a Israel. En el versículo 42 dijo: «Y nos mandó [a los testigos judíos] que predicásemos al pueblo» (es decir, a los judíos), que fue lo que los apóstoles hicieron hasta ese momento. Lo que Pedro había dicho era simplemente que Cristo vino a salvar a la nación de Israel, pero que ahora caía en cuenta de que para Dios no hay diferencia entre judíos y gentiles. En el versículo 43 señaló la verdad clave cuando dijo «que todos los que en Él creyeren, recibirán perdón de pecados».

En este punto el Espíritu interrumpió a Pedro y realizó un milagro en los corazones de estos gentiles. ¡Creyeron en la Palabra! Y cuando creyeron, el Espíritu se derramó sobre ellos y eso lo muestra que hablaron en lenguas. (Véase Gl 3.2.) Los judíos que estaban con Pedro se quedaron asombrados de que Dios hubiera salvado a los gentiles sin primero hacerles prosélitos judíos. Guiado por el Espíritu, Pedro ordenó que fueran bautizados; y Pedro y sus amigos se quedaron y comieron con estos nuevos creyentes (11.3).

Repase una vez más en Hechos la relación entre el Espíritu y el bautismo. En Hechos 2 los judíos creyeron y tuvieron que bautizarse para recibir el Espíritu. En Hechos 8 los samaritanos creyeron y fueron bautizados, pero recibieron el Espíritu por la imposición de manos de los apóstoles. Pero aquí en Hechos 10 estamos en el verdadero «terreno de la iglesia», porque estos gentiles oyeron la Palabra, creyeron, recibieron el Espíritu y después fueron bautizados. Los acontecimientos de Hechos 2.38 y 8.14-17 no son el modelo para la iglesia de hoy. Se debe leer Efesios 1.13,14 con todo cuidado. La venida del Espíritu fue realmente un bautismo, según lo explicó Pedro en Hechos 11.15,16. En Hechos se usa la palabra «bautismo» nada más que dos veces en relación al Espíritu: en Hechos 2, cuando el Espíritu vino sobre los creyentes judíos y en Hechos 10 cuando vino sobre los creyentes gentiles. Esto cumple lo que Pablo describe en 1 Corintios 12.13: «Porque por un solo Espíritu fuimos todos bautizados en un cuerpo, sean judíos o griegos». Este «un cuerpo» es la Iglesia (Ef 2.11-22). Es más, en Hechos 11.15 Pedro afirmó que el bautismo en la casa de Cornelio fue idéntico al de Pentecostés. Hoy, cuando los pecadores aceptan a Cristo, el Espíritu viene a sus cuerpos y son bautizados en el cuerpo de Cristo.

Como veremos en Hechos 11 y 15 la conversión de los gentiles creó un gran problema a los creyentes judíos, no porque fueran culpables de prejuicios, sino porque no comprendieron «el misterio» de la Iglesia (Ef 3).

Pensaban que los gentiles podían salvarse sólo mediante el ascenso de Israel como reino; pero Dios reveló por medio de Pablo que los gentiles se salvaron por la *caída* de Israel (Ro 11.11-25). El mensaje del reino que los profetas dieron (Hch 3.18-26) fue reemplazado por el mensaje de la gracia de Dios revelado en su plenitud por medio de Pablo (13.38-43). Israel fue echado a un lado y no será prominente en el programa de Dios en la tierra sino hasta después del Arrebatamiento de la Iglesia. (Léase con cuidado 15.13-18.) Mezclar la verdad del reino y la verdad de la Iglesia es confundir la Palabra de Dios y obstaculizar la obra de Dios.

La comisión de la Iglesia para hoy se halla en Mateo 28.19-20. Debemos hacer discípulos, lo que exige evangelización; debemos bautizar, lo que implica compañerismo en una asamblea local; y debemos enseñar la Palabra, la cual usa el Espíritu para convencer al perdido. Ocupémonos en sembrar la semilla de la Palabra, regándola con nuestras oraciones y lágrimas (Sal 126.5,6; Hch 20.19) y esperando pacientemente la cosecha.

HECHOS 11

Es este capítulo aprendemos la relación entre los creyentes de Jerusalén (una iglesia judía) y los nuevos discípulos gentiles. Tenga presente que el problema de la iglesia de Jerusalén no es el prejuicio, sino más bien una mala comprensión de los propósitos de Dios. Entender el programa de Dios del AT era el de un reino terrenal que sería bendición para los gentiles a través del reinado del Mesías de Israel. Pero la nación rechazó a Cristo y su reino; ¿quería decir esto que los gentiles no podían salvarse? ¿Deben primero convertirse en prosélitos judíos? La experiencia de Pedro en Cesarea (cap. 10) y la revelación del «misterio de la iglesia» de Pablo (Ef 3) ayudó a contestar estas preguntas. Ambas experiencias demostraron que tanto judíos como gentiles estaban condenados ante Dios y podían salvarse únicamente mediante la fe en Jesucristo.

I. La iglesia de Jerusalén acepta a los gentiles (11.1-18)

Los fieles judíos discutían con Pedro debido a que había tenido compañerismo y hasta comido con gentiles. Mientras el plan del reino de Dios se esté aún ofreciendo a los judíos, las acciones de Pedro estaban mal. El mensaje de Dios era «al judío primeramente» (Hch 1–7). Cristo había ordenado a los discípulos que empezaran en Jerusalén (Lc 24.47; Hch 1.8) y cuando Jerusalén creyera, la nación recibiría al Mesías y el reino sería establecido (Hch 3.25-26). Pedro no fue a la casa de Cornelio porque entendiera el nuevo programa de Dios, sino porque el Espíritu Santo se lo ordenó personalmente (11.12). Estos creyentes judíos que criticaron a Pedro lo hicieron no porque odiaran a los gentiles, sino porque querían ser fieles a la voluntad revelada de Dios.

Cuando Pedro les contó cómo el Espíritu le había guiado y sellado su ministerio al venir sobre los creyentes gentiles, los cristianos judíos se regocijaron y glorificaron a Dios. Nótese que Pedro demostró que lo que hizo fue la voluntad de Dios señalando: (1) su experiencia personal (vv. 5-11), (2) la dirección del Espíritu (v. 12), y (3) la Palabra de Dios (v. 16). Estos tres elementos esenciales son siempre necesarios para hacer la voluntad de Dios; el testimonio personal, la dirección del Espíritu en nuestros corazones y la clara enseñanza de la Palabra de Dios.

II. La iglesia de Jerusalén anima a los gentiles (11.19-26)

Ahora el evangelio va a un nuevo territorio gentil, Antioquía, una ciudad clave de Siria. (No confunda a esta ciudad con Antioquía de Pisidia, que se menciona en Hechos 13.14. Busque estas dos ciudades en los mapas de su Biblia.) La persecución que se describe en 8.1ss había esparcido cristianos hasta puntos tan distantes como Antioquía, aproximadamente a quinientos kilómetros al norte de Jerusalén. Fieles a su comisión, habían predicado sólo a los judíos (esto fue antes de los acontecimientos del capítulo 10, por supuesto); pero algunos discípulos empezaron a predicarles a los gentiles. La palabra «griegos» en 11.20 no es la misma que en 6.1, donde significa «judíos helenistas». En realidad, aquí la palabra quiere decir «griegos», o sea, gentiles. Muchos gentiles llegaron a conocer a Cristo como su Salvador y la iglesia de Jerusalén envió a Bernabé a investigar la situación. Pero su misión no fue parecida a la de Pedro y Juan en 8.14-17, porque estos creyentes ya habían recibido el Espíritu y experimentado la gracia de Dios. En el versículo 23 vemos por primera vez la palabra «gracia» usada en Hechos con referencia a la salvación. (Hch 4.33 se refiere a la gracia de Dios ayudando a los creyentes.) La gracia llegaría a convertirse en el gran mensaje de Pablo en los años subsiguientes. Nótese que estos gentiles fueron salvos por gracia (v. 23), por fe (v. 21). Esto es lo que enseña Efesios 2.8,9.

Bernabé se regocijó al hallar a esta asamblea de gentiles y les exhortó a que continuaran en su fe. Entonces hizo algo extraño: dejó la iglesia y se fue a buscar a Pablo. ¿Por qué lo hizo? Porque Bernabé, lleno del Espíritu, sabía que Dios le había dado a Pablo una comisión de predicar el evangelio a los gentiles (Hch 9.15,27). La importancia de Pedro iba disminuyendo, como el programa del reino de Dios, y Bernabé sabía que Pablo debía ser el próximo líder, predicando el mensaje de la gracia de Dios. Por un año entero Pablo y Bernabé enseñaron a los gentiles la Palabra de Dios. De esta iglesia salieron hacia su primer viaje misionero. La iglesia de Antioquía cobró mayor importancia que la de Jerusalén cuando Pablo reemplazó a Pedro como el apóstol especial de Dios que trajo la revelación del misterio de la Iglesia.

III. La iglesia de Jerusalén recibe ayuda de los gentiles (11.27-30)

Estos «profetas» (v. 27) eran cristianos que ministraban en las iglesias locales y revelaban la Palabra de Dios. El que hayan venido de Jerusalén a Antioquía indica que había un íntimo compañerismo entre estas dos iglesias. «Todo el mundo» en el versículo 28 puede que signifique todo el mundo romano o toda la tierra (Judea). De inmediato, los creyentes gentiles enviaron ayuda material a los creyentes de Judea como expresión de amor cristiano.

Esta hambruna es importante, porque si leemos Hechos 2.44,45 y 4.31-35, vemos que se estaba produciendo un cambio vital en la iglesia de Jerusalén. En 2–7 la iglesia de Jerusalén no tenía ninguna necesidad; en 11.27-30 leemos que las mismas personas estaban en necesidad de ayuda externa. ¿Qué había ocurrido? El «programa del reino» con sus bendiciones especiales había concluido. Mientras el reino se le ofrecía a los judíos, el Espíritu confería bendiciones especiales a los creyentes y no había entre ellos ningún necesitado (4.34). Pero cuando el reino fue finalmente rechazado con el apedreamiento de Esteban, se suspendieron estas inusuales bendiciones, dejando a los creyentes judíos en necesidad. Varias veces en la Palabra leemos de una ayuda especial enviada a «los santos pobres en Jerusalén» (Ro 15.26; 1 Co 16.1ss; 2 Co 8–9).

El modelo de dar que se registra en Hechos 2.44,45 y 4.31-35 no se aplica a la iglesia local hoy, aun cuando el espíritu manifestado es sin dudas algo que debe desearse. Nótese que los creyentes de Antioquía no tenían «todas las cosas en común», sino que dieron contribuciones personales de acuerdo a sus posibilidades (11.29; véase 2 Co 9.7). Pablo nos instruye a proveer para los nuestros (1 Ti 5.8), advirtiendo que si no lo hacemos, somos peores que los incrédulos. El modelo de Dios para dar es que cada creyente dé los diezmos y las ofrendas al Señor, empezando en la iglesia local. Bernabé y Saulo (Pablo) fueron escogidos para llevar a Jerusalén la ofrenda. Posteriormente, regresaron a Antioquía trayendo consigo a Juan Marcos (12.25).

En el capítulo 12 veremos el cierre del ministerio especial de Pedro y el capítulo 13 introduce el ministerio del apóstol Pablo. Estos capítulos concluyen el período de transición cuando el mensaje del reino fue reemplazado por el evangelio de la gracia de Dios. Jerusalén fue reemplazada por Antioquía de Siria como el centro del ministerio, y Pedro fue reemplazado por Pablo como líder de la obra de Dios.

HECHOS 12

Aquí leemos una de las últimas referencias al ministerio de Pedro entre los primeros cristianos. En el capítulo 13 Pablo asume el escenario central y ya no encontramos de nuevo a Pedro sino cuando da su testimonio (respaldando a Pablo) en el capítulo 15. Aquí, en el capítulo 12, vemos varios poderes diferentes obrando.

I. El poder de Satanás (12.1-4)

Herodes Agripa, nieto de Herodes el Grande, era, como sus antecesores, un homicida. Los Herodes eran edomitas, descendientes de Esaú. En cierto sentido vemos a Esaú persiguiendo de nuevo a Jacob, porque «Jacobo» es simplemente otra forma del mismo nombre Jacob. Esta persecución es un cuadro del tiempo de tribulación que los judíos soportarán en los últimos días. Léase de nuevo Mateo 20.20-23, en donde a Jacobo y a Juan se les promete un bautismo de sufrimiento. Jacobo fue el primero de los apóstoles sacrificado y Juan, quien vivió una larga vida, soportó gran sufrimiento (Ap 1.9). Cristo les había prometido a los apóstoles que sufrirían persecución. Lo mismo ocurrirá con todos los que procuren hacer la voluntad de Dios.

Es interesante notar que los apóstoles no reemplazaron a Jacobo, como hicieron con Judas en el capítulo 1. Debido a que se había rechazado el reino prometido, los apóstoles no «se sentarían en doce tronos» en ese reino (Mt 19.28). Este es otro indicio de que se había revelado un nuevo plan. Hay una lección práctica aquí: cuando Satanás quiere estorbar la obra de la Iglesia, persigue a Pedro y a Jacobo. Acosa a los mejores cristianos y procura obstaculizar su obra. ¿Somos la clase de cristianos que Satanás quiere atacar? Es significativo que Pedro fue librado, en tanto que se permitió que Jacobo muriera. Dios tiene un propósito único para cada uno de los suyos.

II. El poder de la oración (12.5-19)

La palabra «pascua» en el versículo 4 se refiere a esa festividad. La ceremonia duraba ocho días, después de la cual Herodes prometió matar a Pedro para complacer a los judíos. Por motivos de seguridad, asignó a cuatro grupos, de cuatro guardias cada uno, para que lo vigilaran. Dos guardias estaban siempre a su lado y dos en la puerta de la celda. «Pero la iglesia hacía sin cesar oración a Dios por él» (v. 5). ¡Cómo emocionan esas palabras al creyente!

Cuando Satanás hace lo peor, los cristianos pueden volverse a Dios en oración y saber que Él obrará.

¿Cómo podía Pedro tener tanta paz cuando sabía que le quedaba tan solo un corto tiempo de vida? Es cierto que la oración de la iglesia le ayudó, pero la promesa de Cristo en Juan 21.18-19 debe haberle sostenido. Pedro sabía que no moriría sino hasta que fuera viejo y que esa muerte no sería a espada (como en el caso de Jacobo, v. 2), sino por crucifixión. La fe en la Palabra de Dios le dio paz. Si tan solo confiáramos en las promesas de Cristo, tendríamos la misma paz en medio de la tribulación.

El ángel libró a Pedro, pero nótese que no hizo por el apóstol lo que él mismo podía hacer. El ángel le libró de las cadenas y le condujo fuera de la cárcel, pero le dijo a Pedro que se calzara sus zapatos, que se vistiera y que le siguiera. Cuando Pedro estuvo seguro fuera, el ángel le dejó que tomara su propia decisión. Podemos esperar que Dios haga lo imposible si obedecemos y hacemos lo posible.

No debemos subestimar el poder de una iglesia que ora. Oraban con fervor (v. 5), con claridad y valentía. A pesar de su incredulidad, cuando Pedro apareció, Dios honró sus oraciones y fue glorificado. Cuando Rode oyó que llamaban a la puerta, contestó por fe; porque de acuerdo a todo lo que sabía, ¡podría haber habido allá afuera una compañía de los soldados de Herodes, listos para arrestarlos!

El Jacobo mencionado en el versículo 17 es el hermano de Cristo, quien, al parecer, llegó a ser el anciano principal en la asamblea de Jerusalén (véase el cap. 15). No lo confunda con el hijo de Alfeo, o el Jacobo que mató Herodes. Véanse también Hechos 21.18 y Gálatas 1.19 y 2.9. La partida de Pedro sigue siendo un misterio: se fue «a otro lugar» (v. 17) y no sabemos cuál era. Salió de la escena (aunque siguió predicando, por supuesto) para dar lugar a Pablo y su mensaje de la Iglesia.

III. El poder de la ira de Dios (12.20-23)

La relación entre las ciudades costeras de Tiro y Sidón y Galilea provenía desde los días de Salomón (1 R 5.9ss). Herodes, como el anticristo que aparecerá un día, se exaltó a sí mismo y tomó el lugar de Dios. La gente adoraba a Herodes y le honraba estrictamente por ganancia personal y un día el mundo recibirá y adorará al anticristo para que lo alimente y proteja. Dios le hirió con una muerte terrible. Nótese que el ángel que «golpeó» a Pedro en el versículo 7 trajo salvación; pero cuando hirió a Herodes trajo condenación. Dios aborrece el orgullo y no permitirá que nadie tome su gloria. Léase Daniel 11.36 y 2 Tesalonicenses 2.3-8 para ver cómo Herodes tipifica el hombre de pecado que vendrá, el anticristo.

IV. El poder de la mano de Dios (12.24-25)

¡Qué contraste! El gran Herodes fue comido de gusanos, «pero la palabra del Señor crecía y se multiplicaba» (v. 24). Cuando Satanás ataca como homicida (cuando mató a Jacobo, por ejemplo) o como mentiroso (vv. 20-23), la Palabra de Dios puede vencer y dar victoria. Jacobo estaba muerto, pero la obra de Dios seguía adelante, porque vemos a Pablo, Bernabé y su ayudante, Marcos, de regreso a Antioquía después de su ministerio a los santos pobres en Jerusalén (véase 11.27-30). Marcos tenía una casa piadosa, porque fue en la casa de su madre que los creyentes se habían reunido para orar (12.12). Era primo de Bernabé (Col 4.10) y más tarde fue la causa de contención entre Pablo y Bernabé. Escribió el Evangelio de Marcos y con el tiempo se ganó la aprobación de Pablo (2 Ti 4.11), a pesar de que le había fallado en sus años tempranos (13.13).

No nos dejemos nunca asustar por las estridentes voces de los líderes del mundo de Satanás. Su día viene. La Palabra de Dios nunca fallará y es nuestra responsabilidad predicar y enseñar la Palabra hasta que Cristo vuelva.

HECHOS 13

Ahora empezamos la tercera y final sección de Hechos, «el período del triunfo» (caps. 13–28), durante el cual el evangelio de la gracia de Dios se predicó al mundo romano y se establecieron las iglesias locales mediante el ministerio de Pablo y de otros. Presenciamos, como si así fuera, un nuevo principio de un nuevo ministerio desde un nuevo centro espiritual: Antioquía de Siria. Leemos del primer viaje misionero de Pablo y su primer sermón. Escuchamos por primera vez en Hechos la maravillosa palabra «justificados» (13.39).

I. En Antioquía: llamados por el Espíritu (13.1-3)

Téngase en cuenta que el centro de operación de la iglesia se ha movido de Jerusalén y de los judíos a Antioquía y a los gentiles (Hch 11.19-30). No confunda Antioquía de Siria, la «iglesia madre» de Pablo, con Antioquía de Pisidia (13.14-52). Nótese que mientras los siervos de Dios ministraban en esta iglesia local, Dios llamó a dos de ellos (el primero y el último nombre de la lista del versículo 1; y pronto el último llegaría a ser el primero) a un ministerio mundial. Los siervos fieles en su iglesia local son los que Dios usa en otras partes.

«Profetas» (v. 1) significa profetas del NT (Ef 4.11). Estos hombres hablaban por Dios y el Espíritu los guiaba directamente. Ahora que tenemos la Palabra escrita de Dios no tenemos profetas en la Iglesia. Algunos sugieren que Simón fue el hombre que cargó la cruz de Cristo (Mc 15.21) y también el padre de Alejandro y de Rufo. Manaén era «hermano adoptivo» del Herodes que mató a Juan el Bautista. No muchas personas de la nobleza son llamadas, pero gracias a Dios, ¡algunos en efecto hallan a Cristo!

Los versículos 1-3 describen el programa del NT para enviar misioneros: (1) Dios llama a los que escoge; (2) la iglesia certifica este llamado; (3) la iglesia y el Espíritu envían a los misioneros, respaldándolos con oración y sostenimiento financiero. Es correcto que los misioneros informen a sus iglesias (14.26-28). Tampoco es antibíblico que las iglesias locales se unan y organicen agencias para enviar misioneros.

II. En Chipre: oposición del diablo (13.4-12)

En la parábola de la cizaña (Mt 13.24-30,36-43) Cristo prometió que dondequiera que se planten hijos de Dios, Satanás plantará falsificaciones. Esto fue lo que ocurrió en la primera parada de los misioneros. Satanás vino en la persona de un judío apóstata, un falso profeta, un hijo del diablo (v. 10). En el poder del Espíritu Pablo hirió con ceguera al engañador. ¿No es esto parecido a la nación de Israel, ahora herida con ceguera? Véase Romanos 11.25. Nótese que aquí «Saulo» usa su nombre más conocido: «Pablo», que significa «pequeño».

III. En Perge: deserción de Marcos (13.13)

Nótese que ya no es «Bernabé y Saulo» (v. 2), sino «Pablo y sus compañeros». No estamos seguros de por qué Marcos dejó al grupo, pero Pablo consideró su acción una deserción (véase 15.38). ¿Fue debido a que Pablo había llegado a ser prominente y el primo Bernabé ya no era el líder? ¿Fue por las situaciones peligrosas que se vislumbraban? ¿Fue porque el joven echaba de menos su hogar? Cualesquiera que fueran las razones, su acción posteriormente haría que los dos misioneros se separaran, aunque más tarde Pablo perdonó y recibió a Marcos (2 Ti 4.11). ¡Qué maravilloso es que Dios nos dé otra oportunidad! Más de un siervo de Dios ha fallado al principio de su ministerio, para sólo más tarde tener éxito.

IV. En Antioquía de Pisidia: recibidos por los gentiles (13.14-52)

¿Por qué Pablo iba a la sinagoga judía cuando su misión especial era a los gentiles? Por varias razones: (1) sabía que en la sinagoga los judíos le oirían y este era el lugar lógico para empezar; (2) tenía una carga especial por su pueblo (Ro 9.1-3; 10.1); (3) quería que su nación oyera la Palabra de Dios y así quedara sin excusa.

En este sermón afirmó que Cristo vino «al judío primeramente» (vv. 23-27,46), pero se cuidó de asegurar que la salvación es para «todo aquel que cree» (v. 39). En los versículos 17-22 Pablo mostró cómo el AT fue una preparación para Cristo. En los versículos 23-27 bosquejó la vida y muerte de Cristo, probando su resurrección y destacando que Israel («los habitantes de Jerusalén y sus gobernantes» (v. 27), rechazaron a su Mesías. Los versículos 38-41 dan una conclusión personal del mensaje, mostrando que la salvación no era por medio de la obediencia a la ley, sino mediante la fe en Cristo. La advertencia en los versículos 40-41 viene de Habacuc 1.5. La «obra» a que se refiere aquí es el programa de Dios para salvar a los gentiles. ¡Qué increíble debe haber parecido esto a los judíos! Cuando el profeta Habacuc dijo estas palabras, el gobernador gentil Nabucodonosor estaba subiendo en poder e invadiría nación tras nación. Pablo usó estas palabras para advertir a los judíos que, si no creían y recibían el evangelio, perecerían al igual que el Israel incrédulo de días pasados. Predicaba el evangelio de la gracia de Dios (v. 43), el mensaje que debemos proclamar hoy.

¿Cuáles fueron los resultados? Algunos judíos y gentiles prosélitos creyeron de inmediato. Es obvio que esta gente religiosa, entendidas en las Escrituras, sería la mejor preparada para recibir el mensaje. La siguiente semana la ciudad entera se congregó. Esto quiere decir que los creyentes gentiles habían esparcido la Palabra entre sus amigos, de modo que la mayoría de la congregación ese día de reposo era gentil. Esto provocó a celos a los judíos y estorbaron el ministerio de Pablo, de modo que él los dejó y se volvió a su ministerio entre los gentiles. En el versículo 46 explicó su acción; de acuerdo al programa de Dios delineado en el AT era necesario que la Palabra fuera primero a los judíos, pero ahora que estos habían demostrado (como sus hermanos en Jerusalén) que no eran dignos, el mensaje iría a los gentiles. Pablo citó Isaías 49.6, donde Dios dice que Cristo (el «te he puesto» no se refiere a Pablo) era Luz para los gentiles. Véase también Lucas 2.29-32.

No «diluya» la frase del versículo 48 que indica que algunos «estaban ordenados para vida eterna». La palabra griega realmente significa «matriculados», y tiene la idea de nombres escritos en un libro. En tanto que la salvación es por gracia, por la fe, hay también la obra misteriosa de Dios por la cual somos «escogidos en Cristo» (Ef 1.4). No sabemos quiénes son los elegidos de Dios, de modo que ofrecemos el evangelio a todos y tenemos la confianza de que el Espíritu obrará.

Por supuesto, donde la semilla está llevando fruto, Satanás viene para oponerse; y nótese que puede usar a la «gente religiosa» para hacer su obra. El cristianismo verdadero no persigue a nadie, pero la gente religiosa ha perseguido y asesinado en el nombre de Cristo. (Véanse en 2 Timoteo 3.11 los comentarios de Pablo acerca de la persecución.) La oposición no detuvo a Pablo y sus asociados; llenos de gozo y del Espíritu Santo continuaron ministrando la Palabra.

HECHOS 14

Este capítulo registra la conclusión del primer viaje misionero de Pablo. Tal vez quiera ver un mapa y trazar usted mismo el curso.

I. Los misioneros sufren por Cristo (14.1-20)

Dondequiera que se predique el evangelio y algunos crean, habrá división y disturbios. Véanse Juan 7.43; 9.16; 10.19 y Lucas 12.49-53. Incluso hoy muchos cristianos sufren en su mismo hogar debido a seres queridos que rechazan a Cristo. Pero la oposición no detuvo a Pablo y a Bernabé; en vez de eso, se quedaron en la ciudad y continuaron predicando. Dios honró su fe al darles señales y prodigios. Estos milagros probaban que Pablo era un apóstol de Dios (2 Co 12.12) y causarían efecto en los judíos (véase 1 Co 1.22) y gentiles (Ro 15.18,19). Cuando los hombres descubrieron un complot para apedrearlos, salieron y se fueron a Listra y a Derbe, y allí predicaron la Palabra. Véase Mateo 10.23.

En Listra Pablo pudo realizar un gran milagro al sanar a un cojo muy conocido. Es interesante comparar los ministerios de Pedro y Pablo en este punto: ambos curaron a un cojo (3.1-8; 14.8-12); ambos lidiaron con impostores satánicos (8.18-24; 13.4-12); a ambos lo liberaron milagrosamente de la cárcel (12.5-10; 16.25-29); ambos resucitaron muertos (9.40; 20.12); ambos realizaron milagros especiales (5.15,16; 28.8).

Este milagro lo aceptaron los ciudadanos paganos como prueba de que Pablo y Bernabé eran sus dioses que habían descendido a la tierra; a Bernabé llamaban «Júpiter» (o Zeus, el dios principal) y a Pablo «Mercurio» (o Hermes, el mensajero de los dioses). El sacerdote local de Júpiter estuvo listo para ofrecer sacrificios cuando los misioneros públicamente les detuvieron. Pablo aprovechó la situación para predicar la Palabra a la multitud. Nótese que no usó las Escrituras del AT como lo hacía en los cultos de las sinagogas, sino que razonó con estos gentiles sobre la base de las obras de Dios en la creación. Compare este sermón (que se resume aquí en los versículos 15-17) con el mensaje de Pablo en Atenas (17.16-34) y sus declaraciones en Romanos 1.20ss. Las obras de Dios en la naturaleza dejan a los paganos «sin excusa».

El mensaje de Pablo fue rechazado y la gente le apedreó y le dejó por muerto. Nos preguntamos si Pablo recordaba el día cuando dirigió a los judíos para que apedrearan a Esteban. «Una vez fui apedreado», escribiría más tarde (2 Co 11.25); y en Gálatas 6.17 menciona las «marcas» que llevaba en su cuerpo debido a sus sufrimientos por Cristo. Algunos creen que Pablo en realidad murió y que por un milagro resucitó de los muertos, y sugieren que su experiencia en «el tercer cielo» ocurrió en esta ocasión (2 Co 12.1-4). Años más tarde Pablo le recordaría a Timoteo de estos sufrimiento (2 Ti 3.11). Es probable que Timoteo se haya convertido en este momento (véase Hch 14.6 con 16.1).

II. Los misioneros confirman las iglesias (14.21-24)

La evangelización no es suficiente; se debe estimular y enseñar la Palabra. Es por eso que Pablo establecía iglesias locales dondequiera que Dios le guió. La iglesia local es el lugar donde el creyente debe recibir una dieta confiable de alimento espiritual, hallar compañerismo cristiano y descubrir oportunidades para el servicio. Agradecemos a Dios por las muchas excelentes organizaciones y programas evangelizadores que están hoy ganando almas, pero ninguno puede reemplazar a la iglesia local.

Con valentía, los misioneros regresaron a las mismas ciudades donde sus vidas habían estado en peligro. No es de asombrarse de que posteriormente tuvieron la reputación de ser hombres que habían «expuesto su vida por el nombre de nuestro Señor Jesucristo» (15.26). Pablo y Bernabé no pensaban en ellos mismos, sino en los nuevos cristianos que necesitaban ayuda y dirección espiritual. En este momento estaban sólo a doscientos cincuenta kilómetros del hogar de Pablo en Tarso y quizás a él le hubiera encantado visitar de nuevo su hogar; sin embargo, puso a un lado sus deseos para servir al Señor. También, en el viaje de regreso a Antioquía, pasaron por alto a Chipre, que era el hogar de Bernabé.

Pablo y Bernabé designaron ancianos en las iglesias. La palabra griega que se traduce «constituyeron» (v. 23) tiene un significado doble: significa tanto «designar» como «elegir por voto popular». Es evidente que los apóstoles seleccionaron a los mejores candidatos (véanse las cualidades en 1 Ti 3; Tit 1.5ss) y luego la iglesia entera votó según el Espíritu les guió. De esta manera debe ser el gobierno de la iglesia. Nada hay en la Biblia acerca de una jerarquía entre los líderes de la iglesia. Si usted compara Tito 1.5,7 y Hechos 20.17,28, verá que los términos «obispo» y «anciano» se refieren al mismo oficio, el de pastor. Pablo no ordenó a los ancianos sino en el viaje de regreso a las iglesias, como para dar la oportunidad de probar a los hombres. «No impongas con ligereza las manos a ninguno», advirtió (1 Ti 5.22).

III. Los misioneros informan a la iglesia madre (14.25-28).

En tanto que las juntas y denominaciones pueden ayudar en los aspectos técnicos y legales para enviar misioneros, la responsabilidad final recae sobre la iglesia local. Por eso Pablo y Bernabé informaron a los creyentes de Antioquía, desde donde los enviaron a «la obra» (véanse 13.2; 14.26; 15.38). ¡Qué bendición debe haber sido esa reunión, al informar estos primeros misioneros lo que Dios había hecho! Recuérdese que Hechos registra lo que Jesús «continuó haciendo y enseñando» después que regresó al cielo (1.2), de modo que la obra era realmente suya.

Al repasar este primer viaje misionero se puede ver los principios básicos que Pablo siguió al procurar llevar el evangelio al mundo. El Espíritu dirigía a Pablo en la obra, y es importante que sigamos estos mismos principios hoy.

A. Trabajó en ciudades clave.

En la mayoría de los lugares donde Pablo trabajó eran ciudades importantes de varias provincias. Pablo no se quedó en algún rincón aislado; atacó los grandes centros de población. Allí fue donde empezó su evangelización estratégica. Luego sus convertidos alcanzaron las ciudades más pequeñas del área.

B. Estableció iglesias locales.

Su ministerio no fue un espectáculo del hombre orquesta, ni tampoco tuvo una sede central desde donde decirles a otros lo que debían hacer. Ganó almas para Cristo y luego las organizó en iglesias locales que tenían sus propios líderes. Por supuesto, esto significaba enseñar a la gente la Palabra y edificarlos en la fe. Hoy tenemos muchos «ministerios de respaldo» que son vitales (escuelas, hospitales, radio, programas de televisión, etc.), pero todos deben ayudar a ganar a los perdidos y edificar las iglesias.

C. Enseñó a los creyentes cómo hacer el trabajo.

Pablo sabía que los misioneros debían al final hacerse innecesarios. Debían preparar a los nuevos convertidos para que desarrollaran su ministerio. Después de todo, cien personas en una iglesia local pueden hacer cien veces el trabajo que cualquier misionero puede hacer, y conocen y hablan el lenguaje y la cultura de su gente. Diez años más tarde, escribiendo a los romanos (Ro 15.19,23), Pablo pudo decir ¡que el área entera había sido evangelizada! ¿Cómo lo hizo? Ganó a otros, estableció iglesias y preparó a los cristianos en cómo hacer el trabajo. Véase otro ejemplo en 1 Tesalonicenses 1–2.

Nuestro propósito es evangelizar, lo que simplemente significa dar a tanta gente como sea posible por lo menos una oportunidad de oír el evangelio. Sabemos que no todos se salvarán, pero debemos darle a todos al menos una oportunidad de oír de Cristo y la cruz. Pablo evangelizó al mundo romano sin imprenta, sin estación de radio o televisión, sin aviones y sin ninguno de los artefactos modernos de los que disponemos. ¡Cuánto más debemos ser capaces de lograr en este día de maravillas científicas! «Al que mucho se le haya confiado, más se le pedirá» (Lc 12.48).

HECHOS 15

I. La disensión en Antioquía (15.1,2)

Dondequiera que la obra de Dios progresa, Satanás empieza a oponérsele y usualmente trabaja por medio de mentiras. Muchas iglesias hoy en día son ineficaces debido a que creen «mentiras religiosas» en lugar de creer la Palabra de Dios. Ciertos fariseos de la iglesia de Jerusalén (vv. 5,24) habían llegado a Antioquía y les habían dicho a los creyentes gentiles que sus salvación no era válida a menos que se circuncidaran y obedecieran la Ley de Moisés. Sin duda, ¡Pablo nunca predicó tal cosa! (véase 13.38-40). Pablo y Bernabé disputaron con ellos, y se decidió llevar la cuestión a los apóstoles y ancianos de Jerusalén. Esta fue una decisión puramente voluntaria y de ninguna manera indica que se haya querido indicar que una «jerarquía denominacional» gobierne los asuntos de la iglesia local. En realidad Dios le ordenó a Pablo expresamente que fuera a Jerusalén; véase Gálatas 2.1,2: «subí según revelación» (Gl 2.2), lo que en sentido literal significa «subí en obediencia a, o guiado por, una revelación divina». Dios quería que Pablo dejara establecido de una vez por todas el lugar de los gentiles en su programa.

Era fácil para estos creyentes judíos confundirse con el programa de Dios. Conocían la enseñanza del AT de que los gentiles se salvarían únicamente mediante Israel. Los únicos gentiles salvos que la iglesia de Jerusalén había visto fueron los que Pedro, y no Pablo, ganó, y esto fue un acto especial de Dios (Hch 11.18). Las noticias viajaban con lentitud en esos días, y no sabían todo lo que Dios había hecho a través de Pablo y Bernabé en su viaje misionero. Estos hombres eran sinceros, pero estaban sinceramente equivocados. Como Pablo explica en Gálatas 2.6ss, predicaban el «evangelio», pero era un evangelio incompleto. Creían en la muerte y resurrección de Cristo, pero no habían progresado lo suficiente como para ver el programa de Dios para los gentiles por medio del apóstol Pablo.

II. La deliberación en Jerusalén (15.3-21)

Al parecer hubo por lo menos cuatro reuniones diferentes en esta conferencia estratégica: (1) una reunión pública durante la cual la iglesia dio la bienvenida a Pablo y a sus acompañantes (v. 4); (2) una privada entre Pablo y los líderes clave (Gl 2.2); (3) una segunda reunión pública en la cual el poderoso partido judío presentó su caso (Hch 15.5; Gl 2.3-5); y (4) el concilio propiamente en el cual se tomaron las decisiones (Hch 15.6ss). Léase con cuidado Gálatas 1–2, puesto que anota el informe de Pablo sobre el asunto.

El debate continuó y no hubo ningún progreso a la vista sino hasta cuando Pedro se levantó y pronunció su discurso. Es interesante notar que lo último que hace en Hechos es secundar a Pablo y su ministerio, tanto como lo hacen sus últimas palabras escritas (2 P 3.15,16). Pedro repasó los tratos de Dios con él en relación a los gentiles (Hch 10–11), haciendo hincapié en que Dios los había aceptado al darles el mismo Espíritu que a los judíos en Pentecostés. Fueron salvos por fe (v. 9) y gracia (v. 11). Nótese lo que dice en el versículo 11: «Por la gracia del Señor Jesús seremos salvos [nosotros, los judíos], de igual modo que ellos». No es: «ellos deberían ser salvos de igual modo que nosotros», sino lo inverso. ¡No sólo que la ley no se aplicaba a los gentiles, sino que ya ni era aplicable a los judíos! «Por gracia, por fe» es el mensaje, y no «obedezcan a Moisés y circuncídense».

Pablo y sus acompañantes fueron los siguientes testigos y sus informes de la obra de Dios entre los gentiles silenció por completo a la oposición. Luego Jacobo tomó la palabra y dio la decisión final. Este Jacobo es el hermano del Señor que había llegado a sustituir a Pedro como líder de la iglesia de Jerusalén. Sus palabras en los versículos 14-21 deben entenderse si la iglesia ha de desarrollar el programa de Dios en esta edad. ¿Qué está haciendo Dios hoy? Está tomando de los gentiles para formar un pueblo para su nombre. Judío y gentil se hallan al mismo nivel como los pecadores delante de Dios, y el programa «al judío primeramente» ya no se aplica.

Pero, ¿qué de las promesas a los judíos tocantes al reino? Jacobo contestó esto en los versículos 15-17, citando de Amós 9.11,12. Nótese que Jacobo no dijo que el llamamiento de los gentiles es un cumplimiento de la profecía de Amós, porque no se profetiza de la Iglesia en ninguna parte del AT. Jacobo

dijo que las palabras de Amós concuerdan con este nuevo programa; después
de todo, cuando la plenitud de los gentiles sea salva, Cristo volverá y edifi-
cará de nuevo la casa de David («tabernáculo» significa «casa» o «familia», 2
S 7.25-29) y establecerá el reino. Léanse Romanos 9.29-33 y 11.1-36 para
ver la explicación de Pablo de este nuevo programa. Romanos 11.25 es clave:
«Ha acontecido a Israel endurecimiento en parte, hasta que haya entrado la
plenitud de los gentiles». Cuando se salve el número completo de gentiles,
la Iglesia será arrebatada, siguiendo luego un tiempo de tribulación por siete
años, durante los cuales Israel será purgada. Finalmente, Cristo volverá a la
tierra para restaurar el trono de David.

III. La delegación a los gentiles (15.22-35)

El concilio estuvo de acuerdo con esta decisión y escribió cartas al respecto
a las iglesias gentiles, enviándolas con Pablo y sus acompañantes. Estas admoniciones no fueron dogmas oficiales impuestos por un cuerpo superior;
fueron sugerencias sabias que hombres espirituales habían recibido según les
guió el Espíritu Santo. Compárese los versículos 25 y 28. Estas prohibiciones
no eran otra «ley», sino más bien admoniciones que ayudarían a los cristianos
gentiles en su relación con los judíos, tanto salvos como no salvos. Compárese el versículo 29 con Génesis 9.1-5.

Era correcto que Pablo y sus acompañantes fueran los portadores de este
informe a su iglesia madre. Después de todo, ¿no los había usado Dios para
abrir la puerta de la fe a los gentiles? ¿No habían arriesgado sus vidas por
causa del evangelio? Cuando regresaron, se reunieron con toda la iglesia y
hubo mucho regocijo por la decisión del concilio.

La tragedia es que la decisión del concilio de Jerusalén muy rara vez se le
hace caso hoy en día. Demasiadas iglesias todavía están siguiendo el énfasis
de la primera parte de Hechos, procurando «traer el reino». Otros tratan de
«mezclar a Pedro y a Pablo» mediante extrañas combinaciones de la ley y la
gracia, de Israel y la Iglesia. Es tiempo de que empecemos a escuchar al
mensajero escogido para los gentiles, el profeta especial de Dios para la
Iglesia, el apóstol Pablo. Hay una maldición pronunciada sobre cualquiera
que no predique el evangelio de la gracia de Dios (Gl 1.6-9) y esto no se
aplica nada más que a los intérpretes «modernistas» del evangelio. Se aplica
también a las iglesias donde la Palabra de Dios no se expone correctamente
y donde la verdad del reino se mezcla con la verdad de la Iglesia.

IV. La disputa entre Pablo y Bernabé (15.36-41)

Es triste cuando los cristianos están de acuerdo en doctrina (v. 12), pero no
personalmente. Puesto que era pariente de Marcos, Bernabé tenía la obligación de ayudar al joven; pero Pablo pensaba que Marcos era un fracaso. Tal
vez ambos hombres fueron demasiado severos, porque más tarde Pablo acep-
tó a Marcos (2 Ti 4.11) y Dios lo usó para escribir el segundo Evangelio.
Mientras que Pablo y Bernabé ministraban en Antioquía, Pedro había venido

y debatido con Pablo otra vez respecto a los gentiles. Léase Gálatas 2.11-21 y note que incluso Bernabé fue «arrastrado» por la hipocresía judía. Esta puede haber sido otra razón por la cual Pablo escogió a Silas al empezar su segundo viaje misionero, porque Silas había sido un servidor fiel (véase 15.22,32). Las diferencias entre los siervos de Dios no estorban su obra. «Hay diversidad de ministerios, pero el Señor es el mismo» (1 Co 12.5).

HECHOS 16

I. Nuevos ayudantes (16.1-5)

Usted debe leer 15.36-41 para ver cómo Bernabé y Pablo dieron por terminada su sociedad misionera y seleccionaron nuevos acompañantes. Según Pablo, Juan Marcos había fallado; pero Bernabé, siendo pariente de Marcos, estaba dispuesto a darle al joven otra oportunidad. Lamentamos las diferencias entre creyentes, pero estamos agradecidos de que Dios puede anular aun los errores de los hombres para la gloria de Él.

Silas había sido un hombre clave en la asamblea de Jerusalén (15.22) y era un profeta (15.32). Había participado con Pablo en el ministerio en Antioquía, de modo que no eran extraños el uno para el otro. Timoteo, que tomó el lugar de Juan Marcos, era un joven que recibió la salvación cuando Pablo visitó a Listra en su primer viaje misionero (14.6-22). Timoteo presenció los sufrimientos de Pablo en Listra (2 Ti 3.10,11) y demostró ser digno del servicio cristiano. Pablo quería mucho a Timoteo; Pablo le llamó «mi hijo en la fe» (1 Ti 1.2). Si los cristianos de más edad y maduros no «adoptan» a los jóvenes creyentes, ¿quién ocupará las filas cuando Dios llame al cielo a los «veteranos»? Véase en 2 Timoteo 2.1-2 las instrucciones de Pablo sobre este asunto. A Timoteo lo criaron una madre y abuela piadosas (2 Ti 1.5; 3.15). Los profetas de la Iglesia, con visión espiritual, predecían grandes cosas para este joven (1 Ti 1.18; 4.14). Filipenses 2.19-23 indica con cuánta fidelidad sirvió Timoteo a Pablo en Filipos.

La circuncisión de Timoteo no tenía nada que ver con su salvación (Gl 2.1-4). Este no fue un acto de desobediencia al concilio (Hch 15.1ss). Se hizo, más bien, para eliminar un tropezadero entre los judíos a los que Pablo y Timoteo ministrarían (1 Co 9.20). Siendo hijo de padre gentil y madre judía, Timoteo no tenía que circuncidarse; pero como hijo de Dios no quería hacer nada que sirviera de tropiezo a los judíos.

II. Nuevas oportunidades (16.6-12)

Vea en su mapa los lugares mencionados en los versículos 6-8. Pablo y su grupo ministraron la Palabra en esas ciudades, pero el Espíritu no les permitió que fueran hacia el este, a Bitinia. «Asia», en el versículo 6, no significa el continente que nosotros conocemos hoy; más bien era el área que hoy llamamos Asia Menor. Sin embargo, si Pablo hubiera ido hacia el oriente, a

Bitinia, y continuado en esa dirección, esa zona hubiera recibido el evangelio antes que Europa. Nótese que Pablo ministró en esas áreas (1 P 1.1).

Pablo era sensible a la dirección del Espíritu. Hechos es verdaderamente los «Hechos del Espíritu Santo», puesto que Él estaba obrando en la vida de los apóstoles. Dios le dio a Pablo una visión en la cual le instruyó a cruzar el mar Egeo e ir a Macedonia. Algunos piensan que Lucas (el autor de Hechos) fue el hombre que vio en la visión, debido a que en el versículo 10 dice *«procuramos»* en lugar de referirse a «ellos». En cualquier caso, el doctor Lucas se les unió en Troas. Véase también 20.6,7.

III. Nuevos cristianos (16.13-40)

Filipos era una colonia romana, nombrada así en honor a Felipe de Macedonia, quien conquistó esa área en el siglo cuatro a.C. Las colonias romanas eran en realidad «Romas en pequeño», ciudades que seguían las leyes y costumbres romanas; y la indicación es que no había muchos judíos en el área, porque no tenían sinagoga. En su ministerio aquí en Filipos Pablo encontró tres clases diferentes de pecadores y los vio ganados para Cristo:

A. Una mujer religiosa con corazón abierto (vv. 13-15).

Pablo inició su ministerio en Europa ¡asistiendo a una reunión de oración de mujeres! Lidia era una comerciante acomodada que se había convertido de la idolatría pagana y adoraba al Dios de Israel. Dios no sólo abrió las puertas para que Pablo viniera a Europa, sino que también abrió el corazón de Lidia y ella fue salvada. Lidia contó el mensaje a los demás de su familia y ellos también fueron salvados. El hecho de que Pablo hizo bautizar a estos nuevos convertidos gentiles es evidencia de que estaba cumpliendo la comisión de Mateo 28.19,20. El término «familia» (v. 15) implica que los familiares (y los esclavos), quienes comprendieron la Palabra, creyeron, se salvaron y después se bautizaron. No hay evidencia de que se bautizaran niños, ni aquí ni en ningún otro lugar de Hechos.

B. Una muchacha esclava con corazón poseído (vv. 16-18).

Pablo y sus compañeros se quedaron en la casa de Lidia y fueron a las reuniones de oración con ella. Satanás siempre está disponible para oponerse a la obra del Señor y en este casó usó una muchacha esclava. Nótese que sus palabras parecían amigables para los apóstoles, como si promoviera la obra del Señor. Satanás vino como ángel de luz, usando elogios (2 Co 11.13-15); pero Cristo nunca necesita su ayuda para promover el evangelio. Este testimonio era un obstáculo, no una ayuda; y Pablo lo detuvo. En la próxima sección vemos cómo Satanás la serpiente se convierte en Satanás el león, echando a los apóstoles en la cárcel.

C. Un hombre de duro corazón (vv. 19-40).

No hace falta mucha imaginación para ver que este carcelero romano era un oficial típico encallecido, que no tenía ninguna simpatía por el hombre ni interés en Cristo. Aun cuando a Pablo y Silas los humillaron y azotaron, el carcelero aumentó sus sufrimientos al echarlos en el calabozo de más adentro y al ponerles sus pies en el cepo. Luego se fue a atender sus asuntos y finalmente se retiró a dormir por la noche.

Pero «de noche su cántico estará conmigo» (Sal 42.8; cf. 77.6) y Pablo y Silas ¡alababan a Dios en lugar de quejarse! ¡Qué testimonio fue esa reunión! A medianoche Dios obró y sacudió la cárcel de modo que todos los prisioneros quedaron libres. Si un carcelero romano perdía un prisionero significaba que le quitaban su vida; de modo que no sorprende que el carcelero, al despertarse, trató de suicidarse. Este es Satanás el homicida obrando de nuevo; porque si Pablo no hubiera clamado y detenido al carcelero, este hubiera muerto y se hubiera ido al infierno. Pero según ocurrió, el amor de Pablo y la gracia de Dios tocaron el corazón del hombre y él se convirtió.

Es en este pasaje que se refuta la llamada «salvación de familia». Los hijos no pueden salvarse simplemente porque sus padres lo son, ni tampoco se debe bautizar niños que no han creído en Cristo. La promesa de salvación fue para toda la casa (familia) del carcelero (v. 31); toda la familia oyó la predicación (v. 32); y toda la familia se bautizó (v. 33); pero ¡debido a que toda la familia creyó! (v. 34). Por más que echemos a volar la imaginación no se puede concebir que los infantes comprendieron la Palabra y creyeron. El carcelero demostró que se había convertido verdaderamente al lavarles las heridas a los discípulos y darles de comer en su casa. Cuando un hombre le abre el corazón a Cristo, se abre también su hogar.

Algunos cristianos se quedan perplejos por las acciones de Pablo en los versículos 35-40. ¿Por qué humilló a los funcionarios romanos al exigir que arreglaran abiertamente el caso? Pablo simplemente estaba haciendo uso de su ciudadanía romana y de sus derechos legales para dar el respeto apropiado al evangelio y a la nueva iglesia que se acababa de establecer. Si Pablo hubiera dejado en silencio la ciudad, sus habitantes hubieran pensado que había sido culpable; y esto hubiera estorbado el trabajo de la iglesia. No, no es incorrecto que los cristianos usen sus derechos legales, en tanto y en cuanto promueve la causa de Cristo. Esta disculpa oficial y solución abierta del caso (porque a Pablo se le había despojado de sus derechos legales) le dio dignidad al evangelio y a la iglesia. La iglesia de Filipos siempre fue una favorita de Pablo, como se puede ver al leer su carta a los Filipenses. El núcleo de esa iglesia estaba constituido por una mujer acomodada, una muchacha esclava y un carcelero romano. Pero tal es la gracia de Dios: Cristo toma lo débil del mundo y confunde a lo fuerte.

HECHOS 17

Al continuar viajando con Pablo en su segundo viaje misionero le vemos en tres diferentes ciudades y vemos tres reacciones diferentes al evangelio.

I. Tesalónica: se oponen a la Palabra (17.1-9)

Tesalónica era una ciudad de mucho movimiento, situada en la carretera principal a Roma. Había muchos judíos en la ciudad, de modo que Pablo empezó (según su costumbre) en la sinagoga, discutiendo con ellos tres semanas. Les abrió las Escrituras, lo cual es el deber de todo el que predica o enseña la Palabra. (Véase Lc 24.32.) Algunos judíos creyeron; una multitud de griegos (judíos prosélitos) creyeron; y muchas de las mujeres líderes. Pero, como siempre es el caso, Satanás se opuso mediante los incrédulos.

Los judíos usaron «la chusma» del mercado para oponerse a Pablo. Los apóstoles se habían alojado con un tal Jasón, de modo que fue en casa de este que la chusma concentró sus ataques. Si es el mismo Jasón que se menciona en Romanos 16.21, era pariente de Pablo, lo cual explicaría su hospitalidad y la razón para el ataque. Nótese que la falsa acusación de la multitud es paralela a la que se hizo contra Cristo en Lucas 23.2. Si usted lee 1 y 2 Tesalonicenses (Pablo las escribió desde Corinto poco tiempo después) verá cuánta doctrina le dio Pablo a esa gente en pocas semanas. Les habló del reino venidero de Cristo, el levantamiento del hombre de pecado y muchas otras cuestiones importantes. Nunca debemos pensar que los nuevos creyentes son muy inmaduros como para recibir todo el consejo de Dios. El ministerio de Pablo debe haber sido muy eficaz, porque el enemigo ¡le acusó de haber trastornado al mundo!

II. Berea: reciben la Palabra (17.10-14)

Esa noche Pablo, Silas y Timoteo (v. 14) salieron para Berea, a sesenta kilómetros de distancia. Dejaban atrás una iglesia local que continuó testificando de Cristo. Es más, Pablo les felicitó por esparcir tan eficazmente el evangelio (1 Ts 1.6-10). Este es el verdadero modelo del NT: hacer convertidos, enseñarles (1 Ts 2) y desafiarles a que ganen a otros.

Berea estaba junto a un camino secundario, pero fue el lugar a donde Dios quiso que los misioneros fueran. ¡Qué refrescante debe haber sido encontrar judíos como los de Berea! Dios sabía que Pablo y sus compañeros necesitaban estímulo y refrigerio, y ellos lo encontraron en Berea. Hoy debemos seguir el ejemplo de los bereanos: (1) recibieron la Palabra; (2) fueron solícitos, preparados para la Palabra; (3) escudriñaron las Escrituras y sometieron a prueba lo que el predicador decía; (4) estudiaron diariamente la Palabra. Nótese el «así que» del versículo 12. Cuando la gente tiene la actitud de que se habla en el versículo 11, no puede hacer otra cosa sino creer en la Palabra. Esta es la actitud que siempre debemos tener.

Mientras que los cristianos tesalonicenses estaban ocupados esparciendo el evangelio, Satanás lo estaba provocando problemas; y envió unos cuantos de sus propios «misioneros» a Berea. ¡Cómo detesta Satanás la simple predicación de la Palabra! Pablo salió hacia Atenas, dejando a Silas y a Timoteo para que fortalecieran a los hermanos. Los dos hombres no fueron a Atenas para ministrar con él, según estaba planeado, sino que se le unieron más tarde en Corinto (18.5). La salida de Pablo en esta ocasión no fue por cobardía. Silas y Timoteo podían enseñar en la iglesia mientras que Pablo llevaba el mensaje a otras partes.

III. Atenas: se mofan de la Palabra (17.15-34)

Pablo llegó a Atenas como un turista ¡y se convirtió en un ganador de almas! Esta famosa ciudad era un centro de la religión y la cultura, pero todo lo que Pablo pudo ver fue pecado y superstición; un escritor antiguo dijo que era más fácil encontrar un dios en Atenas que a un hombre. Pablo discutía con los judíos en la sinagoga, pero tuvo muy poco o ningún éxito. Entonces, siguió el modelo de los maestros griegos y llevó su mensaje a la plaza pública (ágora) donde los hombres se reunían para discutir filosofía o transar negocios.

Dos filosofías principales controlaban la Atenas de ese tiempo. Los estoicos eran materialistas y casi fatalistas en su pensar. Su sistema se cimentaba en el orgullo y la independencia personal. La naturaleza era su dios y creían que toda la naturaleza avanzaba gradualmente hacia un gran clímax. Pudiéramos decir que eran panteístas. Los epicúreos deseaban placer y su filosofía se basaba en la experiencia, no en la razón. Eran casi ateos. Aquí tenemos dos extremos en filosofía y Pablo los enfrentó a ambos con el evangelio de Cristo. Los atenienses se burlaron de él, dijeron que era un «palabrero». Pensaron que estaba predicando dos nuevos dioses cuando habló de «Jesús y de la resurrección». («Resurrección» en griego es *anastasia,* y tal vez ellos tomaron esto como si fuera un nombre propio.) Los griegos le llevaron al Areópago, su corte oficial, también llamada la Colina de Marte. Allí Pablo predicó un gran sermón.

Empezó diplomáticamente diciendo: «En todo observo que sois muy religiosos». Llamó su atención a un altar dedicado «AL DIOS NO CONOCIDO», y usó este objeto para predicarles al Dios verdadero, acerca del cual ignoraban. Presentó en su sermón cuatro grandes verdades respecto a Dios:

A. Él es el Creador (vv. 24-25).

Los griegos creían diferentes teorías acerca de la creación e incluso se inclinaban a cierta forma de evolución. Pablo afirmó sin rodeos que Dios creó todo y no vivía en templos hechos por hombres. Dios da la vida a todo; en realidad el hombre no puede darle nada a Él.

B. Él es el Gobernante (vv. 26-29).

Fija los límites de las naciones. Por medio de su gobierno sobre las naciones procura que los hombres le busquen y le hallen. Pablo incluso citó a un escritor griego (v. 28) para mostrar que Dios es el que sustenta la vida. Esto no quiere decir que el poeta griego haya sido inspirado, sino más bien que su afirmación concuerda con la verdad divina. De nuevo Pablo con diplomacia destaca que sus templos e imágenes eran insensatez e ignorancia. ¡Necesitamos este recordatorio hoy!

C. Él es el Salvador (v. 30).

Pablo barre con la cultura griega llamándola «los tiempos de esta ignorancia». Los griegos no pudieron hallar a Dios a pesar de toda su sabiduría y cultura (véase 1 Co 1.18ss). Dios ha ordenado a los hombres en todas partes que se arrepientan; y si se arrepienten y creen, Él los perdonará.

D. Él es el Juez (v. 31).

Dios ha determinado un día de juicio y el Juez será su Hijo, Jesucristo. Dios lo demostró al levantarle de entre los muertos. Si confiamos en Cristo hoy, Él nos salvará; si le rechazamos, mañana Él nos juzgará.

Las reacciones de los oyentes fueron mixtas. Algunos se burlaron (esta es con frecuencia la actitud de la cultura y filosofía paganas); otros dejaron el asunto para más tarde; ¡pero algunos creyeron!

Este capítulo presenta tres actitudes diferentes hacia el evangelio, y encontramos estas actitudes en el mundo hoy. Algunas personas se oponen abiertamente a la Palabra; otros se mofan, burlan o posponen la toma de alguna decisión; y algunos reciben la Palabra y creen. Pablo persistió en seguir como siervo fiel y también debemos hacerlo nosotros «porque a su tiempo segaremos, si no desmayamos» (Gl 6.9).

HECHOS 18

De Atenas Pablo se dirigió a Corinto, una de las ciudades más grandes de esa época. Era famosa por varias razones: Su alfarería y artesanía en bronce; sus grandes eventos deportivos que se comparaban con los juegos olímpicos; y su inmoralidad y perversidad. De una cuidad de cultura refinada, como Atenas, Pablo llevó el evangelio a la perversa ciudad de Corinto, ¡y por la gracia de Dios estableció allí una iglesia!

I. Pablo halla nuevos amigos (18.1-3)

Se acostumbraba que los padres judíos enseñaran a sus hijos un oficio, incluso si estos iban a ser rabíes. El oficio de Pablo era hacer tiendas, habilidad que usó lucrativamente para sostener su ministerio en Corinto (véase 1 Co 9.15). Fue por medio de su oficio que se encontró con una pareja cristiana, con la cual vivió y ministró mientras establecía la iglesia en Corinto. ¡Cómo se debe haber regocijado Pablo al tener compañerismo con estos santos! Pablo no tenía su propio hogar y sus viajes hacían difícil que tuviera compañerismo por mucho tiempo en algún lugar. Más tarde, Priscila y Aquila fueron con él a Éfeso, donde instruyeron a Apolos (vv. 18,24-28). Tenían un grupo cristiano en su casa de Éfeso (1 Co 16.19), pero posteriormente Pablo los saludó en Roma (Ro 16.3). Ellos nos son buenos ejemplos de cristianos que abrieron sus corazones y sus hogares para servir al Señor.

En los versículos 24-28 hallamos a Aquila y Priscila explicando el evangelio de gracia al orador visitante, Apolos. Él conocía solamente el bautismo de Juan, lo que quiere decir que nunca había aprendido del bautismo del Espíritu y la fundación de la Iglesia. En lugar de abochornarlo en público, Priscila y Aquila le llevaron a casa y le enseñaron la Palabra. Apolos nos demuestra que es posible tener elocuencia, celo, sinceridad ¡y sin embargo estar equivocado! Dios guió a Apolos a Corinto y allí le dio un poderoso ministerio (véanse 1 Co 3.6; 16.12).

Pudiéramos añadir una palabra respecto al empleo de Pablo en Corinto. Él mismo reconoció que su costumbre de ganarse su sustento era algo único. El modelo escriturario es que «los que anuncian el evangelio, que vivan del evangelio» (1 Co 9.14). En su trabajo misionero pionero Pablo deliberadamente sufragó sus gastos para que ninguno le acusara de «predicar por dinero». Léase en 1 Corintios 9 su clara explicación.

II. Pablo funda una nueva iglesia (18.4-17)

Pablo empezó en la sinagoga, pero el testimonio duró tan solo poco tiempo; entonces se volvió a los gentiles. (Véase 13.46.) Por ese mismo tiempo salió de la casa de Priscila y Aquila, y se fue a la de un gentil llamado Justo, que era un prosélito judío y cuya casa estaba cerca de la sinagoga. Es evidente que Pablo no quería crear dificultades a sus anfitriones judíos, ahora que se había dedicado a predicar a los gentiles. Pero el versículo 8 nos dice que el principal de la sinagoga había creído, ¡lo mismo que muchos de los corintios! Nótese la secuencia en el versículo 8: oír, creer, ser bautizado. Este es el modelo para hoy. En 1 Corintios 1.14-17 Pablo nos informa que él mismo bautizó a algunos en Corinto (1 Co 1.11-17), lo cual prueba que el bautismo en agua es una orden para esta edad.

Es muy probable que Silas y Timoteo (v. 5) eran los que más bautizaban, puesto que la misión principal de Pablo era evangelizar. Dios le dio una promesa especial de éxito y él permaneció dieciocho meses en la ciudad. Un cambio en los líderes políticos provocó nueva oposición, pero Pablo todavía se quedó (v. 18) para predicar y enseñar. Nótese que hay un nuevo principal en la sinagoga, Sóstenes (v. 17, véase v. 8). Parece que la salvación de Crispo hizo necesario que los judíos eligieran un nuevo dirigente; pero si el Sóstenes del versículo 17 es el mismo que se menciona en 1 Corintios 1.1, ¡también él se convirtió! Nótese que los que se bautizaron eran creyentes (v. 8); esta lista excluye infantes.

III. Pablo termina su segundo viaje (18.18-22)

El voto que se menciona en el versículo 18 presenta un problema, y tal vez no podamos contestar todas las preguntas que plantea. Tal vez se trate del voto nazareo puesto que incluía dejarse crecer el cabello (Nm 6). El pelo se cortaba al finalizar el período del voto y Pablo lo hizo en Cencrea, el puerto marítimo de Corinto. Si Pablo ofreció los sacrificios exigidos cuando llegó a Jerusalén, no lo sabemos, porque se guarda silencio.

Es posible que este voto lo hiciera después que Dios lo libró a él y a sus compañeros durante el levantamiento descrito en los versículos 12-17. Este voto quizás fue en acción de gracias a Dios, puesto que tales votos eran puramente voluntarios. Para los judíos Pablo se hizo como un judío (véase 1 Co 9.19-23), no por compromiso, sino por cortesía. Sin dudas, Pablo sabía que no había méritos en tales votos, ni tampoco necesariamente sentaba un ejemplo para los creyentes de hoy. Entendía con claridad el significado de la gracia de Dios y no estaba retrocediendo al legalismo de las prácticas ceremoniales. Es evidente que finalizar este voto en Jerusalén era algo de suma importancia para él, tanto así que no se quedó en Éfeso a pesar de que los judíos se lo pidieron.

Pablo regresó a Antioquía e informó a la iglesia. También saludó a los hermanos de Jerusalén. Después de un tiempo (tal vez varios meses), volvió a visitar las iglesias para confirmarlas en la fe. Si usted repasa Gálatas verá por qué: los maestros «judaizantes» habían invadido estas jóvenes iglesias y estaban enseñando a los nuevos convertidos que debían obedecer la Ley de Moisés. Pablo se sintió responsable de las iglesias y por eso viajó de nuevo para enseñarles la Palabra y confirmarlas en la fe. Lucas registra este tercer viaje en Hechos 19.1–21.16. La mayoría de la narración trata de su gran ministerio por tres años en Éfeso.

HECHOS 19

Este capítulo relata el maravilloso ministerio de Pablo en Éfeso y narra sus contactos con tres grupos de personas.

I. Pablo y doce discípulos ignorantes (19.1-12)

Es muy probable que estos doce hombres se convirtieron con Apolos antes de que este comprendiera a plenitud el evangelio (18.24-28). Todo lo que este elocuente predicador conocía era la enseñanza de Juan el Bautista; y después que Priscila y Aquila le instruyeron, evidentemente no pudo impartir este nuevo conocimiento a sus convertidos puesto que Éfeso era una ciudad muy grande. Cuando Pablo encontró a estos doce hombres, detectó algo que faltaba en sus vidas espirituales.

La pregunta de Pablo (v. 2) fue: «¿Recibisteis el Espíritu Santo cuando creísteis?» Basar en este versículo una doctrina de una «segunda bendición» es errado. El Espíritu entra en nuestras vidas cuando creemos en Cristo, no después (Ef 1.13,14). Los hombres replicaron: «Ni siquiera hemos oído si hay Espíritu Santo». Sabían que existía un Espíritu Santo, por supuesto, debido a que Juan el Bautista había prometido un futuro bautismo del Espíritu (Mt 3.11). Lo que no sabían era que este bautismo ya había ocurrido en Pentecostés (Hch 1.5; 2.4) y en el hogar del gentil Cornelio (10.44-45; 11.15-16).

A continuación Pablo les preguntó respecto a su bautismo. Nótese que da por sentado que se habían bautizado, otra indicación de que el bautismo en agua es lo que se espera y lo aceptado para los cristianos. ¿Por qué Pablo les preguntó respecto a su bautismo cuando la cuestión real era la presencia del Espíritu en sus vidas? En Hechos hay una relación definitiva entre el bautismo en agua y el Espíritu Santo. Puesto que Apolos había sido su instructor, el único bautismo que conocían era el de Juan. Pero el bautismo de Juan ya no era válido. En otras palabras, estos doce hombres no eran salvos: creyeron un mensaje pasado («Cristo viene») y recibieron un bautismo pasado (el de arrepentimiento). Eran sinceros, como lo fue Apolos, pero estaban sinceramente equivocados.

Supóngase que le hubieran contestado a Pablo: «Fuimos bautizados en el día de Pentecostés después de oír a Pedro». Entonces deberían haber recibido el Espíritu, puesto que en Hechos 2.38 el Espíritu fue prometido a todos los que se arrepintieran y fueran bautizados. Si no hubieran recibido el Espíritu, sería evidente que no habían creído realmente. O supóngase que hubieran replicado: «Fuimos bautizados en Samaria» (Hch 8). Entonces deberían haber recibido el Espíritu mediante la imposición de manos (8.17; 9.17). O supóngase que hubieran dicho: «Estuvimos en la casa de Cornelio y oímos a Pedro predicar». Entonces hubieran recibido el Espíritu inmediatamente al creer (10.44-45) y hubieran sido bautizados en agua. Cuando le dijeron que los bautizaron con el bautismo de Juan, Pablo supo enseguida que no eran salvos. Creyeron un mensaje que ya no era válido, puesto que Cristo vino, murió y regresó al cielo.

Por supuesto, Lucas no registra todo lo que Pablo les dijo. Pero ellos creyeron en el mensaje del evangelio (que Cristo ya había venido y muerto) y fueron bautizados con el bautismo cristiano. Recibieron el Espíritu mediante la imposición de manos de Pablo y su evidencia fue que hablaron en lenguas. Esta es la última vez en Hechos que se menciona el hablar en lenguas como muestra de recibir el Espíritu. Estos doce hombres llegaron a ser el núcleo de la iglesia en Éfeso. Debido a que Dios se apartó del orden usual y les concedió el Espíritu por la imposición de manos fue prueba de que Pablo era igual a los demás apóstoles y, por consiguiente, el siervo de Dios para establecer la Iglesia. Este acontecimiento entero destaca varias verdades: (1) los pecadores deben creer en el mensaje correcto antes de que se salven; (2) el bautismo es importante, pero la clase de bautismo que se describe en Hechos 2.38 no es lo que Dios quería para la iglesia de hoy; (3) un cristiano puede guiar a otros sólo a donde él mismo ha ido; (4) Pablo fue el mensajero de Dios y tenía igual posición con los otros apóstoles.

II. Pablo y siete impostores judíos (19.8-20)

Pablo pasó tres años en Éfeso (20.31): tres meses en la sinagoga, dos años enseñando en salones alquilados de la escuela de Tiranno y casi nueve meses en varios lugares (19.8-19,22). Toda Asia oyó la Palabra, porque Pablo enseñaba a los creyentes a llevarle a otros la Palabra. Dios certificó el ministerio de Pablo con milagros extraordinarios, un indicio de que tales actividades no son normales para el ministerio hoy. El uso y venta actual de «pañuelos y lienzos de oración» es contrario a las Escrituras. Siete judíos trataron de imitar el poder de Pablo (Satanás es el gran imitador), pero les salió el tiro por la culata y los demonios los hicieron huir desnudos y heridos. Este hecho contribuyó a que el evangelio se difundiera y muchos que habían sido encantadores y magos (farsantes que aducían espiritualismo y otras prácticas satánicas) trajeron sus libros y los quemaron. Éfeso era una ciudad notoria por sus artes mágicas y Satanás estaba detrás de todo el programa. Es maravilloso ver el evangelio penetrando en las fortalezas de Satanás.

III. Pablo y los plateros (19.21-41)

Cuando Satanás no pudo lograr estorbar el evangelio mediante los discípulos ignorantes o los impostores judíos, casi tiene éxito con los comerciantes y mercaderes de la ciudad. Éfeso se enorgullecía de tener la custodia de la imagen de la diosa Diana, que se suponía había caído del cielo. Dondequiera que se halla superstición, con frecuencia se halla la exhibición y venta de tales artículos religiosos. ¿Recuerda la venta de sacrificios en el templo judío? La verdadera predicación del evangelio siempre choca de frente con las artimañas supersticiosas destinadas a hacer dinero y Éfeso no era la excepción. El gremio (o sindicato) de plateros pretendió que su preocupación era la religión de la ciudad, ¡pero su inquietud real era la pérdida de su negocio! El evangelio había trastornado la ciudad de tal manera que la gente estaba alejándose de los ídolos y convirtiéndose al Dios verdadero y esto estaba afectando las ventas «religiosas». Se informa que durante el avivamiento de Gales docenas de cantinas quebraron por falta de clientes.

Los plateros usaron la religión para exacerbar a la gente y el resultado fue una turba. La ciudad entera se llenó de confusión (v. 29), lo cual prueba que la situación nació del diablo, porque Dios no es Dios de confusión (1 Co 14.33). Los ciudadanos se precipitaron al inmenso teatro al aire libre, en el que cabían al menos veinticinco mil personas sentadas. Sabiamente los amigos de Pablo le impidieron que se presentara, porque es más que probable que las autoridades le arrestaran o que la chusma le lincharan. El secretario del pueblo tranquilizó a la multitud, advirtiéndoles que estaban en peligro de quebrantar la ley, y los envió a todos a casa.

Satanás estaba ansioso de prevenir el establecimiento de una fuerte iglesia en Éfeso. Esta ciudad había sido una de sus fortalezas por años, con su superstición, idolatría y prácticas de magia. La actividad demoníaca había prevalecido en Éfeso, pero ahora el Espíritu de Dios estaba obrando. ¿Qué tal si Pablo no hubiera detectado la superficialidad de la profesión de fe de aquellos doce hombres, o hubiera tratado de edificar una iglesia local basada en el testimonio de ellos? ¡La obra hubiera fracasado! ¿Qué tal si esos judíos hubieran sido capaces de falsificar los milagros de Pablo? ¿Qué tal si la chusma se hubiera apoderado de Pablo y de sus compañeros y los hubiera arrestado o linchado? ¿Tendríamos la maravillosa epístola a los Efesios? Satanás no quería una iglesia en Éfeso y sin embargo Dios estableció una allí; y una lectura de la carta a los Efesios prueba que fue tal vez la iglesia más espiritual que Pablo jamás fundó. Esta maravillosa epístola bosqueja la verdad de la iglesia en forma clara y el diablo no quería esto.

Satanás todavía estorba la obra del Señor de estas tres maneras: falsos creyentes con una experiencia espiritual inadecuada, falsificadores y oposición abierta. Pero podemos vencer al adversario si confiamos en Dios, dependemos del poder del Espíritu y predicamos la Palabra de Dios.

Notas adicionales a Hechos 19.1-7

Hay una serie de preguntas que deben contestarse respecto a este difícil pasaje.

A. ¿Fueron salvos estos doce hombres?

Toda parece indicar que no lo fueron. En la Biblia la palabra «discípulo» no siempre significa «cristiano». Pablo dio por sentado que habían creído algún mensaje (v. 2), pero la cuestión básica era que no había sido el correcto. La gente de todas las épocas se ha salvado por fe en la Palabra revelada de Dios; pero esta Palabra no siempre fue el claro evangelio de la gracia que predicamos hoy. Adán se salvó al creer en la promesa de Dios de una simiente venidera. Noé, al creer en la Palabra de Dios acerca del juicio venidero. Abraham recibió la salvación al creer que Dios podría hacerle una gran nación. ¡Nadie en esta era de gracia se salvaría creyendo en estas promesas! Nuestra salvación viene cuando confiamos en Cristo y creemos en el evangelio. Estos doce hombres oyeron el mensaje de Juan el Bautista a través de Apolos, unos treinta años después que concluyera el ministerio de Juan. El Calvario y la resurrección habían intervenido; el mensaje y el bautismo de Juan ya no eran válidos. El ministerio de Juan se enfocaba hacia Cristo y ahora Él ya había muerto y resucitado. El ministerio de Juan había concluido. «Simple fe» es todo lo que los pecadores necesitan para ser salvos, pero deben creer en el mensaje correcto.

B. ¿Ignoraban el Espíritu Santo?

Estos hombres ciertamente sabían que había un Espíritu Santo puesto que el mismo Juan lo prometió. Lo que no sabían era que el Espíritu ya había venido e iniciado una nueva era de gracia. Estos hombres recibieron el mensaje de Apolos, cuyo conocimiento espiritual era escaso. Es posible que Apolos se convirtió al confiar en el mensaje de Juan antes del Calvario y Pentecostés, porque no leemos en Hechos 18.24-28 que lo hayan bautizado de nuevo. Ninguno de los discípulos de nuestro Señor fueron bautizados de nuevo después de Pentecostés, puesto que su fe y bautismo se produjeron en el momento apropiado. Apolos no sabía que el Espíritu había venido y por eso no pudo enseñárselo a sus convertidos.

C. ¿Por qué Pablo bautizó de nuevo a estos hombres?

La respuesta parece ser que el bautismo es un mandamiento para esta era y es parte de la comisión de Cristo a la Iglesia, según Mateo 28.19,20. Nótese que Pablo, en su pregunta del versículo 3, dio por sentado que estos hombres experimentaron alguna clase de bautismo. Si el bautismo no fuera para esta era, Pablo nunca hubiera hecho la pregunta y con toda seguridad no habría bautizado a estos hombres. A dondequiera que Pablo fue con el evangelio de la gracia de Dios, obedeció las instrucciones de Cristo dadas en Mateo 28: evangelizó, bautizó a los creyentes, los organizó en asambleas locales y les enseñó la Palabra. Esto no significa que Pablo personalmente bautizara, porque su comisión especial como apóstol fue predicar el evangelio (1 Co 1.17). Hoy son pocos, si acaso, los evangelistas que bautizan; pero esto no significa que el bautismo no sea para este tiempo. Es más, el NT indica que Pablo bautizó como mínimo a veinte personas: Crispo, Gayo, la familia de Estéfanas (por lo menos dos personas y quizás más; 1 Co 1.14-16), los doce discípulos en Hechos 19.1-7, Lidia y su familia (al menos dos personas; Hch 16.15) y el carcelero y su familia (un mínimo de dos personas; Hch 16.30-33). Los hechos claros prueban que Pablo en efecto practicó el bautismo y lo consideraba importante, pues él mismo bautizó más de veinte personas. Pablo fue el mensajero especial de Dios a la Iglesia y si el bautismo no fuera para esta era, él lo hubiera sabido.

D. ¿Por qué estos hombres no recibieron el Espíritu Santo cuando creyeron?

El modelo en Hechos es como sigue: (1) Hechos 1–7: los judíos recibieron el Espíritu al creer y bautizarse (véase 2.38); (2) Hechos 8–9: los samaritanos y Pablo recibieron el Espíritu por la imposición de manos (véanse 8.17; 9.17); (3) Hechos 10: los gentiles recibieron el Espíritu cuando creyeron en Cristo (véase 10.44-48). Este es el modelo de Dios para hoy: oír la Palabra, creer, recibir el bautismo del Espíritu, recibir el bautismo en agua.

Cuando consideramos la situación total en Éfeso podemos entender mejor por qué Dios se apartó de su programa normal e impartió el Espíritu a estos doce hombres por la imposición de manos de Pablo. Éfeso se convertiría en un gran centro de evangelización, alcanzando con el evangelio a las provincias circunvecinas. El hecho de que Pablo pasara tres años allí indica la importancia de la ciudad. Era el centro de adoración al diablo y de actividades diabólicas, y Satanás hizo todo lo que pudo para impedir el establecimiento de una iglesia. La iglesia de Éfeso era ante todo gentil. Pablo era judío y era importante que estableciera su autoridad apostólica desde el principio. Dios le dio a Pablo el privilegio de impartir el Espíritu a estos hombres, probando así su autoridad como mensajero de Dios y su igualdad con Pedro, Juan y los demás apóstoles.

Tenga presente que dondequiera que Dios desarrolla su programa y establece un nuevo centro, pone su sello de aprobación sobre el ministerio con milagros extraordinarios. Cuando el evangelio pasó de Jerusalén a Samaria fue acompañado de milagros de confirmación, lenguas y la imposición de manos (Hch 8.5-17). Nótese que en Samaria Satanás trató de impedir la obra mediante un mago. En Hechos 9, cuando Pablo fue ganado para Cristo, hubo una luz del cielo, una voz y la imposición de manos. En Hechos 10, cuando el evangelio llegó a los gentiles, hablaron en lenguas y glorificaron a Dios. Ahora, el evangelio pasa a la gran ciudad de Éfeso, una ciudad controlada por Satanás, y de nuevo Dios testifica en favor de su obra y sus obreros al darles «milagros extraordinarios» (véase 19.11). Satanás resistió con milagros y obreros falsificados, pero el Espíritu demostró que eran falsos.

La impartición del Espíritu mediante la imposición de manos probó la autoridad de los apóstoles. No hay apóstoles hoy en día, puesto que no hay nadie vivo que haya visto al Cristo resucitado (1.21-26; 1 Co 9.1). Esto significa que la imposición de manos ya no es el programa de Dios, porque si lo fuera, Él hubiera provisto personas que lo realizaran. Dios usó a Pablo de esta manera para darle las credenciales necesarias para fundar y guiar a la iglesia de Éfeso.

Es importante tener presente el papel que Apolos desempeñó en esta controversia. Este capaz predicador fue de Éfeso a Corinto (19.1) y llegó a ser parte de una división de la iglesia que incluyó sus partidarios y los de Pedro y Pablo (véanse 1 Co 1 y 3). Pablo fundó la iglesia en Corinto y colocó su fundamento, luego vino Apolos para edificar sobre ese fundamento. Pronto la iglesia se dividió en tres grupos: uno que seguía a Pablo, el fundador; otro que seguía a Apolos, el constructor; y un tercer grupo que quería seguir «al verdadero liderazgo apostólico», ¡de modo que escogieron a Pedro! Estos líderes no causaron ni estimularon estas divisiones, pero de todas maneras resultó así, y en parte se motivó porque la iglesia rehusó aceptar la comisión apostólica de Pablo (1 Co 9.1ss). Ahora transfiera esta situación a Éfeso. Aquí tenemos doce hombres, convertidos por Apolos y el núcleo de la iglesia allí. Imagínese que Dios les hubiera concedido el Espíritu cuando creyeron (cómo en Hechos 10). Ellos siempre hubieran mirado a Apolos como su líder, no a Pablo; el ministerio en Éfeso se hubiera dividido desde el mismo comienzo. Fue Apolos quien les había enseñado y bautizado, y siempre hubieran cuestionado el liderazgo de Pablo.

No, Dios usó a Pablo para darles a estos hombres un nuevo y fresco comienzo; y de estos doce hombres edificó una gran iglesia en Éfeso. Si no hubiera trabajado de esta manera, tal vez no hubiéramos tenido la magnífica epístola a los Efesios, con sus gloriosas verdades de la Cabeza y el Cuerpo. ¡Satanás se hubiera anotado otra victoria!

El bautismo de Juan fue uno de esperanza anticipada de la venida del Espíritu; el bautismo en agua hoy simboliza la realización de este bautismo del Espíritu en nuestra vida, debido a la obra que Jesucristo consumó en la cruz.

HECHOS 20

I. Pablo y la iglesia local (20.1-12)

Poco tiempo después del motín descrito en el capítulo 19 Pablo salió de Éfeso y emprendió su camino hacia Macedonia, justo como lo había planeado (19.21). En Troas esperaba encontrar a Tito y recibir informes de primera mano respecto a la situación en Corinto. Había enviado a Tito allá para que procurara corregir algunos problemas (2 Co 7.13-15; 12.17,18). Cuando este no llegó, Pablo avanzó a Macedonia, visitando las iglesias; allí encontró a su colaborador (2 Co 2.12,13). El informe de Corinto le animó. Pasó tres meses en Grecia, es probable que la mayor parte del tiempo fue en Corinto. Allí escribió el libro de Romanos. La misma oposición judía que antes se había revelado en Corinto (Hch 18.12) apareció ahora de nuevo (20.3), de modo que Pablo salió hacia Macedonia en lugar de dirigirse a Siria. Varios cristianos lo acompañaron, representantes de las iglesias que estaban contribuyendo a la ofrenda de auxilio que estaban recogiendo para Jerusalén. Lucas se unió al grupo en Filipos (nótese el «nosotros» en el v. 6) y todos se quedaron en Troas siete días.

Es aquí que vemos a Pablo en el medio ambiente de una iglesia local. Los creyentes estaban acostumbrados a reunirse el domingo, el primer día de la semana. Pablo tal vez se quedó siete días sólo para estar con la iglesia en Troas. Se afanaba por llegar a Jerusalén y sin embargo puso el día del Señor primero. Él es un buen ejemplo para que todos sigamos. Es probable que Lucas describe en los versículos 7-8 una reunión nocturna de los creyentes, puesto que quizás Pablo no hubiera predicado todo el día. ¡Qué gozo debe haber sido oír al gran apóstol de los gentiles exponer la Palabra de Dios! Sin embargo, hubo un hombre que se quedó dormido, se cayó y fue dado por muerto. Las «muchas lámparas», o antorchas (v. 8) habrían llenado el aire con humo y elevado la temperatura del salón, condiciones ideales para quedarse dormido. Lucas el médico informó que el hombre estaba muerto; Pablo, con fe en el poder de Dios, anunció que había vida en Él y le resucitó de los muertos. Pablo luego habló (no predicó, v. 11) largamente con los creyentes, posiblemente después de que el culto concluyera, y luego se embarcó al siguiente día.

¿Hay algún significado espiritual detrás de este milagro? Eutico (que significa «afortunado») no había hecho nada que mereciera la ayuda de Dios; sin embargo, debido a la gracia de Dios se le restauró a la vida. Había caído (todos hemos caído en Adán) y estaba muerto (todos estamos muertos en pecado); y se le dio vida solamente por gracia.

II. Pablo y los pastores locales (20.13-38)

Pablo decidió caminar los treinta y cinco kilómetros que separaban a Troas de Asón. Tal vez estaba buscando la dirección del Señor respecto a su visita a Jerusalén. En tanto que le encantaba la comunión con otros santos (v. 4), sabía que debía estar a solas con Dios y buscar su propósito. El ejercicio además fue bueno para su cuerpo. En Mileto pidió que fueran por los ancianos de la iglesia de Éfeso. Téngase presente que el NT enseña que las iglesias deben tener varios pastores y esto sería especialmente cierto en una tan grande como la de Éfeso. A estos líderes se les llama ancianos o sobreveedores («obispos», v. 28). La plática de Pablo a los pastores efesios revela cómo ministraba a la iglesia local. Nótese que hay tres discursos especiales de Pablo en Hechos: (1) a los judíos, en 13.16-41; (2) a los gentiles, en 17.22-34; y (3) a la iglesia de Éfeso, en 20.17ss.

A. El ministerio anterior de Pablo (vv. 18-21).

Pablo no hizo nada en secreto; todos conocían su mensaje y sus métodos. Servía al Señor, no al hombre. Fue un líder humilde, no un orgulloso dictador (véase la admonición de Pedro en 1 P 5). Sabía lo que es regar con lágrimas la semilla de la Palabra (vv. 19,31). Pablo predicaba el consejo de Dios públicamente y de casa en casa. Predicaba a toda persona y exaltaba a Jesucristo. Este es el modelo que debe seguir el pastor de hoy.

B. La carga presente de Pablo (vv. 22-24).

Pablo estaba ligado en espíritu (no el Espíritu Santo) para ir a Jerusalén. Hay serias dudas si Pablo estaba en la voluntad directa de Dios en este asunto. Él admite en el versículo 23 que el Espíritu Santo le había dicho, de una ciudad a otra (quizás por medio de profetas locales en las iglesias) que sufriría en Jerusalén. En 21.4 y 10-14 se le advirtió expresamente que no fuera a Jerusalén. Años antes, después de su conversión, Cristo le había instruido que su testimonio no se iba a oír en Jerusalén (22.18ss); y sin embargo el amor de Pablo por su pueblo le empujó a ignorar estas advertencias y determinarse a ir a Jerusalén. Si no estaba en la voluntad directa de Dios, sí lo estaba en la voluntad permisiva de Dios, al quitar esta carga que Pablo sentía y le llevó a Roma como prisionero (véase 23.11). Nótese en el versículo 24 cómo Pablo describió su ministerio: «para dar testimonio del evangelio de la gracia de Dios».

C. Advertencia de Pablo del peligro futuro (vv. 25-35).

Pablo no se preocupaba de sí mismo, sino de la iglesia y su futuro. Le advirtió a los pastores que se cuidaran primero ellos. Si fracasaban en su comportamiento espiritual personal, toda la iglesia sufriría. Más adelante Pablo repitió esta advertencia a Timoteo (1 Ti 4.16). Luego les advirtió que pastorearan la iglesia. Como sobreveedores eran responsables de guiar al rebaño, alimentarlo y protegerlo de ataques espirituales. Qué preciosa es la Iglesia para Cristo; la compró con su propia sangre. Pablo advirtió respecto a dos peligros: (1) lobos que atacan al rebaño desde afuera, (v. 29); y (2) maestros perversos que se levantan desde adentro del rebaño (v. 30). Ambos han ocurrido en la historia de la Iglesia.

Pablo se puso como ejemplo para que los pastores sigan. Los encomendó a Dios (esto es oración) y a la Palabra (esto es la predicación y la enseñanza), porque «la oración y la Palabra» edificarán la iglesia local (véase Hch 6.4). Les advirtió que no fueran codiciosos. Pablo trabajaba con sus propias manos, pero destacó que esta norma no necesariamente se aplica al pastor local; véase 1 Corintios 9. Sin dudas, la actitud desprendida que mostraba es digna de imitar por todos los siervos de Dios. Les recordó una bienaventuranza que Cristo dio y que nunca se registró en los Evangelios: «Mas bienaventurado es dar que recibir». Los siervos de Cristo deben procurar ministrar a otros antes que otros los ministren a ellos.

D. La bendición final de Pablo (vv. 36-38).

¡Qué escena más conmovedora es esta! Pablo y sus compañeros de rodillas mientras el gran apóstol oraba con ellos y por ellos. Lloraban porque sabían que nunca más volverían a verle personalmente. Cuando hay un lazo de amor entre los siervos de Dios y su pueblo, ¡cuánta bendición envía Dios! Pablo los dejó y se encaminó a Jerusalén. Iba con las contribuciones para los judíos y en su corazón llevaba un ardiente deseo de testificar a su pueblo una vez más. Pablo el predicador se convertiría en Jerusalén en «Pablo, prisionero de Jesucristo».

HECHOS 21

I. El viaje a Jerusalén (21.1-6)

Trace este viaje en su mapa. «Avistar» en el versículo 3 significa que tenían a Chipre a la vista. Pablo y sus compañeros se quedaron en Tiro mientras descargaban la nave y esto les permitió tener compañerismo con los creyentes allí. De nuevo el Espíritu le advierte a Pablo del problema en Jerusalén. Parece que Dios no quería que Pablo fuera allí, pero de todas maneras intervino en los planes de Pablo para Su gloria. ¡Qué hermosa escena tenemos en el versículo 5, al reunirse la «familia de la iglesia» en la playa para un tiempo de oración! Qué triste ver a los niños en la iglesia mientras sus padres se quedan en casa, o los esposos adorando mientras las esposas y los hijos están en algún otro lugar. Compare este versículo con 20.36-38.

El grupo se quedó un día en Tolemaida y luego fueron a la casa de Felipe en Cesarea. Felipe comenzó como diácono (6.5), llegó a ser evangelista (8.4ss) y ahora se había establecido en Cesarea con su familia, indudablemente muy ocupado ganando almas. Sus cuatro hijas solteras tenían el don de profecía (véase 2.17). Dios da dones espirituales a las mujeres y sus ministerios son importantes en la iglesia, pero no deben tomar el liderazgo espiritual sobre los hombres (véanse 1 Co 11.5; 14.33-40; 1 Ti 2.9-15). Cuando Dios tuvo un mensaje para darle a Pablo, usó el ministerio de Agabo y no el de ninguna de las hijas de Felipe. Este mismo profeta fue el que predijo la hambruna (Hch 11.27-30).

De una manera dramática Agabo le advirtió a Pablo que no fuera a Jerusalén. Pero Pablo estaba «ligado en espíritu» (20.22) y dispuesto a que lo ataran y sacrificaran por Cristo. «¡Estoy listo!», fue sin duda el lema de Pablo. Listo para predicar el evangelio en todas partes (Ro 1.15); para morir por Cristo en cualquier momento (Hch 21.13); para ser ofrecido y encontrarse con el Señor (2 Ti 4.6).

«Preparativos» en el versículo 15 se refiere al equipaje.

II. El compromiso con los judíos (21.17-26)

Es fácil dar por sentado que todo lo que los apóstoles hicieron estaba bien, aun cuando nos damos cuenta de que tenían pasiones como nosotros. En tanto que es cierto que las cartas de Pablo son inspiradas por Dios y se debe confiar en ellas, sus acciones no siempre fueron de acuerdo a la voluntad de Dios. Ya hemos cuestionado su sabiduría respecto a su viaje a Jerusalén (si bien su corazón y motivo eran correctos); ahora parece evidente, después de llegar allí, que cometió otra equivocación.

Pablo se reunió con Jacobo y los ancianos, e informó las bendiciones de Dios entre los gentiles. Pablo glorificó a Dios por: «las cosas que Dios había hecho» (v. 19). Pero Jacobo, como hemos visto, era el líder de la iglesia de Jerusalén y con toda seguridad interesado en guardar las tradiciones judías en la vida de la iglesia. Nótese en el versículo 20 que había miles de creyentes judíos que todavía practicaban los mandamientos mosaicos. Esto debe haber sido más fácil en Jerusalén que en ninguna otra parte, puesto que el templo con todas sus ceremonias estaba a mano. Tenemos aquí una confusión entre la ley y la gracia, el reino y la Iglesia, una confusión que todavía subsiste. Jacobo y los ancianos pensaron que Pablo debería probarles a estos judíos celosos que en realidad no estaba enseñando en contra de la Ley de Moisés.

Era un mal compromiso, pero Pablo cayó en él. Ya había escrito las cartas a los Romanos y a los Gálatas, que probaban que nadie se puede salvar o santificar por guardar la ley, y mostraban que el cristiano es libre de la Ley de Moisés. Ahora negaba toda esa verdad inspirada, con una «componenda religiosa» destinada a transar un compromiso con los judíos. Pablo fue junto a cuatro hombres que tenían la obligación de cumplir sus votos y ofrecer los sacrificios, toda esta ceremonia duraba siete días (v. 27). Es evidente que se trataba de un voto nazareo, puesto que incluía el raparse la cabeza (Nm. 11; véanse las propias acciones de Pablo en Hch 18.18). ¿Dio resultados la artimaña? ¡No! ¡Lo que obtuvo Pablo fue su arresto! Sucedió exactamente lo que Dios le fue advirtiendo en cada ciudad.

Si Pablo hizo o no lo correcto, no nos toca a nosotros decirlo con confianza. Esto sabemos: Dios usó todo el episodio para poner a Pablo en manos de los romanos y no de los judíos, porque estaba más seguro con los romanos. Dios usó a los romanos para proteger a Pablo y llevarle a Roma, donde Dios tenía un trabajo especial para que hiciera.

III. El arresto en el templo (21.27-40)

Algunos de los judíos del extranjero que conocían a Pablo le habían visto acompañado de Trófimo, un gentil efesio; y cuando vieron a Pablo en el templo, dieron por sentado que había llevado a su amigo gentil al área prohibida. Era falso, pero Satanás es un mentiroso y padre de mentiras. Precisamente lo que Jacobo estaba tratando de impedir ocurrió de todos modos. La fe es confiar en Dios sin artimañas y el creyente que anda por fe no tiene que recurrir a planes y ardides para influir o complacer a otros.

A Pablo lo hubieran llevado fuera de la ciudad y apedreado, si no hubiera sido porque el capitán de la guardia del templo corrió a la escena y lo rescató. Entonces se cumplió la profecía que tanto le anunciaron: Ataron a Pablo con dos cadenas (v. 33; también v. 11). Nótese la confusión de la multitud judía, no muy diferente a la gentil en Éfeso (19.32). Satanás es el autor de confusión.

El guardia pensó que Pablo era un notorio egipcio que anteriormente había causado problemas, pero Pablo usó de nuevo su ciudadanía romana para protegerse. Dios ha instituido el gobierno para nuestra protección (Ro 13), y es correcto usar la ley para el avance del evangelio. De pie en las gradas Pablo hizo señal a la multitud; y cuando le oyeron hablar en hebreo, se calmaron.

Aunque no queremos ser culpables de juzgar al gran apóstol, debemos admitir que tal parece que cometió dos errores: fue a Jerusalén a pesar de que se le advirtió lo que ocurriría y se comprometió con los líderes de la iglesia a ayudar a los hombres en sus sacrificios en el templo. Una equivocación fue práctica, la otra doctrinal. Entendemos, por supuesto, que el corazón de Pablo estaban tan lleno de amor y preocupación por sus hermanos en la carne, que hubiera pagado cualquier precio con tal de darles el evangelio; pero desde el mismo principio Dios le advirtió que no testificara en Jerusalén (22.17-21). Antioquía y Éfeso eran los grandes centros de la Iglesia, no Jerusalén.

La mezcla de la ley y la gracia en las iglesias ha dado lugar a un falso evangelio de salvación y obras. La epístola de Pablo a los Romanos fue la que hace siglos cambió a Martín Lutero y rompió las cadenas de la superstición, y la explicación sobre Gálatas de Lutero fue la que, a su vez, trajo libertad donde hubo esclavitud. A través de la historia ha habido grupos fieles a la verdad de la Palabra de Dios y han rendido sus vidas por Cristo. Ojalá nunca mezclemos la ley y la gracia; ojalá nunca comprometamos la verdad del evangelio.

HECHOS 22

I. La defensa de Pablo (22.1-21)

Este es el segundo relato en Hechos de la conversión de Pablo (véanse caps.

9 y 26). Al hablar en hebreo, Pablo contribuyó a calmar y despertar el interés de los judíos.

A. La primera táctica de Pablo (vv. 1-5).

Pablo era un judío con valiosa ciudadanía romana. En el versículo 28 afirmó que lo era «de nacimiento», lo que indica que su padre había sido igualmente ciudadano romano. Su primera educación a los pies del gran rabí Gamaliel fue la mejor (véase 5.34ss). Léase en Filipenses 3 otro cuadro de Pablo el fariseo. Nadie podía negar que el joven Pablo era celoso por la Ley de Moisés, incluso hasta el punto de perseguir a los cristianos. ¡Qué paradoja que Pablo deba decir en el versículo 5 que su plan era traer a los cristianos «presos a Jerusalén» cuando él mismo estaba allí prisionero!

B. La asombrosa conversión de Pablo (vv. 6-16).

Cuando la luz del cielo estaba en su mayor esplendor (al mediodía), las tinieblas satánicas del corazón de Pablo estaban en su mayor densidad, porque había salido para arrestar a todos los cristianos que pudiera hallar. Pero Dios, en su gracia, derribó a Pablo con una gran luz del cielo. El pecador está en tinieblas hasta que la luz de Dios brilla en él (2 Co 4). Pablo vio y oyó al Cristo glorificado, confió en Él y fue salvado. Nótese cómo Pablo llama a Ananías «varón piadoso según la ley», declaración que debió impresionar a sus antagonistas. Algunos de los judíos de la ciudad tal vez conocían a Ananías y esto debería haber obrado a su favor. Ananías declaró que Pablo tenía una comisión especial de Dios para ser testigo de Cristo.

C. La comisión especial de Pablo (vv. 17-21).

Pablo tuvo una reunión especial con el Señor mientras oraba en el templo (véase Hch 9.26). Es interesante comparar esta experiencia con la visión de Pedro que se registra en el capítulo 10, cuando Dios le preparó para que fuera a los gentiles. Pedro tenía hambre física, mientras que el «hambre» del corazón de Pablo era ganar a su nación para Cristo. Pero Cristo claramente le dijo que saliera de Jerusalén (v. 18). La súplica del apóstol no cambió la orden divina: Pablo tenía que ir a los gentiles. Por un lado, los judíos no recibirían su testimonio de todas maneras; y podrían arrestarlo y apedrearlo, terminando así su ministerio demasiado pronto. Los judíos escucharon con atención la narración de Pablo hasta que pronunció esa detestable palabra «gentiles» (v. 21). Pablo pudiera haber usado otra palabra, pero entonces no hubiera sido fiel al citar lo que el Señor le había dicho. Véase Efesios 3.1-13.

II. La respuesta de la nación (22.22-30)

La predicción de Cristo se hizo realidad: la nación no recibió el testimonio de Pablo. En lugar de eso ¡estalló un motín! El capitán ordenó que llevaran a Pablo al castillo cercano y le examinaran con azotes. Pero Pablo usó de nuevo sus derechos como ciudadano romano para protegerse a sí mismo y su ministerio. Era contra la ley tratar de esa manera a un ciudadano romano (16.35-40) y Pablo aprovechó estos privilegios legales. El tribuno había comprado su ciudadanía y parecía estar orgulloso de ello, mientras que Pablo anunció que lo era «de nacimiento». Esto quería decir que su padre fue un ciudadano romano reconocido.

El capitán le quitó las cadenas y mantuvo a Pablo en la prisión hasta que el concilio judío pudiera reunirse al día siguiente (suceso que se analiza en el capítulo 23).

En este punto es bueno repasar la historia de Israel en el libro de los Hechos. La nación ya había participado en tres asesinatos: Juan el Bautista, Cristo y Esteban. Hubiera cometido un cuarto si Dios no libra a Pablo mediante la intervención de la guardia romana. Pablo aún recordaba vívidamente la muerte de Esteban (v. 20) y quería de alguna manera expiar su parte en este crimen nacional. Pero Israel había sido ya puesta a un lado; Cristo le había prohibido a Pablo que testificara en Jerusalén (v. 18) porque su período de prueba ya había pasado.

Los capítulos restantes de Hechos describen a Pablo el prisionero, sus juicios ante los judíos, su apelación a César. Cómo se hubieran escrito estos capítulos si Pablo no hubiera ido a Jerusalén, no lo sabemos. Pero Dios anuló las equivocaciones de su siervo y las usó para su gloria y para el bien de la Iglesia. Mientras Pablo estuvo prisionero en Roma, escribió las cartas a los Efesios, Filipenses, Colosenses y Filemón, mensajes llenos con la verdad de la Iglesia que desesperadamente se necesitan hoy.

HECHOS 23

I. Pablo y el concilio (23.1-11)

Al siguiente día la guardia trajo a Pablo a la reunión oficial del concilio judío. Este grupo juzgó a Pedro y a Juan (4.5ss), a los doce apóstoles (5.21ss) y a Esteban (6.12ss). También juzgó a Cristo.

En la reunión Pablo se sintió como en casa, habiendo sido él mismo un fariseo activo. Inmediatamente habló en su defensa, afirmando que su vida pública había sido sin tacha y su conciencia clara. Esto enfureció al sumo sacerdote, Ananías, quien ordenó a uno de los hombres que estaban cerca de Pablo que le golpeara en la boca. Cristo sufrió un tratamiento similar (Jn 18.22). Hay división respecto a la respuesta de Pablo en el versículo 3. Algunos dicen que estaba actuando en apresuramiento carnal al condenar al sumo sacerdote; otros opinan que Pablo tenía justificación para sus palabras puesto que golpearlo era ilegal y el sumo sacerdote era un hombre perverso. La historia nos dice que Ananías fue uno de los peores sumos sacerdotes que jamás tuvo la nación. Robaba el dinero de otros sacerdotes e incluso usaba toda artimaña política para aumentar su poder, y finalmente fue asesinado. «Pared blanqueada» (v. 3) tal vez se refiera a Ezequiel 13.10ss, donde se compara a los gobernantes hipócritas de la tierra con una pared pintada de blanco, pero incapaz de mantenerse en pie.

¿Sabía Pablo quién era el sumo sacerdote? Algunos opinan que Pablo tenía problemas visuales (Gl 4.13-15) y que eso tal vez le impidió reconocerlo. Esta no fue una reunión formal del concilio, puesto que el capitán romano fue el que convocó la reunión de judíos, y por tanto el sumo sacerdote a lo mejor no vestía sus atuendos usuales o quizás no estaba sentado en su lugar acostumbrado. Pablo citó Éxodo 22.28 tal vez con ironía y quería decir con esto que el sumo sacerdote no era en realidad el gobernante de la nación.

Pablo usó entonces una táctica «política», tratando de dividir al concilio y colocó a los estrictos fariseos en contra de los liberales saduceos. Es difícil creer que el gran apóstol a los gentiles, el ministro de la gracia de Dios, clamara: «¡Soy fariseo!» Más tarde llamaría «basura» a su estilo de vida fariseo (Flp 3.1-11). Afirmó que la cuestión real era la esperanza de la resurrección, sabiendo que los saduceos no creían tal doctrina. Esperaba, sin duda, poder probar la resurrección de Cristo; pero la discusión que se suscitó puso en peligro su vida y el tribuno romano tuvo que rescatarlo de nuevo. Parecía que todo estaba perdido, pero esa noche el Señor, con toda gracia, estuvo al lado de Pablo y le animó. ¡Sabía que iría a Roma!

II. Pablo y los conspiradores (23.12-22)

¡No cabe duda de que Jerusalén estaba lejos de Dios como para que más de cuarenta hombres pudieran conspirar en nombre de la religión para matar a un judío piadoso! ¡Incluso los principales sacerdotes y ancianos fueron parte del crimen! Pero Dios estaba en control, e iba a llevar a su mensajero a Roma a pesar de la oposición de los hombres y Satanás. Ya sea que la venida de Pablo a Jerusalén estuviera o no de acuerdo a la voluntad revelada de Dios, el Señor de todas maneras en su gracia desvió y estimuló a su siervo. ¡Cuánto nos alienta este incidente al tomar decisiones en el ministerio!

No sabemos nada en relación a la hermana y al sobrino de Pablo. No estamos seguros de que hayan sido creyentes. Pero Dios los usó para frustrar la conspiración y alejar a Pablo de la peligrosa Jerusalén. Por cierto, debemos admirar la honestidad e integridad del capitán romano. Podía haber ridiculizado el mensaje del muchacho, o dado oídos a las mentiras de los judíos; pero en lugar de eso cumplió fielmente su responsabilidad. A menudo los siervos de Dios reciben ayuda y protección de incrédulos honestos y fieles. A Pablo ahora lo entregaron en manos de los gentiles, como lo fue su Señor en Jerusalén años antes.

III. Pablo y el capitán (23.23-35)

El nombre del tribuno era Claudio Lisias. En su carta a Félix, le contó cómo rescató a Pablo de manos de los judíos debido a que el apóstol era ciudadano romano. Además, indicó que la cuestión era en cuanto a la ley judía y no a la romana, y que opinaba que Pablo no merecía ni arresto ni muerte. Pero para mantener a Pablo a salvo, Claudio le enviaba a Félix para que se le juzgara.

¡Qué procesión fue esta! ¡Aquellos cuarenta judíos deben haber estado terriblemente hambrientos hasta que rompieron su juramento! Pero a Pablo lo llevaron con seguridad a Cesarea, donde enfrentaría a sus acusadores judíos ante Félix, el gobernador.

Podemos ver la manera en que Dios usó a Pablo como su gran misionero a los gentiles. Su ciudadanía romana le daba la protección de las leyes y el ejército romano, por un lado, y también le daba la oportunidad de testificar a los gentiles. ¡Qué maravilloso es que Dios prepara de antemano a sus siervos, incluso vigilando su lugar de nacimiento y ciudadanía!

Es interesante notar que en varias ocasiones de crisis el Señor le apareció a Pablo para sustentarlo. Durante los ataques judíos en Corinto Cristo le aseguró que estaba con él y que le daría muchos convertidos (18.9-11). En la nave, rumbo a Roma, cuando estalló la tormenta, Cristo le aseguró que no lo había olvidado (27.21-25). Nos preguntamos si Pablo se apoyaba firmemente en el Salmo 23.4: «Aunque ande en valle de sombra de muerte, no temeré mal alguno, porque tú estarás conmigo».

HECHOS 24

I. Una acusación falsa (24.1-9)

La próxima audiencia de Pablo fue ante Félix, el gobernador. Félix era esposo de Drusila (v. 24), su tercera esposa. Ella era la más joven de las hijas de Herodes Agripa I y todavía no tenía ni veinte años.

Era costumbre que los acusadores presentaran argumentos en su oratoria y trataran de adular al juez. Tértulo era tal abogado orador y sus palabras acerca de Félix suenan vacías y falsas. Los «cinco días» que señalan en el versículo 1 se refiere al tiempo que transcurrió desde el arresto de Pablo. El resumen de las actividades de Pablo sería algo similar al siguiente: Día 1: llega a Jerusalén, 21.17. Día 2: visitó a Jacobo, 21.18. Día 3: visitó el templo, 21.26. Días 4, 5 y 6: cumple en el templo el voto hecho. Día 7: es arrestado en el templo, 21.27. Día 8: ante el concilio, 22.30–23.10. Día 9: complot de los judíos y viaje de Pablo a Cesarea, 23.12-31. Día 10: lo presentan ante Félix, 23.32-35. Días 11 y 12: espera en Cesarea. Día 13: audiencia ante Félix. Nótese que hay cinco días (8 al 12) entre el arresto y el juicio de Pablo.

Hubo tres acusaciones de los judíos contra Pablo: (1) una personal: «hemos hallado que este hombre es una plaga»; (2) una política: «promotor de sediciones»; y (3) una religiosa: «cabecilla de la secta de los nazarenos». Compárese el juicio de Cristo y las acusaciones que se hicieron en su contra (Lc 23.22). Por supuesto, ¡no tenían ninguna prueba de estos asuntos! Consideraban a Pablo una «plaga» (v. 5) mientras que generaciones de cristianos lo veían como el gran apóstol de Dios a los gentiles. Los incrédulos hoy no se dan cuenta que sus «hostigantes amigos cristianos» son en realidad sus mejores amigos. El rico en Lucas 16.19-31 le suplicó desde el infierno a Abraham ¡que enviara a Lázaro a visitar a sus hermanos y les testificara!

El argumento político también era falso. Pablo nunca trató de cambiar la política de los hombres, sino que predicaba el señorío de Cristo. Esto entraba en conflicto con la exigencia del César de que la gente le adorara como dios. «¡No tenemos más rey que César!» fue lo que los judíos gritaron ante Pilato (Jn 19.8-15). Estos hombres consideraban a la fe cristiana una secta, un grupo de personas ajenas a la verdadera fe judía. Miles de judíos habían creído en Cristo, pero todavía participaban en la adoración en el templo, de modo que se les miraba como una secta dentro de Israel y no una nueva religión. El término «nazareno» era de menosprecio: «¿De Nazaret puede salir algo de bueno?», preguntó Natanael (Jn 1.46).

¡Tértulo inclusive mintió respecto al valiente soldado Lisias! Nótese como «suavizó» la historia del motín en el templo (v. 6), ¡pero exageró lo que hizo Lisias! (v. 7). Los hombres que se oponen a la verdad no se detendrán ante nada para distorsionar la verdad o promover una mentira. Dios usó a Lisias para rescatar a Pablo y los judíos lo detestaban por eso. Los hombres pretenden obedecer la ley, pero estos hijos del diablo (Jn 8.44) ¡eran homicidas y mentirosos!

II. Una respuesta fiel (24.10-21)

Los cristianos tienen el derecho a usar la ley (establecida por Dios) para protegerse a sí mismos y al evangelio. Nótese que Pablo no dependió de la lisonja; véase 1 Tesalonicenses 2.1-6. Esperó hasta que el gobernador le dio permiso para que hablara, entonces tranquila y sinceramente contó su historia.

Félix había sido gobernador por seis o siete años, lo que era suficiente para considerarse «muchos años» (v. 10), ¡según los registros de esos días! Pablo respondió a las acusaciones con hechos. Sólo doce días antes (recuérdese el resumen cronológico dado anteriormente) había llegado a Jerusalén para adorar. ¡De ninguna manera podía haber organizado una revuelta en tan corto tiempo! Los acusadores no tenían testigos para probar que él hubiera causado problemas o que siquiera hubiera levantado la voz en el templo. Entonces el apóstol empleó la corte como púlpito para dar testimonio de su fe en Cristo. «Confieso, que según el Camino que ellos llaman herejía». Así pasó a afirmar que esta «herejía» era en realidad el cumplimiento de la fe judía. Pablo creía en la ley y en los profetas, esto es, las Escrituras completas del AT. Creía (como los fariseos) que habría una resurrección de los muertos. Cada día intentaba tener «una conciencia sin ofensa ante Dios y ante los hombres» (v. 16).

¿Era Pablo antijudío? ¡Cómo podía serlo cuando llevaba una ofrenda de amor a su nación para ayudarles en su tiempo de aflicción! Los «muchos años» del versículo 17 deben haber sido tres o cuatro años. Pablo visitó Jerusalén en cinco ocasiones diferentes: estos acontecimientos se registran en Hechos 9.26 (39 d.C.); 11.27-30 (45 d.C.); 15 (50 d.C.); 18.22 (53 d.C.); y 21.17 (58 d.C.). Habían pasado cinco años desde su última visita a Jerusalén. Los acusadores no podían probar con testigos que hubiera causado ningún problema; es más, ellos fueron los que empezaron el disturbio en el templo (21.27ss).

III. Una actitud insensata (24.22-27)

Félix tenían cierto entendimiento del «Camino» (la fe cristiana), pero rehusó tomar ninguna decisión. La pospuso con la excusa de que el tribuno debía comparecer primero. El gobernador fue amable con Pablo al concederle alguna libertad y acceso a sus amigos.

Félix celebró otro juicio, esta vez con su joven esposa Drusila presente. A pesar de lo joven que era, ya estaba viviendo en pecado, sin mucha diferencia a la familia de Herodes de la cual procedía. Es probable que estaba encantada con toda la pompa y ostentación de ser esposa del gobernador, ¡hasta que Pablo empezó a predicar la Palabra! Pablo se puso de pie ante ellos y habló, no a su favor, ¡sino respecto a la salvación de ellos! Tenía un argumento triple por el cual debían aceptar a Cristo: (1) rectitud o justicia: ellos debían hacer algo respecto al pecado pasado; (2) temperancia (dominio propio): debían vencer las tentaciones de hoy; (3) el juicio venidero: debían prepararse para este juicio.

El mensaje fue tan poderoso que Félix tembló. Pero el gobernador tuvo una actitud insensata, a pesar de que Dios le había hablado al corazón: pospuso su decisión por Cristo y usó a Pablo como un instrumento político con esperanza de recibir dinero de él. Pablo había admitido que había estado llevando ofrendas a los judíos (v. 17) y tal vez Félix pensó que el apóstol conseguiría su libertad mediante soborno. Tratando de congraciarse con los judíos, Félix dejó preso a Pablo dos años más antes que Porcio Festo le sucediera en el cargo.

No podemos sino admirar a Pablo mientras enfrentaba las falsas acusaciones de hombres perversos. Qué ejemplo para nosotros hoy en día. Pablo enfrentó los hechos con sinceridad y exigió que se presentara la verdad. Su preocupación era la salvación de los hombres, no la seguridad de su vida. Dios le había prometido que testificaría ante los gentiles y ante reyes (9.15), y esta experiencia era un cumplimiento de tal promesa.

Muchos pecadores hoy en día son como Tértulo, aduladores que se niegan a enfrentar la verdad. Otros son como Félix, que oyen la verdad y la entienden, e incluso se sienten culpables, pero rehúsan obedecer. Hay otros más como Drusila; oyó la Palabra y vio a su esposo profundamente conmovido, sin embargo, nada se dice de su decisión. Sin duda, sus pecados de juventud ya habían endurecido su corazón. Los historiadores nos dicen que murió a los veintiún años de edad, durante la erupción del monte Vesubio.

HECHOS 25

I. Pablo apela a César (25.1-12)

Han transcurrido ya dos años desde los acontecimientos del capítulo 24. Lucas no registró las actividades de Pablo en Cesarea puesto que su propósito era explicar cómo Pablo finalmente fue de Jerusalén a Roma. Festo, el nuevo gobernador, era un hombre más honorable que no estuvo dispuesto a darle a Pablo un juicio falso (véase v. 16). En una visita de estado a Jerusalén, Festo encontró una «multitud de los judíos» (v. 24), que insistían que hiciera algo respecto a Pablo. Incluso el sumo sacerdote y los principales funcionarios mintieron con respecto a Pablo, pidiéndole a Festo que trajera al prisionero a Jerusalén para ser juzgado. Querían intentar de nuevo matar a Pablo en el camino (véase 23.12ss). Dios guió a Festo a rechazar la sugerencia de los judíos y de esta manera protegió a su siervo. El hombre propone, pero Dios dispone. Debemos admirar a este gobernador pagano por su honestidad y equidad.

Después de una visita de diez días, Festo regresó a Cesarea y celebró otro juicio a Pablo. De nuevo los judíos vinieron con sus quejas, las cuales no podían probar. ¡Con cuánta paciencia esperó Pablo a que Dios cumpliera su promesa de llevarle a Roma! Como José en la prisión egipcia, Pablo fue sometido a prueba mientras esperaba que la Palabra se cumpliera (Sal 105.17-20).

Ahora, el político que había en Festo afloró y le preguntó a Pablo si quería ir a Jerusalén para ser juzgado. Como Félix, quería complacer a los judíos y causar una buena impresión como nuevo gobernador (24.27). Pero Pablo se aferró a la promesa de Cristo de que iría a Roma. Años antes le había dicho que no se quedara en Jerusalén (22.17-18). Dios había anulado soberanamente las decisiones de Pablo y este se cuidó ahora de mantenerse lejos de Jerusalén. De nuevo, de esta manera Dios le protegió y llevó a Roma para sus años finales de ministerio. Todo ciudadano romano tenía el derecho a apelar al César y que se le celebrara juicio en Roma y este fue el derecho que Pablo usó.

II. Pablo deja perplejo a Festo (25.13-22)

El nuevo gobernador tenía ahora un problema real en sus manos. Pablo era un prisionero notable y su juicio incluía a los líderes judíos y a su nación. Si Festo hacía lo correcto y dejaba en libertad a Pablo, se ganaría la ira de los judíos y como nuevo gobernador necesitaba desesperadamente la buena voluntad de ellos. Parecía que su problema quedaría resuelto con la venida de Agripa y Berenice, dos avezados gobernantes y políticos. Agripa era el hijo de Agripa de Hechos 12 y Berenice era la hermana mayor de Drusila, la esposa de Félix. La dinastía herodiana se había casado entre parientes y vivieron en pecado por muchos años.

Festo no le presentó a Agripa inmediatamente el caso de Pablo, sino que esperó el tiempo oportuno. Explicó la situación a su huésped como si el problema fuera mucho para él y como que pedía ayuda experimentada. No cabe duda de que este método apeló al orgullo de Agripa. Festo dijo que todo el caso era «ciertas cuestiones acerca de su religión» (v. 19). El inconverso no tiene comprensión de las cosas espirituales y ve poca diferencia entre una religión y otra. Festo también reconoció que Jesús estaba involucrado en el caso: Pablo decía que estaba vivo, pero los judíos decían que estaba muerto.

Entonces Festo dio la razón real por la cual quería que Agripa oyera a Pablo: el gobernador tenía que enviar a Pablo al César, ¡pero no tenía ninguna acusación real contra él! Véase el versículo 27.

III. Pablo enfrenta a la realeza (25.23-27)

Con gran pompa y ceremonia el séquito real se reunió en el tribunal al día siguiente. El mundo no tiene nada en sí mismo que satisfaga, de modo que necesita del «deseo de los ojos y el orgullo de la vida» (1 Jn 2.15-17) para darle algo de felicidad. El cristiano no necesita ninguna de estas cosas. Es más, los creyentes se sienten incómodos en presencia de tal pompa y ostentación.

Nótese cómo Festo presenta a Pablo: «¡Aquí tenéis a este hombre!» (v. 24). Sin embargo, Pablo era la más noble de todas las personas presentes en la reunión. Era el apóstol de Jesucristo, embajador en cadenas, ¡rey y sacerdote de Jesucristo! Los cristianos nunca deben sentir que el mundo tiene más que ellos; ¡Cristo nos ha enriquecido y nos ha dado un llamamiento celestial y una esperanza de gloria!

El juicio de Pablo fue similar al de Cristo en el sentido de que toda la gente que participó reconocía que no era digno de muerte y que debía dejarse en libertad. El tribuno Lisias admitió que ningún delito tenía (23.29); Festo aquí admitió que Pablo no había hecho nada digno de muerte (25.25); y hasta Agripa estuvo de acuerdo con este veredicto (26.31). «¿Cómo puedo enviar un prisionero a César si no tengo ningún crimen de qué acusarlo?», preguntó Festo y entonces Agripa le dio permiso a Pablo para hablar.

HECHOS 26

I. La explicación personal de Pablo (26.1-23)

Las manos de Pablo estaban atadas (v. 29) de modo que al estirarlas deben haber sido un sermón en sí mismas. Aquí estaba el gran apóstol, encadenado a causa de su fidelidad a Cristo. En Filipenses 1.13 dice que sus cadenas eran «en Cristo» y una bendición antes que una carga. Nótese la manera cortés en que Pablo se dirige al rey. Podía no respetar al hombre, pero sí el oficio. Véase Romanos 13 y 1 Pedro 2.13-17. Agripa era «experto» en cuestiones relacionadas con los judíos, de modo que Pablo pensó que tendría una audiencia justa e inteligente. La defensa y explicación personal de Pablo pueden resumirse en algunas frases clave:

A. «Viví fariseo» (vv. 4-11).

Véanse en 22.3ss, 9.1ss y Filipenses 3 información adicional de los primeros años de Pablo. Tan famoso fue Pablo como joven rabí que podía decir que «todos los judíos» en Jerusalén conocían su vida. Sin embargo, en Filipenses 3 Pablo dijo que consideraba toda esta posición y prestigio como basura en comparación con conocer a Cristo y vivir por Él. En los versículos 6-8 mencionó de nuevo la cuestión de la resurrección. (Véase 23.6-10.) Dios había prometido a la nación un reino y gloria. En 13.27-37, Pablo explicó que las promesas hechas a David se cumplieron mediante la resurrección de Cristo de entre los muertos. Si Israel hubiera recibido a Cristo (en Hch 1–7), hubiera recibido su reino. Pero los judíos estaban seguros de que Cristo estaba muerto (25.19); Pablo afirmó que la resurrección de Cristo es lo que da esperanza a Israel. Pablo pasó a describir sus días como perseguidor y homicida, llevando el relato hasta el día de su conversión.

B. «Vi una luz» (vv. 12-13).

Nadie había experimentado jamás el tipo de conversión maravillosa de Pablo. Mientras ejecutaba sus planes asesinos, Pablo vio brillar en el cielo la gloria de Dios. Ciertamente había estado en tinieblas espirituales hasta entonces (véase 2 Co 4.1-6), pero ahora el Hijo de Dios se le había revelado. Véase 1 Timoteo 1.12ss.

C. «Oí una voz» (vv. 14-18)

La Palabra de Dios es lo que convence y convierte el alma. Pablo pasó toda su vida oyendo las «voces de los profetas; pero ese día oyó la voz del Hijo de Dios». Véase Juan 5.21-25, donde se describe este milagro de resurrección espiritual. Nótese que Pablo estaba persiguiendo a Cristo y no simplemente a su pueblo. Como miembros de su Cuerpo, los creyentes participaban de sus sufrimientos y Él en los de ellos. «Dura cosa te es dar coces contra el aguijón» (v. 14), le dijo Cristo, refiriéndose a la vara que los granjeros usan para aguijonear al ganado. Jesús estaba comparando a Pablo ¡con un animal obstinado que no quería obedecer! ¿Qué «aguijones» estaba usando Dios para traer a Pablo a Cristo? La muerte de Esteban desde luego fue uno, porque Pablo nunca lo olvidó (22.17-20). La conducta piadosa de los santos que perseguía debe haberle tocado el corazón. De seguro las Escrituras del AT le hablaron al corazón con nueva convicción. Dios usó diferentes cosas para traer a Pablo al arrepentimiento, así como lo hace con los pecadores hoy.

Pablo llamó a Jesús «Señor» y entonces el Salvador le reveló su nombre. Véase Romanos 10.9,10. Lea con cuidado la comisión de Cristo a Pablo, notando su ministerio especial a los gentiles y compare los otros relatos en Hechos de la conversión de Pablo. ¡El versículo 18 es una hermosa descripción de la salvación!

D. «No fui rebelde!» (vv. 19-21).

Pablo vio la luz, abrió su corazón a Cristo y entonces de inmediato empezó a testificar a otros. Obedecer a Dios significa sufrir la ira de los hombres, pero Pablo fue fiel.

E. «Persevero hasta el día de hoy» (vv. 22-23).

Por cierto, esta frase resume la vida de Pablo y la de cualquier pecador que confía en Cristo y procura servirle. Pablo fue fiel y perseveró. La fidelidad a Cristo es una evidencia de la verdadera salvación.

II. La apasionada exhortación de Pablo (26.24-32)

Pablo llegó hasta la palabra «gentiles» y Festo le interrumpió, exactamente como lo hicieron los judíos en el templo (22.21). Festo acusó a Pablo de estar loco, así como acusaron a Cristo sus amigos y parientes (Mc 3.20-21,31-35). Festo atribuyó la «locura» de Pablo a su mucha erudición, lo cual muestra que Pablo era un hombre brillante y gran estudiante. Dios nunca desacredita el estudio, a menos que este desacredite su Palabra.

El apóstol «arrinconó» a Agripa y pasó por alto a Festo. Pablo sabía que Agripa era experto en estos asuntos, que leía y creía en los profetas, y que conocía los acontecimientos referentes a Cristo. Mientras más luz tiene una persona, más responsable es al tomar una decisión. Nótese que es posible tener fe y quedarse corto en cuanto a la salvación. Agripa creía en los profetas, pero su fe no le salvó.

La respuesta de Agripa se ha interpretado de diferentes maneras. Algunos dicen que estaba en realidad bajo convicción y que casi se salva. Nuestro himno de invitación «¿Te sientes casi resuelto ya?» se basa en esta idea. Pero el significado literal del versículo 28 es: «¿Con tan poquito vas a persuadirme a ser cristiano?» No hay evidencia de convicción aquí y Agripa usó la palabra «cristiano» como un término de menosprecio. La idea detrás de esta respuesta es: «¡Se necesita mucho más que esto para hacer de un judío como yo uno de esos detestables cristianos!»

Pero Pablo usó esta acotación como la base para un apasionado llamado en el versículo 29, suplicando a la asamblea real que confiara en Jesucristo. Triste es decirlo, pero hay dos clases de personas: «casi cristianos» y «cristianos completos». Agripa era un «casi cristiano»; comprendió la Palabra, oyó la verdad, pero rehusó hacer algo al respecto. Su intelecto recibió instrucción, sus emociones fueron tocadas, pero su voluntad permaneció inmóvil.

Este intercambio cerró el juicio. El rey y su séquito salió del recinto con Festo y sostuvo una reunión en privado, en la cual todos concordaron en que Pablo era inocente. Las palabras de Agripa en el versículo 32 son una crítica a la petición de Pablo por un juicio romano. Miraba la situación a través de los ojos de un inconverso y no se daba cuenta del peso que sentía el apóstol en su corazón por ir a Roma. Este juicio era el medio de Dios para llevarlo allá. Los judíos hubieran matado a Pablo, pero los romanos contribuyeron a que este cumpliera la voluntad de Dios.

HECHOS 27

Asegúrese de consultar con sus mapas mientras lee este relato del viaje y naufragio de Pablo. En 2 Corintios 11.25, escrito unos tres años antes, Pablo mencionó que había sufrido tres naufragios; de modo que el que se describe en este capítulo sería el cuarto. Pablo estaba dispuesto a correr cualquier riesgo con tal de llevar el evangelio al mundo perdido. ¿Lo estamos nosotros?

I. El viaje hasta Buenos Puertos (27.1-8)

A Pablo lo acompañaban Lucas (nótese las secciones «nosotros») y Aristarco (véase 19.29; 20.4; también Flm 24 y Col 4.10). ¡Qué reconfortante debe haber sido para Pablo tener a estos hombres a su lado! El centurión, Julio, fue amable con Pablo, porque «cuando los caminos del hombres son agradables a Jehová, aun a sus enemigos hace estar en paz con él» (Pr 16.7). Por lo general, la Biblia presenta a los centuriones como hombres amables e inteligentes. Julio le permitió a Pablo visitar a la iglesia reunida en Sidón, lo cual refrescó al apóstol física y espiritualmente. En Mira cambiaron de embarcación.

Desde el mismo comienzo, el viaje no fue nada alentador. «Los vientos eran contrarios» (v. 4) y avanzaron «navegando muchos días despacio» (v. 7). Por último, la nave arribó a Buenos Puertos.

II. Pablo advierte del peligro (27.9-14)

Era octubre. «El ayuno» a que se refiere el versículo 9 era el Día de la Expiación. Los meses que seguían al inicio del otoño eran peligrosos para navegar, así que se discutió si la nave debía o no continuar hacia Roma. Pablo, bajo la dirección de Dios, les advirtió que sería desastroso, pero el centurión no lo quiso escuchar. Había por lo menos cinco factores que contribuyeron a la decisión equivocada del centurión:

A. *Impaciencia.*

Había pasado mucho tiempo (v. 9). Por lo general, siempre que nos impacientamos nos precipitamos y desobedecemos la voluntad de Dios. No debemos ser como el caballo que se adelanta, ni como la mula que se retrasa (Sal 32.9), sino como la oveja obediente que sigue al pastor.

B. *Consejo experto.*

El centurión oyó al piloto y al dueño de la nave y no al mensajero de Dios. El centurión tenía fe, ¡pero su fe estaba en las personas equivocadas! La sabiduría de Dios es mucho mejor que la de los hombres. La persona que conoce la Palabra de Dios sabe más que los «expertos» (Sal 119.97-104). En tanto que el conocimiento es importante, también necesitamos sabiduría (Stg 1.5).

C. Incomodidad.

«Siendo incómodo el puerto para invernar» (v. 12), el centurión no podía aceptar que tuvieran que quedarse por tres meses en un lugar como ese.

D. La regla de la mayoría.

Se sometió a votación (v. 12) ¡y Pablo perdió la votación! En la Biblia usualmente la mayoría está equivocada; sin embargo, hoy en día la excusa común es: «¡Todo el mundo lo hace!»

E. Circunstancias favorables.

«Soplando una brisa del sur» (v. 13), les pareció que era el viento que necesitaban y que demostraba cuán equivocado estaba Pablo. Debemos ser precavidos ante las «grandes oportunidades» o las «circunstancias ideales» que parecen contradecir la Palabra de Dios.

Cada uno de los factores indicados pueden obrar en los cristianos de hoy. Debemos tener cuidado para obedecer la Palabra de Dios por fe, aun cuando las circunstancias parecen demostrar que estamos equivocados.

III. La tempestad (27.15-26)

El tibio viento del sur se convirtió en una terrible tempestad, como es común que ocurra cuando desobedecemos la Palabra de Dios. «Euroclidón» es en parte griego y en parte latín, y es una palabra que significa «viento del este y viento del norte». Nótese que Lucas usa «nosotros» en esta sección, indicando que toda la tripulación y los prisioneros estaban afanados tratando de salvar la nave. Primero, subieron a bordo un pequeño bote que la nave llevaba a rastras (v. 16). Luego, pusieron sogas o cabos alrededor de la nave para que no se desbaratara (v. 17). La siguiente acción fue arriar parte de las velas, dejando sólo la suficiente como para mantener el rumbo (v. 17b). Al día siguiente empezaron a aligerar la nave, echando por la borda una porción del cargamento (v. 18); y al tercer día (v. 19) arrojaron incluso los «aparejos» (la palabra griega significa «mobiliario»). ¡Todo fue necesario porque la gente no creyó a la Palabra de Dios!

Al comparar el versículo 27 con el 19 vemos que los «muchos días» del versículo 20 fueron once. ¡No había luz ni esperanza! ¡Qué cuadro de las almas perdidas de hoy, echadas de aquí para allá en la tormenta de la desobediencia y el pecado, sin Dios, sin esperanza! (Véase Sal 107.23-31.) Pablo entonces se puso de pie y se hizo cargo de la situación, recordándoles a los hombres que su aprieto era el resultado de no haber escuchado la advertencia de Dios. Pero Pablo tenía no sólo un reproche; sino también un mensaje de esperanza de Dios (Hch 23.11). Dios le había prometido a Pablo que ministraría en Roma y él creía en Su Palabra. Es la fe en la Palabra de Dios lo que nos da esperanza y seguridad en las tormentas de la vida. Dios también le había dicho a Pablo que la nave naufragaría en cierta isla, pero que todos los pasajeros y la tripulación llegarían a salvo a tierra.

IV. El naufragio (27.27-44)

Tres días más tarde, a medianoche, las palabras de Pablo se hicieron realidad. Los marineros oyeron el rompiente y supieron que estaban acercándose a tierra. Echaron la sonda varias veces y comprobaron que en efecto las aguas eran cada vez menos profundas y que estaban cerca de tierra. Ahora surgió un nuevo temor: ¿Sería lanzado el barco contra las rocas y todos morirían? Como una medida de seguridad echaron cuatro anclas, sólo para más tarde cortarlas (v. 40). Algunos de los marineros trataron de escapar en el bote que habían recogido anteriormente (v. 16), pero Pablo detectó el complot y los detuvo. Nótese que Pablo dice en el versículo 31 «vosotros no podéis salvaros», mas no dijo «nosotros» como si pensara en sí mismo y sus amigos.

Por primera vez en dos semanas la luz empezó a aparecer y Pablo animó a los hombres a que comieran algo. Los efectos de la tormenta, la necesidad de vigilancia constante, la falta de alimento debido a la acción de aligerar la nave y tal vez el deseo de ayunar para complacer a sus dioses les había impedido comer. Sin vergüenza, Pablo dio gracias delante de 275 personas (v. 37) y dio ejemplo comiendo.

Al rayar el día vieron una ensenada de una isla, cortaron las cuatro anclas e izando la vela enfilaron derecho hacia allí. La parte frontal de la nave encalló en el lodo, mientras que las olas batían la proa. Satanás estaba de nuevo obrando cuando los soldados planearon matar a todos los prisioneros (incluyendo a Pablo), pero el centurión creyó a Pablo esta vez y dijo a todos a bordo que trataran de llegar a tierra como mejor pudieran. La última afirmación (v. 44) vindica la verdad de la promesa de Dios en los versículos 22 y 34: «todos se salvaron saliendo a tierra». Estaban en la isla de Malta.

Dios libró a 276 por causa de un hombre: el apóstol Pablo. ¡Qué preciosos son para Él sus santos! Dios estuvo dispuesto a librar a Sodoma y a Gomorra si hubiera hallado diez personas justas (Gn 18) y no envió su ira hasta que Lot y su familia escaparon con seguridad. Dios retiene su juicio sobre este mundo impío debido a que la Iglesia todavía está en el mundo; pero cuando seamos arrebatados, sus juicios caerán (2 Ts 2). Satanás trató de impedir que Pablo llegara a Roma, pero la Palabra de Dios prevaleció: «Ninguna palabra de todas sus promesas[...] ha fallado» (1 R 8.56).

HECHOS 28

I. El ministerio en Malta (28.1-10)

Para los griegos un «natural» era cualquiera que no hablaba griego. El grupo se quedó tres meses (v. 11) en Malta y los nativos los trataron con amabilidad. Podemos imaginarnos cuánto frío tenían y cuán empapados estaban los prisioneros cuando llegaron a tierra. A pesar de que Pablo era ahora el líder y salvador del grupo, sin embargo, ayudó a recoger ramas secas para la fogata. (Véase 20.34-35.) Satanás la serpiente le atacó, pero Dios le protegió.

(Véase Mc 16.18.) La reacción de los nativos fue exactamente lo opuesto a la de los de Listra (14.11-19). ¡Tenga cuidado en confiar en las opiniones de la multitud!

El principal de la isla era Publio, quien permitió que Pablo y sus acompañantes de quedaran con él tres días. Pablo sanó al padre del hombre y luego curó a muchos de los nativos enfermos. Dios le permitió a Pablo que realizara estos milagros para ganar la confianza de gente que, a su vez, ayudaron a Pablo y al grupo cuando salieron para Roma tres meses más tarde (v. 10). Parece ser que el don de milagros y sanidad desapareció gradualmente durante el ministerio de Pablo. Dios le dio a Pablo «milagros extraordinarios» en Éfeso (cap. 19) para testificar a los gentiles; y aquí en Malta, le dio el poder de sanar. Sin embargo, cuando escribió desde Roma, dos años más tarde, informó que Epafrodito había estado enfermo y casi se muere (Flp 2.25-30); y en 2 Timoteo 4.20 indicó que había tenido que dejar a Trófimo enfermo en Mileto.

II. El viaje a Roma (28.11-16)

El grupo permaneció en Malta durante noviembre, diciembre y enero; entonces, tomando una nave que transportaba grano y que había invernado en Malta, se dirigieron a Roma. «Cástor y Pólux» eran los «santos patrones» de la navegación, y con frecuencia se tallaban sus imágenes en las naves. Tenemos otro «viento sur» en 28.13, muy diferente al «viento sur» de 27.13. En Puteoli Pablo tuvo compañerismo con los creyentes por una semana, tal vez mientras la nave se detenía por asuntos de negocios.

Cuando corrió la voz de que Pablo había llegado a Roma (Puteoli era el principal puerto de Roma), los creyentes hicieron arreglos para verle. Puesto que Pablo permaneció en Puteoli por una semana, hubo tiempo suficiente para que se llevaran mensajes entre las iglesias. ¡Qué maravilloso es ser parte del compañerismo del evangelio y hallar dondequiera que vamos «hermanos» en Cristo! El «Foro de Apio» era literalmente «el mercado de Apio», y se refiere a un pueblo como a sesenta kilómetros de Roma, sobre la famosa Vía Apia. Aquí Pablo recibió una delegación de creyentes; luego, quince kilómetros más adelante, otro grupo le recibió en las Tres Tabernas. (Esta palabra latina que se traduce «taberna» no significa lo mismo que la palabra castellana hoy en día. Una «taberna» romana era cualquier clase de tienda o almacén.) A Pablo le alentó ver a esos creyentes, a quienes había escrito su epístola a los Romanos unos tres años antes.

«Cuando llegamos a Roma» (v. 16). Qué simple la manera en que Lucas describe la llegada de Pablo a la ciudad que había anhelado por tantos años visitar. No hay descripción aquí de la belleza de la ciudad, por cuanto Pablo no estaba allí como turista, sino como embajador. Véase Romanos 1.11-13.

III. Presentación a los judíos romanos (28.17-22)

Como en otras ciudades, Pablo quería empezar con los de su nación y tratar de ganarlos para Cristo. Véase en Romanos 9.1,2 y 10.1 el peso que sentía. Empezó afirmando su inocencia y les dijo la razón real para reunirlos. «La esperanza de Israel» en el versículo 20 se refiere a la resurrección de Cristo y los versículos 5.31; 23.6; 24.14-15; y 26.6-8 tienen temas similares. Véase también 13.27-37 y las notas respecto a 26.6. La resurrección probó que Cristo era el Mesías y todas las bendiciones de Israel descansaban en Él. Nótese, sin embargo, que Pablo no le ofreció a Israel el reino, sino que más bien predicó el reino de Dios, lo que quiere decir el evangelio de la gracia de Dios (véase v. 31).

Los líderes judíos romanos no habían oído ninguna acusación contra Pablo, pero sí los comentarios que se hacían en contra de la «secta» de los cristianos. En Hechos se mencionan tres sectas: los saduceos (5.17), los fariseos (15.5), y los cristianos (24.5; 28.22). Los judíos señalaron un día para reunirse de nuevo con Pablo y discutir sobre la Palabra.

IV. Los judíos rechazan el evangelio (28.23-31)

Pablo no estaba en la cárcel, sino más bien en su casa alquilada, encadenado a un soldado romano, pero con libertad para recibir visitantes. Cuando los líderes judíos llegaron, Pablo les explicó las Escrituras del AT y les presentó a Jesús como el Cristo. Compárese el versículo 23 con Lucas 24.13-35, donde Cristo usó a Moisés y a los profetas para abrir los corazones de los dos hombres desalentados. Sin embargo, hay un contraste en los resultados: los discípulos de Emaús creyeron la Palabra y se convirtieron en misioneros, en tanto que los judíos romanos en su mayoría rechazaron la Palabra y no quisieron creer. La frase «desde la mañana hasta la tarde» (v. 23) describe muy bien la historia de Israel: de la luz de la revelación de Dios a las tinieblas de la incredulidad (2 Co 4).

Por favor, tenga presente que Pablo no le ofreció a estos hombres el reino. Había escrito la epístola a los Romanos tres años antes, explicando en los capítulos 9–11 que Israel había sido puesto a un lado. La Iglesia ahora ocuparía el programa de Dios para la edad venidera.

Por quinta vez en la historia de Israel se cumplía la profecía de Isaías. Más de setecientos años antes Dios le había dicho a Isaías que Israel rechazaría su Palabra y se negaría a oír su mensaje. Cuando acusaron a Cristo de confabulación con Satanás (Mt 12), nuestro Señor citó la misma profecía al darles las parábolas del reino (Mt 13.14-15). Al concluir su ministerio, Jesús habló de nuevo de esta profecía (Jn 12.37-41). Pablo la citó en Romanos 11.8; y ahora la usa por última vez. Dios había estado hablándole a su pueblo por más de setecientos años. ¡Qué paciencia! El versículo 28 no quiere decir que por primera vez Pablo se fue a los gentiles. Simplemente significa que, ahora que se le había dado la oportunidad a Israel en Roma y la había rechazado, Pablo se volvía a los gentiles. Tenía las manos limpias de su sangre; les dio la oportunidad de la salvación. Este fue el modelo que Pablo siguió desde el mismo comienzo (Hch 13.44-49).

Pablo permaneció prisionero por dos años, predicando y enseñando libremente la Palabra. Fue durante este tiempo que escribió las cartas a los Efesios, Filipenses, Colosenses y Filemón. La gente a menudo se imagina a Pablo encadenado a la pared de una mazmorra, cuando en realidad disfrutaba de gran libertad. Su primer período en Roma duró desde el año 61 al 63 d.C.; luego lo pusieron en libertad alrededor de tres años, durante los cuales escribió su primera carta a Timoteo y otra a Tito. Tal vez en este tiempo fue cuando visitó Filipos, Colosas y varias de las otras iglesias de Asia. Quizás también realizó su proyectado viaje a España (Ro 15.24,28). En el año 66 d.C. lo arrestaron de nuevo y esta vez su situación no fue fácil. Al leer 2 Timoteo, escrita en ese tiempo, vemos la soledad y el sufrimiento que soportó. A fines del año 66 d.C., o a principios del 67, sufrió el martirio habiendo terminado su carrera y guardado la fe.

ROMANOS

Bosquejo sugerido de Romanos

Introducción (1.1-17)

A. Saludo (1.1-7)
B. Explicación (1.8-17)

I. Pecado (1.18–3.20: Justicia necesitada)
   A. Los gentiles bajo pecado (1.18-32)
   B. Los judíos bajo pecado (2.1–3.8)
   C. El mundo entero bajo pecado (3.9-20)

II. Salvación (3.21–5.21: Justicia imputada)
   A. Justificación explicada (3.21-31)
   B. Justificación expresada: el ejemplo de Abraham (4.1-25)
   C. Justificación experimentada (5.1-21)

III. Santificación (6.1–8.39: Justicia impartida)
   A. Nuestra nueva posición en Cristo (6.1-23)
   B. Nuestro nuevo problema en la carne (7.1-25)
   C. Nuestro nuevo poder en el Espíritu (8.1-39)

IV. Soberanía (9.1–11.36: Justicia rechazada)
   A. La elección pasada de Israel (9.1-33)
   B. El rechazo presente de Israel (10.1-21)
   C. La redención futura de Israel (11.1-36)

V. Servicio (12.1–15.13: Justicia practicada)
   A. Consagración a Dios (12.1-21)
   B. Sujeción a la autoridad (13.1-14)
   C. Consideración por el débil (14.1–15.13)

VI. Conclusión (15.14–16.27)
   A. Fidelidad de Pablo en el ministerio (15.14-21)
   B. El futuro de Pablo en el ministerio (15.22-33)
   C. Los amigos de Pablo en el ministerio (16.1-23)
   D. Bendición final (16.24-27)

Notas preliminares a Romanos

I. Importancia

Mientras que toda la Escritura es inspirada por Dios y útil, hay algunas partes de la Biblia que contienen más verdad doctrinal que otras. Desde luego, lo que Pablo nos dice en Romanos es de mucho más valor práctico para nosotros que algunas de las listas del libro de Números. San Agustín se convirtió por medio de la lectura de Romanos. Martín Lutero inició la Reforma basado en Romanos 1.17: «Mas el justo por la fe vivirá». Juan Wesley, fundador del metodismo, se convirtió mientras escuchaba a alguien que leía del comentario de Lutero sobre Romanos. Si hay algún libro que cada cristiano debe comprender, es esta epístola. ¿Por qué?

(1) Presenta verdad doctrinal: justificación, santificación, adopción, juicio e identificación con Cristo.

(2) Presenta verdad dispensacional en los capítulos 9–11, mostrando la relación entre Israel y la Iglesia en el eterno plan de Dios.

(3) Presenta verdad práctica, enseñando el secreto de la victoria cristiana sobre la carne, los deberes que tienen los cristianos los unos con los otros y su relación al gobierno.

Romanos es una gran exposición de la fe. Es la más completa y lógica presentación de la verdad cristiana en todo el NT. Mientras que algunos temas (tales como el sacerdocio de Cristo y la venida del Señor) no se tratan en detalle, se mencionan y relacionan con otras grandes doctrinas de la fe.

Si una persona que estudia la Biblia desea dominar un solo libro de la Biblia, ¡que sea Romanos! Una comprensión de este libro es la clave para entender la Palabra de Dios entera.

II. Trasfondo

Romanos fue escrito por Pablo durante su visita de tres meses a Corinto (Hch 20.1-3). En Romanos 16.23 Pablo indica que estaba con Gayo y Erasto, ambos estaban asociados con Corinto (1 Co 1.14; 2 Ti 4.20). Tal vez la carta la llevó Febes (16.1), quien vivían en Cencrea, el puerto marítimo que servía a Corinto (Hch 18.18). Aquila y Priscila, amigos de Pablo, eran oriundos de Roma (Hch 18.2) y por el saludo a ellos en Romanos 16.3 descubrimos que habían regresado a Roma.

¿Cómo surgieron los grupos de creyentes en Roma? Nótese que Pablo no dirige esta carta a «la iglesia en Roma». sino más bien «a todos los que estáis en Roma» (1.7). Cuando se lee el capítulo 16 no se puede menos que notar los diferentes grupos de creyentes, lo cual sugiere que tal vez no había una sola iglesia local (16.5,10-11,14-15). Una tradición, sin fundamento histórico ni escriturario, dice que el ministerio en Roma lo fundó Pedro. Se afirma que vivió en Roma veinticinco años, pero esto no se puede probar. Si Pedro empezó la obra en Roma, es de esperarse que hubiera habido una iglesia organizada en lugar de grupos esparcidos de creyentes. Pablo saluda a muchos amigos en el capítulo 16, pero no a Pedro, y sin embargo, en sus otras cartas, siempre envía saludos a los líderes espirituales. Si Pedro hubiera estado ministrando en alguna parte de Roma, Pablo, desde luego, lo hubiera mencionado en algún punto de sus epístolas de la prisión (Efesios, Filipenses, Colosenses, Filemón, 2 Timoteo). El argumento más contundente en contra de la opinión de que Pedro fue el fundador de la obra en Roma es Romanos 15.20, donde Pablo afirma que no edificó sobre el fundamento de ningún otro hombre. Pablo anhelaba visitar a Roma para ministrar a los santos allí (1.13; 15.22-24,28,29; Hch 19.21; 23.11); pero no hubiera hecho planes si otro apóstol ya hubiera empezado la obra allí.

¿Cómo, entonces, llegó el evangelio a Roma? Hechos 2.10 indica que había gente de Roma en Pentecostés. Priscila y Aquila eran judíos romanos que conocieron el evangelio. Nótese que los nombres en el capítulo 16 son todos gentiles, indicando que cristianos gentiles de otras ciudades habían llegado a Roma y llevado el evangelio. A lo mejor estas personas se convirtieron con Pablo en alguna de las otras iglesias. Roma era el gran centro del mundo en ese día y no es improbable que miles de peregrinos acudieran por las carreteras romanas a la ciudad imperial. Romanos 1.13-15, 11.13 y 15.14-16 indican que la mayoría de los creyentes que recibieron la carta eran gentiles. Naturalmente, siempre había un elemento judío en la comunidad cristiana, de la misma forma que muchos gentiles habían sido prosélitos judíos.

III. Razones para escribir

Pablo estaba a punto de concluir su trabajo en Asia (15.19) e ir a Jerusalén con su ofrenda de amor de las iglesia de Asia (15.25-26). Su corazón siempre había sentido un peso por predicar en Roma y esta larga carta era su manera de preparar a los cristianos para su venida. En su estancia en Corinto (Hch 20.1-3) también escribió su carta a los Gálatas, procurando responder a los judaizantes que estaban confundiendo a las iglesias de Galacia. Pablo tal vez quería advertir y enseñar a los cristianos en Roma, por si acaso estos judaizantes llegaban antes que él y trastornaban sus planes. Nótese que en Romanos 3.8 menciona las acusaciones falsas que ciertos hombres hicieron en su contra. Las razones de Pablo para la carta se pueden resumir como sigue:

(1) Preparar a los cristianos para su planeada visita y explicar por qué no los había visitado antes (1.8-15; 15.23-29).

(2) Instruirles en las doctrinas básicas de la fe cristiana, para que los falsos maestros no los confundiera.

(3) Explicar la relación entre Israel y la Iglesia, para que los judaizantes no los descarriaran con sus doctrinas.

(4) Enseñar a los cristianos sus deberes mutuos y hacia el estado.

(5) Responder a cualquier calumnia contra Pablo (3.8).

IV. Posición en la Biblia

Romanos es la primera de tres cartas en el NT basadas en un solo versículo de las Escrituras: Habacuc 2.4: «Mas el justo por su fe vivirá». Este versículo se halla en Romanos 1.17 (el tema de Romanos es *el justo*), Gálatas 3.11 (el tema de Gálatas es cómo *debe vivir* el justo) y Hebreos 10.38 (el tema de Hebreos es vivir *por fe*).

Romanos es la primera epístola del NT. Usted notará que la pauta en las cartas del NT es 2 Timoteo 3.16: «Toda la Escritura es inspirada por Dios, y útil para[...]»:

Enseñar: Romanos (el gran libro doctrinal)
Redargüir: 1 y 2 Corintios (Pablo redarguye y reprende el pecado)
Corregir: Gálatas (Pablo corrige la enseñanza falsa)
Instruir en justicia: Efesios y las cartas restantes de Pablo (enseña la vida santa basada en la doctrina cristiana)

V. Tema

El tema básico de Pablo es la justicia de Dios. La palabra «justo» en una u otra forma se usa más de cuarenta veces en estos capítulos. En los capítulos 1–3 presenta la necesidad de la justicia; en 3–8 la provisión de Dios de justicia en Cristo; en 9–11, cómo Israel rechazó la justicia de Dios; y en 12–16, cómo se debe llevar la justicia a la práctica diaria.

ROMANOS 1

I. Saludo (1.1-7)

Las trece cartas de Pablo empiezan con el nombre del apóstol. Se acostumbraba en esos días empezar una carta con el nombre y los saludos personales del que escribía, en lugar de colocarlos al final como lo hacemos hoy. Pablo se identifica como un siervo y un apóstol y da toda la gloria a Dios al decir que fue llamado por la gracia de Dios (v. 5) y separado para este maravilloso ministerio (véase Hch 13.1-3).

De inmediato afirma que su ministerio es el evangelio, al cual llama «el evangelio de Dios» (v. 1), «el evangelio de su Hijo» (v. 9) y «el evangelio de Cristo» (v. 16). Afirma que sus «buenas noticias» no son algo nuevo que ha inventado, sino que el AT prometía la venida, muerte y resurrección de Cristo. (Véase 1 Co 15.1-4, en donde las «Escrituras» obviamente significan los escritos del AT, puesto que el NT apenas se empezaba a escribir.) Al relacionar el evangelio con el AT, Pablo apelaba a los creyentes judíos que leían su carta.

El evangelio tiene que ver con Cristo: según la carne, un judío (v. 3), pero de acuerdo al poder de Dios mediante la resurrección, probó ser el mismo Hijo de Dios (v. 4). Esto demuestra la humanidad y deidad del Dios-Hombre que es el único que puede ser nuestro Mediador. ¿Cuál es el propósito de este evangelio que le costó a Cristo su vida? El versículo 5 nos lo dice: traer a todas las naciones a la obediencia de la fe. Cuando una persona verdaderamente confía en Cristo, le obedecerá.

En los versículos 6-7 Pablo describe a sus lectores, los santos en Roma. Ellos también son «llamados» por Cristo, no a ser apóstoles, sino a ser santos. Nótese que un santo es un creyente vivo en Cristo Jesús. ¡Sólo Dios puede hacer de un pecador un santo! También son «amados de Dios», incluso viviendo en la perversa ciudad de Roma. Qué maravilloso que Dios nos llame «amados», así como llamó a su Hijo (Mt 3.17). Jesús afirma que el Padre nos ama como el Padre le ama a Él (Jn 17.23).

En este breve saludo Pablo identifica: (1) al escritor, él mismo; (2) los que recibieron la carta, los santos en Roma (no los inconversos); (3) el tema: Cristo y el evangelio de salvación.

II. Explicación (1.8-17)

Pablo ahora da una doble explicación de: (1) por qué escribe (vv. 8-15); y (2) acerca de qué escribe (vv. 16-17).

Por muchos tiempo Pablo deseó visitar a los santos en Roma. Su testimonio se había esparcido por todo el Imperio Romano (v. 8; y véase 1 Ts 1.5-10) y Pablo anhelaba fervientemente visitarlos por tres razones: (1) para establecerlos en la fe, v. 11; (2) para que fueran una bendición para él, v. 12; y (3) para tener entre ellos «algún fruto», o sea, ganar a otros gentiles para el

Señor, v. 13. Téngase presente que Pablo era el mensajero escogido de Dios a los gentiles y, por cierto, ¡sentía el peso de una responsabilidad hacia los santos (y pecadores) en la capital del imperio. Explica que se le había estorbado en su deseo de visitarlos antes, no por Satanás (véase 1 Ts 2.18), sino por sus muchas oportunidades de ministrar en otras partes (Ro 15.19-23). Ahora que el trabajo había concluido en esas áreas, podía visitar Roma. Nótese las fuerzas motivadoras en la vida de Pablo (vv. 14-16): «Soy deudor[...] pronto estoy[...] no me avergüenzo». Deberíamos imitar el ejemplo del apóstol.

En los versículos 16-17 tenemos el tema de la carta: el evangelio de Cristo revela la justicia de Dios, una justicia basada en la fe y no en las obras, y disponible para todos, no sólo para los judíos. Pablo explica en Romanos cómo Dios puede ser a la vez «el justo y el que justifica», esto es, cómo Él puede hacer justos a los pecadores y todavía mantener firme su santa ley. Pablo cita a Habacuc 2.4 (véase las notas introductorias): «El justo por su fe vivirá».

III. Condenación (1.18-32)

Ahora empezamos la primera sección de la carta, la cual trata del pecado (1.18–3.20; véase el bosquejo). En estos versículos finales del capítulo 1 Pablo explica cómo los gentiles penetraron en las terribles tinieblas que los rodean y cómo la ira de Dios se ha revelado en su contra. Nótese los pasos decadentes en la historia de los gentiles.

A. *Conocieron a Dios (vv. 18-20).*

Dios les había dado una revelación doble de sí mismo: «les es» (conciencia) y «se lo» (creación), v. 19. El hombre no empezó con ignorancia y gradualmente creció hasta la inteligencia; empezó con una brillante revelación del poder y sabiduría de Dios y le dio las espaldas. Dios se reveló desde el mismo momento de la creación, de modo que los que nunca han oído el evangelio de todas maneras no tienen excusa. (En el cap. 2 se analizará cómo Dios juzga a tales personas.)

B. *No le glorificaron como a Dios (vv. 21-23).*

Los pensamientos vanos y el razonamiento necio hizo que los hombres se alejaran de la verdad y se volvieran a las mentiras. Vemos la indiferencia conduciendo a la ingratitud, resultando en ignorancia. La gente de hoy se postra ante los filósofos griegos y romanos, y honra más su palabra que la Palabra de Dios; pero Pablo llama a todas estas filosofías «imaginación de hombres» y «tiempos de ignorancia» (Hch 17.30). El próximo paso fue la idolatría, honrando a la criatura (incluyendo al hombre) antes que al Creador.

C. *Cambiaron la verdad de Dios (vv. 24-25).*

Esta palabra cambiaron indica precisamente eso. ¡Reemplazaron la verdad de Dios con la mentira de Satanás! ¿Qué es la mentira de Satanás? Adorar a la criatura y no al Creador; adorar al hombre en lugar de adorar a Dios;

adorar las cosas antes que a Cristo. Satanás tentó a Cristo para que hiciera esto (Mt 4.8-11). Nótese que en Romanos 1.18 los gentiles «detienen con injusticia la verdad» y ahora «cambiaron la verdad» por una mentira. Cuando se cree y obedece la verdad, ella nos hace libres (Jn 8.31-32); cuando se rechaza y desobedece la verdad, nos hace esclavos.

D. Rechazaron el conocimiento de Dios (vv. 26-32).

Estas personas comenzaron con un claro conocimiento de Dios (vv. 19,21) y su juicio en contra del pecado (v. 32); pero ahora llegaron al más bajo nivel de su caída: ¡ni siquiera querían el conocimiento de Dios! «Dijo el necio en su corazón: No hay Dios» (Sal 14.1).

Es triste ver los trágicos resultados de esta decadencia. Los evolucionistas quieren hacernos creer que los seres humanos hemos «evolucionado» desde formas primitivas, ignorantes y como bestias, a la criatura maravillosa que somos hoy. Pablo dice precisamente lo opuesto: el hombre empezó como la más superior de las criaturas de Dios, pero ¡él mismo se hizo bestia! Nótese los tres juicios de Dios:

- Dios los entregó a la inmundicia e idolatría, vv. 24-25.
- Dios los entregó a pasiones vergonzosas, vv. 26-27.
- Dios los entregó a una mente reprobada, vv. 28ss.

¡Dios los abandonó! Esta es la revelación de la ira de Dios (v. 18). Los pecados que se mencionan aquí son demasiado viles para definir o hablar de ellos, sin embargo, hoy en día se practican alrededor del mundo con la aprobación de la sociedad. La gente sabe que el pecado será juzgado, no obstante, se deleitan en él de todas maneras. Si no fuera por el evangelio de Cristo, estaríamos nosotros mismos en esa esclavitud del pecado. «Gracias a Dios por su don inefable» (2 Co 9.15).

ROMANOS 2

De 2.1 a 3.8 Pablo enfoca su reflector sobre los de su pueblo, los judíos, y muestra que están igualmente condenados como pecadores ante Dios. En 1.20 afirma que los gentiles no tienen excusa, y en 2.1 afirma lo mismo para los judíos. ¡Estas noticias caen como un trueno a los privilegiados judíos! De seguro que Dios los iba a tratar, pensaban, ¡de forma diferente a la que usa para tratar a los gentiles! No, afirma Pablo; los judíos están bajo la condenación e ira de Dios porque los principios divinos del juicio son justos. En este capítulo destaca tres principios divinos de juicio que prueban que los judíos están tan condenados como los gentiles.

I. El juicio es de acuerdo a la verdad de Dios (2.1-5)

Mientras el judío leía la acusación de Pablo a los «gentiles» en el primer capítulo, debe haber sonreído y dicho: «¡Se lo merecen!» su actitud sería la del fariseo de Lucas 18.9-14: «Te doy gracias que no soy como los otros hombres». Pero Pablo le devuelve al judío el mismo juicio que este hacía con el gentil: «Tú haces lo mismo que hacen los gentiles, ¡de modo que eres igualmente culpable!» El juicio divino de los hombres no es conforme a rumores, chismes, nuestras opiniones, ni a la evaluación humana; es «según verdad» (v. 2). Alguien ha dicho: «Detestamos nuestras faltas, especialmente cuando las vemos en otros». Qué fácil es para las personas en la actualidad, como en los días de Pablo, condenar a otros, y sin embargo tener los mismos pecados en sus vidas.

Pero el judío podía haber argumentado: «¡De seguro que Dios no nos va a juzgar con la misma verdad que aplica a los gentiles! Porque, ¡vea cuán bueno ha sido Dios con Israel!» Pero ignoraban el propósito que Dios tenía en mente cuando derramaba su bondad sobre Israel y esperaba con tanta paciencia a que su pueblo obedeciera: Se suponía que su bondad los llevaría al arrepentimiento. En lugar de eso, endurecieron sus corazones y así almacenaron más ira para aquel día cuando Cristo juzgará a los perdidos (Ap 20). ¿No ha oído usted a los pecadores perdidos de hoy decir: «Estoy seguro de que Dios no me va a mandar al infierno. Porque Él ha hecho tantas cosas buenas para mí»? Ni siquiera se dan cuenta de que la bondad de Dios es la preparación para su gracia; y en lugar de humillarse, endurecen sus corazones y cometen más pecados, pensando que Dios los ama demasiado como para condenarlos.

Estas dos mismas «excusas» que los judíos usaban en días de Pablo se oyen todavía hoy: (1) «Yo soy mejor que otros, de modo que no necesito a Cristo»; (2) «Dios ha sido bueno conmigo y de ninguna manera me condenará». Pero el juicio final de Dios no será según las opiniones ni evaluaciones de los hombres; será según la verdad.

II. El juicio es de acuerdo a las obras de la persona (2.6-16)

Los judíos pensaban que tenían la más alta «posición» entre el pueblo de Dios, sin darse cuenta que una cosa es ser un oidor de la ley y otra muy distinta un hacedor (v. 13). Tenga presente que estos versículos no nos dicen cómo ser salvos. Describen cómo juzga Dios a la humanidad de acuerdo a las obras que haya hecho. Los versículos 7-8 no hablan respecto a las acciones ocasionales de una persona, sino al propósito total y dirección general de su vida, la «elección de la vida», según William Newell lo describe. La gente no alcanza la vida eterna por buscarla pacientemente; pero si la buscan toda su vida, la hallarán en Cristo.

«Cada uno» (v. 6), «todo ser humano» (v. 9), «todo el que» (v. 10): tres frases que muestran que Dios no hace acepción de personas sino que juzga a la humanidad en base a cómo han vivido. Uno pudiera preguntar: «Pero, ¿es Dios justo al juzgar así a los hombres? Después de todo, los judíos habían tenido la ley y los gentiles no». Sí; Dios es justo, conforme lo explican los versículos 12-15. Dios juzgará a las personas según la luz que han recibido. Pero nunca piense que los gentiles (que no conocían directamente de Moisés) vivían alejados de la ley; porque la ley moral de Dios estaba escrita en sus corazones (véase 1.19). Daniel Crawford, veterano misionero en África, salió de las selvas y dijo: «Los paganos están pecando contra un torrente de luz». «Es una de las cosas más evidentes en las Escrituras», escribe el Dr. Roy Laurin, «que los hombres serán juzgados de acuerdo al conocimiento de Dios que posean y nunca de acuerdo a algún standard más alto que no posean». Los judíos oían la ley, pero rehusaban hacerla, y por eso serán juzgados con más severidad. Lo mismo ocurrirá con los pecadores de hoy que oyen la Palabra de Dios, pero no quieren hacerle caso.

III. El juicio es de acuerdo al evangelio de Cristo (2.17-29)

Ya Pablo ha mencionado dos veces el «día del juicio» (vv. 5,16). Ahora afirma que este juicio será del corazón, cuando Dios revelará todos los secretos. Cristo será el Juez y la cuestión va a ser: «¿Qué hiciste con el evangelio de Cristo?»

Los judíos se jactaban de sus privilegios raciales y religiosos. Debido a que Dios les había dado su Palabra conocían su voluntad y tenían un mejor sentido de lo valores. Miraban a los gentiles como ciegos, en la oscuridad, como ignorantes y como niños (vv. 19-20). Los judíos se consideraban como los exclusivos favoritos de Dios; pero lo que no lograron ver fue que estos privilegios les obligaban a vivir en santidad. Desobedecían la misma ley que predicaban a los gentiles. El resultado fue que incluso los «perversos gentiles» ¡blasfemaban el nombre de Dios debido al pecado de los judíos! Pablo tal vez se esté refiriendo a Isaías 52.5, Ezequiel 36.21-22, o a las palabras de Natán a David en 2 Samuel 12.14.

Si algún pueblo tenía «religión», ese era el judío; sin embargo, su religión era una cuestión de ceremonia externa y no interna. Se jactaban de su rito de la circuncisión, una ceremonia que los identificaba con el Dios viviente; y sin embargo, ¿de qué sirve un rito físico si no hay obediencia a la Palabra de Dios? Pablo avanza incluso al punto de decir que el gentil incircunciso que obedecía la Palabra de Dios era mejor que el judío circunciso que la desobedecía (v. 27), y que el judío circunciso que desobedecía a Dios era considerado «incircunciso». Un verdadero judío es el que tiene fe interna, cuyo corazón se ha transformado, y no sólo aquel que sigue las ceremonias externas en la carne. El versículo 27 afirma con audacia que los gentiles que, aun siendo incircuncisos, por naturaleza cumplen la ley, ¡van a juzgar a los judíos que quebrantan las normas de Dios!

El evangelio de Cristo exige un cambio interno: «Es necesario nacer de nuevo» (Jn 3.7). No es la obediencia a un sistema religioso lo que le permite a uno pasar la prueba cuando Cristo juzga los secretos de los corazones de los hombres, sino el evangelio de Cristo que es poder de Dios para salvación, tanto para el judío como para el gentil (Ro 1.16). Si una persona nunca ha creído en el evangelio y recibido a Cristo, ya está condenada. Los judíos, con toda su religión y legalismo estaban (y están) igualmente bajo pecado como los gentiles, y mucho más debido a que se les concedió mayores privilegios y oportunidades de conocer la verdad.

¿Cuántos van camino al infierno porque piensan que Dios les va a juzgar según su opinión, status o religión? Dios no juzga de acuerdo a estos principios, sino según la verdad, de acuerdo a nuestras obras y de acuerdo al evangelio de Cristo. De este modo, en el capítulo 1 Pablo prueba que los gentiles no tienen excusa, y aquí en el capítulo 2, que los judíos no tienen excusa. En el capítulo 3 demostrará que el mundo entero está bajo pecado y condenación, necesitando con desesperación la gracia de Dios.

ROMANOS 3

Este capítulo establece el puente entre la sección 1: «pecado», y la sección 2: «salvación». En la primera sección (vv. 1-20) Pablo analiza la condenación y concluye que el mundo entero, judíos y gentiles por igual, están bajo pecado. En la última sección (vv. 21-31) presenta el tema de la justificación por fe, lo cual será su tema por los próximos dos capítulos.

Es más, el capítulo 3 es en realidad el semillero para el resto del libro. En los versículos 1-4 trata de la incredulidad de Israel y este es su tema en los capítulos 9–11. En el versículo 8 menciona la cuestión de vivir en el pecado y este es lo que analiza en los capítulos 6–8. (Nótese que 3.8 se relaciona muy de cerca con 6.1.) El versículo 21 trae a colación la justificación por fe, que es su tema para los capítulos 4–5. Finalmente, en el versículo 31 menciona el establecimiento y obediencia a la ley, tema que presenta en los capítulos 12–16 (nótese 13.8-14).

I. Las malas noticias: Condenación bajo pecado (3.1-20)

En esta sección Pablo pregunta y responde a cuatro interrogantes importantes:

A. *¿Hay alguna ventaja en ser judío, si los judíos están condenados? (vv. 1-2).*

La respuesta es «sí», porque a los judíos se les dio los oráculos de Dios, su voluntad revelada en su Palabra. Si Israel hubiera creído y obedecido la Palabra, la nación hubiera recibido a Cristo y se hubiera salvado. Entonces, a través de ellos, Dios hubiera esparcido la bendición al mundo entero. Nosotros hoy, desde luego, somos privilegiados al tener la Palabra de Dios. Ojalá que nunca la demos por sentado.

B. *¿Ha derogado la Palabra de Dios la incredulidad de Israel? (vv. 3-4).*

Por supuesto que no. La incredulidad nunca podría anular la fidelidad de Dios (v. 3). Dios es veraz, aun cuando todo hombre es mentiroso. Aquí Pablo cita el Salmo 51.4, donde el rey David admite sin rodeos su pecado y la justicia de Dios al juzgarle. Aun reconociendo sus pecados David declaró la rectitud y justicia de Dios y la verdad de su Palabra.

C. Entonces, ¿por qué no pecar más y glorificar así más a Dios? (vv. 5-8).

«Después de todo, si se honra a Dios al juzgar mi pecado, ¡en realidad estoy haciéndole un favor al pecar! En lugar de juzgarme, ¡Él debería dejarme pecar más para que pudiera ser glorificado más! ¡De ninguna manera es justo al juzgarme!» Pablo rápidamente desbarata este argumento en pro del pecado al destacar, en el versículo 6, que tal posición significaría que Dios nunca juzgaría al mundo, e incluso Abraham lo reconoció como el «Juez del mundo» (Gn 18.25). Pablo no explica cómo juzga Dios el pecado y se glorifica en ello; simplemente afirma que toda la verdad y la justicia caería si Dios hiciera lo que tales personas afirman. Los enemigos judíos de Pablo mintieron acerca de él y dijeron que enseñaba esta misma doctrina: «Hagamos males para que vengan bienes» (v. 8). Véase también 6.1,15. Esta afirmación es tan contraria a toda razón y toda Escritura que Pablo la desecha diciendo que «quienes dicen esto merecen la condenación».

D. Entonces, ¿es mejor el judío que el gentil? (vv. 9-18).

No, ni tampoco el gentil es mejor o peor que el judío; porque ambos son pecadores y están bajo la terrible condenación de Dios. «No hay diferencia» es el gran mensaje de Romanos: no hay diferencia ni en cuanto al pecado (3.22-23) ni a la salvación (10.12-13). Dios ha considerado bajo pecado tanto al judío como al gentil, para poder, en su gracia, tener misericordia de todos (11.32).

Pablo ahora prueba que el mundo es culpable al describir la total pecaminosidad de la humanidad. En los versículos 10-12 comenta sobre su carácter pecaminoso y se refiere al Salmo 14.1-3. En los versículos 13-18 nos recuerda de la conducta de la humanidad, al citar los Salmos 5.9; 140.3; 10.7 y 36.1 y también a Isaías 59.7,8. Por favor, lea con cuidado estos versículos y su escenario. Su veredicto final se da en los versículos 19-20: el mundo entero es culpable ante Dios. La ley que los judíos pensaban que les salvaría, sólo les condenaba; porque la ley da en conocimiento del pecado.

II. Las buenas nuevas: Justificación por fe (3.21-31)

A. Aparte de la ley (v. 21).

El versículo 21 se puede parafrasear: «Pero ahora, en esta edad de gracia, una justicia (una nueva clase de justicia) se ha revelado, pero no una que depende de la ley». La gente hoy quiere justicia por la ley y por obras, pero Pablo ya ha probado que la ley condena y nunca puede salvar. Esta gracia-justicia fue, sin embargo, vista en el AT. Abraham, por ejemplo, fue declarado justo debido a su fe (Gn 15.6). Habacuc 2.4 dice: «El justo por su fe vivirá». Léase Romanos 9.30-33 y vea por qué Israel fracasó en esta justicia por fe.

B. Disponible por medio de Cristo (vv. 22-26).

Nótese cuán a menudo Pablo usa la palabra «fe». El versículo 23 puede leerse: «Por cuanto todos pecaron [de una vez por todas en Adán] y están constantemente destituidos de la gloria de Dios». Entonces Pablo introduce varios términos importantes:

Justificados: declarados justos a los ojos de Dios por medio de los méritos de Cristo, seguros en nuestra posición en Cristo ante el trono de Dios. Justificación es la justicia de Dios imputada, puesta en nuestra cuenta. Santificación es la justicia impartida, o vivida en nuestras vidas diarias.

Redención: liberación del pecado y sus castigos, mediante el pago de un precio. El precio fue la sangre de Cristo en la cruz.

Propiciación: El sacrificio de Cristo satisfizo la santa ley de Dios, lo cual hizo posible que perdonara a los pecadores y seguir siendo justo en sí mismo. La justicia de Dios quedó satisfecha; ahora puede mirar con bondad y gracia a un mundo perdido.

«¡Justificados gratuitamente por su gracia!» (v. 24). ¡Qué emocionante declaración! No por obras, buenas intenciones, regalos u oraciones, sino gratuitamente por su gracia sola. Es en esta carta que Pablo explica cómo Dios puede ser a la vez «el justo, y el que justifica» (v. 26), y la respuesta es la cruz. Cuando Jesús murió, llevó nuestros pecados en su propio cuerpo (1 P 2.24) y pagó así el precio que exigía la ley de Dios. ¡Pero resucitó! De este modo, ¡vive y puede salvar a todo el que cree!

El versículo 25 enseña que en las edades antes de la plena revelación del evangelio de Cristo, Dios parecía ser injusto al «pasar por alto» los pecados de la humanidad y perdonar a personas tales como Noé, Abraham y Enoc. Cierto, Él descargó ira en algunos casos; pero generaciones de pecadores parecían escapar a su juicio. ¿Cómo podía Dios hacer esto? Debido a que sabía que en la cruz Él daría una exhibición completa de su ira contra el pecado, y sin embargo por medio de la muerte de Cristo proveería una redención por los pecados que habían sido meramente «cubiertos» por la sangre de los toros y machos cabríos (Heb 9–10).

C. Aceptados por fe (vv. 27-31)

«¡Esta es la conclusión de todo el asunto!» El judío no tiene nada de qué jactarse, debido a que todos los pecadores son justificados por fe y no por las obras de la ley. Si la justificación es por la ley, Dios es un Dios de los judíos solamente, porque Israel era el único que tenía la ley. Pero Dios es también el Dios de los gentiles. Por consiguiente, tanto judíos como gentiles se salvan de la misma manera: por fe. Y este simple medio de salvación no anula la ley, porque la ley exigía la muerte por el pecado y Cristo murió por nuestros pecados. De este modo, el evangelio establece la ley. La ley de Dios revela mi necesidad de gracia y la gracia de Dios me permite obedecer la ley.

ROMANOS 4

Procure dominar este capítulo, ¡sea como sea! Explica cómo Dios justifica (declara justo) a los impíos mediante la muerte y la resurrección de Jesucristo. «Salvación» es un término amplio e incluye todo lo que Dios hace por el creyente en Cristo: «justificación» es un término legal que describe nuestra perfecta posición ante Dios en la justicia de Cristo. En este capítulo Pablo usa el ejemplo de Abraham para ilustrar tres grandes hechos respecto a la justificación por fe.

I. La justificación es por fe, no por obras (4.1-8)

Todos los judíos reverenciaban al «padre Abraham» y por Génesis 15.6 sabemos que Abraham fue justificado ante Dios. La aceptación de Abraham por Dios era tan cierta que se referían al cielo como «el seno de Abraham». Sabiendo esto, Pablo apunta a Abraham y pregunta: «¿Cómo fue Abraham, nuestro padre en la carne, justificado?» ¿Por sus obras? No, porque entonces pudiera haberse gloriado de sus éxitos y no tenemos ningún registro de tal acción en el AT. ¿Qué dice la Escritura? «Abraham creyó a Dios» (véase Gn 15.1-6.) El don de la justicia vino, no por obras, sino por la fe en la Palabra revelada de Dios.

Nótese que en su argumento Pablo usa las palabras «considerar», «imputar» y «contar» (vv. 3-6,8-11; 22-24). Todas significan lo mismo: poner a cuenta de una persona. La justificación significa justicia imputada (puesta a nuestra cuenta) y nos da el derecho de estar ante Dios. Santificación significa justicia impartida (hecha parte de nuestra vida) y nos da una posición correcta ante los hombres, de modo que crean que somos cristianos. Ambas cosas son parte de la salvación, como argumenta Santiago 2.14-26. ¿De qué sirve decir que tengo fe en Dios si mi vida no revela fidelidad a Él?

La salvación es o bien una recompensa por obras, o un regalo mediante la gracia; no puede ser ambas cosas. El versículo 5 afirma que Dios justifica al impío (no al justo) por fe y no por obras. Los judíos pensaban que Dios se basaba en las obras para justificar a los religiosos; sin embargo, Pablo ha demostrado que el «padre Abraham» se salvó sólo por fe. Luego Pablo se refiere a David y cita el Salmo 32.1-2, demostrando que el gran rey de Israel enseñó la justificación por la fe, aparte de las obras. Dios no imputa el pecado a nuestra cuenta, porque eso se cargó a la cuenta de Cristo (2 Co 5.21 y véase Flm 18). Antes bien, ¡Él imputa la justicia de Cristo a nuestra cuenta puramente sobre la base de la gracia! ¡Qué maravillosa salvación tenemos!

II. La justificación es por gracia, no por la ley (4.9-17)

Ahora surge una importante pregunta: «Si la salvación es por fe, ¿qué sucede con la ley? ¿Qué hay con el pacto que Dios hizo con Abraham? Pablo responde señalando que la fe de Abraham y su salvación data de ¡catorce años antes de ser circuncidado! La circuncisión fue el sello del pacto, el rito que hacía del niño judío una parte del sistema de la ley. Sin embargo Abraham, el «padre» de los judíos, ¡fue en efecto un gentil (o sea, incircunciso) cuando fue salvado! La circuncisión fue sólo una señal externa de una relación espiritual, como lo es el bautismo hoy. Ninguna ceremonia física puede producir cambios espirituales; no obstante, los judíos de los días de Pablo (como muchos «religiosos» de hoy) confiaban en las ceremonias (las señales externas) e ignoraban la fe salvadora que se les demandaba. Abraham es verdaderamente el «padre» de todos los creyentes, todos los que pertenecen a la «familia de la fe» (véase Gl 3.7,29). Como Pablo destacó en Romanos 2.27-29, no todos los «judíos» son en realidad «el Israel de Dios».

En los versículos 13-17 Pablo contrasta la ley y la gracia, así como en los versículos 1-8 contrastó la fe y las obras. La palabra clave aquí es «promesa» (vv. 13,14,16). La promesa de Dios a Abraham de que sería «heredero del mundo» (v. 13: indicando el glorioso reino bajo el gobierno de la Simiente Prometida: Cristo) no se dio en conexión con la ley o la circuncisión, sino por la sola gracia de Dios. Léase de nuevo Génesis 15 y nótese cómo Abraham estaba «al final de su cuerda» cuando Dios intervino y le dio su promesa de gracia. ¡Todo lo que tenía que hacer era creer a Dios! La ley nunca fue dada para salvar a nadie; la ley nada más trae ira y revela el pecado. Anula por completo la gracia, así como las obras abrogarían la fe; las dos cosas no pueden existir juntas (vv. 14-15). ¿Cómo podía Abraham salvarse por una ley que aún no se había dado? Pablo concluye en el versículo 16 que la justificación viene por gracia, por medio de la fe; y así todas las personas, judíos o gentiles, pueden ser salvos. Abraham no sólo es el padre de los judíos, sino que es el «padre de todos nosotros», todos los que seguimos en sus pasos de fe. (Léase Gl 3.)

III. La justificación es por el poder de la resurrección, no por esfuerzo humano (4.18-25)

La primera sección (vv. 1-8) contrastó la fe y las obras; la segunda (vv. 9-17) la ley y la gracia; y ahora la tercera (vv. 18-25) contrasta la vida y la muerte. Nótese que Pablo, en el versículo 17, identifica a Dios como el que «da vida a los muertos». Abraham y Sara estaban «muertos», ya que sus cuerpos habían pasado con mucho la edad de procrear (véase Heb 11.11,12). ¿Cómo podrían dos personas, una de noventa años de edad y la otra con más de cien, esperanzarse con tener un hijo? Pero cuando la carne está muerta, ¡el poder de la resurrección del Espíritu puede obrar!

Debemos asombrarnos de la fe de Abraham. Todo lo que tenía era la promesa de Dios de que sería el padre de muchas naciones; sin embargo, creyó la promesa, dio la gloria a Dios y recibió la bendición. Qué perfecta ilustración del milagro de la salvación. En tanto y en cuanto la gente dependa de la carne y sienta que todavía tiene suficiente fuerza como para agradar a Dios, nunca será justificada. Pero cuando llegamos al final de nuestros recursos, admitimos que estamos muertos y cesamos de bregar con nuestros esfuerzos, Dios puede «darnos vida de entre los muertos» y una nueva vida y una perfecta posición delante de Él. Fue la simple fe de Abraham a la Palabra de Dios lo que le justificó y así es como los pecadores son justificados hoy.

Pero tal vez Abraham era alguien importante. El versículo 24 dice que no; Dios escribió esa declaración en su Palabra por causa nuestra, no por Abraham. Somos salvos de la misma manera que él se salvó: por fe. Nótese cuán importante es en Romanos la palabra «creer»: aparece en 1.16; 3.22,26; 4.3,24; 5.1; 10.4,9-10; etc. Cuando un pecador cree la promesa de Dios en la Palabra, el mismo poder de resurrección entra en su vida y llega a ser cristiano, un hijo de Dios, así como Abraham lo fue. Debemos confesar que estamos muertos y creer que Cristo está vivo y nos salvará.

El versículo 25 explica la base para la justificación: la muerte y resurrección de Cristo. Pablo entrará en detalle en este asunto en el capítulo 5. El versículo dice: «El cual [Jesús nuestro Señor] fue entregado por nuestras transgresiones, y resucitado para nuestra justificación». El hecho de que Él murió prueba que fuimos pecadores; el hecho de que Dios le levantó de los muertos prueba que hemos sido justificados por su sangre. Esto pone de manifiesto de nuevo que la justificación es asunto del poder de la resurrección y no del débil esfuerzo humano.

ROMANOS 5

Este capítulo es una explicación de la última palabra del capítulo 4: justificación. Un claro entendimiento del argumento de Pablo es esencial para captar el significado de la justificación por fe.

I. La bendición de la justificación (5.1-11)

Tenga presente que la justificación es la declaración de Dios de que el pecador que cree es justo en Cristo. Es justicia imputada, puesta a nuestra cuenta. Santificación es justicia impartida, puesta en práctica en y a través de nuestras vidas por el Espíritu. Justificación es nuestra posición delante de Dios; santificación es nuestro estado aquí en la tierra delante de otros. La justificación nunca cambia; la santificación sí. Nótese las bendiciones que tenemos en la justificación.

A. Tenemos paz (v. 1).

Hubo un tiempo en que éramos enemigos (v. 10); pero ahora en Cristo tenemos paz con Dios. Paz con Dios significa que nuestro problema con el pecado ha quedado resuelto por la sangre de Cristo. Dios es nuestro Padre, no nuestro Juez.

B. Tenemos entrada a Dios (v. 2a).

Antes de nuestra salvación estábamos «en Adán» y condenados; pero ahora en Cristo tenemos una perfecta posición delante de Dios y podemos entrar a su presencia (Heb 10.19-25).

C. Tenemos esperanza (v. 2b).

Literalmente «nos enorgullecemos en la esperanza de la gloria de Dios». Lea

Efesios 2.11,12 y note que el inconverso está «sin esperanza». No podemos ufanarnos en las buenas obras que traen salvación (Ef 2.8-9), pero sí podemos hacerlo en la maravillosa salvación que Dios nos ha dado en Cristo.

D. Tenemos confianza diariamente (vv. 3-4).

«También nos gloriamos en las tribulaciones». El verdadero cristiano no sólo tiene una esperanza para el futuro, sino que tiene confianza en las presentes aflicciones de la vida. La «fórmula» es como sigue: la prueba más Cristo igual a paciencia; paciencia más Cristo es igual a prueba [experiencia]; prueba más Cristo igual a esperanza. Nótese que no nos gloriamos en las tribulaciones o respecto a las pruebas; sino en las pruebas. Compárese Mateo 13.21; 1 Tesalonicenses 1.4-6; y Santiago 1.3ss.

E. Experimentamos el amor de Dios (vv. 5-11).

Por el Espíritu Dios derrama su amor en nosotros y a través de nosotros. Dios reveló su amor en la cruz cuando Cristo murió por los que estaban «débiles», que eran «indignos», «pecadores» y «enemigos», probando así su gran amor. El argumento de Pablo es este: si Dios hizo todo eso por nosotros mientras todavía éramos sus enemigos, ¡cuánto más hará ahora que somos sus hijos! Somos salvos por la muerte de Cristo (v. 9), pero somos también salvos por su vida (v. 10), según «el poder de su resurrección» (Flp 3.10) que opera en nuestras vidas. Hemos recibido «reconciliación» (v. 11) y ahora experimentamos el amor de Dios.

II. La base de la justificación (5.12-21)

Esta es una sección compleja, de modo que léala varias veces y use una traducción moderna. Pablo explica aquí cómo todos los hombres son pecadores y cómo la muerte de un hombre puede dar a un pecador impío una correcta posición delante de Dios.

Por favor, note antes que todo, la repetición de la palabra «un» o «uno» (vv. 12,15-19: once veces). Nótese también el uso de la palabra «reinar» en los versículos 14,17 y 21. El pensamiento clave aquí es que cuando Dios mira a la raza humana, sólo ve a dos hombres: Adán y Cristo. Todo ser humano, o está «en Adán» y está perdido, o está «en Cristo» y es salvado; no hay términos medios. El versículo 14 afirma que Adán es un tipo (figura) de Cristo; él es el «primer Adán» y Cristo el «postrer Adán» (1 Co 15.45).

Podemos contrastar a los dos Adanes como sigue: (1) El primer Adán se hizo de tierra, pero el postrer Adán (Cristo) vino del cielo (1 Co 15.47). (2) El primer Adán fue el rey de la antigua creación (Gn 1.26-27), en tanto que el postrer Adán es el Rey Sacerdote sobre la nueva creación (2 Co 5.17). (3) Al primer Adán lo probaron en un jardín perfecto y desobedeció a Dios, mientras que al postrer Adán lo probaron en un terrible desierto y obedeció a Dios; y en el huerto del Getsemaní sometió su voluntad a Dios. (4) La desobediencia del primer Adán trajo pecado, condenación y muerte a la raza humana, pero la obediencia del postrer Adán trajo justicia, salvación y vida a todo el que cree. (5) Mediante el primer Adán la muerte y el pecado reinan en este mundo (vv. 14,17,21); pero a través del postrer Adán reina la gracia (v. 21) y los creyentes pueden «reinar en vida» (v. 17).

El AT es el «libro de la generación de Adán» (Gn 5.1-2) y concluye con la palabra «maldición» (Mal 4.6). El NT es el «libro de la generación de Jesucristo» (Mt 1.1) y concluye con «no habrá más maldición» (Ap 22.3). El paraíso de Génesis que Adán perdió se restaura en Apocalipsis mediante la cruz de Cristo.

Lo que Pablo enseña aquí es la unidad de la raza humana en Adán (véase Hch 17.26). Cuando dice en el versículo 12 que «todos han pecado» significa que todos pecamos en Adán cuando él pecó. Nos identificamos con él como la «cabeza» de la raza humana y su pecado es el nuestro, su muerte es la nuestra. El argumento de Pablo en los versículos 12-14 es como sigue: Todos sabemos que un hombre muere si desobedece la ley de Dios. Pero no había ley desde Adán hasta Moisés, ¡y sin embargo los hombres murieron! Sabemos que Adán murió debido a que desobedeció una ley divina; pero las generaciones desde Adán hasta Moisés no tenían tal ley para desobedecer. Entonces, la muerte debe ser por otra causa y esa es el pecado de Adán. Debido a que nacemos «en Adán», heredamos su pecado y condenación. Pero en su gracia Dios ha dado un «postrer Adán», una nueva «Cabeza» que, «por su vida y muerte», ha deshecho todo lo que Adán hizo en su pecado. Pablo ahora presenta varios contrastes entre la salvación y el pecado:

vv. 15-16, ofensa vs. regalo gratuito: La ofensa de Adán trajo condenación y muerte, mientras que el regalo de la gracia de Dios trae justificación y vida.

v. 17, muerte vs. vida: La muerte reinó debido a Adán, pero ahora los creyentes reinan en vida (ya no en el futuro) por Cristo, ¡y tienen vida abundante!

v. 18, condenación vs. justificación: El pecado de Adán hundió a la raza humana en condenación; la muerte de Cristo trae una posición correcta delante de Dios. Adán se escondió de Dios; ¡en Cristo tenemos entrada libre a Dios!

v. 19, desobediencia vs. obediencia: Adán desobedeció a Dios y nos hizo a todos pecadores; Cristo obedeció a Dios y, por medio de la fe en Él, somos hechos justos.

v. 20, ley vs. gracia: Dios no dio la ley para salvar a la humanidad, sino para revelar el pecado. Pero, cuando Cristo murió, la superabundante gracia satisfizo las exigencias de la ley, y entonces suplió lo que esta no podía suplir: salvación del pecado.

La transacción completa se resume en el versículo 20: en la nueva creación (2 Co 5.17, estando «en Cristo») ya no reina el pecado, ¡reina la gracia! No reina la muerte, ¡reina la vida! ¡Y nosotros reinamos en vida! «Cristo[...] nos ha hecho reyes y sacerdotes para Dios» (Ap 1.5-6).

Ahora, la pregunta importante es: ¿Estoy «en Adán» o «en Cristo»? Si estoy «en Adán», el pecado y la muerte reinan en mi vida y estoy bajo condenación. Si estoy «en Cristo», la gracia reina, puedo reinar en vida por medio de Cristo y el pecado ya no me tiene en esclavitud (el tema del capítulo 6). En 5.6-11 Pablo enseña la sustitución: Cristo murió por nosotros en la cruz. Pero en 5.12-21 avanza más y enseña la identificación: los creyentes están en Cristo y pueden vivir en victoria sobre el pecado.

¡Aleluya, qué Salvador!

Notas introductorias a Romanos 6–8

La iglesia de hoy necesita desesperadamente enfatizar la santidad práctica en la vida del creyente. Todo cristiano (si en verdad ha nacido de nuevo) vive según se describe en Romanos 5; pero en los capítulos 6 al 8 de Romanos se describe muy poco progreso en los cristianos. Es esencial que comprendamos el significado de esta sección sobre la santificación. No sólo que la comprendamos, sino que la vivamos.

Definición

Santificar quiere decir «apartar, separar». En esencia, no dice nada en cuanto a la naturaleza de algo, sólo su posición en referencia a Dios. El tabernáculo y su mobiliario fueron santificados, apartados para el uso exclusivo de Dios.

La lana, la tela, el metal y otros materiales no eran «santos» en sí mismos, sino que fueron apartados para Dios. En Juan 17.19 Jesús dice que Él se santifica a sí mismo. Por cierto, el Santo Hijo de Dios no tiene necesidad de ser hecho «más santo» que lo que era. Lo que quiere decir es simplemente que Él se había apartado a sí mismo para servir a Dios y, por medio de su acto de salvación, pudo apartar a los creyentes para la gloria de Dios.

En las Escrituras la santificación es triple: (1) posicional: el cristiano es sacado del mundo y sentado con Cristo (Jn. 17.16); (2) práctica: el creyente tiene victoria día tras día sobre el pecado y crece en santidad y en semejanza a Cristo; (3) perfecta: «Seremos como Él es porque le veremos como Él es» (1 Jn 3.1,2).

A menos que conservemos el mensaje de Romanos 6 separado del de Romanos 7, confundiremos el mensaje de Pablo y perderemos una gran bendición. Esta tabla explica la diferencia entre el mensaje de Romanos 6 y el de Romanos 7.

Romanos 6	Romanos 7
1. ¿Continuaremos en pecado para que la gracia abunde?	1. ¿Qué podemos hacer sino pecar cuando nuestra misma naturaleza es tan pecadora?
2. Esclavitud al cuerpo de pecado.	2. Esclavitud a la ley.
3. Estamos muertos al pecado.	3. Estamos muertos a la ley.
4. Analogía del siervo y el amo.	4. Analogía de esposa y esposo.

5. El problema de evitar el mal cuando tenemos naturalezas pecadoras.

6. El problema es resuelto al saber que hemos muerto al pecado, considerarnos muertos a la ley y al presentarnos al Espíritu.

5. El problema de hacer el bien cuando tenemos naturalezas pecaminosas.

6. El problema es resuelto al saber que hemos muerto a la ley, admitimos que no podemos agradar a Dios por nosotros mismos y al presentarnos al Espíritu que mora en nosotros.

Romanos 7 presenta un problema mucho más profundo que el capítulo 6. Todo cristiano se da cuenta del problema del capítulo 6: que su naturaleza pecaminosa le arrastra y trata de esclavizarlo. Pero pocos cristianos han participado en las experiencias del capítulo 7, darse cuenta con humildad de que somos incapaces, incluso de hacer *algo* bueno. Muchos cristianos viven bajo la ley: tienen un conjunto de reglas y regulaciones que obedecen religiosamente en la energía de la carne y le llaman «vivir una vida cristiana dedicada». ¡Qué lejos de la verdad! Solamente cuando el Espíritu Santo dirige nuestras vidas desde adentro y obedecemos de corazón hay vida cristiana que honra a Dios.

La carne disfruta de ser «religiosa», tratando de obedecer leyes, reglas y códigos. La cosa más engañosa acerca de la carne es que puede parecer tan santificada, tan espiritual, cuando en realidad la carne está en guerra contra Dios. Romanos 6, entonces, se refiere a la carne que genera el mal; el capítulo 7 analiza la carne que mediante la ley trata de generar el «bien».

Romanos 5 es importante en esta consideración también, a pesar de que en nuestro bosquejo colocamos este capítulo bajo el encabezamiento «salvación». Nótese los contrastes:

Romanos 5	Romanos 6 y 7
1. Cristo murió por nosotros	1. Morimos con Cristo
2. Sustitución	2. Identificación
3. Cristo murió por los pecados	3. Cristo murió al pecado
4. Pagó la pena del pecado	4. Rompió el poder del pecado
5. Justificación	5. Santificación
6. Justicia imputada	6. Justicia impartida

La carne: Esta frase no quiere decir el cuerpo en sí mismo, sino más bien la naturaleza del hombre alejado de la influencia y del poder de Dios. Otros términos que se usan para la carne son: el viejo hombre, el cuerpo de pecado y el yo. Es difícil para la gente refinada (incluso cristianos) admitir que en nosotros no hay nada bueno. Todo lo que la Biblia dice respecto a la carne es negativo y hasta que los creyentes no admitan que no pueden controlar la carne, ni cambiarla, ni limpiarla, ni conquistarla, nunca entrarán en la vida y en la libertad de Romanos 6–8. Pablo, el «preeminente fariseo» (véase Flp 3) tuvo que admitir en Romanos 7 que incluso su carne ¡no se sujetaba a las leyes de Dios! Tal vez no hubiera cometido actos externamente groseros de pecado, pero sin duda albergaba actitudes internas que eran contrarias a la voluntad de Dios. La ley de Dios es santa y buena, pero aun una ley santa nunca podrá controlar la carne pecadora.

Esta verdad viene como un choque incluso a creyentes bien enseñados: la vida cristiana no se vive en la energía de la carne, intentando «hacer buenas obras» para Dios. Ningún creyente en la tierra puede jamás hacer nada en la carne que pueda agradar a Dios. Debemos admitir que «la carne para nada aprovecha» (Jn 6.63) y presentarnos al Espíritu antes de que podamos oír a Dios decir de nuestras vidas: «Estoy complacido». ¡Qué tragedia vivir bajo la esclavitud de leyes, resoluciones y reglas, cuando hemos sido llamados a la gloriosa libertad por medio del Espíritu!

Nuestra responsabilidad: La vida cristiana no es algo pasivo, en lo cual meramente «morimos» y dejamos que Dios haga todo por nosotros. Las tres palabras clave del capítulo 6 son conocer, considerar y presentar. Debemos *conocer* nuestra posición espiritual y privilegios en Cristo, y esto quiere decir dedicar tiempo a la Palabra de Dios. Debemos *considerar* que lo que Dios dice respecto a nosotros en la Biblia es verdad en nuestras vidas y esto significa mostrar una fe que nace del Espíritu. Finalmente, debemos *presentar* todo al Espíritu, no sólo en ocasiones, sino siempre. Esto es «andar en el Espíritu».

La vieja naturaleza es fuerte para hacer el mal y, sin embargo, «la carne es débil» (Mt 26.41) cuando se trata de hacer alguna cosa espiritual. Debemos alimentar la nueva naturaleza con leche, carne, pan y miel de la Palabra de Dios, y debemos considerarnos muertos al pecado. ¿Para qué alimentar a un cadáver? No obstante, muchos cristianos alimentan su vieja naturaleza con las cáscaras del mundo, mientras que la nueva naturaleza se muere de hambre por el maná de Dios y por la comunión con Él en la oración. Dios ya ha hecho su parte; nuestras responsabilidades son claras: saber, considerar, presentar.

ROMANOS 6

Avanzamos ahora a la tercera sección de Romanos: «Santificación» (caps. 6–8). Estos tres capítulos pertenecen el uno al otro, y no se deben estudiar independientemente, de modo que será sabio que lea los tres capítulos con cuidado. Note que el capítulo 6 se refiere a que el creyente está muerto al pecado; el capítulo 7 explica que el creyente está muerto a la ley; y el 8 analiza que el creyente está vivo en la victoria que el Espíritu da. Estos tres capítulos son una explicación de la pequeña frasecita en 5.17 «reinarán en vida». El capítulo 6 nos dice cómo el pecado ya no reina sobre nosotros (6.12); el capítulo 7 explica cómo la ley ya no reina más sobre nosotros (7.1);

y el capítulo 8 explica cómo la morada del Espíritu nos da vida y libertad (8.2-4).

El creyente enfrenta dos problemas: (1) ¿cómo puedo obtener la victoria sobre la vieja naturaleza (la carne, el cuerpo de pecado)? y (2) ¿cómo puedo vivir de manera que agrade a Dios? El capítulo 6 responde la primera pregunta: obtenemos la victoria sobre la vieja naturaleza al darnos cuenta de que hemos sido crucificados con Cristo. Pero la segunda pregunta es más compleja; porque, ¿cómo puedo agradar a Dios cuando todo lo que haga, incluso las «buenas cosas», están manchadas por la vieja naturaleza? El pecado no es simplemente una acción externa; también involucra actitudes y disposiciones internas. El capítulo 7 contesta a este problema (junto con el capítulo 8) al mostrar que el cristiano está muerto a la ley y que el Espíritu cumple la justicia de la ley en nosotros (8.4).

El secreto de la victoria sobre la carne se halla en nuestra obediencia a estas tres instrucciones: saber, considerar y presentar.

I. Saber (6.1-10)

Nótese cuán a menudo Pablo usa la palabra «saber» en este capítulo (vv. 3,6,9,16). Satanás quiere mantenernos en oscuridad en lo que se refiere a las verdades espirituales que debemos conocer y por eso muchos cristianos viven por debajo de su condición privilegiada. «Si la gracia de Dios abunda cuando hay pecado (5.20)», pudiera decir una persona, «el cristiano ¡debería vivir en pecado para conocer más de la gracia de Dios!» Pablo muestra, sin embargo, que esto es imposible debido a que el verdadero cristiano está muerto al pecado. Esta es la maravillosa verdad de nuestra identificación con Cristo. No sólo que Cristo murió por nosotros, sino que nosotros morimos con Él. Cuando el Espíritu nos bautizó en el cuerpo de Cristo, fuimos sepultado con Él y resucitados a una vida nueva.

Los versículos 3-4 no se refieren al bautismo en agua, sino a la operación del Espíritu al ponernos «en Cristo» como miembros de su cuerpo. (Esta operación se ilustra con el bautismo en agua.) Cuando Cristo murió, morimos con Él; cuando Él resucitó, resucitamos con Él a una vida nueva. Esta es nuestra nueva posición en Cristo. Él no sólo murió por el pecado, sino que murió al pecado (6.10). O sea, rompió el poder del pecado y destruyó la vieja naturaleza (6.6). La vieja naturaleza aún está allí, esto lo sabemos; pero la cruz de Cristo la ha despojado de su poder, porque morimos con Cristo a todo lo que pertenece a la vida vieja.

El pecado y la vieja naturaleza son amos inflexibles. El inconverso es esclavo del pecado (Ef 2.1-3), pero aun muchos cristianos todavía sirven al pecado a pesar de que Cristo rompió su esclavitud. Los que leen Romanos 5 descubren que Cristo murió por sus pecados y le reciben en sus corazones; pero no se apropian de las palabras de Romanos 6 y no descubren la gloriosa libertad que tienen en Cristo. Lea Romanos 6.1-10 de nuevo y analice por usted mismo que el creyente está muerto al pecado (v. 2); la vieja naturaleza ha sido crucificada (v. 6); el creyente ha sido libertado del pecado (v. 7). La vieja naturaleza ya no puede reinar más en el cristiano que conoce la verdad, la confiesa, considera y se presenta al Señor.

II. Considerar (6.11)

No es suficiente saber nuestra nueva posición en Cristo; debemos, por fe, considerar que es verdad en nuestras vidas. Considerar es simplemente ese paso de fe que afirma: «Lo que Dios dice respecto a mí en la Biblia es cierto ahora en mi vida. Estoy crucificado con Cristo». Considerar es la fe en acción que descansa en la Palabra de Dios a pesar de las circunstancias y emociones o sentimientos. Dios no nos dice que nos crucifiquemos, sino más bien que creamos que hemos sido crucificados y que «el viejo hombre» ha muerto. La crucifixión es una muerte que no se la puede aplicar usted mismo; debe ser crucificado por otro. Considerar es ese paso de fe que cree la Palabra de Dios y actúa en consecuencia.

III. Presentar (6.12-23)

Si los creyentes verdaderamente se consideran muertos al pecado, demostrarán su fe al presentarse ante Dios. Este es el tercer paso en el proceso de obtener la victoria sobre la vieja naturaleza, la carne. Nótese el severo «no reine, pues» del versículo 12. Este sometimiento es un acto de nuestra voluntad, un paso de obediencia al Señor. No es suficiente saber esta maravillosa doctrina, o incluso considerarla; debemos dar el paso final de presentar nuestros miembros a Cristo.

En los versículos 16-23 Pablo da el ejemplo del amo y del criado. Nadie puede servir a dos señores. Antes de ser salvos nos sometíamos al pecado y éramos siervos del pecado. Por consiguiente, recibimos la «paga» del pecado: la muerte (v. 23). Pero ahora, que hemos aceptado a Cristo como Salvador, somos libres del pecado; o sea, nuestra nueva posición en Cristo nos da un nuevo Amo y Señor, tanto como una nueva naturaleza. ¡Ahora somos siervos de la justicia, en lugar de ser siervos del pecado! Al presentar nuestros miembros a Cristo como sus «herramientas» o «instrumentos» (v. 13), Él viene a controlar nuestras vidas y llevamos fruto en santidad (v. 22).

El cristiano que deliberadamente se presenta al pecado cometerá pecado y cosechará tristeza. ¿Por qué debe el pecado ser nuestro señor cuando hemos muerto al pecado? ¿Por qué obedecer a un señor que ya Cristo derrotó? Los cristianos que pecan a propósito son personas que se han presentado a sí mismos a la vieja naturaleza en lugar de presentarse al Espíritu Santo. Viven por debajo de su posición exaltada en Cristo. Viven como esclavos cuando podían regir como reyes.

Es importante que tengamos estos tres pasos en orden. No podemos someternos a Dios y obtener la victoria sobre la carne, a menos que primero nos consideremos muertos al pecado y vivos en Cristo. Pero no podemos reconocernos muertos a menos que sepamos nuestra posición en Cristo.

Satanás no quiere que vivamos en nuestra elevada posición en Jesucristo, de modo que trata de confundirnos respecto a nuestra victoria en el Hijo de Dios. No es suficiente saber que Cristo murió por nosotros; debemos también saber que morimos en Cristo. No es suficiente saber que tenemos una nueva naturaleza interna; debemos también saber que la vieja naturaleza fue derrotada en la cruz. Saber, considerar, presentar: estos tres pasos conducen a la victoria diaria sobre la carne. Estos tres pasos conducen al trono donde Cristo es exaltado y donde «reinaremos en vida» con Él, siervos de la justicia y no esclavos del pecado. Disfrutamos de vida y verdadera libertad en Él.

Tenga presente que estos pasos deben representar una actitud diaria de vida. No son «medidas de emergencia» que se usan al enfrentar alguna tentación especial. Los creyentes que cada día dedican tiempo a la Palabra de Dios conocerán su posición en Cristo. Tendrán la fe para considerarse muertos al pecado y podrán presentarse y someterse al Espíritu que mora en ellos, obteniendo victoria. La respuesta al problema del pecado no es simplemente determinación, disciplina, reforma, legislación, ni ningún otro esfuerzo humano. La victoria viene por medio de la crucifixión y resurrección.

ROMANOS 7

Este capítulo es muy mal entendido, pero no obstante es muy importante. ¡Muchos que lo estudian no pueden entender por qué Pablo se refiere a la victoria en el capítulo 6 y luego en el 7 habla de la derrota! Opinan que debería inmediatamente avanzar de la victoria del capítulo 6 a las grandes bendiciones del capítulo 8, pero lo que sabía el escritor inspirado era mejor. El capítulo 7 analiza una cuestión vital en la vida cristiana; la relación del creyente con la ley de Dios. Romanos 6 explica que los creyentes están muertos al pecado porque están identificados con Cristo en su muerte y resurrección. Responde la pregunta: «¿Perseveraremos en pecado?» (6.1). Pero nótese que Pablo hace una segunda pregunta en 6.15: «¿Qué, pues? ¿Pecaremos, porque no estamos bajo la ley, sino bajo la gracia?» En el capítulo 7 responde a esta pregunta y explica que los creyentes están muertos a la ley así como lo están al pecado (7.4).

¿Qué quiere decir Pablo en 6.14 cuando afirma que «no estamos bajo la ley, sino bajo la gracia»? Estar «bajo la ley» quiere decir que debemos hacer algo por Dios; estar «bajo la gracia» quiere decir que Dios hace algo por nosotros. Demasiados cristianos están agobiados por reglas y regulaciones religiosas y buenas resoluciones, sin darse cuenta de que es imposible hallar santidad mediante sus propios esfuerzos. ¡Qué trágico es ver cristianos viviendo «bajo la ley», luchando por agradar a Dios, cuando la nueva posición que tienen en Cristo y el nuevo poder en el Espíritu (8.3-4) hacen posible disfrutar la victoria y la bendición por gracia. Pablo lo explica en el capítulo 7 al darnos una serie de «dúos».

I. Dos esposos (7.1-6)

La relación matrimonial ilustra nuestra relación con la ley. (Tenga presente que cuando Pablo habla de «la ley» no se refiere sólo a la Ley de Moisés, sino también a cualquier clase de legislación que el creyente usa para reducir el pecado y conseguir santidad.) Los dos esposos son la ley y el Señor Jesucristo.

Cuando una mujer se casa con un hombre, está ligada a ese hombre hasta que él muere. Entonces ella es libre para casarse de nuevo. Antes de conocer a Cristo estábamos atados a la ley y condenados por ella. La ley, sin embargo, no «murió» cuando fuimos salvados; en lugar de eso, nosotros morimos en Cristo. Ya no estamos «casados» a un sistema de regulaciones; estamos «casados» a Cristo Jesús y ya la ley no tiene control sobre nosotros. Lea el versículo 4 varias veces y absorba su maravilloso mensaje. Nuestro antiguo «marido» no tiene control sobre nosotros: estamos en una nueva relación maravillosa por medio de Cristo y en Cristo. Cuando estábamos perdidos la ley acicateaba «las pasiones pecaminosas» de nuestra vieja naturaleza y esto producía muerte (v. 5). Pero ahora estamos libres de la ley y podemos servir a Cristo en el nuevo régimen del Espíritu, no en el antiguo de la letra (v. 6).

El versículo 6 no sugiere que el cristiano no tiene la obligación de servir a Dios. En realidad, nuestras obligaciones ahora son mayores puesto que conocemos a Cristo y pertenecemos a la familia de Dios. Las exigencias son mucho más severas que bajo la Ley Mosaica. Por ejemplo, el Sermón del Monte va más allá de las acciones externas para analizar las actitudes internas. La Ley de Moisés decretaba que los homicidas eran culpables, pero Jesús dijo que el odio equivalía al homicidio. Pero Romanos 7.6 enseña que nuestra motivación para obedecer es diferente: no obedecemos mecánicamente a un conjunto de reglas, sino que con todo amor, del corazón, obedecemos al Espíritu de Dios que cumple y completa la justicia de la ley en nosotros (8.4). Un pianista principiante puede tocar una pieza «al pie de la letra» y sin embargo no captar aún su espíritu interno de la manera que un músico experimentado lo haría. Nuestra obediencia a Dios no es la del esclavo que teme al amo, sino la de la novia que con amor complace al novio.

II. Dos descubrimientos (7.7-14)

Entonces, ¿por qué Dios estableció la ley si no santifica? ¿Qué propósitos tenía en mente? Pues bien, Pablo hizo dos descubrimientos que contestan esta pregunta: (1) La ley en sí misma es espiritual, pero (2) el creyente es carnal, vendido al pecado. ¡Qué humillante descubrimiento fue para el orgulloso fariseo que su naturaleza no era espiritual e incapaz de obedecer la ley de Dios! La ley revela el pecado (v. 7), porque al leerla, las mismas cosas que condena aparecen en nuestras vidas. La ley despierta el pecado (v. 8) y el pecado se agita en nuestra naturaleza. La ley mata al pecador y lo engaña (vv. 9-11), haciendo que se dé cuenta de que es demasiado débil para satisfacer las normas de Dios. Por último, la ley revela la pecaminosidad del pecado (v. 13), no sólo nuestras acciones externas, sino especialmente nuestras actitudes internas. El creyente no puede santificarse mediante la ley no porque esta no sea santa y buena, sino porque nuestra naturaleza es tan pecaminosa que la ley no la puede cambiar o controlar. Es un día maravilloso en la vida del cristiano cuando descubre que «la vieja naturaleza no conoce la ley, y la nueva naturaleza no necesita de la ley».

III. Dos principios (7.15-25)

Después de su experiencia de derrota con la ley, Pablo concluyó que hay dos principios (o «leyes») que operan en la vida del creyente: (1) la ley del pecado y de la muerte, y (2) la ley del Espíritu de vida en Cristo (véase 8.2). Pablo se refiere, entonces, a la presencia de dos naturalezas en el hijo de Dios. La salvación no significa que Dios cambia la vieja naturaleza, la limpia o la transforma. ¡La vieja naturaleza del creyente es simplemente tan perversa y opuesta al Espíritu hoy como en el día en que fue salvado! La salvación quiere decir que Dios le da al creyente una nueva naturaleza y crucifica la antigua. El cristiano todavía tiene la capacidad de pecar, pero ahora tiene un apetito por la santidad. La dinámica para el pecado aún está allí, pero no tiene el deseo.

La ley del pecado y de la muerte es simplemente la operación de la vieja naturaleza, de modo que cuando el creyente quiere hacer lo bueno, el mal está presente. Incluso, las «buenas cosas» que hacemos están manchadas por el mal (véase v. 21). Es aquí donde usted ve la diferencia entre la victoria del capítulo 6 y la del capítulo 7; en el capítulo 6 el creyente gana la victoria sobre las cosas malas de la carne, o sea, deja de hacer deliberadamente el mal; pero en el capítulo 7 triunfa sobre las «cosas buenas» que la carne haría en obediencia a la ley. Mas Dios no acepta la carne, porque en nuestra carne no hay nada bueno. «La carne para nada aprovecha» (Jn 6.63). Sin embargo, cuántos cristianos establecen leyes para sus vidas y tratan de disciplinar la carne para que obedezca, cuando Dios llanamente dice: «Los designios de la carne [la vieja naturaleza]... no se sujetan a la ley de Dios, ni tampoco pueden» (8.7).

La ley del Espíritu de vida en Cristo Jesús contrarresta la ley del pecado y de la muerte. No es al someternos a las leyes externas que crecemos en santidad y servimos a Dios aceptablemente, sino al someternos al Espíritu de Dios que mora en nosotros. Esta ley (o principio) se elabora en el capítulo 8, en los primeros dieciséis versículos en especial. No podemos cumplir con la justicia de la ley con nuestra fuerza; el Espíritu la cumple en nosotros con su poder (8.3-4).

¿Cuál es la aplicación práctica de todo esto? Simplemente esto: En nuestra nueva posición delante de Dios, como muertos a la ley, no se espera que obedezcamos a Dios mediante nuestras fuerzas. Dios no nos ha esclavizado bajo una «ley cristiana» que debamos obedecer para ser santos. Más bien, nos ha dado su Espíritu Santo que nos capacita para cumplir las exigencias de la santidad de Dios. Los cristianos pueden tener la victoria del capítulo 6 y dejar de estar bajo la esclavitud del cuerpo de carne, pero hay más que eso en la vida cristiana. ¿No deberíamos producir fruto para Dios? ¡Ciertamente! Pero desde el momento en que empezamos a obrar con nuestra fuerza descubrimos que somos un fracaso; y, triste es decirlo, pero muchos cristianos bien intencionados se detienen allí mismo y se convierten en víctimas espirituales. Más bien debemos aceptar las verdades de Romanos 7: que en realidad somos un fracaso, que la ley es buena pero que somos carnales y luego permitir que el Espíritu obre la voluntad de Dios en nuestra vida. Que Dios nos capacite para considerarnos muertos al pecado (cap. 6) y a la ley (cap. 7), para que podamos, por medio del Espíritu, disfrutar de la bendita libertad de los hijos de Dios y glorificar a Dios viviendo en santidad.

ROMANOS 8

Este capítulo es el clímax de la sección sobre la «santificación» (caps. 6–8) y responde las preguntas que surgieron respecto a la ley y a la carne. El Espíritu Santo domina todo el capítulo, porque a través del Espíritu morando en nosotros podemos vencer la carne y tener una vida cristiana fructífera. El capítulo puede resumirse en tres frases: ninguna condenación, ninguna obligación y ninguna separación.

I. Ninguna condenación: el Espíritu y la ley (8.1-4)

Estos versículos, en realidad, constituyen la conclusión del argumento del capítulo 7. Tenga presente que aquí Pablo no analiza la salvación, sino el problema de cómo el creyente puede alguna vez hacer algo bueno cuando tiene una naturaleza tan pecadora. ¿Cómo puede un Dios santo aceptar alguna cosa que hacemos cuando no tenemos «nada bueno» morando en nosotros? ¡Tal parece que tendría que condenar todo pensamiento y obra! Pero no hay «ninguna condenación» puesto que el Espíritu Santo que mora en nosotros cumple la justicia de la ley. La ley no puede condenarnos porque estamos muertos a ella. Dios no puede condenarnos, porque el Espíritu Santo capacita al creyente «a andar en el Espíritu» y por consiguiente a satisfacer las exigencias santas de Dios.

Es un día glorioso en la vida del cristiano cuando se da cuenta de que los hijos de Dios no están bajo la ley, de que Dios no espera que hagan «buenas obras» en el poder de su vieja naturaleza. Cuando el cristiano comprende que «no hay ninguna condenación», se percata de que el Espíritu que mora en él agrada a Dios y lo ayuda a agradarle. ¡Qué gloriosa salvación tenemos! «Estad, pues, firmes en la libertad con que Cristo nos hizo libres, y no estéis otra vez sujetos al yugo de esclavitud», advierte Pablo en Gálatas 5.1.

II. Ninguna obligación: el Espíritu y la carne (8.5-17)

El creyente puede tener dos «disposiciones» (mente, designios): puede inclinarse hacia las cosas de la carne y ser un cristiano carnal, en enemistad con Dios; o puede inclinarse hacia las cosas del Espíritu, ser un cristiano espiritual y disfrutar gozo y paz. La mente carnal no puede agradar a Dios; sólo el Espíritu obrando en nosotros y a través de nosotros puede agradar a Dios.

El cristiano no tiene ninguna obligación con la carne: «Así que, hermanos, deudores somos, no a la carne, para que vivamos conforme a la carne» (v. 12). Nuestra obligación es hacia el Espíritu Santo. Fue el Espíritu el que nos convenció y nos mostró nuestra necesidad del Salvador. Fue el Espíritu el que impartió la fe salvadora, implantó la nueva naturaleza en nosotros y nos da testimonio cada día de que somos hijos de Dios. ¡Qué gran deuda tenemos con el Espíritu! Cristo nos amó tanto que murió por nosotros; el Espíritu nos ama tanto que vive en nosotros. A diario soporta nuestra carnalidad y egoísmo; todos los días nuestro pecado lo contrista; y sin embargo nos ama y permanece en nosotros como el sello de Dios y las «arras» («garantía», 2 Co 1.22) de las bendiciones que nos esperan en la eternidad. Si alguien no tiene el Espíritu morando en él, no es un hijo de Dios.

Al Espíritu Santo se le llama «el Espíritu de adopción» (v. 15). Vivir en la carne o bajo la ley (y ponerse bajo la ley es inclinarse a vivir en la carne) conduce a la servidumbre; pero el Espíritu conduce a una vida gloriosa de libertad en Cristo. Libertad para el creyente jamás significa hacer lo que se le antoje, ¡porque esa es la peor clase de esclavitud! Más bien la libertad cristiana en el Espíritu es libertad de la ley y de la carne, para que podamos agradar a Dios y llegar a ser lo que Él quiere que lleguemos a ser. «Adopción» en el NT no significa lo que típicamente denota hoy en día, recibir a un niño dentro de una familia como miembro legal de ella. El significado literal de la palabra griega es «colocar como hijo», tomar a un menor (bien sea en la familia o afuera) y hacerlo el legítimo heredero. Cada creyente es un hijo de Dios por nacimiento y heredero de Dios por adopción. Es más, somos coherederos con Cristo, de modo que Él no puede recibir su herencia en gloria hasta que nosotros estemos allí para compartirla con Él. Gracias a Dios el creyente no tiene obligación a la carne, para alimentarla, agradarla y obedecerla. En lugar de eso, debemos «hacer morir» las obras de la carne por el poder del Espíritu (v. 13, véase Col 3.9ss) y permitir que el Espíritu dirija nuestras vidas diarias.

III. Ninguna separación: el Espíritu y el sufrimiento (8.18-39)

Aunque ahora los creyentes soportan el sufrimiento, disfrutarán de la gloria cuando Cristo regrese. Es más, la creación entera (vv. 19-21) gime bajo la esclavitud del pecado, gracias a la desobediencia de Adán. Cuando Cristo finalmente aprese a Satanás, libertará a la creación completa de su esclavitud, y toda la naturaleza disfrutará con nosotros de «la libertad gloriosa de los hijos de Dios» (v. 21). ¡Qué maravillosa salvación tenemos; libre de la pena del pecado debido a que Cristo murió por nosotros (cap. 5); libre del poder del pecado porque morimos con Cristo a la carne (cap. 6) y a la ley (cap. 7);

y algún día seremos libres de la misma presencia del pecado cuando la naturaleza sea librada de su esclavitud.

Tenemos el Espíritu de adopción, pero estamos «esperando la adopción, la redención de nuestro cuerpo» (v. 23). El alma ha sido redimida, pero no el cuerpo. Esperamos en esperanza, sin embargo, debido a que el Espíritu Santo nos es dado como «las primicias» de la liberación que Dios tiene para nosotros en el futuro. Incluso si morimos, el Espíritu, quien nos ha sellado para el día de la redención (Ef 1.13-14), vivificará nuestros cuerpos (v. 11).

Nótese los tres «gemidos» en los versículos 22-26: (1) toda la creación gime, v. 22; (2) el creyente gime esperando la venida de Cristo, v. 23; y (3) el Espíritu gime al interceder por nosotros, v. 26. Nótese en Juan 11 cuando Jesús «gimió» al visitar la tumba de Lázaro. Cómo se preocupa Dios por la esclavitud de la creación. Qué precio pagó Cristo para librarnos.

Pablo destaca que mientras soportamos estos sufrimientos en esperanza tenemos el privilegio de orar en el Espíritu. Tal vez mucha de nuestra oración es en la carne: oraciones largas, hermosas, «pías», que glorifican al hombre y dan nauseas a Dios (Is 1.11-18). ¡Pablo indica que la mayoría de la oración espiritual puede ser un gemido sin palabras que brota del corazón! «Suspiros demasiado profundos para las palabras» es una manera en que una versión traduce el versículo 26. El Espíritu intercede por nosotros, el Padre escudriña nuestros corazones y sabe lo que el Espíritu desea, y esto es lo que nos concede.

El Espíritu siempre ora de acuerdo a la voluntad de Dios. ¿Cuál es la voluntad de Dios? Que los creyentes sean conformados a la imagen de Cristo (v. 29). Podemos reclamar la promesa del versículo 28 debido al propósito del versículo 29. Nótese que todos los verbos en el versículo 30 están en tiempo pasado: llamó, justificó y glorificó al creyente. ¿Por qué desmayar bajo los sufrimientos de este mundo cuando ya hemos sido glorificados? Simplemente esperamos la revelación de esta gloria en la venida de Cristo.

Pablo concluye haciendo cinco preguntas (vv. 32-35) y respondiéndolas claramente. No hay necesidad de inquietarse por lo que Dios hará, porque Dios es por nosotros y no contra nosotros. La prueba es que dio lo mejor que tenía en la cruz. Con toda seguridad que nos dará libremente cualquier otra cosa que necesitemos. ¿Puede alguien acusarnos por el pecado? ¡No! Hemos sido justificados y esta posición delante de Dios nunca cambia. ¿Puede alguien condenarnos? ¡No! Cristo murió por nosotros y vive ahora como nuestro Abogado a la diestra de Dios. ¿Puede alguien separarnos del amor de Dios? ¡No! Ni siquiera el mismo diablo («principados», «potestades», v. 38).

¡Ninguna condenación, ninguna obligación, ninguna separación! «Antes, en todas estas cosas somos más que vencedores por medio de aquel que nos amó» (v. 37).

ROMANOS 9

Los próximos tres capítulos se refieren a la historia espiritual de Israel: pasada (cap. 9), presente (cap. 10) y futura (cap. 11). El propósito de Pablo es explicar cómo Dios pudo poner a un lado a su pueblo escogido y salvar a los gentiles, y cómo Él restaurará a la nación en algún tiempo futuro.

I. La elección de Israel descrita (9.1-13)

A. *Las bendiciones de la elección (vv. 1-5).*

No podemos sino admirar el peso de la responsabilidad que sentía Pablo por Israel. Sus palabras nos recuerdan a Moisés en Éxodo 32.31,32. ¿Tenemos esa carga por las almas perdidas? Cristo nos amó tanto que se hizo maldición por nosotros.

(1) La adopción: escogidos por Dios debido a su amor (véase Is 43.20-21).

(2) La gloria: la presencia de Dios en el tabernáculo (Éx 24.16,17).

(3) Los pactos: Dios, mediante Abraham, Moisés y David, dio pactos inmutables a su pueblo Israel.

(4) La promulgación de la ley: Dios nunca se relacionó así con los gentiles. Israel oyó la voz de Dios y recibió sus leyes para el gobierno de sus vidas.

(5) El culto: el servicio sacerdotal en el tabernáculo era un privilegio del Señor.

(6) Las promesas: muchas promesas del AT se han cumplido y muchas aún no se han cumplido para los judíos.

(7) Los patriarcas: Abraham, Isaac y Jacob y sus doce hijos forman el cimiento de la nación.

(8) El Mesías: Cristo fue un judío, de la tribu de Judá, nacido según la ley. Nótese en el versículo 5 que Pablo llama a Cristo: «Dios sobre todas las cosas, bendito por los siglos».

Ninguna otra nación tuvo estas maravillosas bendiciones; sin embargo, Israel las dio por sentado y a fin de cuentas rechazó la justicia de Dios. El cristiano hoy también pertenece a los elegidos de Dios y tiene similares bendiciones de las cuales disfrutar: adopción (Ef 1.5); gloria (Ef 1.6-7); el nuevo pacto en la sangre de Cristo (Heb 910); la ley escrita en el corazón (2 Co 3; Heb 10.16-17); servicio sacerdotal mediante Cristo (1 P 1.4); y tenemos a Abraham como padre de los que creen (Gl 3.7): todo porque tenemos a Cristo.

B. *La base de la elección (vv. 6-13).*

En la elección Dios ejerce su voluntad soberana para lograr su plan perfecto. Tenga presente que la elección de que se habla en Romanos 9–11 es nacional y no individual. Aplicar todas las verdades de estos capítulos a la salvación, o a la seguridad del creyente individual, es errar su mensaje por completo. Es más, Pablo cuidadosamente destaca que está hablando a los judíos y a los gentiles como pueblos, no como pecadores individuales.

(1) Abraham: Fue escogido como el padre de la nación hebrea, pero Pablo afirma que no todos los israelitas son verdaderos hijos de Israel. (Véase también 2.25-29.) Abraham tuvo muchos hijos (Gn 25.1-6), pero solamente uno escogido: Isaac, quien fue el hijo de la promesa por fe.

(2) Isaac: Fue el hijo de la promesa por fe (véase Gl 4.21-31), mientras que Ismael fue el hijo de la carne por medio de las obras. La verdadera «simiente de Abraham» son los creyentes y no sólo los que tienen sangre judía en sus venas.

(3) Jacob: Dios pasó por alto a Esaú, el primogénito, y escogió a Jacob, y tomó su decisión incluso antes de que los niños nacieran. ¿Por qué? Para mostrar que el propósito de Dios al elegir a su nación se cumpliría. Esaú decidió rebelarse contra Dios, pero los propósitos de Dios no dependen de las decisiones del hombre. No podemos explicar la relación entre las elecciones del hombre y los propósitos de Dios, pero sabemos que ambas cosas son verdaderas y se enseñan en la Palabra de Dios.

II. La elección de Israel defendida (9.14-33)

La doctrina de la elección nacional de Israel levanta varias preguntas teológicas cruciales:

A. ¿Es Dios injusto? (vv. 14-18).

¡Por supuesto que no! Porque la elección no tiene nada que ver con la justicia, sino más bien con la gracia. «¡Dios es injusto si escoge a uno e ignora a otro!», dicen a menudo los ignorantes. Pero el propósito de Dios va más allá de la justicia; ¡porque si Dios hiciera nada más lo que es justo, tuviera que condenarnos a todos nosotros! Pablo usa a Moisés (Éx 33.19) y a Faraón (Éx 9.16) como prueba de que Dios puede hacer lo que desee al dispensar su gracia y misericordia. Nadie merece la misericordia de Dios y nadie puede condenarlo por su elección de Israel o por haber pasado por alto a otras naciones.

B. ¿Por qué Dios encuentra faltas si nadie puede resistir su voluntad? (vv. 19-29).

Pablo replica con una parábola sobre el alfarero, posiblemente tomada prestada de Jeremías 18.1-6. Dios es el Alfarero y las naciones del mundo (y sus líderes) son las vasijas. Algunas son vasijas de ira que Dios pacientemente soporta hasta el tiempo de su destrucción (Gn 15.16). Otros son vasijas de misericordia que revelan su gloria. Pablo entonces cita a Oseas 2.23 y 1.10 para mostrar que Dios prometió llamar un «pueblo» de entre los gentiles, un pueblo que sería llamado «hijos del Dios viviente». Esta es la Iglesia (véase 1 P 2.9-10). También cita Isaías 10.22,23, mostrando que un remanente de judíos también se salvaría (véase Is 1.9). En otras palabras, el propósito de Dios en la elección hace posible que tanto judíos como gentiles sean salvos por gracia. Ni el judío ni el gentil podrían ser salvos de ninguna otra manera que por la gracia de Dios.

C. ¿Qué diremos respecto a los gentiles? (vv. 30-33).

Aquí está la paradoja de la historia: los judíos trataron de ser justos y fueron rechazados; los gentiles, que no tuvieron los privilegios de los judíos, ¡fueron recibidos! La razón es que los judíos trataron de alcanzar justicia por medio de las obras, mientras que los gentiles recibieron la justicia por la fe y mediante la gracia de Dios. Los judíos tropezaron por el Mesías crucificado (véanse Is 8.14; 28.16; Mt 21.42; 1 Co 1.23; 1 P 2.6-8). Querían un Mesías que guiaría a la nación a la libertad y gloria políticas; no podían creer en un Cristo crucificado.

El propósito de Pablo en este capítulo es explicar la posición de Israel en el plan de Dios. Israel era una nación elegida que se le había dado privilegios como a ninguna otra; y sin embargo, había fallado miserablemente al no seguir el programa de Dios para bendecir a todo el mundo. El capítulo entero exalta la gracia soberana de Dios sin minimizar la responsabilidad del hombre para tomar las decisiones correctas. La Palabra de Dios prevalecerá independientemente de la desobediencia humana; pero los pecadores desobedientes se quedarán sin la bendición. Ninguna mente humana puede siquiera imaginar o explicar la sabiduría de Dios (véase 11.33-36), pero esto sabemos: sin la gracia soberana de Dios, no habría salvación.

ROMANOS 10

En este capítulo Pablo explica por qué Israel, como nación, está en su presente condición espiritual.

I. La razón para el rechazo (10.1-13)

La palabra clave en este capítulo es «justicia». Los judíos querían justicia, pero trataban de obtenerla de la manera equivocada. Como los fariseos descritos en Mateo 23.15, los judíos gastaban su energía tratando de alcanzar una posición correcta ante Dios, pero hacían sus obras en ignorancia. «La gente religiosa» de hoy no es diferente; piensa que Dios los aceptará por sus buenas obras.

La Biblia habla de dos clases de justicia: «justicia por obras», que viene al obedecer la ley; y «justicia por fe», que es el don de Dios a aquellos que confían en su Hijo. Los judíos no querían someterse a la justicia por fe; su orgullo racial y religioso los alejaba de la simple fe y los arrastraba a la religión ciega. Rechazaron a Cristo y se aferraron a la ley, sin darse cuenta de que Cristo era precisamente Aquel para el que la ley había preparado el camino, y que Él mismo culminó en la cruz el reinado de la ley. La Ley Mosaica ya no es más la base que Dios usa para relacionarse con la humanidad; su relación con nosotros es en la cruz, donde Cristo murió por el mundo. La justicia por la fe se describe en Levítico 18.5; la justicia por la fe se describe en Deuteronomio 30.12-14.

El pasaje de Deuteronomio se usa para mostrar que la Palabra de Dios está siempre a disposición del pecador y que Cristo está cerca de él y listo para salvarlo. Los versículos 6-8 son una buena ilustración de cómo Pablo usa pasajes del AT para trasmitir verdades del NT. En Deuteronomio 30.11-14 Moisés le advirtió al pueblo en contra de la desobediencia a la Palabra de Dios. Para que no arguyeran que la ley estaba lejos de ellos (aplicado especialmente al tiempo de la dispersión de Israel entre las naciones, Dt 30.1-5), Moisés les recordó que no tenían que ir al cielo ni atravesar el mar para hallar la Palabra de Dios: estaba en sus labios y en sus corazones. Pablo aplicó esto a Cristo, el Verbo (Jn 1.1), y destacó que Israel no necesitaba subir al cielo para traer a Cristo, ni bajar al abismo para hacerlo subir, debido a que la Palabra de salvación estaba cerca a ellos para que pudieran creer y ser salvos. La salvación viene cuando los pecadores confiesan que «Jesús es Señor [Todopoderoso Dios]» y creen en el corazón que Cristo está vivo de entre los muertos. Lo que se cree en el corazón se confiesa con la boca. Algunos de los judíos en los días de Jesús no le confesaban con franqueza (Jn 12.42-43). Cuando el pecador recibe a Cristo por fe y le confiesa abiertamente, demostrando así su fe, recibe el don de la justicia.

En el versículo 11 Pablo cita de nuevo a Isaías 28.16 (véase Ro 9.33): «Todo aquel que en Él creyere, no será avergonzado». Al judío no le gustaba el término «todo aquel», puesto que se creían el único «pueblo escogido». Pero en el versículo 13 Pablo cita a Joel 2.32 para demostrar que: ¡cualquiera que invoque a Cristo es salvo, y no solamente el judío!

II. El remedio para el rechazo (10.14-17)

La secuencia aquí es como sigue: (1) se envían a los mensajeros; (2) declaran la Palabra; (3) los pecadores oyen la Palabra; (4) los pecadores creen a la Palabra; (5) invocan a Cristo; (6) ¡son salvados! El argumento aquí es simplemente que los pecadores no pueden salvarse sin la Palabra de Dios, porque «la fe es por el oír, y el oír por la Palabra de Dios» (v. 17). En el versículo 15 Pablo se refiere a Isaías 52.7, un versículo que tendrá su cumplimiento total en el día en que Israel sea establecida en su reino. ¡Piense en el gozo que Israel tendrá cuando las noticias vengan de que su Mesías reina! Pablo aplica este pasaje a la proclamación del evangelio de la paz (paz con Dios y paz entre el judío y el gentil, Ef 2.13-17) al Israel que hoy está perdido. A menudo usamos Romanos 10.14,15 como la base para nuestra acción de enviar misioneros a las naciones gentiles y por cierto que esta aplicación es válida; pero el significado básico aquí es la proclamación del evangelio a Israel hoy. Llevamos el evangelio a los judíos, no debido a Romanos 1.16 («al judío primeramente»), sino debido a Romanos 10.14,15. Si sentimos la carga que sentía Pablo por el pueblo de Israel desearemos llevarle el evangelio. El testigo que lleva el evangelio a los perdidos (sean judíos o gentiles), ciertamente tiene «hermosos pies» a los ojos de Dios.

¿Cuál es la actitud de Israel hoy? La de Isaías 53.1: «¿Quién ha creído a

nuestro anuncio?» Así como Israel se alejó en incredulidad en el día de Cristo
(Jn 12.37-38) y durante el tiempo de testimonio de los apóstoles, en Hechos
1-7, así la nación hoy está afincada en la incredulidad. En el versículo 18
Pablo cita el Salmo 19.4 para mostrar que la Palabra de Dios, incluso por
medio de la naturaleza, ha llegado al mundo entero; Israel no tiene excusa.

III. El resultado del rechazo (10.18-21)

El resultado del rechazo de Israel es que Dios se ha vuelto a los gentiles y
ahora está tomando de entre ellos un pueblo para su nombre (véase Hch 15).
Pero aun esto no debe sorprender a los judíos, porque en Deuteronomio
32.21 Dios prometió usar otras naciones para provocar a celos a Israel y en
Isaías 65.1,2 Dios anunció que Israel sería desobediente, pero que los gentiles le hallarían a Él y su salvación.

Tenga presente que el AT en efecto prometía la salvación de los gentiles;
pero en ninguna parte enseña que los judíos y los gentiles serían parte del
mismo plan, ni que los creyentes de ambas razas serían uno en Cristo. El
programa que da el AT es que los gentiles se salvarían mediante el ascenso
de Israel, o sea, su establecimiento como reino. ¡Pero Israel cayó! ¿Qué haría
entonces Dios con los gentiles? Pablo destaca en Romanos 9–11 que la
misericordia se extendió a los gentiles a través de la caída de Israel (véase
11.11). Dios entregó a todas las personas, judíos y gentiles, a la incredulidad;
así Él podía tener misericordia de todos mediante la gracia que se hizo
posible en el Calvario (11.32).

El versículo 21 ciertamente indica la actitud de Dios hacia Israel, incluso
hoy. Aunque se ha desechado a la nación en ceguera e incredulidad (2 Co
3.15–4:6; Ro 11.25), Dios busca ardientemente tanto al judío no salvo como
al gentil perdido. Sin duda, muchos judíos que oyen hoy la Palabra de Dios
confiarán en Cristo después del Arrebatamiento de la Iglesia y del inicio del
período de la tribulación. En lugar de criticar a los judíos por su ceguera
espiritual debemos agradecer a Dios de que nos dio la Biblia y el Salvador, y
que incluso por medio de la caída de ellos, ¡la salvación se puso a disposición
de los gentiles!

Antes de dejar este capítulo note varios puntos prácticos:
(1) La salvación no es difícil: «Todo aquel que invocare el nombre del
    Señor, será salvo» (v. 13).
(2) Es importante proclamar la Palabra de Dios a los pecadores perdidos.
    Es la Palabra la que convence, da fe, conduce a Cristo.
(3) Hay sólo dos «religiones» en el mundo: justicia por obras y justicia por
    fe. Nadie puede cumplir la primera, pero todos podemos responder a la
    segunda.

ROMANOS 11

Este capítulo analiza el futuro de Israel y responde a la pregunta: «¿Ha desechado Dios permanentemente a su pueblo, o hay un futuro para Israel?» Pablo dice que la respuesta es «¡sí!» y presenta varias pruebas.

I. La prueba personal (11.1)

«Yo soy israelita», afirma Pablo, «y mi salvación es prueba de que Dios no se ha dado por vencido en cuanto a Israel». En 1 Timoteo 1.16 Pablo afirma que su conversión (relatada tres veces en Hechos) debía ser un modelo para otros creyentes judíos. De ninguna manera es un modelo para la conversión del gentil hoy, porque ningún pecador perdido ve al Cristo glorificado, ni le oye hablar, ni queda ciego por tres días. Pero la experiencia de Pablo es un cuadro de cómo el pueblo de Israel se convertirá en la venida de Cristo en gloria. Como Pablo, estarán en rebelión e incredulidad. Verán al que traspasaron (Zac 12.10; Ap 1.7) y se arrepentirán y se salvarán. En 1 Corintios 15.8 Pablo dice que «nació fuera de tiempo»; esto es, como judío, vio a Cristo y fue salvado mucho antes de que su pueblo haya tenido la misma experiencia.

II. La prueba histórica (11.2-10)

Pablo retrocede a 1 de Reyes para mostrar que Dios siempre ha tenido un remanente fiel, incluso en los tiempos de la más grande incredulidad. A decir verdad, como leemos en la historia del AT, no podemos sino quedar impresionados ante el hecho de que fue siempre el remanente al cual Dios usó y bendijo. Por ejemplo, véase Isaías 1.9. Es una enseñanza básica de la Palabra que la mayoría cae de la fe y no se puede transformar, de modo que Dios debe tomar el remanente y empezar de nuevo. El versículo 5 afirma que Dios tiene un remanente según la gracia, o sea, en el cuerpo, que es la Iglesia. A pesar de que no son muchos, hay judíos en el cuerpo, aunque, por supuesto, todas las distinciones nacionales son eliminadas en Cristo. Pero si Dios está salvando judíos en esta era de la Iglesia cuando Israel está ciego, ¿cuánto más hará en la era venidera cuando Israel venga de nuevo a la escena? Dios nunca ha olvidado a su pueblo; este es el testimonio de la historia.

Necesitamos recordar que durante esta edad de la Iglesia Dios no se relaciona con la nación de Israel como tal. De acuerdo a Efesios 2.14-17 y Gálatas 3.28, somos uno en Cristo. Ningún grupo judío puede afirmar ser el remanente elegido de Dios. En los versículos 8-10 Pablo muestra que este «enceguecimiento» de Israel como nación fue profetizado en Isaías 29.10 y Deuteronomio 29.4. (Compárense Mt 13.14,15 e Is 6.9,10.) En los versículos 9-10 hace referencia al Salmo 69.22, donde Dios promete tornar las bendiciones de Israel en maldiciones debido a que rechazaron su Palabra.

III. La prueba dispensacional (11.11-24)

En estos versículos Pablo habla de los judíos y gentiles, no de pecadores o santos como individuos. En esta sección prueba que Dios tiene un propósito dispensacional detrás de la caída de Israel; es decir, la salvación de los gentiles. Mediante la caída de Israel Dios pudo entregar a la gente a la desobediencia y ¡así tener misericordia de todos! Los gentiles no tienen que convertirse en judíos para ser cristianos.

Pablo arguye que si la caída de Israel ha traído tal bendición al mundo, ¡cuánto mayor será la bendición cuando Israel sea restaurada de nuevo! La restauración de Israel traerá resurrección al mundo (v. 15). En otras palabras, Pablo estaba seguro de que había un futuro para Israel como nación. La enseñanza de que la Iglesia de hoy es el Israel de Dios, y que las promesas del reino del AT se cumplen ahora en la Iglesia de una «manera espiritual» no es bíblica. Pablo mira el día cuando Israel será recibida en plenitud de bendición como nación.

La parábola del olivo se debe examinar con cuidado. Pablo no habla acerca de la salvación de cristianos como individuos, sino de la posición de judíos y gentiles, como pueblos, en el programa de Dios. Israel es el olivo que no llevó fruto para Dios. Dios entonces cortó algunas de las ramas y las injertó en el árbol de los gentiles, «olivo silvestre». Esto se hizo «contra naturaleza» (v. 24), porque lo práctico es injertar la buena rama en el tronco más débil; pero Dios injertó a los débiles gentiles en el buen tronco de los privilegios religiosos de Israel. Este acto muestra la bondad y severidad de Dios: Su bondad al salvar a los gentiles, su severidad al cortar a la rebelde Israel. Pero los gentiles no deben jactarse porque ahora tienen el lugar de Israel en privilegio espiritual, ¡porque Dios puede cortarlos a ellos también! Y hará precisamente eso al final de esta edad, cuando las naciones gentiles se unan en una coalición mundial que niegue la Palabra y al Hijo de Dios. Entonces, Él sacará fuera a la verdadera Iglesia, juzgará a las naciones gentiles, purgará a Israel y establecerá su prometido reino para Israel.

Recuerde de nuevo que el tema del capítulo 11 es nacional y no personal. Dios nunca «cortará» de su salvación a los verdaderos creyentes, porque no hay separación entre Cristo y su pueblo (Ro 8.35-39). La Iglesia de hoy está formada principalmente de gentiles, y nosotros los gentiles nos beneficiamos de la herencia espiritual de Israel (la rica savia del olivo). En un sentido espiritual somos hijos de Abraham, quien es el «padre» de todos los que creen (Gl 3.26-29).

IV. La prueba escritural (11.25-36)

Pablo ha usado el AT a menudo en estos tres capítulos, pero en esta sección acude a Isaías 59.20-21, 27.9 y al Salmo 14.7 para mostrar que el AT prometía un Libertador que vendría y limpiaría y restauraría a Israel. Afirma el «misterio» de la ceguera de Israel, misterio siendo una verdad oculta en las edades pasadas, pero ahora revelada en su plenitud en el NT. «La plenitud de los gentiles» (v. 25) se refiere al número de gentiles que serán salvos durante esta edad de la Iglesia. Cuando el cuerpo de Cristo quede completo, lo arrebatará en el aire; y entonces empezará la tribulación de siete años aquí en la tierra, «el tiempo de la tribulación de Jacob» (Jer 30.7). Al final de ese período vendrá el Libertador y el remanente creyente entrará en su reino. «Todo Israel» no significa hasta el último judío; más bien significa que la nación de Israel en ese día será toda salva; será una nación redimida, regenerada. En el versículo 27 se cita el pacto prometido de Dios (Jer 31.31-34). Este «nuevo pacto» se aplicará a Israel cuando confíe en Cristo como su Redentor y se vuelva de sus pecados. Aunque los judíos parecen ser hoy como enemigos de Dios, todavía son amados a la vista de Dios debido a los pactos que hizo con sus padres. Los hombres pueden cambiar, pero Dios no puede cambiar ni revocar sus promesas (v. 29).

En el párrafo final (vv. 30-32) Pablo explica que los gentiles rechazaron en un tiempo a Dios (Ro 1.18ss) y que sin embargo ahora se están salvando por fe; de modo que hoy los judíos están en incredulidad, pero que un día recibirán misericordia. Dios ha entregado tanto a judíos como a gentiles a incredulidad y pecado, para poder salvar a ambos por gracia (v. 32).

Después de repasar el plan sabio y de gracia de Dios, tanto para judíos como gentiles, ¡no es de sorprenderse que Pablo irrumpa en un himno de alabanza al Señor! (vv. 33-36).

ROMANOS 12

Este capítulo empieza la sección final de Romanos: «Servicio» (caps. 12–16). Pablo nos dice cómo poner en práctica lo aprendido; y en este capítulo el apóstol nos da cuatro cuadros del cristiano y nos recuerda nuestros deberes espirituales.

I. Un sacrificio sobre el altar (12.1-2)

El verdadero servicio y vivir cristiano debe empezar con la dedicación personal al Señor. El cristiano que falla en su vida es el primero que lo hace en el altar, no quiere rendirse por completo a Cristo. El rey Saúl falló en el altar (1 S 13.8ss; 15.10ss) y le costó su reino.

El motivo de la dedicación es el amor; Pablo no dice «les ordeno», sino «les ruego, debido a lo que Dios ya ha hecho por ustedes». No servimos a Cristo para recibir sus misericordias, sino debido a que ya las tenemos (3.21–8.39). Le servimos por amor y agradecimiento.

La verdadera dedicación es presentar el cuerpo, la mente y la voluntad a Dios, día tras día. Es someterle el cuerpo, tener la mente renovada por la Palabra y rendirle la voluntad por medio de la oración y la obediencia, cada día. Todo cristiano es o bien alguien que se conforma, viviendo por y como el mundo, o alguien transformado, que llega a ser cada vez más semejante a

Cristo. (La palabra griega «transformaos» es la misma que se traduce «trans-figurarse» en Mt 17.2.) Segunda de Corintios 3.18 nos dice que somos transformados (transfigurados) en la medida en que le permitimos al Espíritu revelar a Cristo por medio de la Palabra. Esto es posible sólo cuando el creyente se entrega a Dios de modo que pueda conocer la voluntad de Él para su vida. Dios no tiene tres voluntades (buena, agradable y perfecta) para los creyentes de la manera en que hay tres opciones para la mercadería en los catálogos de compra por correos («bueno, mejor, excelente»). Antes bien, crecemos en nuestro aprecio de la voluntad de Dios. Algunos cristianos obedecen a Dios debido a que saben que es bueno para ellos y temen el castigo. Otros obedecen porque hallan aceptable la voluntad de Dios. Pero la devoción más profunda es la de quienes aman la voluntad de Dios y la hallan perfecta.

Como sacerdotes, debemos presentar «sacrificios espirituales» a Dios (1 P 2.5) y el primer sacrificio que quiere cada día es nuestro cuerpo, mente y voluntad en total rendición a Él.

II. Un miembro del cuerpo (12.3-8)

En 1 Corintios 12 hallamos la misma verdad de que se habla en estos ver-sículos, que el creyente es bautizado por el Espíritu en el cuerpo y le es dado un don (o dones) para usarlos para el beneficio de toda la iglesia. Hay un «cuerpo universal» formado por todos los creyentes en Cristo desde Pente-costés hasta el Rapto; pero también hay el cuerpo local, por medio del cual cada creyente ministra al Señor. La mayoría de las 112 referencias en el NT a la iglesia se refieren a una congregación local de creyentes.

El culto y servicio en el cuerpo local empieza con la entrega personal (vv. 1-2), y luego con una evaluación sincera de los dones espirituales que el creyente posee (v. 3). Pablo no nos dice que no pensemos en nosotros mismos de ninguna manera, sino que no debemos pensar más alto de lo que nuestros dones espirituales garantizan. Si un hombre es llamado para ser pastor, Dios se lo revelará cuando use sus dones en la iglesia. Nuestros dones difieren, pero todos proceden del Espíritu y deben usarse para la gloria de Cristo. Así como somos salvos «por gracia, por medio de la fe» (Ef 2.8,9), debemos ejercer nuestros dones espirituales «conforme a la medida de la fe» (v. 3) y «según la gracia que nos es dada» (v. 6).

Pablo hace una lista de siete ministerios: (1) *profecía,* que se define en 1 Corintios 14.3; (2) *servicio,* que literalmente quiere decir «diaconar» (servir) y puede referirse a ese oficio; (3) *enseñanza,* de acuerdo a 2 Timoteo 2.1-2, una responsabilidad importante; (4) *exhortación,* que significa estimular a las personas a servir y ser fieles al Señor; (5) *el que reparte,* lo cual debe hacerse con sinceridad de corazón y por motivos puros (véase Hch 5); (6) *el que preside,* se refiere al gobierno en la iglesia local (1 Ti 3.4, 12); (7) *el que hace misericordia,* compartir con los que tienen necesidad.

Efesios 4.7-12 describe a las personas dotadas que Dios ha dado a la iglesia; Romanos 12 y 1 Corintios 12 describen los dones que el Espíritu ha dado a los creyentes en el cuerpo local. Es peligroso tratar de servir al Señor con dones que no ha dado; y es también trágico negarse a usar un don para su gloria (2 Ti 1.6). Los doce hombres que se mencionan en Hechos 19.1-7 ignoraban al Espíritu y sus dones; los siete hombres en Hechos 19.13-16 intentaron falsificar los dones que no poseían.

III. Un miembro de la familia (12.9-13)

Cada creyente tiene su servicio espiritual que realizar, pero los versículos 9-13 nos dicen cómo debe comportarse cada cristiano en la familia de Dios. El amor debe ser sincero y sin fingimiento (véase 1 Jn 3.18). Debemos aborrecer el mal y seguir el bien (véase Sal 97.10). El amor debe conducir a la bondad y a la humildad, fidelidad en los negocios, fervor en las cosas espirituales («fervientes» aquí significa «hirviendo, brillando con poder»). Nótese cómo las características que se mencionan en esta sección están en paralelo con el fruto del Espíritu que Pablo describe en Gálatas 5.22,23.

Los cristianos en la iglesia local deben cuidarse los unos a los otros y compartir los unos con los otros. Nótese cómo la oración del versículo 12 es seguida del cuidado en el versículo 13. «Practicando la hospitalidad» en el griego significa literalmente «procurando o persiguiendo la hospitalidad», ¡yendo tras la gente! Primera de Pedro 4.9 nos dice que dejemos de quejarnos cuando abrimos nuestros hogares a otras personas. La hospitalidad que no es espiritual se describe en Proverbios 23.6-8. Véanse también Lucas 14.12-14; 1 Timoteo 3.2 y 5.10; Hebreos 13.2; 3 Juan 5-8.

IV. Un soldado en la batalla (12.14-21)

Los cristianos tienen tanto batallas como bendiciones, y Pablo nos instruye sobre cómo enfrentar a quienes se oponen a la Palabra. Debemos bendecirles (Mt 5.10-12) y no maldecirles. Por supuesto, ningún creyente debe meterse en problemas por una manera mala de vivir (1 P 2.11-25). Debemos tener simpatía (v. 15) y humildad (v. 16), porque el egoísmo y el orgullo generan mala voluntad. Los cristianos nunca deben «desquitarse» de sus oponentes; más bien deben esperar a que Dios «pague» (v. 19), bien sea en esta vida o en el juicio futuro.

«Procurad lo bueno delante de los hombres» (v. 17) sugiere que el cristiano vive en una «casa de cristal» y que debe estar consciente de que otros lo escudriñan. «¡Voy a disfrutar mi vida!», es una actitud pecaminosa para un creyente, a la luz de Romanos 14.7-8. La gente nos observa y en tanto como nos sea posible, debemos vivir en paz con todas las personas. Por supuesto, no podemos hacer compromisos con el pecado ni tener una actitud de «paz a cualquier costo». La actitud y espíritu de Mateo 5.38-48 nos ayudará a ser «pacificadores» (Mt 5.9).

En los versículos 19-21 Pablo se refiere a Proverbios 25.21,22 y a Deuteronomio 32.35. (Véase también Heb 10.30.) El principio indicado aquí es que el creyente se ha entregado al Señor (12.1-2) y por consiguiente el Señor debe cuidar de él y ayudarle a librar sus batallas. Necesitamos sabiduría espiritual (Stg 1.5) cuando se trata de lidiar con los enemigos de la cruz, para que no demos mal testimonio por un lado, o rebajemos el evangelio, por el otro. Pablo usó de la ley romana en tres ocasiones para protegerse a sí mismo y al testimonio del evangelio (véanse Hch 16.35-40; 22.24-29; 25.10-12), sin embargo, estaba dispuesto a hacerse a todos de todo con tal de ganar a algunos para Cristo. Si practicamos Romanos 12.1,2 diariamente, podemos estar seguros de que Él nos dirigirá a obedecer el resto del capítulo.

ROMANOS 13

Los cristianos han sido llamados a apartarse del mundo (Jn 15.18; 17.14), pero todavía tienen responsabilidad hacia el Estado. El mejor ciudadano debe ser el cristiano. Aunque la iglesia no debe involucrarse en partidos políticos, los creyentes como individuos ciertamente deben usar los privilegios que Dios les ha dado como ciudadanos, para vigilar que se elijan los mejores líderes y que se emitan las mejores leyes o se apliquen con justicia. Cuando pensamos en líderes piadosos como José, Daniel y Ester que pudieron ejercer ministerios espirituales en gobiernos paganos, podemos ver lo que el Espíritu puede hacer mediante el creyente consagrado. En este capítulo Pablo nos da cuatro motivos para obedecer al gobierno humano.

I. Por causa de la ira (13.1-4)

Las «autoridades superiores» (v. 1) son los gobernantes y funcionarios del gobierno, aun si no son cristianos. Agradecemos a Dios de que el evangelio puede alcanzar a funcionarios del gobierno, como Erasto, el tesorero municipal (Ro 16.23) y algunos de los oficiales de Nerón (Flp 4.22). Pero debemos reconocer que incluso un funcionario inconverso del gobierno es un ministro de Dios. Si no podemos respetar a la persona, debemos respetar el cargo ordenado por Dios.

Los gobernantes son terror para los malos, no para los buenos; de modo que los que viven como cristianos consistentes no tienen necesidad de temer. (Por supuesto, donde el gobierno se opone abiertamente a Cristo, el principio a seguirse es Hechos 5.29.) Tenga presente que Dios ordenó el gobierno humano, incluyendo la pena capital, después del diluvio (véase Gn 8.20–9.7). La iglesia no debe llevar la espada; el gobierno lo hace. Dios ha establecido tres instituciones en la tierra: el hogar (Gn 2), la iglesia (Hch 2) y el gobierno humano (Gn 9). Sus funciones no deben superponerse; cuando así ocurre, hay confusión y problemas.

II. Por causa de la conciencia (13.5-7)

El temor es quizás el motivo más bajo de la obediencia cristiana; una conciencia dirigida por el Espíritu nos eleva a un nivel más alto. El cristiano debe experimentar al Espíritu testificando a su conciencia (Ro 9.1); y si desobedecemos al Señor, lo sabemos cuando el Espíritu convence a nuestras conciencias. Algunas personas tienen una mala conciencia que no es confiable. El cristiano obediente debe tener una buena conciencia (1 Ti 1.5). Estar siempre desobedeciendo y rechazando el testimonio del Espíritu conduce a una conciencia corrompida (Tit 1.15), una conciencia cauterizada (encallecida) (1 Ti 4.2), y finalmente a una conciencia desechada (1 Ti 1.19).

Pablo nos amonesta a pagar los impuestos (tributos), las contribuciones (en las cosas materiales) y dar el honor adecuado a todos los oficiales. Véase 1 Pedro 2.17ss.

III. Por causa del amor (13.8-10)

Ahora Pablo ensancha el círculo para incluir no sólo a los oficiales del gobierno, sino también a nuestro prójimo. Téngase presente que la definición del NT de un prójimo no se limita a un vecino ni a los que viven en determinado lugar geográfico. En Lucas 10.29 el experto en la ley preguntó: «¿Quién es mi prójimo?» En la parábola del buen samaritano (Lc 10.30-36) Jesús cambió la pregunta a: «¿Cuál de estos tres fue el prójimo para aquel?» La cuestión no es «¿quién es mi prójimo?», sino, «¿a quién puedo ser un prójimo para la gloria de Cristo?» No es cuestión de ley, sino de amor y esto es de lo que Pablo analiza aquí.

Mientras el creyente vive bajo la ley de la tierra, también lo hace bajo una ley mucho más alta como ciudadano del cielo: la ley del amor. Es más, el amor es el cumplimiento de la ley, porque el amor de corazón nos capacita para obedecer lo que esta exige. Un esposo no trabaja todo el día debido a que la ley le ordena que sostenga a su familia, sino debido a que los ama. Donde hay amor, no habrá homicidios, ni deshonestidad, ni robos, ni ninguna otra clase de egoísmos.

Nótese que Pablo no dice nada respecto al sabat; la ley del día de reposo era realmente una parte del código ceremonial judío y nunca se aplicó a los gentiles o a la Iglesia. Nueve de los Diez Mandamientos se repiten en las epístolas para que los cristianos los obedezcan, pero el mandamiento respecto al sabat no se repite.

Con frecuencia es difícil amar a quienes rechazan el evangelio y ridiculizan nuestro testimonio cristiano, pero este amor puede venir del Espíritu (Ro 5.5) y alcanzarlos. «El amor nunca deja de ser» (1 Co 13.8). A la mayoría de las personas se gana más con el amor que con las argumentaciones. El cristiano que anda en amor es el mejor ciudadano y el que mejor testifica.

IV. Por causa del Salvador (13.11-14)

En estos versículos llegamos al pináculo de los motivos: del temor a la conciencia, al amor, a la consagración a Cristo: «Nuestra salvación» está más cerca, en el sentido de que está más cerca que nunca antes la venida de Cristo por su Iglesia. Por «salvación» Pablo quiere decir la bendición total que tendremos cuando Cristo venga, incluyendo nuevos cuerpos y un nuevo hogar.

Los cristianos pertenecen a la luz, no a las tinieblas. Deben estar despiertos y alertas, comportándose como los que han visto la luz del evangelio (2 Co 4). Todavía más, ¡ningún creyente quiere ser hallado en pecado cuando Cristo vuelva! «El día se acerca» (Véase Heb 10.25ss.)

Pablo hace aquí una lista de pecados que nunca deberían nombrarse entre los santos. Nótese que la embriaguez y la inmoralidad con frecuencia van juntos, y resultan en peleas y división. ¡Cuántos hogares se han destrozado debido al licor! El versículo 14 nos da la doble responsabilidad del creyente: positivamente, «vestirse del Señor Jesucristo», o sea, hacer de Cristo el Señor de su vida diaria; negativamente, «no proveer para los deseos de la carne», esto es, evitar a conciencia lo que lo tienta al pecado. Es incorrecto que los cristianos «planeen el pecado». Vance Havner dijo que cuando David dejó el campo de batalla y regresó a Jerusalén, «estaba haciendo arreglos para pecar». A la luz de la venida de Cristo que se acerca, es nuestra responsabilidad tener vidas sobrias, espirituales y limpias.

Los últimos días serán de impiedad (véanse 2 Ti 3 y 1 Jn 3.4). Será cada vez más difícil para los cristianos consagrados mantener su testimonio. Los gobiernos rechazarán cada vez más a la Biblia y a Cristo, hasta que el postrer hombre de pecado convierta al mundo en un gran sistema satánico que se oponga a la verdad. Lea 2 Timoteo 3.12–4.5 para ver lo que Dios espera de nosotros en estos últimos días.

ROMANOS 14

Romanos 14.1–15.7 se refiere al problema de las cosas cuestionables en la vida cristiana, y qué hacer cuando los cristianos sinceros están en desacuerdo respecto a prácticas personales. Pablo reconoce que en cada iglesia local hay tanto cristianos maduros («los que somos fuertes», 15.1) como inmaduros («el débil en la fe», 14.1) y que estos dos grupos pueden estar en desacuerdo sobre cómo debe vivir el cristiano. Los cristianos judíos tal vez querían aferrarse a los días santos especiales y a las leyes dietéticas del AT, en tanto que los creyentes gentiles quizás convertían su libertad cristiana en libertinaje y ofendían a sus hermanos judíos. Muchos cristianos tienen la falsa noción de que el legalismo extremo (observar días y dietas) muestra una fe fuerte, pero Pablo indica que ¡la verdad es precisamente lo opuesto! Es el cristiano maduro en la fe el que reconoce las verdades que se hallan en Colosenses 2.18-23.

En la iglesia de hoy tenemos diferencias en cuanto a cómo considerar tales cosas como las diversiones mundanas y Pablo nos dice cómo enfrentar y resolver tales diferencias. No da una lista de reglas; más bien asienta seis principios básicos que pueden aplicarse a todos los cristianos y a todas las etapas del crecimiento. Podemos indicar estos principios en forma de preguntas y probar con ellos nuestras vidas.

I. ¿Estoy plenamente convencido? (14.1-5)

Los cristianos no deben actuar por mera emoción, sino por convicción interna resuelta y firme que son el resultado de la oración y estudio diligente de la Palabra. No habría serios desacuerdos si todos los cristianos actuaran por convicción. Alguien ha dicho que opiniones es lo que sostenemos, mientras que convicciones son las que nos sostienen. El cristiano más fuerte no debe menospreciar al más débil por su inmadurez; ni tampoco el débil debe juzgar a sus hermanos más maduros por su libertad. Dios los ha recibido a ambos en Jesucristo y nosotros debemos recibirnos los unos a los otros. Nuestras vidas deben ser dirigidas por Él, no por las ideas ni juicios de la gente. Los cristianos maduros saben por qué se comportan como lo hacen y estas convicciones controlan sus vidas.

II. ¿Hago esto para el Señor? (14.6-9)

«¡Yo vivo mi vida!» es una afirmación que ningún cristiano debería hacer, porque pertenecemos al Señor, sea que vivamos o muramos. Él es el Señor y debemos vivir para agradarle. Muy a menudo el cristiano que tiene prácticas cuestionables en su vida no puede decir con sinceridad que estas prácticas las hace «para el Señor»; porque en realidad las hace para el placer egoísta y no para honrar al Señor. El Señor aceptará a los cristianos que observan días especiales para Él y no debemos juzgarlos. Eso es algo entre ellos y el Señor.

III. ¿Pasará esto la prueba en el tribunal de Cristo? (14.10-12)

No tenemos derecho a juzgar a nuestros hermanos, porque todas nuestras obras serán juzgadas en el tribunal de Cristo, no en el juicio ante el gran trono blanco de Apocalipsis 20.11-15, sino en el juicio de las obras de los cristianos después del Arrebatamiento de la Iglesia (2 Co 5.10; 1 Co 3.10ss). No tenemos que dar cuenta de la vida de nuestro hermano, de modo que no tenemos ningún derecho de condenarle hoy. Sin duda que todos queremos tener vidas que resistan la prueba de fuego ante Cristo, vidas que reciban recompensas para su gloria.

IV. ¿Soy la causa de que otros tropiecen? (14.13-21)

Hay una cosa que debemos juzgar: a nosotros mismos, de manera que veamos si estamos abusando de nuestra libertad cristiana y haciendo que otros tropiecen. Es cierto que nada es inmundo en sí mismo, pero hay algunas prácticas y hábitos que otros consideran inmundos. Por consiguiente, si deliberadamente hacemos algo que es causa de que nuestros hermanos tropiecen, no estamos viviendo de acuerdo a la regla del amor.

Es algo serio ser la causa de que otra persona tropiece y caiga en pecado.

Nótese las palabras de Cristo en Marcos 9.33-50, donde «ofender» significa «hacer tropezar». El creyente que se aferra a su práctica cuestionable y hace que otro cristiano caiga en su andar con Dios, está ciego al precio que Jesús pagó en la cruz. Nuestro bien no debe producir malos comentarios. Después de todo, la vida cristiana no es asunto de comer o beber (o cualquier otra práctica), sino de justicia, paz y gozo, todo lo cual viene del Espíritu. Nuestro objetivo no debe ser autocomplacernos, sino edificar a otros cristianos en amor. Primera de Corintios 10.23 afirma que todas las cosas son lícitas para el creyente (porque no vivimos bajo la ley), pero no todo nos edifica ni nos ayuda a edificar a otros. Véase también 1 Corintios 8. «Destruir» en Romanos 14.15 y 20 significa «derribar». ¡Qué egoísta es que un cristiano derribe la vida espiritual de otro debido a su egoísmo! Sus prácticas pueden ser lícitas, pero no están acorde a la ley del amor.

V. ¿Hago esto por fe? (14.22-23)

La palabra griega para «fe» en el versículo 22 significa casi lo mismo que «convicción», porque nuestras convicciones nacen de la fe en la Palabra de Dios. Estos dos versículos colocan el principio de que la vida cristiana es algo entre el creyente y su Señor, y que el creyente debe siempre asegurarse de que está en buena relación con Él. Si hay dudas en cuanto a alguna de sus prácticas, no puede disfrutar de gozo y paz. «Condenado» en el versículo 23 no tiene nada que ver con el castigo eterno. Quiere decir que el cristiano que participa en alguna práctica con dudas en su mente, por su misma actitud se autocondena y también a esas prácticas. Cualquier cosa que hagamos que no es de fe, es pecado, porque el cristiano vive por fe. «La fe viene[...] por la Palabra de Dios», dice Romanos 10.17; de modo que cualquier cosa que hago y que no puedo respaldar con la Palabra de Dios, es pecado, debido a que no puedo hacerla por fe.

«¡Si es dudoso, es sucio!», es una buena norma a seguir. Nadie bebería leche o agua que quizás esté contaminada; ni aceptaría alimento que pudiera estar envenenado. Sin embargo, muchos cristianos participan en prácticas que incluso el mundo cuestiona. Nunca enfrentan el hecho de que cualquier cosa dudosa no es de fe y, por consiguiente, es pecado.

VI. ¿Agrado a otros o a mí mismo? (15.1-7)

Estos versículos encajan mejor en el bosquejo del capítulo 14. El fuerte debe sobrellevar las debilidades de los cristianos inmaduros y mientras lo hace, que trate de edificarlos en la fe. Debemos seguir el ejemplo de Cristo y procurar agradar a otros, no a nosotros mismos (Sal 69.9). ¿Se aplica este versículo del AT al cristiano del NT? Por supuesto que sí, porque Dios nos dio el AT para enseñarnos, para que de las promesas de Dios recibiéramos paciencia, consolación y esperanza. Debemos ser unánimes, y lo seremos si todos los creyentes procuran ayudar a otros a crecer en el Señor. La conclusión final del apóstol Pablo en el versículo 7 es: recíbanse unos a otros, porque Cristo los ha recibido a ustedes. Esto dará la gloria a Dios.

Las iglesias locales tienen el derecho a establecer normas, pero no más allá de lo que el mundo enseña. Debemos permitir, en amor, lugar para las diferencias entre cristianos y no usar esas diferencias como oportunidades para dividirnos.

ROMANOS 15

Este capítulo concierne a los judíos y gentiles en la Iglesia, y revela tres ministerios diferentes que debemos reconocer y comprender:

I. El ministerio de Cristo al judío y al gentil (15.8-13)

El que estudia la Biblia y no reconoce el ministerio doble de Cristo, primero al judío y después al gentil, nunca usará correctamente la Palabra de verdad. Cuando Cristo nació, su venida se anunció a la nación judía y se relacionó con las promesas del AT. Como indica con claridad el versículo 8, Cristo fue primero un ministro para los judíos con el propósito de confirmar los pactos y promesas del AT. Véanse Lucas 1.30-33, 46-55, 67-80. Estos judíos llenos del Espíritu sabían que Cristo había venido a librarlos de los gentiles y a establecer el reino prometido.

Pero, ¿qué ocurrió? El pueblo de Israel rechazó a su Rey en tres ocasiones: (1) cuando permitieron que Herodes asesinara al mensajero del Rey, Juan el Bautista; (2) cuando pidieron que mataran a Cristo; (3) cuando mataron a Esteban. Tanto en los Evangelios como en Hechos, el evangelio se entregó «al judío primeramente». Si Israel hubiera recibido a Cristo, se hubiera establecido el reino y las bendiciones hubieran fluido a los gentiles a través de un Israel convertido. Pablo ya ha mostrado en Romanos 9–11 que mediante la caída de Israel (no su ascenso a la gloria) el evangelio de la gracia de Dios ha ido ahora a los gentiles. Hay un modelo de progreso en los versículos 9-11; los gentiles oyen la Palabra (Sal 18.49); los gentiles se regocijan junto a los judíos (Dt 32.43); todos los gentiles alaban a Dios (Sal 117.1); y los gentiles confían en Cristo y disfrutan de su reino (Is 11.10). Estos versículos casi resumen la historia espiritual de Israel: el versículo 9 (véase Hch 10–14), cuando los judíos testificaron a los gentiles; el versículo 10 (véase Hch 15–28), cuando los judíos y gentiles participaron juntos en el testimonio de la Iglesia; el versículo 11 (Hch 28), cuando Israel finalmente fue desechado y se les dio a los gentiles un lugar prominente en el programa de Dios (conforme se describe en las cartas de Pablo a los Efesios y Colosenses); y el versículo 12, el reino futuro, compartido con los gentiles.

El tema de la alabanza de los gentiles es Cristo. Hablando de ese día futuro cuando el Rey establezca su reino, el versículo 12 dice: «Los gentiles esperarán en Él». Pablo entonces inicia el tema de la «esperanza» en la oración del versículo 13. No tenemos que esperar para tener gozo, paz y esperanza; el Espíritu puede darnos esas bendiciones ahora.

II. El ministerio de Pablo al judío y al gentil (15.14-22)

Pablo anhela recalcar que es el apóstol de los gentiles. Fallar en ver el lugar especial del ministerio de Pablo en el programa de Dios traerá confusión al estudio de la Biblia que uno realiza. En el versículo 16 Pablo se describe como un sacerdote del NT, ofreciendo a los gentiles a Dios como su sacrificio de alabanza. Cada vez que ganamos un alma para Cristo, es ofrecer otro sacrificio para su gloria.

Su ministerio especial involucraba un mensaje único (el evangelio de la gracia de Dios, v. 16), milagros extraordinarios (vv. 18-19) y un método específico (v. 20, yendo donde Cristo no había sido predicado). Pablo era un pionero; no mezclaba la ley y la gracia, la fe y las obras, ni Israel y la Iglesia, de la manera en que algunos maestros lo hacen hoy. Sabemos que los judíos piden señales (1 Co 1.22), pero Dios también dio milagros para los gentiles (en Éfeso, por ejemplo, véase Hch 19.11,12). No debemos pensar, entonces, que debido a que hay milagros registrados después de Hechos 7 (el rechazo final de Israel) que Dios todavía se está relacionando con la nación de Israel.

A Pablo se le impidió ir a Roma, no por Satanás, sino por las exigencias del ministerio en tantos lugares donde el evangelio no se había predicado. Ahora que había abarcado todo el territorio posible, estaba listo para visitar a Roma. El hecho de que Pablo estaba dispuesto a predicar en Roma indica que ningún otro apóstol había estado allí (Pedro, por ejemplo); porque su norma era ir a lugares donde no se había predicado el evangelio.

III. El ministerio de las iglesias gentiles a los judíos (15.23-33)

Pablo deseaba ir a España; si estuvo allí o no alguna vez, la Biblia no lo dice. La tradición dice que sí. En cualquier caso, en el momento que escribió esta carta estaba participando en llevar la ofrenda de auxilio a los judíos empobrecidos de Palestina, contribución de las iglesias gentiles que él había fundado. Véanse los detalles en 1 Corintios 16 y 2 Corintios 8–9.

Pablo da varias razones para esta ofrenda:

(1) *Obligación espiritual, v. 27.* Puesto que los gentiles habían recibido todas sus bendiciones espirituales a través de los judíos, debían retribuirles materialmente en alguna medida. Los cristianos de hoy necesitan tener presente que los gentiles son deudores a los judíos.

(2) *Amor personal, v. 29.* Pablo sentía un gran peso en su corazón por los judíos y al traerles la ofrenda les expresaba su amor.

(3) *Unidad cristiana, v. 31.* Algunos de los creyentes judíos (recuérdese Hch 15) no estaban contentos con la entrada de los gentiles al redil. Esta ofrenda ayudaría a curar la brecha que algunos causaron al decir que los gentiles tenían que convertirse primero en judíos antes de que llegaran a ser cristianos.

En este pasaje surge la cuestión de la responsabilidad que los cristianos gentiles tienen hacia los judíos hoy. Por cierto que el programa de «al judío primeramente» (1.16) fue válido durante el período de los Evangelios y Hechos 1–7, pero ya no se aplica hoy. Nuestra obligación hacia los judíos brota de la Gran Comisión, la gracia de Dios, quien nos escogió y nos ha injertado en el olivo (Ro 11.20ss), y la pura lógica de Romanos 10.11-17. En cuanto a condenación se refiere, no hay diferencia entre judío y gentil. En cuanto a salvación, tampoco hay diferencia. Pero Israel es todavía la nación escogida de Dios, a pesar de que fue puesta a un lado y cegada temporalmente; Israel es amada por causa de los padres (Ro 11.28). Ningún cristiano debía ser culpable de albergar prácticas o sentimientos antijudíos. Más bien, debemos procurar testificarles y ganarles para Cristo. Como nación, Israel ha sido cegada; pero los judíos como individuos pueden hallar a Cristo conforme el Espíritu les abre los ojos.

Nótese en el versículo 31 que Pablo veía venir problemas con los judíos incrédulos, ¡y el problema surgió! Repase Hechos 21.15ss y note cómo trataron a Pablo los judíos no salvos.

Este capítulo enfatiza una vez más la importancia de distinguir entre el judío, el gentil y la Iglesia (1 Co 10.32). Es más, las últimas palabras de Pablo en Romanos (16.25-27) se refieren al gran misterio de la Iglesia, el cual Pablo iba a revelar mediante su mensaje. ¡Ojalá nunca fallemos en ser administradores de sus misterios!

ROMANOS 16

Este capítulo tal vez parezca aburrido, pero está lleno de sorpresas. Al leer la lista de nombres no podemos menos que quedar impresionados ante el amor y el interés de Pablo por ellos. Sin duda alguna muchas de estas personas se convirtieron por su ministerio y habían llegado a Roma de una manera u otra; Pablo nunca había visitado Roma y seguro que no había conocido a estos santos en otras ciudades. Como su Maestro, Pablo conocía a las ovejas por nombre y se interesaba por cada una.

I. Algunos santos a los cuales saludar (16.1-16)

Parece ser que los creyentes en Roma no se reunían en alguna asamblea general, sino que eran miembros de varios grupos en los hogares. Note los versículos 5, 10, 11 y 15. No había una «iglesia en Roma» en el sentido organizado (compárese Flp 1.1). Roma era una ciudad grande y es posible que algunas de las asambleas las componían principalmente creyentes judíos.

Es evidente de que Febe era una diaconisa que se dirigía a Roma, y por consiguiente la portadora de la epístola. «Que la recibáis[...] y que la ayudéis» (v. 2) son buenas admoniciones para los cristianos de hoy. Algunos eruditos sugieren que iba a Roma en busca de ayuda para algún problema legal y que Pablo le pedía a los santos que la ayudaran en ese problema especial.

¡Hallamos a Priscila y a Aquila de nuevo! ¡Qué amigos queridos fueron para Pablo! Repase Hechos 18.2-28, 1 Corintios 16.19 y 2 Timoteo 4.19. El incidente en el cual estos dos santos arriesgaron su vida por Pablo no se registra en el NT, pero, ¡qué deuda tiene la Iglesia con ellos por haberle salvado la vida! Salieron de Roma debido a la persecución, conocieron a Pablo en Corinto y ahora, al regresar a Roma, constituyen una iglesia en su casa. ¡Qué maravillosos son los caminos del Señor y las sendas de su providencia!

Nueve mujeres se mencionan en este capítulo: Febe, v. 1; Priscila, v. 3; María, v. 6; Trifena, v. 12; Trifosa, v. 12; Pérsida, v. 12; la madre de Rufo, v. 13; Julia, v. 15; y la hermana de Nereo, v. 15. Algunos críticos han acusado a Pablo de estar en contra de las mujeres, pero ningún hombre hizo más por emancipar a las mujeres de la servidumbre pagana y dignificarlas de la manera que Dios intentó desde el principio. Pablo enseña que las mujeres tienen un lugar especial e importante en el ministerio de la iglesia local.

En varios versículos Pablo menciona a sus «parientes» (vv. 7,11,21). Esto no necesariamente significa parientes de sangre, sino más bien compatriotas judíos, quizás de la tribu de Benjamín.

El versículo 7 menciona a dos hombres que habían sido salvados antes que Pablo y que también fueron notables entre los apóstoles. No eran apóstoles, sino que tenían muy alta reputación entre los apóstoles.

Rufo es un hombre interesante (v. 13). Marcos 15.21 indica que el Simón que llevó la cruz fue el padre de Alejandro y de Rufo, como si estos dos hombres fueran bien conocidos entre las iglesias en el tiempo en que Marcos escribió su Evangelio. Es posible que Simón fuera en realidad el padre de Rufo, el del versículo 13, y que también ganó a su madre para el Señor. Si él y su familia se quedaron en Jerusalén, es posible que tuvieron a Pablo en su casa y que este «adoptó» a la madre de Rufo como si fuera la suya propia.

II. Algunos pecadores a los que se debe evitar (16.17-20)

Esta advertencia suena extraña en un capítulo lleno de saludos, pero Pablo conocía los peligros en las iglesias y quería advertir a los santos. Desde luego que nosotros, como cristianos, debemos amar y perdonarnos unos a otros; pero se debe enfrentar los pecados en contra del cuerpo de la Iglesia de acuerdo a la disciplina bíblica. Los cristianos que causan problemas debido a sus deseos egoístas (usualmente orgullo, quieren decirle a todos lo que tienen que hacer), no se deben recibir en la iglesia local. «Fijarse» significa «vigilar; tener los ojos abiertos sobre ellos». Es correcto que la iglesia tenga un ojo sobre los «trotaiglesias» que van de iglesia en iglesia causando problemas y divisiones. Estas personas son seductoras al hablar y saben cómo engañar a los ingenuos, pero el santo con discernimiento verá a través de sus disfraces. ¡Conquiste a Satanás, no permita que él lo conquiste a usted!

III. Algunos siervos a quienes honrar (16.21-24)

¡Qué grandiosa lista de veteranos! En estos versículos hallamos a Timoteo, el hijo de Pablo en la fe y siervo del Señor (Flp 2.19-22) y Lucio, quien estuvo asociado con Pablo en los primeros días en Antioquía (Hch 13.1). (No es probable que esta persona sea Lucas.) Jasón viajó con Pablo desde Tesalónica (Hch 17.5-9); Sosípater era de Berea (Hch 20.4). Pablo amaba a estos compañeros y no podía haber ministrado sin ellos. No todos pueden ser un Pablo, pero todos podemos ayudar a otros a servir a Cristo más eficazmente.

Tercio era el amanuense (secretario) al que Pablo dictó la carta, según el Espíritu le dirigió. Es probable que era romano, conocido por los creyentes que recibieron la carta.

Gayo tal vez sea la misma persona mencionada en Hechos 19.29; o tal vez Gayo de Derbe (Hch 20.4). Es con toda seguridad el Gayo de 1 Corintios 1.14; uno de los hombres que Pablo bautizó durante su ministerio en Corinto. Pablo estaba allí cuando escribió a los romanos, de modo que esto pudiera significar que estaba alojado en la casa de Gayo. Vea cómo el Señor usa muchas personas para darnos su Palabra: ¡un apóstol inspirado, un fiel secretario y huésped cristiano amigable y una mujer sacrificada!

Erasto era el tesorero municipal, lo cual muestra que el evangelio había alcanzado a las familias de funcionarios del gobierno de la ciudad. (Véase Flp 4.22.) Tal vez sea el mismo que se menciona en 2 Timoteo 4.20. «Y el hermano Cuarto». ¡Ningún santo es demasiado insignificante como para que Pablo no lo mencione! Lea 1 Tesalonicenses 5.12,13 y vea cómo este pensamiento se aplica allí.

Pablo siempre firmaba sus cartas, con su «firma de gracia» (2 Ts 3.17-18), y así lo hace aquí en el versículo 24. Es probable que lo hizo para añadir personalmente esta gran doxología que enfatiza el misterio de la Iglesia. Los profetas que menciona en el versículo 27 son los del NT, mediante los cuales Dios reveló las verdades de la Iglesia y el evangelio de la gracia. Véanse Hechos 13.1, 15.32, 21.10; 1 Corintios 12.28-29, 14.29-32, Efesios 2.20, 3.5 y 4.11.

Así queda completa la carta a los Romanos. Si la comprendemos y la aplicamos, el versículo 27 será verdad: «Al único y sabio Dios, sea gloria mediante Jesucristo para siempre».

1 CORINTIOS

Bosquejo sugerido de 1 Corintios

Saludo (1.1-3)

I. Reprensión: El informe del pecado (1.4–6.20)

A. Divisiones en la iglesia (1.4–4.21)
1. No vivir conforme a su norma (1.4-16)
2. No comprender el evangelio (1.17–2.16)
3. No comprender el ministerio (3.1–4.21)

B. Disciplina en la iglesia (5)

C. Disputas en las cortes (6.1-8)

D. Contaminación en el mundo (6.9-20)

II. Instrucción: Respuesta a las preguntas (7–16)

A. Con respecto al matrimonio (7)

B. Con respecto a los ídolos (8–10)
1. El ejemplo de Cristo (8)
2. El ejemplo de Pablo (9)
3. El ejemplo de Israel (10)

C. Con respecto a las ordenanzas de la Iglesia (11)

D. Con respecto a los dones espirituales (12–14)
1. Origen y propósito de los dones (12)
2. Uso de los dones en amor (13)
3. Principios de la adoración espiritual (14)

E. Con respecto a la resurrección (15)
1. Pruebas de la resurrección (15.1-34)
2. Proceso de la resurrección (15.35-49)
3. Programa para la resurrección (15.50-58)

F. Con respecto a la ofrenda (16.1-12)

Despedida (16.13-24)

Notas preliminares a 1 Corintios

I. La ciudad

Sin cuestionamiento, Corinto era la ciudad más importante de Grecia. Era la capital de la provincia romana de Acaya y estaba idealmente situada en la ruta más importante del imperio para viajar del este al oeste. Cuarta en tamaño entre las grandes ciudades del Imperio Romano, Corinto era notoria por su comercio, cultura y corrupción. Todo el mundo sabía lo que era una «muchacha corintia», y una «fiesta corintia» era lo máximo en lujo y desenfreno. Corinto era la sede de la adoración a Venus y de algunos de los cultos de misterio de Egipto y Asia.

II. La iglesia

Pablo visitó Corinto en su segundo viaje misionero, después que se enfrentó a lo que parecía un fracaso en la culta Atenas (Hch 18.1-17). Había hecho amistad con dos judíos que hacían tiendas, Aquila y Priscila, y se quedó año y medio en Corinto. Discutía con los judíos en la sinagoga, semana tras semana, y Silas y Timoteo se le unieron después que terminaron su ministerio en Berea. El dirigente de la sinagoga se convirtió y Pablo lo bautizó (Hch 18.8, véase también 1 Co 1.14-16). Cristo estimuló a Pablo de manera especial para que se quedara en Corinto (Hch 18.9); después de año y medio salió hacia Éfeso. Dejaba atrás una iglesia bien dotada de cosas espirituales (1 Co 1.4-7), pero muy tentada por la sabiduría del mundo y la impiedad de la misma ciudad.

III. La correspondencia

Pablo se quedó tres años en Éfeso (Hch 19.1ss). Es muy probable que hizo una segunda visita a Corinto (véase 2 Co 13.1) para corregir algunos de los problemas que había allí. Una vez de regreso en Éfeso les escribió una carta severa acerca de la fornicación (véase 1 Co 5.9), pero esta carta se ha perdido. Entonces, la iglesia de Corinto le escribió una carta a Pablo, que quizás enviaron con Estéfanas, Fortunato y Acaico, quienes eran miembros de la iglesia (1 Co 16.17). Esta carta formulaba varias preguntas importantes acerca de la doctrina y la práctica, y Pablo las responde (así como los reprende por sus pecados) en 1 Corintios. (Note 1 Co 7.1; 8.1; 11.17.) También les envió a Timoteo para ayudar a los líderes a unificar y purificar la iglesia (Hch 19.22; 1 Co 4.17; 16.10-11). Es muy probable que los tres cristianos corintios mencionados en 1 Corintios 16.17 llevaron la epístola de regreso con ellos.

Timoteo volvió a Pablo con noticias de que la iglesia había recibido la carta, pero que algunas cosas todavía andaban mal. Pablo entonces envió a Tito a Corinto para lograr que los creyentes obedecieran sus órdenes apostólicas (2 Co 7.13-15). Tito luego habló con Pablo (2 Co 7.6-7) con las buenas noticias de que habían disciplinado al ofensor (1 Co 5) y que la iglesia había obedecido las instrucciones de Pablo. Fue entonces que Pablo escribió, junto a Timoteo (2 Co 1.1), para elogiar a la iglesia y animarles a seguir avanzando y concluir la buena obra. Tito llevó esta carta a Corinto y esperó allí para ayudar a la iglesia a recoger su parte de la ofrenda para los santos pobres de Jerusalén (2 Co 12.17-18 y 8.6). Pablo hizo una visita final a Corinto (Hch 20.1-4).

Pablo tenía dos propósitos básicos al escribir 1 Corintios: (1) reprender a los cristianos corintios por los pecados flagrantes que se permitían en la iglesia (1–6); y (2) responde a sus preguntas respecto a la vida y doctrina cristianas. Recibió informes de los familiares de Cloé (1.11) y también de Estéfanas, Fortunato y Acaico acerca del pecado (16.17). Su visita a la ciudad desde Éfeso le dio información de primera mano acerca de las divisiones y disputas en la iglesia. Ninguna carta del NT analiza con más fuerza los problemas de la iglesia local y tal vez ninguna carta del NT es más descuidada hoy.

1 CORINTIOS 1

I. Elogio: Su posición en Cristo (1.1-9)

De la manera más discreta Pablo inició su carta recordándoles las bendiciones maravillosas que los creyentes tenían en Cristo. Él lo hace antes de reprenderles por su pecado, porque estaban viviendo por debajo de sus privilegios como cristianos. No andaban de una manera digna de su llamamiento en Cristo (Ef 4.1ss). Pablo hace una lista de las bendiciones espirituales que estaban ignorando y que así se privaban de poder espiritual.

A. Llamados por Dios (v. 2).

Esto significa que eran santificados (apartados) y miembros del grupo elegido: ¡la Iglesia! No vivían como santos, sino que ¡eran santos!

B. La gracia de Dios (vv. 3-4).

La gracia significa que Dios nos da lo que no merecemos; misericordia quiere decir que Dios no nos da lo que merecemos. Esta gracia viene mediante Cristo por la fe.

C. Dones de Dios (vv. 5 y 7).

En los capítulos 12–14 Pablo habla de los dones espirituales, pero es evidente que los corintios eran abundantemente bendecidos con dones espirituales, en especial el de lenguas (véase 14.26). También estaban enriquecidos con conocimiento. Sin embargo, con todos los dones y conocimiento, les faltaba amor (13.1-3) y no podían llevarse bien los unos con los otros. Los dones espirituales no ocupan el lugar de las gracias espirituales.

D. Testimonio para Dios (v. 6).

Todo lo que Pablo dijo que Cristo podía hacer por ellos se realizó en sus vidas. La Palabra de Dios se hizo realidad en sus vidas.

E. Esperanza de Dios (vv. 7-9).

Esperaban que Cristo volviera, pero no vivían a la luz de su venida (1 Jn 2.28). Aunque los corintios eran pecadores en la tierra, Dios podría presentarlos irreprensibles en el cielo. No debemos usar este pasaje como excusa para el pecado; más bien debe verse como un estímulo de que Dios es fiel incluso si nosotros le fallamos.

II. Acusación: Su estado pecador como cristianos (1.10-16)

Ahora que con buen tacto los ha elogiado, Pablo se dedica a hablar de sus pecados, atendiendo primero la cuestión de las divisiones en la iglesia. Las tristes noticias de sus «divisiones» le habían llegado por los familiares de Cloé y también los amigos que los habían visitado (16.17,18). ¿Por qué las malas noticias de los problemas de la iglesia se difunden tan rápido, mientras que tal parece que las buenas nuevas del evangelio nunca se esparcen así? Había divisiones y contiendas en la iglesia (3.3; 11.18; 12.25), ¡incluso en relación a la Cena del Señor! (11.20-34). Pablo les suplica que estén «perfectamente unidos» (1.10), que en el griego es un término médico que significa arreglar un hueso que se ha roto o dislocado. Dondequiera que los cristianos no se lleven bien los unos con los otros, el cuerpo de Cristo sufre.

Pablo explica por qué estaban divididos: tenían sus ojos puestos en los hombres en lugar de tenerlos fijos en Cristo. Confiaban en la sabiduría de hombres (2.5); se gloriaban en las obras de hombres (3.21); y comparaban un siervo con otro y se jactaban respecto a hombres (4.6). En el capítulo 3 Pablo demuestra que esta infatuación respecto a hombres era señal de una vida carnal, evidencia de que estos «corintios espirituales» eran en realidad bebitos en Cristo.

Había cuatro facciones en la iglesia. Un grupo seguía a Pablo, y aquí tal vez predominaban los gentiles debido a que él era el apóstol a los gentiles. Otro grupo seguía a Apolos, el erudito orador (Hch 18.24-28), probablemente debido a que les encantaba su elocuencia al hablar. El tercer grupo, a lo mejor judíos, se inclinaba hacia Pedro, el apóstol a los judíos (Gl 2.7), y el cuarto grupo trataba de demostrar que era más espiritual que el resto diciendo que seguían «sólo a Cristo» y rechazando a los líderes humanos. Pablo explica que Cristo no está dividido; que todos somos parte de un cuerpo (12.12-31). Cristo, no los líderes humanos, murió por nosotros; y somos bautizados en el nombre de Cristo, ino en el nombre de ningún líder humano! Pablo avanza para decir que se siente contento de no haber bautizado a muchos creyentes en Corinto, para que la división no empeorara. Los compañeros de Pablo en el ministerio eran los que bautizaban, puesto que su llamamiento era a evangelizar. Este hecho no minimiza el bautismo de ninguna manera. Imagínese qué difícil sería que uno de los evangelistas de hoy dedicara el tiempo para examinar a los candidatos y bautizarlos. (La palabra «envió» en 1.17 es el término griego que significa «enviado con una comisión especial».) Hechos 18.8 nos informa que muchos de los corintios creyeron y fueron bautizados, de modo que Pablo en efecto practicaba el bautismo en agua.

III. Explicación: La razón para las divisiones (1.17-31)

Los creyentes corintios estaban divididos y no vivían a la altura de su posición en Cristo porque: (1) mezclaban el evangelio con la sabiduría del mundo, y (2) se gloriaban en los hombres y confundían el significado del ministerio del evangelio. En los capítulos 1–2 Pablo se refiere a la sabiduría del mundo en contraste con la sabiduría de Dios, y en estos versículos da siete pruebas para mostrar que el evangelio es suficiente para toda persona.

A. La comisión de Pablo (v. 17).

Pablo fue enviado para predicar sólo el evangelio, no el evangelio más filosofías humanas. iCómo debemos guardarnos de mezclar alguna otra cosa con el evangelio!

B. La experiencia personal (v. 18).

La iglesia de Corinto había experimentado personalmente el poder del evangelio.

C. Las Escrituras (vv. 19-20).

Pablo cita de Isaías 19.12, 29.14 y 33.18 para probar que Dios no necesita la sabiduría del mundo; es más, ¡Él la destruirá!

D. La historia humana (vv. 20-21).

Con toda su «sabiduría» el mundo no fue capaz de encontrar a Dios o la salvación. Cuando trazamos la historia humana descubrimos al hombre adquiriendo más y más conocimiento, pero menos y menos sabiduría real, especialmente respecto a las cuestiones espirituales. Repase Romanos 1.18-32 para ver cómo el mundo se alejó de Dios. ¡El plan de Dios era tan simple y único, que al mundo le parecía una necedad! Dios salva a los que creen lo que Él dice acerca de su Hijo.

E. El ministerio de Pablo (vv. 22-25).

Pablo había predicado a judíos y gentiles por todo el mundo romano. Sabía que los judíos buscaban señales milagrosas y los griegos sabiduría filosófica. Pero Dios pasó por alto ambas cosas para que la salvación fuera accesible mediante el Cristo crucificado. Este mensaje del Cristo crucificado era tropezadero para los judíos, cuya idea del Mesías era muy diferente; para los griegos locura, porque parecía contraria a sus sistemas filosóficos. Pero Pablo vio que la «locura del evangelio» era poder y sabiduría de Dios para los llamados, sean judíos o gentiles. Cristo es nuestra sabiduría y poder; Él es todo lo que necesitamos.

F. Su llamamiento (vv. 26-29).

«Si Dios necesita la sabiduría y la gloria del hombre», dice Pablo, «¿por qué los llamó a ustedes?» No había muchos poderosos en la iglesia en Corinto, ni muchos nobles o gente sabia según el mundo. Sin embargo, ¡Dios los salvó! Es más, Dios deliberadamente esconde su verdad del «sabio y entendido» y la revela al humilde. Reflexione en la historia de la Biblia y recordará cómo Dios llamó a los «don nadie» de la historia y los transformó en grandes líderes: Abraham, Moisés, Gedeón, David, etc.

G. La suficiencia de Cristo (vv. 30-31).

Todo santo está «en Cristo Jesús» (v. 30) y Cristo es para todo santo todo lo que necesita. Cuando se trata de cosas espirituales no necesitamos de la sabiduría o poder del hombre, porque tenemos a Cristo. Él es nuestra redención, nuestra justicia, nuestra sabiduría, nuestro todo. Añadir alguna cosa a Cristo o a su cruz es disminuirlo tanto a Él como a su obra y robarle su poder.

Siempre que los cristianos quitan sus ojos de Cristo y empiezan a depender, confiar o glorificar al hombre, causan divisiones. Tales divisiones privan a la iglesia de su poder.

1 CORINTIOS 2

En este capítulo Pablo continúa su consideración del evangelio y la sabiduría de los hombres. En Corinto había cristianos que admiraban la sabiduría de los hombres (tal vez lo estimulaba la oratoria de Apolos) y pensaban que la iglesia estaría mucho mejor si usaba la sabiduría y la filosofía para ganar personas antes que el simple y despreciado mensaje de la cruz.

I. Los dos mensajes que Pablo predicaba (2.1-8)

A. El evangelio.

Cuando Pablo vino a Corinto fue debido a lo que parecía ser una derrota en Atenas (Hch 17.32-34), donde les habló a los filósofos griegos pero ganó a pocos. Esta experiencia, encima de su convicción de que solamente el sencillo evangelio es el poder de Dios, guió a Pablo a ministrar en Corinto con temor y temblor. No usó palabras persuasivas (seductoras) de orador o filósofo; simplemente predicó en el poder del Espíritu. Anhelaba que los creyentes pusieran su fe en Dios y no en la gente. Es triste cuando los pastores o los evangelistas hacen convertidos para sí mismos y no le enseñan a la gente a andar sólo con Cristo. Qué triste es cuando los cristianos tienen que apoyarse en otros creyentes y nunca aprenden a caminar por sí mismos. En el capítulo 3 Pablo llama «niños en Cristo» a estos creyentes (v.1-4).

B. El misterio.

Pero Pablo no se detenía con una simple declaración del evangelio, importante como era. También enseñaba una profunda sabiduría de Dios a los que eran más maduros en la fe. Triste como suena, ¡había muy pocos de estos en Corinto! Estas personas tenían sus ojos en los líderes humanos, se comparaban a hombres y no crecían en la Palabra. En la iglesia local es necesario que el pastor y los maestros declaren el evangelio a los perdidos, pero también es importante que enseñen la sabiduría de Dios a quienes están madurando en la fe. Es imposible edificar una iglesia fuerte predicando el evangelio solo; también tiene que haber la enseñanza del plan y del «misterio» de Dios. (Un misterio es una verdad oculta en las edades pasadas, pero revelada por el Espíritu a quienes pertenecen a la familia de Dios. Es un «secreto de familia», conocido solamente por sus miembros, no los extraños.) Por supuesto, el misterio que Pablo enseñó en Corinto era el programa de Dios para la edad presente, según queda bosquejado en Efesios 2–3: que el judío y el gentil son «uno en Cristo» por la fe y constituyen un solo cuerpo que es la Iglesia. Este misterio, o sabiduría oculta de Dios, nunca lo pudieron conocer los «príncipes de este siglo», porque se comprende únicamente mediante la acción del Espíritu. Muchos cristianos profesantes ¡en realidad no comprenden el propósito de Dios para esta edad! Es por eso que nuestras iglesias todavía están atiborradas con «antigüedades» del AT que no pertenecen a esta edad.

En los capítulos 1 y 2 Pablo ha contrastado la sabiduría de este mundo con la sabiduría de Dios:

Sabiduría de este mundo	Sabiduría de Dios
1. Sabiduría de palabras (1.17; 2.4)	1. Sabiduría de poder, no sólo de palabras (2.4-5)
2. Palabras de hombre (2.4)	2. Palabras del Espíritu (2.13)
3. Espíritu del mundo (2.12)	3. El Espíritu de Dios (2.12)
4. Locura para Dios (1.20)	4. Locura para los hombres (2.14)
5. El filósofo (1.20)	5. El predicador (1.31; 2.4)
6. Ignorancia (1.21)	6. Conocimiento de Dios (2.12)
7. Conduce a condenación (1.18)	7. Conduce a la gloria (1.18; 2.7)

II. Los dos espíritus en el mundo hoy (2.9-13)

A. *El espíritu de este mundo (2.12).*

Satanás es sin duda el espíritu que energiza el mundo de hoy (Ef 2.1-3). Les ha dado a los perdidos la «sabiduría» que infla sus egos y ciega sus entendimientos; les ha alejado de las verdades sencillas de la Palabra de Dios. Los grandes centros de educación de hoy no quieren la Biblia; rechazan la deidad de Cristo y la necesidad de salvación por medio de la cruz. Esta ignorancia llevó a los hombres a crucificar a Cristo y los hombres (incluso los hombres de «estudio») le han estado crucificando desde entonces.

B. *El Espíritu de Dios.*

Nunca debemos olvidar que el Espíritu Santo es el que nos enseña las cosas de Dios. En el versículo 9 Pablo se refiere a Isaías 64.4 y afirma que Dios ha preparado cosas maravillosas para sus hijos, aquí y ahora.

¡Dios ha preparado estas cosas para nosotros hoy! ¿Cómo Dios nos las revela? Por medio de su Espíritu (v. 10). Así como el espíritu del hombre comprende lo que los demás nunca sabrán, así el Espíritu de Dios comprende la mente de Dios y nos revela estas verdades por medio de la Palabra. Dios quiere que sus hijos estén en el conocimiento y no en la oscuridad. Es por eso que nos ha dado la Palabra de Dios y el Espíritu para enseñarnos.

Nótese que el Espíritu nos enseña con palabras (v. 13). Aquí tenemos la inspiración verbal de la Biblia: las mismas palabras que el Espíritu da. «Acomodando lo espiritual a lo espiritual» (v. 13) también puede traducirse «combinando las cosas espirituales con palabras espirituales» o «explicando cosas espirituales a personas espirituales». En cualquier caso, se expresa con claridad de que la Biblia es la Palabra de Dios que da el Espíritu de Dios. O bien confiamos en la Palabra de Dios, que el Espíritu de Dios enseña, o en las palabras de los hombres.

III. Las dos clases de personas en el mundo de hoy (2.14-16)

A. El hombre natural.

Este es el inconverso, el que pertenece al mundo y está contento allí. No puede recibir las cosas del Espíritu (la Palabra) porque no tiene discernimiento espiritual; no tiene el Espíritu morando en su entendimiento ni en su cuerpo. A decir verdad, ¡las cosas del Espíritu le parecen locura! Pablo afirma en 1.23 que los griegos pensaban que el evangelio era locura. Los griegos eran grandes filósofos, pero su filosofía no podía explicar a un Dios que murió en una cruz o, en el mismo sentido, un Dios que tan siquiera se preocupe por la gente. Sus dioses no estaban interesados en los problemas de los mortales y la actitud griega hacia el cuerpo del hombre era tal que no podían concebir a Dios viniendo en carne humana.

B. El hombre espiritual.

Este es el creyente controlado por el Espíritu. (En el próximo capítulo Pablo analizará al cristiano controlado por la carne, el hombre carnal.) El hombre espiritual es un hombre de discernimiento y es capaz de juzgar y evaluar las cosas con la perspectiva de Dios. Esto es verdadera sabiduría. La gente del mundo tiene mucho conocimiento, pero le falta sabiduría espiritual. Podemos parafrasear el versículo 15 y decir: «La persona espiritual comprende las cosas del Espíritu y tiene sabiduría, pero la persona del mundo no puede entender a la persona espiritual». Para el incrédulo ¡somos un acertijo!

La persona espiritual tiene la mente de Cristo (véase Flp 2). Esto quiere decir que el Espíritu, a través de la Palabra, ayuda al creyente a pensar como Jesús piensa. Es algo asombroso decir que ¡los seres humanos poseen la misma mente de Dios! A través de los años los cristianos espirituales han predicho cosas que la gente del mundo pensó que jamás podrían pasar, pero que en efecto sucedieron. El santo de mente espiritual comprende más acerca de los asuntos de este mundo a partir de su Biblia que los líderes del mundo comprenden a partir de su perspectiva humana.

En estos dos capítulos Pablo ha enfatizado el mensaje del evangelio y advierte que no debemos mezclarlo con sabiduría o filosofía humana. En los próximos dos capítulos se referirá al ministerio del evangelio y mostrará que debemos apartar nuestros ojos de la gente y fijarlos sólo en Cristo.

1 CORINTIOS 3

En los capítulos 3 y 4 Pablo analiza el ministerio del evangelio, nos dice lo que es un ministro del evangelio y lo que hace, y cómo la iglesia debe mirarlo a él y a su obra. Es triste que tenemos tales extremos hoy: algunas iglesias «deifican» a sus ministros, en tanto que otros los «desprecian» y no quieren respetarlos. En estos dos capítulos Pablo muestra seis cuadros de los siervos de Cristo, tres en el capítulo 3 y tres en el capítulo 4.

I. Un siervo para los demás (3.1-5)

La palabra «servidores» aquí es la misma de la cual obtenemos nuestra palabra «diácono», y significa «un siervo». Durante dieciocho meses Pablo fue el siervo de Cristo en Corinto, alimentando a la gente con la Palabra, disciplinándolos, animándolos y ayudándolos a ganar a otros.

Si había problemas en la iglesia, no era culpa de Pablo; era culpa de ellos por ser cristianos tan inmaduros. Eran niños en Cristo y no podían recibir la vianda sólida de la Palabra, las verdades más profundas de las Escrituras (Heb 5.11-14) respecto al ministerio celestial de Cristo como sumo Sacerdote. ¡Tenía que alimentarlos con leche! Discutían como niños pequeños y se dividían en grupos siguiendo a líderes humanos. Lea Santiago 3.13–4.17 para ver el porqué hay guerras y divisiones en la iglesia.

Un verdadero pastor debe ser un siervo. Debe tener la mente de siervo (Flp 2) y estar dispuesto a poner a Cristo primero, a otros en segundo lugar y a sí mismo en último lugar. ¡Eso no siempre es fácil! Debemos orar por nuestros líderes espirituales para que Dios les dé gracia y fortaleza al ser siervos de otros.

II. Un sembrador de la semilla del evangelio (3.6-9)

Pablo ahora cambia la imagen; deja a la familia y toma la de un campo: describe al ministro como un agricultor que trabaja en el campo. La semilla es la Palabra de Dios (nótese la parábola del sembrador en Mt 13.1ss) y los corazones de las personas son los diferentes tipos de terrenos. La iglesia local es un «huerto espiritual» donde el pastor actúa como el agricultor (nótese en el v. 9: «vosotros sois labranza [huerto] de Dios»).

En cualquier hacienda se necesitan muchos obreros diferentes. Uno prepara el terreno; otro planta la semilla; un tercero desyerba; y un cuarto cosecha. Pero todos tienen parte en la cosecha y cada uno recibe su paga. «¡Qué insensato que ustedes comparen a un trabajador con el otro!», dice Pablo. «¡Todos trabajamos juntos! Yo planté la semilla al fundar la iglesia de Corinto; Apolos vino luego y la regó con su predicación y ministerio; pero solamente Dios puede dar la cosecha. ¡Ni Apolos ni yo merecemos ninguna gloria! ¡No somos nada; Dios lo es todo!» La iglesia estaba dividida respecto a líderes humanos, pero Pablo dice en el versículo 8 que los trabajadores son uno en propósito y corazón; por consiguiente, la iglesia también debe ser una. ¡Qué trágico cuando los cristianos comparan a los pastores, evangelistas y maestros de la Biblia como la gente del mundo lo hace con los atletas o actores de cine! «Colaboradores» debe siempre ser nuestro lema y motivo. Debemos cuidarnos de que el terreno de nuestros corazones no se endurezca o enfríe, y sea incapaz de recibir la semilla de la Palabra.

III. Un constructor del edificio de Dios (3.10-23)

Esta sección es uno de los pasajes más mal entendidos en toda la Biblia. Los católicos romanos lo usan para «probar» su doctrina del purgatorio, que el fuego purificará a las personas en la vida venidera y los hará aptos para el cielo; los modernistas lo usan para «probar» la salvación por las buenas obras; y muchos cristianos evangélicos lo interpretan como juicio a los cristianos individuales antes que a la edificación de la iglesia local. Mientras que este pasaje enseña que habrá un juicio de las obras de los creyentes en el tribunal de Cristo, la aplicación básica es a los obreros y pastores de las iglesias locales. A la iglesia local se le compara con un edificio, o un templo, y el pastor es un constructor cuya responsabilidad es mantener los materiales en el templo de la mejor manera posible. Pablo era el constructor que Dios usó para colocar el cimiento en Corinto y ese fundamento era Cristo según se predica en el evangelio. Luego vino Apolos, quien edificó sobre ese fundamento y otros pastores le siguieron. «Pero cada uno debe fijarse cómo construye» (v. 10, NVI) es la advertencia de Pablo. Luego describe tres clases de obreros cristianos:

A. El constructor sabio (v. 14).

El primer obrero usa materiales duraderos (oro, plata, piedras preciosas) y no las cosas baratas, sin brillo, del mundo (madera, heno, hojarasca). Este constructor procura honrar a Cristo empeñado en conseguir calidad que glorifique a Cristo y no cantidad que gane la alabanza de los hombres. Los constructores sabios usan la Palabra, oran y dependen del Espíritu; como resultado, su trabajo es duradero. Cuando el fuego pruebe su obra en gloria, ¡resistirá!

B. El constructor mundano (v. 15).

El segundo constructor usa materiales que no pueden resistir la prueba. Este es el obrero cristiano que tiene prisa por reunir una multitud, pero no dedica el tiempo para edificar una iglesia. Los materiales proceden del mundo: madera, heno, hojarasca. Estos obreros no someten a prueba las profesiones de fe de las personas por medio de la Palabra para ver si en verdad han nacido de nuevo; simplemente las introducen en la iglesia y se regocijan de las grandes estadísticas. Cuando se pruebe este ministerio en la eternidad, se quemará. El obrero se salvará, pero no habrá recompensa. Como Lot, el obrero se salvará como por fuego.

C. El destructor (v. 17).

Finalmente, el destructor no edifica a la iglesia sino que la derriba. La palabra «destruyere» en el versículo 17 significa precisamente eso. No se requiere ni talento ni inteligencia para derribar algo; incluso un niño (y los corintios eran como niños) puede hacerlo. Triste es decirlo, pero hay obreros cristianos cuyos ministerios egoístas destruyen a las iglesias locales en lugar de edificarlas. Dios les ha deparado un severo juicio.

Tenga presente que Pablo dice todo esto para enseñar a los cristianos corintios a que amen y respeten a sus pastores, y que oren por ellos, debido a que tienen esta tremenda tarea de edificar la iglesia local para la gloria de Dios. El cristiano que es un «seguidor del predicador» está ayudando a construir con madera, heno, hojarasca. El miembro de la iglesia que ama la

Palabra, obedece la enseñanza que el pastor da de la Palabra y procura mantener el mejor nivel espiritual en su iglesia local al ayudar al pastor a construir con oro, plata y piedras preciosas. El tribunal de Cristo revelará que muchas iglesias grandes en realidad nunca tuvieron grandeza.

En 2.5 Pablo advierte a los corintios a no confiar en los hombres; ahora les advierte a no gloriarse en los hombres (vv. 18-23). A los cristianos inmaduros les encanta tomar de la luz de «grandes hombres». En los versículos 19 y 20 Pablo hace referencia a Job 5.13 y al Salmo 94.11. ¿Por qué debemos gloriarnos en la gente cuando en Cristo tenemos todas las cosas? Si Pablo o Apolos fueron de bendición para ellos, deben glorificar a Dios y no a los hombres. Todo lo que tenemos procede de Dios, aunque estas sean personas dotadas, las bendiciones de la vida o las cosas por venir. Y, si esas bendiciones vienen de Dios, debemos darle la gloria a Él y no a los hombres.

Es importante que los nuevos cristianos se den cuenta de su relación con la iglesia local y el pastor. Como miembros de la familia (vv. 1-5) recibimos alimento y crecemos (véase Ef 4.1-16).

Como «parcelas» en el huerto de Dios (vv. 6-9) recibimos la semilla de la Palabra y llevamos fruto. Como piedras vivas (vv. 10-15 y véase 1 P 2.4-8) ayudamos a que el edificio crezca y sea fuerte para la gloria de Dios. Las vidas que tenemos ayuda a determinar si la iglesia está edificando con oro, plata y piedras preciosas, o con madera, heno y hojarasca. El cristiano no debe glorificar al pastor, sino que debe respetarle y obedecerle así como él obedece al Señor (véase Heb 13.17).

1 CORINTIOS 4

Pablo continúa en su análisis del ministerio dando otros tres cuadros del pastor:

I. Administrador de la riqueza de Dios (4.1-7)

Un administrador no poseía nada; era un esclavo que manejaba la riqueza de su amo. Léase en Génesis 24 una descripción del mayordomo oriental que manejaba la riqueza de Abraham e hizo lo que este deseaba. Nótese también Lucas 12.35ss, 15.1-8, 16.12-27 y Mateo 25.14-30. El pastor es un siervo que administra. La palabra «administrador» en el versículo 1 literalmente significa «el esclavo que rema desde el nivel más bajo del barco». ¡Qué humildad tenía Pablo!

La responsabilidad del administrador es ser fiel al Amo y la del pastor es ser fiel en enseñar las cosas del Señor, especialmente las verdades que se relacionan con el misterio de la Iglesia. Será juzgado por su Amo de acuerdo a su fidelidad. Qué trágico es cuando los cristianos juzgan a diferentes obreros y los comparan unos con otros. En los versículos 3-5 Pablo presenta tres clases de juicios: (1) el de la gente que no temía; (2) el de uno mismo, y dice que «de nada tengo mala conciencia»; y (3) el de Dios, que es el único juicio verdadero. Los corintios valoraban a diferentes siervos de Dios, los comparaban unos con otros y se autoevaluaban como muy espirituales. Pablo les dijo que eran carnales y que su juicio no significaba nada para el siervo espiritual de Dios. Un verdadero siervo de Dios es un administrador de Su riqueza y su única preocupación es agradar a Dios, no a los hombres. En el tribunal de Cristo Dios revelará los secretos y dará recompensas, y todo hombre recibirá su propia recompensa (3.8) y gloria de Dios (4.5). Vivir para la alabanza de los hombres es faltar a nuestra mayordomía.

En los versículos 6-7 Pablo resume todo el asunto: no debían ir más allá de la Palabra de Dios y tratar a los hombres de una manera diferente a la que prescribe la Escritura. Debían amar y honrar a sus líderes espirituales, y obedecerles al enseñar la Palabra; pero comparar un líder con otro, o darle gloria a uno más que a otro, era contrario a la Palabra de Dios y había que evitarlo. Al fin y al cabo Dios es el que hace a un creyente diferente a otro; todo don que el creyente tiene viene de Dios. ¿Quién se atreve a jactarse por un don recibido?

II. Un espectáculo al mundo (4.8-13)

El mundo y su sabiduría son contrarios a Cristo y a sus ministros. Pablo usa un poco de «sarcasmo cariñoso» aquí al decir: «Ustedes corintios se jactan el uno respecto al otro, y comparan a un hombre con otro, ¡como si fueran reyes en un trono! ¡Qué maravilloso debe ser reinar como reyes y mirar con desprecio a otros! Quisiera reinar junto con ustedes. Pero no, debo ser detestado como apóstol, un espectáculo para el mundo, un insensato por causa de Cristo».

La imagen verbal que pintó era familiar a la gente de sus días. Cuando un general victorioso regresaba de la guerra, se le daba un glorioso desfile por las calles de la ciudad. Para jactarse exhibía en el desfile a los nobles y generales capturados. Al final del desfile venían los soldados que iban a echar a las fieras en el circo. Pablo se comparó a sí mismo y a los demás apóstoles con estos soldados capturados, «como a sentenciados a muerte[...] por amor de Cristo» (vv. 9-10), ¡mientras que los cristianos corintios se jactaban a la cabeza del desfile!

¡Qué espectáculo debe ser para el mundo el verdadero siervo de Dios! Pablo podía haber sido un gran rabí judío, con autoridad y estimación; sin embargo, lo dejó todo por causa de Cristo (Flp 3) para padecer hambre, desnudez, peligro y muerte. El mundo no puede entender esta actitud y llama insensato a tal persona. Cuán culpables deben haberse sentido estos corintios cuando compararon su vida carnal a los sacrificios que Pablo y los demás apóstoles estaban haciendo. Pablo era un insensato; ellos eran sabios. Pablo era débil; pero ellos eran fuertes. Pablo era detestado por el mundo, pero ellos estaban cortejando a la sabiduría del mundo. Pablo llegó al punto de llamarse «la escoria del mundo, el desecho de todos» (v. 13).

Esta actitud de corazón debe ser también la de los siervos de Cristo hoy. Qué fácil es conformarse y vivir como el mundo, aceptando sus estándares y cortejando sus honores cuando deberíamos tener cuidado «cuando los hombres hablen bien de nosotros» (véase Lc 6.26).

III. Un padre espiritual (4.14-21)

Jesús nos advierte que no debemos llamar «padre» a nadie en la tierra (Mt 23.9), sin embargo, de todas maneras es cierto que los que conducen almas a Cristo son, en cierto sentido, «padres» para ellos (véase 1 Ts 2.11). El apóstol Pablo fue su padre espiritual, puesto que les dio el evangelio y contribuyó a llevarlos a Cristo. Un pecador nace a la familia de Dios por el Espíritu (Jn 3.6) y la Palabra de Dios (1 P 1.23), pero Dios usa instrumentos humanos para traer a los pecadores al evangelio. Fue el «parto espiritual» de Pablo (Gl 4.19) lo que hizo posible la iglesia de Corinto.

Quizás los seguidores de Pablo fueron sus instructores, pero los corintios tenían solamente un padre espiritual; deberían por tanto haberle mostrado más respeto y escuchado su Palabra. Pablo les advirtió en cuanto al pecado, pero no habían escuchado. Ahora les enviaba a Timoteo para que les ayudara a resolver los problemas de su iglesia; Pablo mismo se hizo el propósito de ir si eso no daba resultado. La actitud de ellos determinaría si llevaría la vara paternal de corrección, o una palabra de elogio y aprobación. La historia nos dice que no escucharon a Timoteo, de modo que fue necesario que Tito fuera a Corinto.

Algunas veces en este capítulo encontrará la frase «envanecidos» en referencia a la actitud de superioridad y orgullo carnal de los corintios (vv. 6,18; véase 5.2). ¿Qué los hacía «envanecerse»? ¿No era la levadura de pecado de su iglesia? (5.6). A medida que la levadura del pecado crecía, los inflaba a una falsa espiritualidad; por consiguiente, Pablo halló necesario darles una advertencia. Esta actitud «envanecida» a menudo se revela en las muchas palabras. «¡Pablo nunca volverá!», decían (vv. 18-19). «¡Él escribe cartas duras y trata de asustarnos, pero nunca regresará!» «¡Cuidado!», advierte el apóstol. «¡Hablar es fácil! Cuando vaya quiero comprobar qué poder tienen esos cristianos y no cuánto hablan». Un cristiano carnal con frecuencia es uno que se jacta, pero que no demuestra el Espíritu de Dios en su vida (véase 2.4).

Es cierto que Pablo se entristecía al escribir de esta manera a sus hijos espirituales, pero tenía que ser fiel. Así como los padres deben advertir y castigar a sus hijos, los «padres espirituales» deben advertir y disciplinar en amor a los hijos de Dios. Esto no es una experiencia agradable, pero es necesaria.

Estos dos capítulos ilustran la actitud apropiada de la iglesia hacia sus líderes espirituales. Tales cristianos deben agradecer a Dios por ellos, orar por ellos, amarlos, honrarlos y obedecer la Palabra que enseñan y siguen ellos mismos. En una iglesia nunca debe haber la actitud mundana de exaltar a los hombres y a sus ministerios. El pastor ministra la Palabra, siembra la semilla, edifica el templo, dispensa los misterios de Dios, sufre la vergüenza del mundo y cuida a la familia de la iglesia como un padre amoroso. Estas son grandes responsabilidades y sólo la suficiencia de Dios capacita a alguien para que las cumpla.

1 CORINTIOS 5

Pablo ahora se enfrenta al segundo problema que se le había informado: la inmoralidad en la iglesia y la negativa de los líderes para lidiar con el ofensor. Qué triste que un pecado tan horrible se conozca tanto en la iglesia («se oye», v. 1) y arruine así su testimonio. Pablo da tres razones por las cuales la iglesia tenía que ejercer una amorosa pero firme disciplina y contender con el miembro ofensor.

I. Por el bien del ofensor (5.1-5)

La disciplina en la iglesia no es como la de un policía arrestando a un culpable; más bien es como un padre castigando a un hijo. El primer motivo es ayudar al pecador, mostrar amor cristiano al procurar traerlo al arrepentimiento. Permitir a los miembros de la iglesia que vivan en pecado abierto los lastima a ellos mismos, tanto como a Cristo y a la iglesia. Es evidente que este miembro en particular estaba viviendo con su madrastra (véase Lv 18.8) en una relación inmoral. Al parecer, la mujer no era parte de la familia de la iglesia, de otra manera Pablo hubiera indicado que la disciplinaran también.

¡Qué terrible que un cristiano viva en pecado con una persona inconversa mientras que la iglesia no hace nada al respecto!

La iglesia estaba «envanecida» y se enorgullecía de su «actitud liberal». Pablo les dijo que deberían haber estado lamentándose, y la palabra griega que usa aquí significa «lamentar por el difunto». (Más tarde compara el pecado de ellos con la levadura, y la levadura siempre «eleva» lo que infecta.) su actitud de «mente amplia» hacia el pecado estaba únicamente lastimando al ofensor y a la iglesia, para no mencionar la tristeza que le causaba a Pablo y al mismo Señor. Pablo juzga al hombre e instruye a la iglesia a excluirlo del compañerismo. «Pero, ¿no nos instruye Jesús que no debemos juzgar?», puede preguntar alguno refiriéndose a Mateo 7. Sí, así es; pero eso no significa que debemos cerrar los ojos al pecado que lo conocen tanto los santos como los pecadores. No podemos juzgar los motivos de otros creyentes (que es a lo que se refiere Mateo 7), pero podemos y debemos juzgar las acciones del pueblo de Dios.

La disciplina la debe manejar toda la iglesia y no sólo los líderes (v. 4). El asunto era público, de modo que debía tratarse públicamente. Si el hombre rehusaba arrepentirse, había que excluirlo del compañerismo y comunión. «Entregar a Satanás» al hombre (v. 5) no significa enviarlo al infierno, porque ninguna iglesia puede hacer tal cosa. Más bien quiere decir separarlo de la

comunión de la iglesia para que se vea obligado a vivir en el mundo controlado por Satanás (Jn 12.31; Col 1.13). El propósito de tal disciplina no es
perder un miembro, sino más bien traer al pecador al arrepentimiento para
que se salve de la pérdida de recompensa en el día del juicio.

La disciplina es un ministerio olvidado en muchas iglesias de hoy en día.
Sin embargo, si en realidad nos amamos los unos a los otros y si el pastor
ama a su rebaño, vigilará que se advierta a los descarriados y se les discipline
por su bien.

II. Por el bien de la iglesia (5.6-8)

¡Qué necedad que una iglesia diga que tiene «mente abierta» y esté dispuesta
a aceptar a cualquier y a todo miembro, sin que importe cómo viven! ¿Le
abriría usted la puerta de su hogar a todos los que quieran entrar? Entonces,
¿por qué tenemos que permitir que entren en el compañerismo y comunión
de la iglesia a cualquiera que quiera entrar? Es mucho más difícil unirse a
diversas organizaciones mundanas que unirse a la iglesia local promedio.
«No es buena vuestra jactancia», advierte Pablo. «¿No se dan cuenta que un
miembro viviendo en pecado abierto puede contagiar a toda la iglesia?»
(véase v. 6).

Pablo usó la cena pascual para ilustrar su punto; véase Éxodo 12.15ss.
Para los judíos la levadura siempre fue símbolo de pecado y corrupción; de
modo que, antes de la Pascua, siempre limpiaban sus casas para eliminar todo
vestigio de levadura. Los cristianos deben tener la misma actitud; no debemos permitirnos que la levadura del pecado crezca en silencio en la iglesia y
genere problemas y vergüenza. Cristo murió por nosotros, no para hacernos
como el mundo, sino para hacernos semejantes a Dios. «Sed santos, porque
yo soy santo» (1 P 1.16). Esto no quiere decir que los líderes de la iglesia
deban ser «detectives espirituales», espiando las vidas de los miembros. Pero
sí significa que cada miembro de la iglesia debe velar para que la levadura del
pecado no crezca en su vida. Y, si el pecado llega a conocerse, los líderes
deben dar los pasos adecuados para proteger el bienestar espiritual de la
iglesia.

Hay varias clases de cristianos respecto a los cuales se nos advierte en la
Biblia, creyentes que no se deberían permitir en la comunión de la iglesia
local: (1) el miembro que no arregla sus diferencias personales, Mateo 18.15-
17; (2) el que tiene una reputación de ser un pecador flagrante, 1 Corintios
5.9-11; (3) los que sostienen doctrinas falsas, 1 Timoteo 1.18-20 y 2 Timoteo
2.17-18; (4) los que causan divisiones, Tito 3.10-11; (5) los que no quieren
trabajar para vivir, 2 Tesalonicenses 3.6-12. A esos que de repente son presa
del pecado debemos procurar restaurarles con amor; véase Gálatas 6.1.

III. Por el bien del mundo (5.9-13)

La iglesia no puede cambiar al mundo si es como el mundo. Lea estos
versículos con cuidado y note que Pablo hace una distinción entre el pecado

en las vidas de los cristianos y el pecado en la vida de los no creyentes. ¡El pecado en los creyentes es peor! Pablo les había ordenado en una carta anterior que no se juntaran con cristianos y miembros de la iglesia que tuvieran una reputación pecaminosa como de fornicarios, codiciosos o idólatras. No les dijo que se abstuvieran de juntarse con todos los pecadores de esta clase, ¡si no hubieran tenido que salir del mundo! Se espera que el inconverso viva en pecado, pero incluso el mundo espera que el cristiano sea diferente. Una de las razones por la cual la iglesia de hoy tiene tan poca influencia en el mundo es porque tiene muy poca influencia en la iglesia.

Los cristianos fieles ni siquiera deben comer con los miembros de la iglesia que han arruinado su testimonio mediante el pecado abierto y nunca han arreglado las cosas con la iglesia y con el Señor. Esto es parte de la disciplina que se bosqueja en el v. 5. Si un miembro fiel de la iglesia se junta de una manera amistosa con un cristiano que vive en pecado, ese miembro está condonando su pecado y desobedeciendo la Palabra de Dios.

Choca a algunos cristianos cuando se dan cuenta que Dios espera que ejerzamos juicio espiritual en la iglesia. No hemos de juzgar a los de afuera; Dios lo hará. Pero debemos separar de la comunión de la iglesia a cualquier cristiano que no confiese su pecado y arregle las cosas. Esto no debe hacerse a la ligera; todas las partes involucradas deben tener la oportunidad de presentar su caso. Debe haber oración y el ministerio de la Palabra. También amor cristiano sincero. El mismo acto de la disciplina es un testimonio al mundo y una advertencia a la iglesia, y en especial a los nuevos creyentes, de que Dios espera que sus hijos sean diferentes del mundo. ¡Condonar el pecado es negar la misma cruz de Cristo!

1 CORINTIOS 6

Este capítulo analiza los dos problemas restantes que le habían informado a Pablo.

I. Disputas en las cortes (6.1-8)

Es probable que los gentiles (griegos) de la iglesia eran los culpables en este caso, porque los griegos estaban muy enredados en las cortes y las leyes. Cada ciudad griega tenía sus cortes y concilios, y no era raro ¡que un hijo entablara pleito contra su propio padre! Por supuesto, el problema básico era la carnalidad (3.1-4); cuando los cristianos son inmaduros y no crecen, no pueden llevarse bien los unos con los otros. Les falta el discernimiento espiritual para resolver y arreglar los problemas personales. ¡Qué trágico es cuando una iglesia local se destroza por pleitos judiciales entre sus miembros! Vivimos en una era cuando las demandas judiciales son «la cosa normal» y una manera rápida de tratar de hacer dinero. Parece que el propósito de la corte no es justicia, sino ganancias.

Pablo no está condenando las cortes judiciales (véase Ro 13), porque el gobierno Dios lo ha instituido para nuestro bien. Pero las cuestiones entre creyentes no deben ventilarse ante inconversos y sin duda que a un juez inconverso le falta la comprensión espiritual para tratar asuntos espirituales (2.14-16). Al arrastrarse el uno al otro a la corte, los miembros de la iglesia en Corinto arruinaban el testimonio de la iglesia y deshonraban el nombre del Señor.

¿Cómo deben los cristianos resolver las diferencias personales? Primero, debe tener los valores espirituales correctos. ¡Qué triviales llegan a ser estas disputas personales cuando se comparan con los grandes asuntos eternos que decidiremos en la gloria! ¡La iglesia va a juzgar al mundo y a los ángeles! Percatarse de esto hace que las disputas mundanas sean insignificantes. Demasiados cristianos tienen sus valores distorsionados; las cosas de este mundo (en especial el dinero) son más importantes para ellos que la gloria y la alabanza a Dios.

Las cuestiones entre cristianos se deben arreglar en privado según los principios de Mateo 18.15-17 y 1 Corintios 6.5. Si las dos partes no pueden llegar a un acuerdo, deben invitar a algunos creyentes espirituales a que se reúnan con ellos y les ayuden a decidir. Si la iglesia (o los de afuera) llega a conocer la cuestión, los miembros deben designar a un grupo para que examine el asunto y dé un consejo espiritual.

Es mucho mejor que un cristiano pierda dinero que su estatura espiritual y avergüence el nombre de Cristo. Podemos hallar esta misma actitud en Mateo 5.38-42. Por supuesto, los cristianos en Corinto eran tan carnales que adolecían de visión y sabiduría espiritual, y por eso la iglesia estaba dividida en facciones en pugna. «¡Ustedes son hermanos!», exclamó Pablo. «¡Muéstrense amor los unos a los otros!»

Hay algunas preguntas en cuanto al significado de la afirmación de Pablo «de menor estima» (v. 4). Algunos opinan que la usó a manera de «sarcasmo cariñoso» como para decir: «¡Ustedes no tienen en su iglesia ni siquiera un solo cristiano sabio, maduro, que pudiera resolver estos asuntos!» O tal vez lo que quería decir era: «Mejor poner estas disputas ante algún creyente humilde en su iglesia que ponerlas al descubierto ante un juez inconverso».

II. Contaminación en el mundo (6.9-20)

En tanto que no podemos excusar a los corintios por sus terribles pecados, podemos desde luego comprender por qué cayeron en ellos; ninguna otra ciudad presentaba más oportunidades para la inmoralidad y vicio como las ofrecía Corinto. La misma religión de la ciudad (la adoración a la diosa Afrodita) no era otra cosa sino ¡prostitución en nombre de la religión! Estos creyentes fueron rescatados de vidas de horrible pecado, pero se veían tentados a volver. Pablo sabía que algunos de los creyentes estaban buscando excusas para pecar, de modo que sin rodeos refutó todo argumento que pudiera presentarse.

A. «*Si somos salvos, ¡bien podemos pecar y todavía ir al cielo!*» (*vv. 9-11*).

Sin duda que las personas que en realidad han nacido de nuevo irán al cielo a pesar de sus muchos fracasos; pero el nuevo nacimiento produce una nueva naturaleza, y una nueva naturaleza significa un nuevo apetito. El cristiano aún tiene la capacidad de pecado, pero no el deseo. Cualquier enseñanza que haga fácil pecar no es doctrina bíblica. «¡No se dejen engañar!» Pablo hizo una lista de los terribles pecados que una vez gobernaron sus vidas y luego les recordó lo que Jesús había hecho por ellos. «Esto erais algunos; mas ya habéis sido lavados[...] santificados[...] justificados». El cristiano es una nueva criatura (2 Co 5.17) y lo demuestra al romper con la vida vieja. No heredamos el reino de Dios al abstenernos de pecar, sino que mediante una vida piadosa demostramos que vamos hacia el cielo.

B. «¿*No tienen libertad los cristianos? ¿No somos libres de la ley?*» (*vv. 12-14*).

Es cierto que estamos libres de reglas y regulaciones, pero no somos libres para pecar. La libertad cristiana nunca es libertinaje. La libertad cristiana no quiere decir que soy libre para hacer lo que se me antoje, sino que he sido libertado para hacer lo que agrada a Cristo. Incluso más, la «libertad para pecar» es en realidad la peor clase de esclavitud. No debemos ser puestos bajo el poder del pecado (Ro 6). «Pero», dice usted, «si Dios nos dio estos apetitos físicos, debe querer que los usemos». Es cierto; los usamos, pero no abusamos de ellos. Su cuerpo es del Señor; y si usted vive en pecado, ese pecado le destruirá y un día Dios le juzgará.

C. «¿*No puedo usar mi cuerpo como me plazca?*» (*vv. 15-20*).

¡Por supuesto que no! Para empezar, ya no es más su cuerpo; le pertenece a Cristo. Él lo compró con su propia sangre. En días de Pablo un esclavo podía conseguir la libertad ahorrando dinero y depositándolo en el templo local pagano al sacerdote. Cuando tenía suficiente dinero para comprar su libertad, llevaba a su amo al templo y el sacerdote le daba el dinero al amo y declaraba que el esclavo le pertenecía ahora al dios particular de ese templo. Cristo pagó el precio para libertarnos del pecado y debemos usar nuestros cuerpos para agradarle a Él.

Es más, cuando pecamos contra el cuerpo, pecamos contra Cristo y contra el Espíritu Santo que ha hecho del cuerpo su templo. Génesis 2.24 afirma que dos personas que se unen físicamente llegan a ser «una sola carne». ¿Cómo puede un cristiano unir su cuerpo, que es un miembro del cuerpo de Cristo, en tan horrible pecado? ¿Cómo puede ensuciar el templo del Espíritu?

Los cristianos han de glorificar a Dios con sus cuerpos. Esto quiere decir la manera en que cuidamos el cuerpo, la manera en que lo vestimos, los lugares a donde lo llevamos, las obras que hacemos con él. Es peligroso que los cristianos usen sus cuerpos para pecar. ¡Recuerde lo que le ocurrió a Sansón y a David!

En estos postreros días vemos un aumento desvergonzado de pecados sexuales. No nos atrevemos a cerrar nuestros ojos al asunto (véase 2 Ti 3.1-7 y nótese que el v. 5 indica que estos pecadores serán cristianos profesantes, iy no gente del mundo!). La actitud del mundo es: «Todos lo hacen, así que, ¿por qué ser diferente?» Es triste cuando los cristianos piensan que pueden violar el código moral de Dios y salirse con la suya. Los pecados sexuales son contra Cristo (quien compró nuestros cuerpos), contra el Espíritu (quien habita en nuestros cuerpos) y contra nosotros mismos (v. 18). Los solteros en particular necesitan leer y meditar en Proverbios 5.1-23, 6.20-35 y 7.1-27. Estos son capítulos claros y advierten en contra del libertinaje sexual.

Los cristianos casados necesitan leer y meditar en 1 Tesalonicenses 4.1-8, donde Dios advierte a los cristianos contra la ruptura de sus votos nupciales.

Esto cierra la primera sección de la carta, que se refiere a los pecados en la iglesia. Tenga presente que todos estos problemas (división, inmoralidad, disputas y contaminación con el mundo) procedían de una fuente común: los creyentes en Corinto era bebitos espirituales y no estaban creciendo en el Señor. Ponían sus ojos en los hombres, no en Cristo; se alimentaban de leche, no del alimento sólido de la Palabra; no estaban dispuestos a admitir el pecado y a resolverlo. La mayoría de los problemas serios de la iglesia empiezan como problemas personales y pecados en las vidas de sus miembros.

1 CORINTIOS 7

Este capítulo analiza los problemas del matrimonio y del hogar. A partir de este capítulo Pablo responde las preguntas que los corintios formularon en la carta que le escribieron (véanse 7.1; 8.1; 12.1; 16.1). Algunos críticos liberales modernos acusan a Pablo de ser cruel con las mujeres en su enseñanza, pero inada más lejos de la verdad! El ministerio de Pablo hizo más para elevar la posición de las mujeres de lo que la gente se da cuenta. A dondequiera que el cristianismo ha ido, ha mejorado la condición de los trabajadores, las mujeres y los niños. Pablo mismo debe haber sido casado, de otra manera no podría haber sido miembro del sanedrín judío (tal vez era viudo).

Al leer este capítulo tenga presente: (1) que Corinto era notoria por su inmoralidad y falta de normas para el hogar; (2) que Pablo se refería a problemas locales que tal vez nosotros no enfrentemos hoy en día; (3) que era un tiempo de persecución para los cristianos (v. 26). En este capítulo Pablo analiza los problemas de tres grupos de creyentes.

I. Los cristianos solteros (7.1-9)

Nótese el versículo 8: «Digo, pues, a los solteros y a las viudas». Pablo está aconsejando a los que estaban sin cónyuges y empieza diciendo que los creyentes no deben creerse menos espirituales porque estén solteros y que sean especialmente espirituales porque son casados. Una versión traduce el

versículo 1: «Es perfectamente apropiado, honorable, y adecuado moral-
mente que un hombre viva en estricto celibato» (WUEST, en inglés). La
iglesia católica romana enseña que el celibato es una forma de vida más
piadosa que el matrimonio, pero Pablo enseña lo contrario. El celibato es
honroso, pero también el matrimonio lo es (véase Heb 13.4). En el versículo
7 dice que Dios les da diferentes dones a las personas y en cuanto a la relación
matrimonial, y esta idea se asemeja a las enseñanzas del Señor en Mateo
19.10-12. Tenga presente que los griegos tenían en poco el cuerpo y que se
inclinaban a separarlo del «alma» de una manera que la Biblia no enseña.
Pablo afirma que Dios le dio la capacidad de vivir sin matrimonio y que
quisiera que todos tuvieran el mismo dominio propio. Pero no dice que el
celibato sea más espiritual que el matrimonio.

Sin embargo, hay razones para el matrimonio y la principal es evitar el
pecado sexual. «Mejor es casarse que estarse quemando» con lujuria dice en
el versículo 9. En el versículo 2 Pablo sin duda alguna enseña la monogamia:
«Cada uno tenga su propia mujer, y cada una tenga su propio marido». El
esposo y la esposa deben considerarse mutuamente cuando se trata de los
privilegios del matrimonio. La falta de consideración puede dar a Satanás
una oportunidad de tentar a alguno de los cónyuges y el resultado puede ser
trágico. «Incontinencia» (v. 5) es la negativa deliberada del lecho matrimonial
y no es necesariamente una marca de espiritualidad. Puede ser causa de
conflicto y pecado. Si un cristiano no puede controlarse, debe casarse. Por
supuesto, Pablo no sugiere que la única, o principal, razón para el matrimonio es física; porque un matrimonio edificado sobre vínculos físicos se destruirá en muy poco tiempo. En este capítulo Pablo analiza el matrimonio
como un privilegio, una bendición de Dios que puede enriquecer la vida de
ambos cónyuges.

II. Cristianos casados con cónyuges inconversos (7.10-24)

Los cristianos han de casarse con otros cristianos (nótese en el v. 39: «casarse[...] en el Señor», y véase 2 Co 6.14-18). Pero algunos de los corintios
fueron salvos después de casados. ¿Qué deberían hacer? ¿Deberían dejar a
sus cónyuges inconversos? ¿Deberían negarse al lecho matrimonial? ¿Qué
sucedía si el cónyuge inconverso quería terminar el matrimonio? El consejo
de Pablo es claro: quédese cómo está y use toda oportunidad para tratar de
ganar al cónyuge perdido. Si el cónyuge no salvo está dispuesto a vivir con
usted, quédese en su casa y dé un buen testimonio. El cristiano puede ganar
al cónyuge inconverso. Los hijos de tal matrimonio no son «inmundos»
(ilegítimos), como sería el caso de un judío del AT que se casaba con un
gentil; sus hijos no serían aceptos en el pacto. (El v. 14 no quiere decir que
los hijos nacidos en un hogar cristiano sean salvos; sólo que el cónyuge
cristiano «aparta» para la bendición de Dios a las personas no salvas de su
casa. Dios bendice al perdido por causa del salvo.) Sin embargo, si un cónyuge inconverso rehúsa continuar en el hogar, el creyente no puede hacer

nada sino permitir que se vaya. «A paz nos llamó Dios». ¿Tiene el cónyuge abandonado el derecho de volver a casarse? Los versículos 10-11 indicarían que el ideal sería procurar la reconciliación, pero el versículo 15 parece enseñar que el abandono en efecto rompe la relación matrimonial y de este modo le da al cónyuge fiel el derecho a divorciarse y volverse a casar. Cristo enseñó que la infidelidad rompe el vínculo matrimonial y es base para que la parte inocente vuelva a casarse. Tenga presente que Pablo no está ordenando la separación; está permitiéndola en ciertos casos. Lo ideal es que el cristiano soporte con paciencia las cargas y procure ganar al cónyuge perdido. (Véase en 1 Pedro 3 consejo adicional.)

El hecho de que una persona llegue a ser cristiana no cambia su status en la sociedad. En los versículos 17-24 Pablo les dice a los corintios que no traten de «deshacer» su situación, sino que se apeguen a su llamamiento y permitan que Cristo haga los cambios a su manera y en su tiempo.

III. Padres de hijas casaderas (7.25-40)

«No tengo mandamiento del Señor» en el versículo 25 simplemente significa que Cristo no dio una enseñanza al respecto como la dio sobre el divorcio (así se anotó en el v. 10, donde Pablo se refiere a la enseñanza del Señor). Tenga presente que en esos días los padres arreglaban los matrimonios de sus hijos; hoy es diferente. Pablo presenta varios factores para que estos padres consideren.

A. *Es tiempo de inquietud (vv. 25-31).*

El matrimonio es un asunto serio y los cristianos estaban enfrentando tiempos difíciles. Estas pruebas no eran causa para que los casados se divorciaran o para que los solteros se asustaran al punto de evitar casarse (v. 27); pero había que dar la debida consideración a la situación a mano. Tener una vida cristiana consagrada significa a veces olvidarse incluso de algunas cosas buenas del mundo.

B. *El matrimonio trae responsabilidades (vv. 32-35).*

Una de las razones por la cual Pablo no se volvió a casar era para dedicarse por completo al servicio de Cristo. Su llamamiento era tal que no quería obligar a una esposa y familia a sufrir debido a las exigencias del Señor sobre él. En tanto que esta no es la regla común de los siervos cristianos, debemos admirar a hombres como Pablo, David Brainerd, Robert Murray McCheyne y otros que lo dieron todo a Cristo de una manera sacrificial. Si estos padres querían que sus hijas sirvieran a Dios, tendrían que enfrentar el hecho de que el matrimonio involucra muchas preocupaciones y exigencias.

C. *Cada caso es particular (vv. 36-38).*

Cuando se trata del matrimonio es casi imposible asentar reglas que encajen a cada caso. Pablo les advierte que deben estar convencidos de corazón, no meramente seguir a la mayoría o tratar de aparecer superespirituales.

D. *No se apresuren, porque el matrimonio es para toda la vida* (*vv. 39-40*).

El matrimonio no se puede romper debido a algún capricho. Demasiadas personas (incluyendo algunos cristianos) tienen la idea de: «Si nuestro matrimonio no da resultados, siempre podemos divorciarnos». ¡No es así!, dice Pablo. Cuando usted se casa, asegúrese de que es «en el Señor», o sea, asegúrese de casarse con un cristiano y que su cónyuge es el que Dios le ha escogido. Qué trágico ver vidas jóvenes arruinadas por matrimonios precipitados.

1 CORINTIOS 8

Los capítulos 8 al 10 analizan las preguntas de la iglesia respecto a lo sacrificado a los ídolos. Esto era un problema serio para ellos, en especial porque la iglesia se componía tanto de judíos como de gentiles y los creyentes judíos anhelaban fervientemente evitar cualquier contacto con la idolatría pagana. La situación era como sigue: la mayoría de la carne en Corinto se depositaba en los templos. El sacerdote guardaba parte de la carne, pero el resto se usaba para fiestas privadas, o se vendía en los mercados. A decir verdad, la carne procedente de los sacrificios se vendía a un precio más bajo, haciéndola mucho más atractiva para los cristianos pobres. Si un amigo o vecino invitaba a un cristiano a una fiesta, era muy probable que la carne había sido dedicada a algún ídolo. ¿Debía el cristiano participar de tal fiesta? ¿Habría algún poder demoníaco en la carne y podría hacerle algún daño al creyente? ¿Contaminaría al cristiano comer esa carne?

Nosotros no enfrentamos el mismo problema hoy en día, pero la situación básica aún está con nosotros: ¿tiene el cristiano, debido a que está libre de la ley, el derecho a vivir de la manera que le plazca? Hoy en día existen muchas prácticas que por las Escrituras sabemos que definitivamente son incorrectas, pero hay también muchos problemas sin límites estrictamente definidos con los que incluso los cristianos consagrados no concuerdan. En estos tres capítulos Pablo delinea los principios básicos que deben gobernar nuestra vida cuando se trata de cosas cuestionables. Aquí en el capítulo 8 usa el ejemplo de Cristo e indica que el amor nos debe controlar de modo que no hagamos tropezar a otros (véase Mt 17.24-27). En el capítulo 9 Pablo se pone como ejemplo, destacando que no es necesario que los cristianos usen sus derechos para ser felices; porque Pablo para servir a Cristo puso a un lado incluso sus derechos legítimos. Al final, en el capítulo 10, usa el ejemplo de Israel para advertir a los creyentes respecto a los pecados de presunción, particularmente con los conectados a la idolatría e inmoralidad.

Aquí en el capítulo 8 Pablo nos da cuatro admoniciones a seguir al discernir lo bueno y lo malo en el área de cosas cuestionables.

I. Considere su actitud (8.1-3)

Demasiado a menudo los cristianos fuertes, que conocen la Biblia, se inclinan a «envanecerse» cuando se relacionan con los cristianos más débiles. Pablo admite tanto aquí como en Romanos 14, que algunos creyentes son fuertes y maduros en la fe, mientras que otros son débiles y tienen puntos de vista legalistas de la vida cristiana. «El conocimiento envanece, pero el amor edifica» (v. 1). Es más, ¡el que piensa que lo sabe todo está admitiendo que no sabe nada! Pablo no nos anima a ser «hermanos ignorantes», sino más bien nos advierte que una actitud orgullosa no se asemeja a Cristo. El conocimiento y el amor se deben balancear, amor a Dios y a nuestros hermanos. No debemos juzgarnos ni rechazarnos los unos a los otros (Ro 14.4-12).

II. Considere el conocimiento de su hermano (8.4-8)

La vida cristiana no puede vivirse a plenitud si se ignora la Palabra. Debemos siempre tomar en consideración que algunos cristianos no comprenden las bendiciones de la libertad que tenemos en Cristo. Viven en esclavitud religiosa y tratan de regular sus vidas con reglas y rituales (véase Col 2.16-23). Pablo afirma claramente que los ídolos no son reales y que la carne que se les ofrece nunca puede lastimar a nadie, ni al cuerpo ni al espíritu (v. 8). Hay un solo Dios y Salvador, y adoramos y obedecemos sólo a Él. Pero algunos cristianos no saben esto. No se dan cuenta de que ningún alimento es pecaminoso en sí mismo (nótese Ro 14.14) y que la carne o la bebida nunca puede hacer de nadie un mejor cristiano. ¡Qué paciente fue Cristo con sus discípulos ignorantes! ¡Y qué pacientes debemos ser los unos con los otros! A medida que un cristiano crece en la gracia y el conocimiento, mediante la lectura y obediencia a la Palabra, comprende la verdad y esta le hace libre (Jn 8.32). Ve el conocimiento como una herramienta para construir, no como un arma para luchar.

III. Considere la conciencia de su hermano (8.9-11)

La conciencia es el juez interior que nos condena cuando hacemos lo malo, y nos elogia cuando hacemos lo correcto. Nos «da testimonio» (Ro 2.15; 9.1). La conciencia del cristiano ha sido purificada (Heb 9.14; 10.22) y se le llama «buena conciencia» (1 Ti 1.5,19). El pecado continuo no juzgado ni confesado hará una conciencia corrompida (Tit 1.15) y a la larga se convertirá en una conciencia cauterizada (1 Ti 4.2) que no se condena. Debemos esforzarnos por tener una conciencia sin ofensa (Hch 24.16).

El cristiano nuevo, o que no ha sido enseñado, tendrá una conciencia débil (1 Co 8.7,10,12). Si ve a otro cristiano comer carne que dedicada a un dios pagano, tal vez se ofenda por tal experiencia y tal vez eso le lleve a pecar. Debido a que sus sentidos espirituales no están plenamente desarrollados, irá al otro extremo y quizás deshonre el nombre de Cristo (véase Heb 5.11-14). Un cristiano maduro, con conciencia fuerte, no se afectará con los paganos que lo rodean; pero el creyente con conciencia débil se confundirá y, si sigue el ejemplo de su hermano, puede meterse en problemas.

Pablo usa este mismo ejemplo en 10.25-33, de modo que bien podemos mirar estos versículos de antemano. «¡No andes por todas partes siendo un detective espiritual!», afirma. «Si te invitan a una fiesta y quieres ir, asiste; pero no hagas un sinnúmero de preguntas. Sin embargo, si el anfitrión te dice que la carne fue sacrificada a un ídolo, ¡no la comas! ¿Por qué? Para que puedas ser testimonio al cristiano más débil que tal vez se ofenda y lleves a pecar». Pablo entonces se anticipa a expresar el posible argumento: «Pero, preguntas, ¿por qué debe la inmadurez de algún otro limitar nuestra libertad? Si bendecimos los alimentos y comemos para la gloria de Dios, ¿no es eso suficiente?» ¡No! Los creyentes deben seguir una regla diferente. Nosotros los cristianos debemos hacer todo lo posible para no ofender ni a judíos, ni a gentiles, ni a otros cristianos.

Todo se reduce a esto: cualquier cosa que haga el cristiano, incluso en el caso de que no lo ofenda o haga daño, nunca debe ofender o hacer daño a ningún otro. Aunque pensemos que este principio nos limita, en realidad no lo hace, porque nos permite ser de una mayor bendición a otros y ganar a los perdidos para Cristo (10.33).

IV. Considere a Cristo (8.12-13)

Nuestro Señor, en los días de su carne en la tierra, se cuidó de no ser la causa de que otros tropezaran. El incidente en Mateo 17.24-27 lo ilustra: «Para no ofenderles» es un maravilloso principio a seguir, porque significa poner el amor cristiano en la vida diaria. Cristo murió por el cristiano más débil, por lo tanto, no debemos atrevernos a ser causa de que peque. Pecar contra otro cristiano es pecar contra Cristo. Sería mejor no comer carne que hacer que otros caigan, dice Pablo.

Podemos pensar en múltiples aplicaciones de este principio en la vida moderna. Tómese el mundo de las diversiones, por ejemplo, Una persona puede ser capaz de asistir al teatro y no sufrir espiritualmente por eso; pero si este acto hace que un cristiano más débil se descarríe, el cristiano más fuerte ha pecado. Un cristiano maduro quizás lea una novela popular y no se afecte; pero si su selección hace que otro tropiece, ha pecado. Sí, tenemos libertad como cristianos; pero no estamos en libertad de convertirnos en piedras de tropiezo para otros. Qué tragedia si un cristiano se descarría, o si un pecador perdido rechaza a Cristo debido a que un cristiano egoístamente hizo uso de «sus derechos» y dio un mal ejemplo. «Ninguno busque su propio bien, sino el del otro» afirma Pablo en 10.24, ¡ese es un maravilloso principio a seguirse!

1 CORINTIOS 9

En el capítulo anterior Pablo señaló el ejemplo de Cristo y asentó el principio de que no deberíamos hacer nada que ofenda a otro cristiano, en especial a los más débiles. En este capítulo se pone como ejemplo de alguien que tiene privilegios, pero que debido al evangelio, no los usó. Tenga presente que todavía está analizando el problema de la carne ofrecida a los ídolos. «Ciertamente tenemos privilegios como cristianos», afirma, «pero nunca debemos usarlos de manera que estorbe al evangelio».

I. Pablo afirma sus privilegios (9.1-14)

Mientras estuvo en Corinto, Pablo trabajó con sus manos y no recibió ningún sostén de la iglesia. Voluntariamente dejó a un lado el privilegio del matrimonio. Pablo podía haber reclamado el privilegio de sostenimiento financiero de la iglesia y lo probó citando cinco argumentos.

A. Otros apóstoles y obreros (vv. 1-6).

Pablo afirma su apostolado en términos inequívocos. Había visto al Señor (Hch 1.21,22) y fue llamado a su apostolado por el Cristo resucitado y glorificado. Su obra y ministerio en Corinto probaban su apostolado. Los otros apóstoles, incluyendo a Pedro, recibían sostén de las iglesias y llevaban consigo a sus esposas de lugar a lugar según ministraban. Si otros siervos tenían estos privilegios, ¡Pablo también!

B. La costumbre humana (v. 7).

Ningún soldado se mantenía, sino que recibía provisiones y salario de su gobierno. El agricultor que se esfuerza en la viña tiene el privilegio de comer de su fruto. El pastor espera recibir leche y carne de su rebaño. ¿Es acaso irrazonable esperar que una iglesia local sostenga al pastor? El versículo 11 asienta un principio básico: Si otros nos bendicen con cosas espirituales, debemos mostrar nuestra apreciación al compartir con ellos las cosas materiales (véase Gl 6.6-8). Es interesante notar que tenemos aquí otros tres cuadros del pastor: es un soldado para proteger la iglesia y presentar batalla a Satanás; es el agricultor que cuida la viña espiritual y busca su fruto; y es un pastor que guía y alimenta a las ovejas. Ore por su pastor; el trabajo de un pastor nunca es fácil.

C. La ley del Antiguo Testamento (vv. 8-11).

Pablo hace referencia a Deuteronomio 25.4. La práctica del AT era hacer que los bueyes caminaran sobre las espigas y separaran así el grano del tamo. Aquí, y en 1 Timoteo 5.18, Pablo usa esa ley para ilustrar el principio dado en el versículo 11. Si los bueyes se benefician de su trabajo físico, ¿no deberían los siervos de Dios beneficiarse de su trabajo espiritual? El que ara y el que siega trabajan en esperanza, aguardando participar de la cosecha.

D. Los sacerdotes del Antiguo Testamento (vv. 12-14).

La ley permitía a los sacerdotes participar con generosidad en los sacrificios del altar. El sacerdote tomaba la piel de las ofrendas quemadas, toda la carne (menos la grosura) de la ofrenda por el pecado y las ofrendas por las transgresiones, la mayoría de las ofrendas de harina, el pecho y la espaldilla derecha de la ofrenda de paz, más varias de las ofrendas de frutas, diezmos y ofrendas especiales. Si servían con fidelidad, la gente daba generosamente.

E. El mandamiento de Cristo (v. 14).

Léase Mateo 10.10 y Lucas 10.7. En tanto que Pablo no usaba personalmente estos privilegios, no dice que fueran incorrectos. «El obrero es digno de su salario». Es correcto que los cristianos mantengan a los que les sirven en el Señor.

II. Pablo sacrifica sus privilegios (9.15-27)

Aunque tenía todos esos privilegios, Pablo no los usaba (vv. 12,15) y da varias razones para explicar el porqué.

A. Quería presentar el evangelio gratuitamente (vv. 15-18).

¡Se gloriaba en un evangelio gratuito de gracia gratuita! Como un escritor lo dijo: «¡La paga de Pablo era no recibir ninguna paga!» Predicaba el evangelio voluntariamente y se regocijaba del privilegio. Qué trágico es cuando los cristianos miran sus responsabilidades como cargas en lugar de bendiciones.

«Pero incluso si no predicara el evangelio de buena voluntad», dice Pablo, «todavía tendría que predicar, porque Dios me ha encargado de una administración». Hay un principio práctico aquí: No debemos hacer algo que reflejaría negativamente la gracia de Dios o la oferta gratuita de salvación. Nos preguntamos qué deben pensar los pecadores cuando asisten a las «reuniones de evangelización» donde el líder usa treinta minutos recogiendo ofrendas y ¡regañando a la multitud para que dé más!

B. Quería trabajar independientemente (v. 19a).

Más de un obrero cristiano ha ablandado el mensaje debido al dinero. Algunos pastores no se atreven a ofender a los miembros que son «dadores fuertes». Otros tienen temor a perder su sostenimiento o seguros denominacionales. Pablo no quería ningún otro amo que Cristo.

C. Quería ganar a tantos como fuera posible (vv. 19b-23).

Aunque Pablo disfrutaba de libertad como obrero, voluntariamente se hizo siervo de todos los hombres para poder ganarlos para Cristo. Esto no quiere decir que Pablo seguía el refrán mundano: «Al lugar que fueres, haz lo que vieres». Esto sería un compromiso enraizado en el temor. La actitud de Pablo se basaba en el amor, no en el temor. No estaba rebajando sus estándares; antes bien, echaba a un lado sus privilegios personales. No era hipocresía, sino simpatía; trataba de comprender a quienes necesitaban a Cristo y entrar en sus experiencias. Era judío, de modo que usaba esto como una llave para abrir un corazón judío. Era un ciudadano romano, de modo que lo usaba como una clave para abrir la puerta a los gentiles. Simpatizaba con los débiles y los estimulaba. «A todos me he hecho de todo» (v. 22) simplemente significa la maravillosa capacidad de acomodarnos a otros, comprenderlos y procurar guiarlos al conocimiento de Cristo. Pablo no era un «toro en un almacén de loza» sin ningún tacto que usaba el mismo método cada vez que se encontraba con alguien. Más bien, usaba tacto para lograr el contacto; voluntariamente sacrificaba sus privilegios para ganar a los perdidos.

D. Quería ganar una recompensa duradera (vv. 24-27).

¿De qué sirven nuestros privilegios diarios sin perdemos la recompensa eterna? Todo cristiano tiene que gobernar su vida «con la mirada puesta en los valores de la eternidad». Para Pablo dejar a un lado sus privilegios personales significaba disciplina y arduo trabajo, y describe esta disciplina en los versículos 24-27. Su ilustración de los juegos deportivos griegos era familiar a sus lectores, porque los famosos juegos ístmicos (similares a los olímpicos) se celebraban cerca a Corinto. Los competidores tenían que disciplinarse y olvidarse incluso buenas cosas para poder ganar un premio. Si los atletas pueden dejar a un lado sus derechos para ganar una corona de olivo que se marchita, ¡ciertamente los cristianos pueden hacerlo a fin de ganar una corona eterna! Sólo un atleta podía ganar en cada evento de los juegos ístmicos, pero todos los cristianos tienen la oportunidad de ganar la aprobación de Cristo.

El temor de Pablo a ser eliminado no tiene nada que ver con su salvación. No está hablando de la salvación, sino del servicio cristiano. No somos salvos al correr la carrera y ganar; podemos correr la carrera porque ya somos salvos (Flp 3.12-16; Heb 12.1-3). La palabra «eliminado» significa «reprobado, descalificado»; y en 10.5 se traduce «no se agradó». Pablo se compara al heraldo que llamaba a los atletas a la arena, ¡y sin embargo él mismo no pasaba la prueba para ser un competidor! Pablo no temía perder su salvación, sino perder su recompensa por el servicio fiel y sacrificial.

1 CORINTIOS 10

Este capítulo cierra la sección relacionada con la vianda o carne ofrecida a los ídolos. Pablo cita el ejemplo de Cristo (cap. 8), su propio ejemplo (cap. 9) y ahora señala a la historia pasada de Israel. A lo mejor tenía en mente a los miembros excesivamente confiados de la iglesia de Corinto, creyentes que pensaban que tenían tanta sabiduría y conocimiento que no tenían que cuidarse de la tentación o del pecado. En el versículo 12 les advierte y usa un poco de «sarcasmo santo» al llamarlos «sabios» en el versículo 15. Mientras que el creyente tiene libertad para comer o beber, debe estar consciente por lo menos de tres peligros.

I. El peligro de caer en pecado (10.1-13)

Pablo usa a Israel para ilustrar las tentaciones y pecados del pueblo de Dios. A pesar de que Israel en el AT es diferente a la iglesia del NT (nótese el v. 32), hay varios paralelos entre los dos.

A. Israel tenía ventajas espirituales (vv. 1-4).

Pablo compara su paso por el mar y bajo la nube a la experiencia del bautismo que el cristiano atraviesa. Así como el bautismo identifica al cristiano con Cristo, el «bautismo» de Israel identificó al pueblo con Moisés. Israel fue librado de Egipto por la sangre del cordero, así como los cristianos son librados del mundo por la cruz. Dios abrió el mar para permitir que los israelitas pasaran; sacándolos así de la esclavitud de Egipto; y de igual manera la resurrección de Cristo ha separado al cristiano del mundo y de la esclavitud de la carne. Los judíos comieron maná y los cristianos se alimentan de Cristo, el pan de vida, conforme participan de la Palabra. Israel bebió agua provista sobrenaturalmente y los cristianos beben del agua viva (Jn 4.10-14) de salvación y de la refrescante agua del Espíritu (Jn 7.37-39). Algunos quedan perplejos ante «la roca espiritual que los seguía» (v. 4), como si una roca literal rodara junto al pueblo de Israel en el desierto. Hay dos explicaciones posibles: (1) Pablo indica que una roca espiritual los seguía y Cristo en efecto viajó con su pueblo y suplió sus necesidades; (2) la palabra «los» no está en el texto original, de modo que Pablo tal vez estaba diciendo: «Bebieron de esa roca espiritual que siguió [después de que el maná fue dado]». Primero el pan, luego siguió el agua.

B. Israel cayó debido al pecado (vv. 5-10).

Dios «no se agradó» de ellos (v. 5), que es la misma palabra para «eliminado» en 9.27. Fueron desaprobados; perdieron sus vidas debido al pecado. Codiciaron (Nm 11.34); adoraron ídolos (Éx 32.1-14); cometieron fornicación (Nm 25.1-9); tentaron a Dios al poner a prueba deliberadamente su paciencia (Nm 21.4-9); se quejaron (Nm 16.41-50). ¡Qué lista de pecados! Sin embargo, Dios tenía que juzgar sus pecados aun cuando los libró de Egipto de manera maravillosa. Los privilegios espirituales nunca nos dan licencia para pecar. Antes bien, colocan ante nosotros la responsabilidad más grande de obedecer a Dios y glorificarle. (Nótese en el v. 8: Pablo menciona veintitrés mil que murieron, mientras que Nm 25.9 dice veinticuatro mil. Sin embargo, Pablo menciona cómo muchos murieron en un solo día, mientras que Moisés registra el número total de muertos, porque es obvio que algunos murieron más tarde.)

C. Israel es una advertencia para nosotros hoy (vv. 11-13).

El pueblo de Dios, sea en el AT o en el NT, nunca debe presumir de pecar. En el versículo 12 Pablo da una advertencia al que tiene excesiva confianza y luego en el versículo 13 alienta al temeroso.

II. El peligro de tener compañerismo con los demonios (10.14-22)

Pablo usa la Cena del Señor para ilustrar su punto de que aunque los ídolos no son reales (8.4-6), Satanás puede usarlos para descarriar a la gente. Esto no es superstición, porque Deuteronomio 32.17 y 21 claramente enseña que se puede adorar a los demonios mediante los ídolos. Así como el creyente tiene compañerismo (comunión) con Cristo al participar de la copa y del pan y así como los sacerdotes del AT tenían compañerismo con Dios mientras participaban de los sacrificios del altar, el idólatra tiene compañerismo con los demonios en su festejo idolátrico. Pablo describe aquí en realidad ¡un culto de comunión con Satanás! Así como Satanás tiene una iglesia y un evangelio falsos, tiene también un culto de comunión falsa. Los antropólogos pueden estudiar y admirar la adoración y los ídolos paganos, pero Dios dice que todo el sistema es del diablo y es en realidad adoración a los demonios. Dondequiera que haya ídolos, habrá demonios.

Por supuesto, Pablo no dice que comer el pan y beber de la copa real y literalmente hace a la persona participar de Cristo. No habla de unión sino de comunión, compañerismo con Cristo. Es incongruente que un cristiano participe de la mesa del Señor un día y se siente a la mesa de los demonios al siguiente.

Los cristianos deben cuidarse y no involucrarse en la religión del diablo. No todo lo que se hace pasar por cristianismo es bíblico. Podemos pensar que participamos a medias en una ceremonia religiosa, cuando en realidad nos exponemos al ataque satánico. El reciente aumento del satanismo debe ser una advertencia para la Iglesia.

III. El peligro de fallarle a un hermano en la fe (10.23-33)

Ahora Pablo, al cerrar su discusión, repite el principio que asentó en el capítulo 8: no hagas algo que debilite la conciencia de tu hermano o que le hagas tropezar. Sí, los cristianos son libres y todas las cosas son lícitas; pero no todo edifica. No nos atrevemos a usar de privilegios que derriben la obra del Señor. Pablo finaliza con varias pautas muy prácticas:

A. *Viva para agradar a otros (vv. 23-24).*

Esto es un resumen de su enseñanza en el capítulo 9.

B. *No sea demasiado «quisquilloso» (vv. 25-27).*

El cristiano que anda por todos lados haciendo preguntas en cuanto a los alimentos será de un pobre testimonio para el perdido y de ninguna ayuda al salvo. Compre su carne en el mercado sin hacer preguntas. Todo alimento viene de Dios, es bueno para nosotros y Satanás no puede dañarnos con la carne (8.8). Cuando lo invitan a alguna fiesta en la casa de algún amigo inconverso, no pregunte. Sin embargo, si otro cristiano allí le dice que la carne viene de un altar pagano y si ese hermano se siente molesto por eso, no coma la carne. Es mejor pasar hambre que ser la causa de que el hermano más débil tropiece.

C. Viva para la gloria de Dios, incluso si eso significa sacrificio (vv. 29-31).

En los versículos 29-30 Pablo vislumbra de antemano un argumento. «¿Por qué mi conciencia fuerte la debe juzgar la conciencia débil de un hermano? ¿Y qué daño puede haber en la carne por la cual he dado gracias?» La respuesta es: sin importar lo que hagamos, ya sea comer o beber, debemos hacerlo para la gloria de Dios y no para autocomplacernos. Humanamente hablando, puede parecer incorrecto que un cristiano fuerte se doblegue ante el hermano débil, pero eso es lo que glorifica a Dios. Hacer que el hermano débil tropiece y caiga en pecado deshonra a la Iglesia y al nombre de Cristo.

D. Viva para ganar almas (vv. 32-33).

Sólo hay tres grupos de personas en el mundo: los judíos, los gentiles y la Iglesia. Dios espera que la Iglesia procure ganar a los judíos y a los gentiles para el Señor. Si un cristiano vive para ganar almas, estas cuestiones en cuanto a la conducta se resolverán solas. Es el cristiano ocioso, carnal, que se pone frenético respecto a cuánto puede involucrarse en el mundo. Cuando los creyentes viven para edificar la Iglesia y ganar a los perdidos, ponen las primeras cosas primero y glorifican el nombre de Cristo.

1 Corintios 11

En los capítulos 11–14 Pablo analiza el desorden en cuanto al culto público de Corinto. Al leer estos capítulos notará que hay varios problemas evidentes: Sus reuniones eran desordenadas y contrarias a las Escrituras; las mujeres estaban ocupando el liderazgo sobre los hombres; varios miembros competían por el liderazgo y la oportunidad de hablar; en general, había confusión y un pobre testimonio ante los perdidos. El capítulo 11 tiene que ver con el desorden en la Cena del Señor en particular, mientras que los capítulos 12–14 se refieren a la adoración pública en la iglesia y los principios que deben gobernar nuestros cultos.

I. Las causas del desorden en la Cena del Señor (11.1-22)

A. Falta de subordinación de las mujeres (vv. 1-16).

A menudo se acusa a Pablo de ser crítico de las mujeres y colocarlas en una posición inferior, pero esto no es verdad. Él se dio cuenta de que Dios es un Dios de orden, y que cuando alguna cosa está fuera de orden, hay confusión y se pierde el poder. En ninguna parte Pablo enseña que las mujeres sean inferiores a los hombres a los ojos de Dios, sino más bien que Dios ha asentado el principio de autoridad (no dictadura) que hace a Cristo la Cabeza del hombre y al hombre la cabeza de la mujer. En Corinto se estaba violando este importante principio. Las mujeres estaban en competencia con los hombres por el liderazgo público de la iglesia. Aún más, al observar la Cena del

Señor las mujeres no guardaban su debido lugar y venían con la cabeza descubierta; esta es la cuestión a la que Pablo se refiere ahora.

Tenga presente que Corinto era una ciudad inmoral, con «sacerdotisas» que sencillamente eran prostitutas. Una característica de una mujer pecadora era el cabello corto; tal mujer con frecuencia caminaba por la ciudad sin el velo usual que la cubriera. En algunas naciones orientales, incluso hoy, las mujeres no aparecen en público sin llevar un velo. Esto sería una señal de falta de respeto hacia sus maridos y se interpretaría como una invitación al pecador. A decir verdad, incluso entre los judíos una cabeza rapada era una señal de inmoralidad (véase Nm 5.11-31, especialmente el v. 18). De modo que Pablo advierte a las mujeres de la iglesia a que no pierdan su testimonio al adorar en público sin llevar un velo sobre su cabeza. El velo era una muestra de subordinación al Señor y a sus esposos, y un reconocimiento del principio de autoridad.

Los judíos ortodoxos, incluso hoy, llevan a sus cultos en las sinagogas un sombrerito de oración, pero esta es una práctica que Pablo prohíbe en la iglesia local. Cristo es la Cabeza del hombre; de modo que si un hombre lleva sombrero en la adoración, deshonra a su Cabeza. Si la mujer no usa un velo, deshonra a su esposo, porque «la mujer [fue creada] por causa del varón» (v. 9). Por supuesto, el simple hecho de usar (o no usar) un pedazo de tela nunca cambia el corazón. Pablo da por sentado que estas mujeres cristianas obedecían de corazón el principio de autoridad, pero que no lo hacían externamente.

Pablo da varias razones por las cuales las mujeres deben darse su lugar en la iglesia: (1) muestra honor a sus esposos; (2) honra a Cristo, la Cabeza de la Iglesia; (3) concuerda con el mismo plan de la creación, porque Dios creó a la mujer para el hombre; (4) los ángeles observan nuestra adoración y saben lo que hacemos, v. 10; (5) la naturaleza misma le da a la mujer cabello largo y al hombre cabello corto, enseñando así la subordinación; (6) esta es la práctica en todas las iglesias, v. 16. ¿Cómo se aplica a nosotros esta cuestión de «usar sombreros» o «llevar el cabello corto»? Aunque no tenemos las mismas circunstancias que Pablo tenía que considerar en relación a Corinto, debemos admitir que una persona fuera de lugar es siempre un estorbo para la obra de Dios. Debe haber modestia en la iglesia local, tanto en el vestido como en las acciones. No debemos conformarnos al mundo, para no perder nuestro testimonio.

B. Divisiones en la iglesia (vv. 17-19).

Cuando hay divisiones y facciones (herejías) en la iglesia, incluso cuando parezcan ocultas, se mostrarán en las reuniones públicas. La Cena del Señor habla de la unidad de los creyentes; las divisiones en la iglesia negarán este maravilloso mensaje.

C. Motivos egoístas (vv. 20-22).

La iglesia primitiva con frecuencia celebraba una «fiesta de amor», una comida de compañerismo, conjuntamente con la Cena del Señor. Pero en

Corinto los ricos traían de su abundancia, mientras que los pobres se sentaban a un lado con unas migajas de pan. «¡Coman en sus casas!», les ordena Pablo. «¡Su glotonería y embriaguez son una deshonra para el Señor!» (vv. 21-22). Si los creyentes no se aman los unos a los otros, nunca podrán participar de la Cena del Señor y ser bendecidos.

II. Las consecuencias de su desorden (11.23-30)

A. Eran juzgados en vez de bendecidos (vv. 23-29).

Es evidente de que Cristo le había dado personalmente a Pablo instrucciones respecto a la Cena del Señor, porque el apóstol no estuvo en el aposento alto cuando se instituyó la ordenanza. Las palabras de Pablo hablan del cuerpo partido y la sangre derramada de Cristo por su iglesia, elementos que son un recordatorio constante de su amor y su regreso. Miramos en retrospectiva a la cruz y hacia adelante a su venida. Pero la Cena dejó de ser una bendición para la iglesia de Corinto, y por la manera en que abusaban de ella era causa de juicio. Sus reuniones no eran «para lo mejor, sino para lo peor» (v. 17). Así es como siempre resultan las cosas espirituales: si nuestros corazones no andan bien, cualquier cosa que hagamos se convierte en una maldición.

B. Eran castigados (v. 30).

Dios permitió que les vinieran enfermedades e incluso muerte a los de la iglesia de Corinto debido a que participaban de la Cena del Señor de una manera indigna. Pablo nunca nos dice que debemos ser «dignos» para comer de la Mesa del Señor; porque si ese fuera el caso, nadie podría participar. Aunque no somos dignos, podemos participar de una manera digna al comprender lo que la Cena significa: tener un corazón libre de pecado; estar lleno del amor por Cristo y su pueblo; estar dispuesto a obedecer su Palabra. Los cristianos a menudo piensan que pueden «salirse con la suya» actuando descuidadamente en la iglesia, pero esto es imposible. Si nuestros corazones no andan bien, Dios tiene que castigarnos para traernos al lugar de la bendición.

III. La corrección de este desorden (11.31-34)

A. Juicio propio (vv. 31-32).

Si enfrentamos nuestros pecados con sinceridad, los juzgamos y los confesamos, Dios no nos castigará. «Pruébese cada uno a sí mismo» es el mandamiento de Pablo en el versículo 28. En la Cena del Señor damos tres «miradas»: miramos hacia adentro y confesamos nuestros pecados; miramos hacia atrás y recordamos el Calvario; y miramos hacia adelante y anhelamos fervientemente su regreso. El principio es claro: si no juzgamos nuestros pecados, Dios tendrá que juzgarnos a nosotros.

B. Amor mutuo (v. 33).

«¡No pienses sólo en ti!», escribió Pablo; «piensa en otros». Esto es amor cristiano: poner a los demás antes que a nosotros mismos. Cuán pocos son los cristianos que obedecen este principio cuando se trata de la adoración.

Llegamos a la iglesia preguntando: «¿Obtendré algo del culto de hoy?», cuando deberíamos preguntarnos: «¿Qué puedo decir o hacer que será de bendición a alguna otra persona?»

C. *Discernimiento espiritual (v. 34).*

Mientras que no hay nada de malo con las comidas de compañerismo en la iglesia, el lugar para comer es la casa propia. Se necesita discernimiento espiritual para mantener a la iglesia haciendo lo que se supone que debe hacer y no apartarla con desvíos. El ministerio de la iglesia local no es entretener o alimentar a los santos; es el de la edificación espiritual de los unos a los otros para que sean capaces de salir a ganar a otros. Tal vez se pudiera asentar como principio básico que la iglesia local no debe hacer lo que Dios ordenó que hiciera el hogar o el estado. La iglesia no está a cargo de criar niños, sin embargo, ila gente le echa la culpa a la iglesia y a la Escuela Dominical cuando los hijos se descarrían!

Si seguimos estos principios, nuestras asambleas serán reuniones para bendición y no para juicio («condenación» en el v. 32).

1 CORINTIOS 12

Este capítulo abre la discusión de los dones espirituales (caps. 12–14) y en la actualidad cuando las iglesias y denominaciones están enfatizando la obra del Espíritu, necesitamos saber lo que Dios tiene que decir al respecto. Sin embargo, debemos estudiar estos capítulos a la luz de los problemas que había en la iglesia de Corinto: división, inmoralidad, sensacionalismo en el crecimiento espiritual y confusión en la asamblea. Aquí en el capítulo 12 Pablo explica la obra del Espíritu Santo en el cuerpo de Cristo con los dones que otorga a sus miembros. El capítulo 13 hace hincapié en que las virtudes cristianas, que fluyen del amor, son más importantes que los dones espectaculares; en el capítulo 14 Pablo asienta los principios que deben gobernar la adoración en la comunidad de la iglesia.

I. Nos pertenecemos los unos a los otros (12.1-20)

La división era un problema grande en la iglesia en Corinto (1.10-16; 6.1-8; 11.18-22). Cada grupo seguía a su líder humano seleccionado, ejercía sus dones egoístamente y se preocupaba muy poco por la salud del ministerio del cuerpo entero. Los cristianos de Corinto habían recibido dones espirituales en abundancia (1.4-7), pero les faltaba las virtudes espirituales: la clase de carácter cristiano que el Espíritu Santo anhelaba formar en ellos. Tenga presente que los dones cristianos no son necesariamente una señal del carácter cristiano o de madurez espiritual. Estos creyentes corintios eran carnales y sin embargo ejercían dones maravillosos y milagrosos.

A. Participamos de la misma confesión (vv. 1-3).

A todo ciudadano del Imperio Romano se le exigía que cada año echara una pulgarada de incienso en el altar y dijera: «¡César es el Señor!» Esto era anatema para los creyentes. Ningún cristiano verdadero podía llamar «señor» a nadie excepto a Cristo, de modo que esta prueba definía si la persona en realidad era o no salva. Es sólo por el Espíritu que podemos confesar a Cristo como Señor (Ro 10.9,10).

B. Servimos al mismo Dios (vv. 4-6).

La Iglesia, como el cuerpo humano, tiene diversidad en la unidad. Todos nuestros miembros difieren y sin embargo trabajan juntos para la salud del conjunto. En el cuerpo espiritual, que es la Iglesia, poseemos dones del Espíritu Santo (v. 4), participamos en el servicio al mismo Señor Jesucristo (v. 5) y tomamos parte en las obras (operaciones) del mismo Padre (v. 6).

C. Procuramos edificar el mismo cuerpo (vv. 7-13).

Pablo ahora hace una lista de los dones espirituales y muestra que son dados para el beneficio de toda la iglesia y no para el placer privado de los cristianos como individuos. Debemos distinguir entre: (1) el Don espiritual, que es el Espíritu mismo que se recibe en el momento de la salvación (Ef 1.13-14); (2) los dones espirituales, que son ministerios a la iglesia mediante el Espíritu y no simplemente capacidades o talentos naturales; (3) oficios espirituales, que son posiciones de responsabilidad en la iglesia local, según se analiza en 1 Pedro 4.10, 1 Corintios 12.28, Romanos 12.4; (4) virtudes espirituales, que son el fruto del Espíritu (Gl 5.22,23; 1 Co 13.4-7) en la conducta cristiana. Pablo deja muy en claro que cada cristiano tiene el Don (12.3) y por lo menos un don espiritual (12.7). No todos los cristianos tienen oficios espirituales, pero todos deben manifestar las virtudes del Espíritu, que son mucho más importantes que los dones milagrosos.

Por 1 Corintios 13.8 es claro que algunos de los dones concedidos a la iglesia primitiva nunca tuvieron el propósito de ser permanentes. Cuando la iglesia estaba en su infancia (13.11), antes de que se completaran las Escrituras del NT, se necesitaban estos dones; pero ya hoy no son necesarios. Dios puede concederlos, si así le place, porque es soberano en todo; pero estos «dones de señales» no son necesarios para el ministerio de la iglesia.

D. Participamos del mismo bautismo (vv. 14-20).

El bautismo del Espíritu se refiere a la colocación de los miembros en el cuerpo en el momento de su conversión. Los judíos fueron primero bautizados en el cuerpo en Pentecostés (Hch 1.5 y 2.1ss); los gentiles fueron bautizados por primera vez en el cuerpo en la casa de Cornelio el centurión (Hch 10.44 y 11.15-16); y desde entonces, cada vez que un pecador confía en Cristo es hecho parte del mismo cuerpo por la operación del Espíritu Santo. El Espíritu coloca a cada creyente en el cuerpo según lo considera apropiado, pero cada parte del cuerpo tiene un ministerio importante a desarrollar. «Muchos miembros en un cuerpo» es el programa para la edad presente.

II. Nos necesitamos los unos a los otros (12.21-25)

Los creyentes que poseían dones espectaculares miraban con desdén a los otros, y pensaban que eran menos importantes. Sin embargo, Pablo aquí enseña que todo miembro del cuerpo es valioso para la vida, salud y crecimiento de la iglesia. (Lea Ef 4 para ver cómo Dios usa a las personas dotadas para ayudar a edificar a los santos, quienes a su vez edifican el cuerpo.) Ningún cristiano puede decir a su hermano menos dotado: «¡No te necesito!» Es más, esas partes de nuestro cuerpo que parecen ser las menos importantes pueden hacer el mayor bien ¡o causar el mayor problema si no funcionan apropiadamente! Los médicos solían hacer una lista de varios órganos o miembros del cuerpo humano que (según ellos) no eran importantes. ¡Esa lista es mucho más corta hoy!

III. Nos afectamos los unos a los otros (12.26-31)

No debe haber división (cisma) en el cuerpo (v. 25), puesto que todos participamos de la misma vida mediante el Espíritu. Pero no es suficiente simplemente evitar la división; debemos también interesarnos los unos por los otros y procurar edificar la iglesia y fortalecer el cuerpo. En el cuerpo humano la debilidad o dolor de uno de los miembros afecta a los demás miembros. Esto también es cierto en el cuerpo espiritual: si un creyente sufre, todos sufrimos; si un miembro crece en fuerza, todos recibimos ayuda. Este hecho coloca sobre cada cristiano la responsabilidad de ser un miembro lo más fuerte posible. Efesios 4.16 indica que cada parte del cuerpo hace algún tipo de contribución hacia el crecimiento de la iglesia.

Es esencial que tengamos presente el método de Dios para fortalecer el cuerpo. Él ha escogido líderes espirituales, les ha dado dones espirituales y los ha colocado en el cuerpo como Él quiere. Había, en los primeros días de la iglesia, apóstoles y profetas. No hay apóstoles hoy, puesto que para calificar para el apostolado era necesario haber visto a Cristo resucitado (1 Co 9.1; Hch 1.21-22). Los apóstoles fueron embajadores especiales que llevaron el evangelio a los perdidos, establecieron iglesias y dieron los mensajes de Dios. Los profetas eran predicadores que hablaban según los dirigía el Espíritu. No exponían la Biblia como tal, sino que trasmitían la voluntad de Dios inmediatamente a la iglesia y no mediante la Palabra escrita, puesto que el NT todavía no estaba escrito. Primera de Corintios 13.8-13 enseña que los dones espectaculares que la iglesia primitiva poseía en su etapa «infantil» no iban a ser permanentes. Fueron credenciales enviadas del cielo que decían a la gente que Dios estaba obrando en su medio (Heb 2.3,4).

Nótese que las lenguas aparecen al final de la lista. Es evidente que los creyentes de Corinto eran dados a abusar del don de lenguas, a tal punto, que había confusión en sus cultos públicos (14.23ss). A decir verdad, los «miembros de lenguas» miraban con menosprecio a los otros creyentes que no tenían este don en particular. De modo que Pablo concluye recordándoles que no todos poseemos los mismos dones (vv. 29-30). «¿Hablan todos lenguas?» No. Nunca permita que nadie le convenza de que el don de lenguas es necesariamente una señal de un poder o carácter espiritual especial. Este don lo poseían cristianos a quienes Pablo llama «carnales[...] niños en Cristo» (3.1).

Es importante que nos demos cuenta de nuestra relación del uno para el otro en la iglesia. Sí, hay muchas denominaciones hoy, pero todos los cristianos verdaderos, en los cuales mora el Espíritu, son miembros de su Cuerpo. Puede haber unidad incluso donde no hay uniformidad. Cristo nunca oró por la uniformidad de su Iglesia, sino por la misma unidad espiritual que existe entre Él y su Padre (Jn 17.20-23). Nosotros debemos, de la misma manera, orar por unidad espiritual y hacer todo lo que podamos para preservarla y extenderla (Ef 4.1ss).

1 CORINTIOS 13

Es trágico cuando el mundo toma un capítulo como este (y lo hace) y lo divorcia de su verdadero significado cristiano. ¡El hombre inconverso no puede experimentar esta clase de amor más de lo que puede hacerlo una estatua de mármol! Para que alguna persona pueda mostrar esta clase de carácter en su vida diaria, se requiere que el Espíritu de Dios habite en su vida y que le llene del poder que sólo Él puede dar.

Tenga presente que Pablo todavía lidia con la pregunta de los dones espirituales. Aquí hace hincapié en que los dones sin las virtudes son nada. El fruto del Espíritu (Gl 5.22,23) es más importante en la vida cristiana que los dones milagrosos del Espíritu. Siempre que la iglesia ande a la caza de experiencias milagrosas en lugar de santidad y carácter cristiano, habrá división, confusión, carnalidad.

I. El amor es esencial (13.1-3)

La palabra «amor» significa amor en acción. No es simplemente una emoción; es el corazón alcanzando a otros. La versión de 1909 traduce «caridad», pero «caridad» hoy nos hace pensar en regalar ropas viejas o hacer regalos a las «instituciones de caridad». Estas actividades pueden ser amor cristiano en acción, pero Pablo exige mucho más. La palabra que usa para amor es *ágape,* que es el amor que se sacrifica por el bien de otros.

Nótese cómo toma algunos de los dones espirituales de 12.8-10 y muestra que son inútiles si no hay amor. Las lenguas sin el amor se convierten en mero ruido, como el retiñir de un címbalo. La profecía sin amor hace que el profeta sea nada. Esta aplicación también puede hacerse al conocimiento (perspectiva espiritual dada inmediatamente por el Espíritu) y a la fe. Pablo no minimiza estos dones; simplemente señala que no tendrán un efecto bueno en el individuo o en la iglesia a menos que haya amor en la vida del cristiano que ejerce sus dones. Podemos ir al extremo de sacrificar nuestro cuerpo, pero sin amor este acto no servirá de nada. El amor es la medida de todo.

Es evidente que los corintios estaban usando sus dones y oficios espirituales con una actitud de competencia y no de amor. La iglesia estaba dividida y la situación se empeoraba debido a que ¡los mismos dones espirituales que se suponía debían edificar a la iglesia le hacían más daño que bien! La predicación sin amor es solamente puro ruido. La oración sin amor se convierte en palabras vacías. Dar sin amor es nada más que una ceremonia. ¿No es asombroso que Cristo le preguntó a Pedro: «¿Me amas»? (Jn 21.17).

II. El amor es eficaz (13.4-7)

Los dones no tienen ningún efecto espiritual en la vida de la iglesia si no hay amor, porque es el amor lo que el Espíritu usa para edificar a la iglesia. «El conocimiento envanece, pero el amor edifica», dice 1 Corintios 8.1. Nótese las cualidades del amor:

A. *El amor es paciente y benigno (v. 4).*

El amor se eleva por sobre las pequeñeces y es generoso en la manera en que trata a los demás. Es fácil «amar» cuando la gente se presta para que se le ame; pero qué difícil es amar cuando nos lastiman o nos atacan de una manera u otra. Piense de la paciencia de Cristo con Pedro después de que este pecó contra Él y tendrá una idea de lo que esto significa. El amor no sólo soporta con paciencia el daño, sino que actúa positivamente en obrar y al mostrar bondad.

B. *El amor nunca hierve en celos (v. 4).*

La envidia es un pecado terrible; Caín envidió a su hermano ¡y lo mató! ¿Cómo reaccionamos cuando otros cristianos reciben bendición o beneficios que a nosotros nos faltan? ¿Permitimos que las chispas de la envidia ardan y luego se conviertan en llamarada?

C. *El amor no es jactancioso ni orgulloso (v. 4).*

«Envanece» se refiere al sentimiento interno; «jactancioso» se refiere a la ostentación externa de autoimportancia.

D. *El amor no es grosero ni egoísta (v. 5).*

Hay un rasgo de gracia en la persona que actúa por amor cristiano, un encanto que el mundo no puede dar. El verdadero amor procura solamente el bien de otros; no es egoísta. ¿Puede ver este amor en la vida de Cristo?

E. *El amor no se irrita, ni alberga pensamientos malos (v. 5).*

La palabra «fácilmente» no consta aquí. El amor cristiano no muestra irritación, como la carne lo hace con demasiada frecuencia. El amor no guarda libros de registro de las cosas malas que las personas hacen, ni de las ofensas recibidas de ellas. A decir verdad, el amor nunca se alegra cuando otros andan en el mal, pero siempre se alegra cuando andan en la verdad.

F. El amor da victoria (v. 7).

Mediante el amor de Cristo en nosotros podemos soportar cualquier cosa, tener fe y continuar en esperanza. «Nos da poder para soportar cualquier cosa» v. 7 (WMS). ¡El amor siempre lleva a la victoria!

En estos versículos Pablo reprende con dulzura los pecados de los corintios. Ellos se impacientaban los unos con los otros en sus asambleas (14.29-32); envidiaban los dones espirituales que otros poseían (14.1); eran orgullosos y criticones (12.21-26); no tenían modestia en su conducta (12.2-16); procuraban hacer prevalecer sus derechos (caps. 8–10) aunque dañaran a otros; se dejaban provocar con facilidad e incluso se demandaban judicialmente los unos a los otros (6.1-8); y se regocijaban en el pecado cuando debían juzgarlo (5.1-3). También podemos ver en estos versículos un cuadro de Cristo, quien es el único que manifiesta perfectamente el amor de Dios para nosotros. En este capítulo podemos sustituir la palabra «Cristo» por «amor».

III. El amor es eterno (13.8-13)

Los corintios era bebés espirituales y, como tales, se esforzaban por lo temporal y descuidaban lo permanente. Querían los dones espirituales pasajeros en lugar de carácter cristiano duradero. El amor nunca «deja de ser» (deja de tener fuerza o autoridad). Estos otros dones pasarán: las profecías se reemplazarían por la Palabra escrita de Dios; las lenguas no harían más falta; los dones de conocimiento especial serían puestos a un lado por el ministerio de enseñanza del Espíritu a partir de la Palabra. Pero el amor y las virtudes que produce permanecerán para siempre.

Pablo explica que estos dones especiales fueron necesarios durante el período de la infancia de la iglesia. Las manifestaciones especiales del Espíritu eran las credenciales de los apóstoles (Ro 15.18,19). Dios no siempre usa milagros para certificar su verdad, pero a menudo lo hizo. En Tesalónica, por ejemplo, el Espíritu se reveló en una predicación poderosa de la Palabra y no en milagros (1 Ts 1.5,6). En el versículo 11 Pablo usa un simple ejemplo de la niñez. No condenamos a un niño porque hable como un niño, pero condenamos a un adulto si balbucea como un niño. «Es tiempo», dice el apóstol, «que ustedes niñitos crezcan y empiecen a hablar como adultos. Las lenguas y otras manifestaciones especiales pertenecen a la infancia espiritual. ¡Crezcan!» En 14.20 Pablo de nuevo les dice que dejen de actuar como niños.

Siempre habrá lugar para el crecimiento en la iglesia y mientras crecemos sabremos y veremos de forma imperfecta. Corinto era famosa por sus espejos de metal, de modo que Pablo los usó a manera de ilustración. En esos espejos uno veía sólo un pálido reflejo de la persona, de la misma manera en que hoy nosotros vemos nada más que un nebuloso reflejo de Dios. Pero cuando Cristo venga, le conoceremos así como Él nos conoce. ¡Y seremos como Él es!

La iglesia se acerca a la perfección mediante el amor: los creyentes amando a Cristo y amándose unos a otros; sosteniendo la verdad en amor; practicando la verdad porque le amamos a Él. «Edificando el cuerpo en amor» es la manera en que lo dice Efesios 4.16 y este es un ministerio en el cual todos debemos participar.

Fe, esperanza, amor: estos tres permanecen para siempre; y el amor es el mayor de ellos, porque «Dios es amor» (1 Jn 3.18).

1 CORINTIOS 14

Lo primero que queremos hacer es recorrer este capítulo y tachar la palabra «desconocida». Pablo no habla de lenguas «desconocidas»; esa palabra la añadieron traductores bien intencionados, pero confundidos. Siempre que en la Biblia hallemos «lenguas» se refiere a lenguajes conocidos (nótese Hch 2.4,6,8,11). Los judíos en Pentecostés oyeron a los creyentes exaltando las poderosas obras de Dios en sus propios dialectos, de modo que no se necesitó intérprete. En 1 Corintios 14.10 y 21 Pablo indica definitivamente que se refiere a lenguajes conocidos, no de ningún «lenguaje celestial» extraño o lenguas desconocidas.

I. La inferioridad de las lenguas (14.1-25)

Algunos quieren hacernos creer que el don de lenguas es una señal de espiritualidad superior y que los cristianos no pueden ser espirituales de verdad mientras descuiden este don. Pablo ¡enseña exactamente lo opuesto! Da tres razones por las que las lenguas son un don inferior.

A. *Las lenguas no edifican a la iglesia (vv. 1-19).*

Debemos tener presente que el propósito de los dones espirituales es la edificación de la Iglesia de Jesucristo (12.7) y no el placer personal del creyente. Los dones son para emplearse, no para disfrutarse. En esta sección Pablo contrasta las lenguas y la profecía. La profecía, como usted recordará, era la proclamación de la verdad de Dios bajo la dirección inmediata del Espíritu Santo. No es idéntica a la predicación, por cuanto el predicador interpreta la Palabra escrita conforme le instruye el Espíritu; de modo que no habla la misma Palabra de Dios. Nótese los contrastes:

Profecía	Lenguas
1. Hablaba a los hombres para su bien, v. 3	1. Le hablan a Dios para el bien del que habla, v. 2
2. Se puede entender, vv. 2,5	2. No se comprenden a menos que haya un intérprete
3. Edifica a la iglesia, vv. 3,4	3. Edifica al que habla, v. 4
4. Es el don mayor, vv. 5,19	5. El don de menor categoría, v. 5 (nótese 12.10)

Pablo deja en claro que las lenguas, a excepción de las que se interpretan, no tienen ningún valor para la iglesia. De igual manera, no le dan ninguna bendición personal al que las habla a menos que entienda lo que dice (vv. 14-15). Los que creen que los cristianos deberían practicar este don en privado ignoran lo que Pablo dice aquí. En primer lugar, ¿cómo puede edificar a la iglesia si usamos nuestros dones espirituales en privado y no para servir a otros? Y segundo, si no entendemos lo que se dice, ¿cómo podemos aprovecharlo nosotros mismos? Es posible que la carne y el diablo imiten los dones espirituales y lleven al creyente a una religión de emocionalismo superficial en lugar de una de comprensión sólida de la fe. Esto no es negar el lugar de las emociones sinceras en la vida cristiana, porque los frutos del Espíritu ciertamente involucran las emociones (Gl 5.22,23); estas emociones, sin embargo, deben ser instruidas por la mente y controladas por la voluntad o serán destructivas.

B. Las lenguas no edifican al creyente (vv. 20-21).

Algunos sugieren que el don de lenguas es una muestra de madurez espiritual y de una vida cristiana más profunda; pero Pablo dice justamente lo opuesto. Los cristianos en Corinto eran «niños en Cristo» y «carnales» (3.1-4). Se jactaban de su «espiritualidad» (8.1,2; 10.12) y sin embargo Pablo tenía que advertirles y enseñarles de la manera más elemental. En 13.8-13 Pablo explica que su pasión por los dones espirituales era una señal de infancia y no de madurez. Los creyentes maduros tienen al Espíritu y al Verbo, y no buscan «muletas» espirituales para sostenerlos. El Dr. M.R. DeHaan tiene un interesante punto de vista respecto a 14.22 que respalda esta enseñanza. Dice que «los creyentes» (v. 22) se refiere a los cristianos espirituales que viven por fe en la Palabra de Dios, en tanto que los «incrédulos» se refiere a los creyentes inmaduros sin una fe fuerte. Dios tiene que dar señales a los cristianos inmaduros para reforzar su fe, pero el creyente maduro edifica su vida en la Palabra.

C. Las lenguas no ganan a los perdidos (vv. 22-25).

En Hechos 2 Dios les dio a los apóstoles el don de lenguas para que pudieran hablar la Palabra a los judíos en Pentecostés. Para los judíos era una señal de que Dios estaba obrando, cumpliendo Isaías 28.11,12. Cuatro veces en Hechos hallamos incidentes que involucran lenguas y cada una muestra a los judíos presentes de que Dios está obrando: (1) Hechos 2; las lenguas son evidencia a los judíos incrédulos en Pentecostés; (2) Hechos 8; evidencia a los judíos creyentes de que el Espíritu había venido sobre los samaritanos; (3) Hechos 10; evidencia de que el Espíritu había venido sobre los gentiles; (4) Hechos 19; evidencia de que los doce hombres efesios habían recibido el Espíritu. Pero las lenguas nunca pueden alcanzar al incrédulo para el Señor, especialmente la confusión de lenguas que existía en Corinto. ¡Era otra Babel! Es mucho mejor que el visitante que no es creyente escuche un mensaje de la Palabra, algo que pueda entender y entonces hacer su decisión por Cristo, que escuchar una confusión de mensajes que no puede captar.

II. La importancia del orden (14.26-40)

A. *Lenguas (vv. 26-28).*

Las lenguas no deben permitirse sin interpretación. Solamente tres han de hablar y por turno.

B. *Profecía (vv. 29-33).*

Dos o tres profetas han de hablar y los demás deben probar sus mensajes para ver si vienen de Dios (nótese el don de «discernimiento de espíritus» en 12.10 y véase 1 Ts 5.20,21). Los que hablan deben edificar a la iglesia y mantener el orden apropiado. Si alguien que está hablando «pierde el control» es una prueba de que el Espíritu no está hablando; porque cuando el Espíritu está obrando, hay dominio propio.

C. *Las mujeres en la iglesia (vv. 34-35).*

Relacione estos versículos a 11.5ss y 1 Timoteo 2.12. Al parecer, las mujeres estaban abusando de sus dones y usándolos fuera de lugar. Pablo no dice que las mujeres no tienen dones espirituales ni que deban ser esclavos de los hombres. Enseña que tanto hombres como mujeres, si actúan fuera de lugar en la iglesia, la destruyen en lugar de edificarla. Pablo también coloca una responsabilidad sobre los hombres; deben enseñar a sus esposas las verdades espirituales, pero hacerlo en casa. Triste como suena, ¡en muchas familias es la esposa la que tiene que enseñarle al marido!

D. *Obediencia a la Palabra (vv. 36-40).*

«Si alguno de ustedes es espiritual», dice Pablo, «¡lo probará por obedecer la Palabra de Dios!» El Espíritu de Dios nunca trabaja fuera de la Palabra de Dios ni contrario a ella, y en ninguna parte se necesita más este principio que en el área de los dones espirituales. No podemos ser guiados por la experiencia emocional subjetiva de alguien, pero sí podemos ser guiados por la inmutable y objetiva Palabra de Dios.

Nótese los principios básicos para la adoración espiritual que Pablo da a la iglesia:

(1) La enseñanza y la predicación de la Palabra sienta precedencia sobre todo lo demás.

(2) La iglesia debe ser edificada.

(3) No debe haber nada que menoscabe el testimonio ante los incrédulos.

(4) Siempre debe haber dominio propio.

(5) Todo debe hacerse «decentemente y con orden», siguiendo a la Palabra de Dios.

(6) Las mujeres no deben ejercer autoridad sobre los hombres.

(7) Debe haber comprensión antes de que pueda haber bendición. Es evidente por las Escrituras que había cierta informalidad en las reuniones de la iglesia primitiva. Por un lado debemos evitar la formalidad y por otro el fanatismo. Es una línea muy fina. Un culto planeado no es un culto falto de espiritualidad, porque el mismo Espíritu puede guiar en

el planeamiento anticipado así como el culto mismo. Pero incluso en un servicio planeado debemos dar lugar a que el Espíritu guíe, para no contristarlo.

Notas adicionales sobre 1 Corintios 12–14

Queremos examinar las afirmaciones de algunos carismáticos con respecto a la manifestación de lenguas y del Espíritu, para ver si satisfacen la prueba: «¿Qué dicen las Escrituras?» Algunos aducen:

A. «*Hay un bautismo del Espíritu después de la salvación*».

Algunos enseñan que es necesario «quedarse esperando el poder» en oración y ayuno, basando esto en Hechos 1 y Lucas 24.49. Pero 1 Corintios 12.13 enseña que todos los creyentes han sido bautizados por el Espíritu en el cuerpo de Cristo. Esto fue verdad, ¡incluso de los carnales corintios! Hay «llenuras» del Espíritu después de la conversión y se nos ordena que seamos llenos del Espíritu (Ef 5.18); pero en las Escrituras nunca se nos ordena que seamos bautizados con el Espíritu. Hay un solo bautismo en el momento de la conversión, pero muchas llenuras del Espíritu, en la medida en que diariamente nos rendimos a Dios.

B. «*La evidencia de este bautismo es hablar en lenguas*».

Si esto fuera verdad, la mayoría de los corintios nunca experimentaron el bautismo, porque no todos hablaban en lenguas (12.10,30). Sin embargo, 12.13 dice que todos fueron bautizados por el Espíritu. Por consiguiente, si los carismáticos están en lo correcto, todos los creyentes corintios debían haber hablado en lenguas; pero no fue así. Juan el Bautista fue lleno del Espíritu desde antes de su nacimiento, sin embargo, nunca habló en lenguas. Los grandes santos, a través de las edades, nunca han hablado en lenguas.

C. «*El don de lenguas es un distintivo de espiritualidad*».

¡No en Corinto! Esta fue la iglesia más carnal con la que Pablo tuvo que lidiar. Eran niños en Cristo (1 Co 3.1-4). En lugar de ser un distintivo de una vida espiritual más profunda, las lenguas eran un don relativamente inferior que tenía muy poco valor al cristiano como individuo o para la iglesia colectivamente. Es posible tener dones espirituales y no tener las virtudes espirituales, y 1 Corintios 13 enseña esto con claridad. La cuestión importante no es cuántos dones tengo, sino: ¿es mi vida semejante a la de Cristo y atraigo gente a Él?

D. «*Las lenguas son para la iglesia hoy*».

Hay más que suficiente evidencia de que varios de los dones fueron temporales. Tal parece que la profecía, las lenguas y el conocimiento (el inmediato impartir de verdad espiritual por el Espíritu) pasaron cuando se terminó de escribir el NT. Primera de Corintios 13.8-13 indica que estos dones pasarían y no se necesitarían más. Pertenecían a la «infancia» de la iglesia. Hoy la vida y ministerio de la iglesia están cimentados en la Palabra de Dios. Lea en

Hechos 20.17-38 un cuadro del ministerio ideal del NT; aquí no hallará nada acerca de las lenguas.

E. «*Un creyente se puede beneficiar de las lenguas privadamente*».

Pero los dones espirituales son dados para el beneficio de la iglesia entera (12.7), no de un solo santo. No hay ninguna sugerencia en estos capítulos que algún don sea concedido para el disfrute privado del creyente. En verdad, en 14.13-15, Pablo afirma con claridad que el uso privado del don de lenguas no es correcto. Si hay interpretación, permitiendo al creyente saber lo que se dice, puede haber beneficio espiritual; pero sin comprensión, no hay bendición. El uso privado de lenguas es contrario a la letra y al espíritu de 1 Corintios 12–14.

F. «*El don de lenguas une a los creyentes*».

Hay una nueva clase de ecumenismo entre los cristianos en el movimiento carismático que dice: «Usted no tiene que negar sus creencias básicas para ser parte de nuestro compañerismo». Pero, ¿unió acaso el llamado «bautismo del Espíritu» a los creyentes en Corinto? ¡La iglesia estaba dividida en cuatro facciones! (1 Co 1.10-13). Sin embargo, ¡todos los creyentes allí habían experimentado el bautismo del Espíritu! (12.13). Había discordia, división y disensión en la iglesia; y, no obstante, también había el don de lenguas. Ha sido nuestra experiencia que el énfasis en las «lenguas» y en el «bautismo del Espíritu» divide a la iglesia en lugar de unificarla. Los «cristianos de lenguas» se creen superiores a los demás y entonces empieza el problema.

G. «*No importa los términos que use con tal de que tenga la experiencia*».

Esta es una mentira sutil de Satanás. El Espíritu fue el que dio las palabras de las Escrituras y debemos obedecerlas (1 Co 2.9-16). Está mal confundir el bautismo del Espíritu con Su plenitud, porque Dios definitivamente las ha separado. Debemos basar en la Biblia la experiencia cristiana y no interpretar la Biblia por la experiencia. Si comprendemos las palabras y verdades de la Biblia, comprenderemos cómo vivir la vida cristiana. Nótese cuántas veces usa Pablo la palabra «ignorar» al escribir a los corintios. «No seáis niños en el modo de pensar» les amonesta en 14.20. A Satanás y sus poderes demoníacos les es posible falsificar las «experiencias espirituales» para los cristianos superficiales. Pero cuando los cristianos comprenden la Palabra de Dios, Satanás no puede trabajar.

1 CORINTIOS 15

Los griegos no creían en la resurrección de los muertos. Cuando Pablo predicó la resurrección en Atenas, algunas de las personas en realidad se rieron de la doctrina (Hch 17.32). Sus filósofos enseñaban que el cuerpo era la prisión del alma y que mientras más pronto la muerte liberara al alma, mejor le iría a la persona. Los griegos miraban al cuerpo humano como una fuente de debilidad y maldad, y no podían concebir que un cuerpo continuara existiendo después de la muerte. Este fue el modo de pensar que Pablo tuvo que enfrentar al escribir este capítulo.

I. Las pruebas de la resurrección del creyente (15.1-34)

A. Prueba histórica (vv. 1-11).

Los corintios no dudaban de la resurrección de Cristo, de modo que Pablo empezó allí en su argumentación de la resurrección del cuerpo humano. La resurrección de Cristo es un hecho histórico, probado por el mensaje del evangelio, el testimonio de testigos y la misma conversión de Pablo. Si no hubiera resurrección, no habría salvación, porque ¡un Salvador muerto no puede salvar a nadie! «Ahora bien», arguye Pablo, «sé que ustedes corintios creen en la resurrección de Cristo, de otra manera su fe sería vacía (vana). Cristo fue un hombre y ahora tiene un cuerpo de resurrección. Si Él tiene un cuerpo glorificado en el cielo, ¿por qué los creyentes no tendrán uno también?» Este es otro aspecto de la unión del creyente con Cristo: debido a que Él ha sido glorificado, nosotros también seremos glorificados un día.

B. Prueba personal (vv. 12-19).

Pablo señala la experiencia personal de los mismos corintios. Él les predicó el evangelio, ellos creyeron y sus vidas fueron transformadas (6.9-11). Pero si los muertos no resucitan, ¡Cristo todavía estaba muerto y ese evangelio era una mentira! Su fe era vana, y ¡ellos estaban todavía en sus pecados! La fe cristiana es buena sólo si una persona vive; no hay esperanza después de la muerte.

C. Prueba doctrinal (vv. 20-28).

Aquí Pablo analiza la doctrina bíblica de «los dos Adán». (Usa este argumento también en Ro 5.) Fue por medio del pecado del primer Adán que la muerte entró en el mundo; pero mediante el postrer Adán (Cristo), se conquistó la muerte. Cristo es las primicias; o sea, es el primero de una gran cosecha que aún no ha venido. Cristo es el «postrer Adán» de Dios e invertirá el mal que el primer Adán trajo a este mundo. Cuando Cristo venga los muertos en Cristo resucitarán (v. 23, 1 Ts 4.13-18). Jesús finalmente pondrá todas las cosas bajo sus pies, incluyendo la muerte. En otras palabras, negar la resurrección de los muertos es negar el reino futuro de Cristo. Si los creyentes están muertos para siempre, la promesa de Dios en cuanto al futuro es nula y vacía.

D. Prueba práctica (vv. 29-34).

Pablo menciona varias prácticas de la vida diaria que prueban la resurrección del cuerpo. Por un lado, los corintios estaban bautizándose «por los muertos». Hay cierto desacuerdo sobre lo que esto significa. ¿Estaban bautizando personas vivas por causa de los santos que habían muerto antes de bautizarse (lo cual no es muy probable), o estaban bautizando a nuevos convertidos para que tomaran el lugar de los que habían muerto (lo cual es lo más probable)? En cualquier caso, la iglesia de Corinto aún practicaba el bautismo y este es un símbolo de la muerte, sepultura y resurrección. (Por lo general, los eruditos del NT están de acuerdo en que la iglesia primitiva bautizaba por inmersión.) La ordenanza no tiene significado si no hay resurrección de los muertos. En los versículos 30-32 Pablo cita los muchos peligros de su ministerio y dice, en efecto: «¡Es una locura, por supuesto, que arriesgue mi vida diariamente si los muertos no resucitan!» En el versículo 32 arguye: «Si no hay resurrección, ¡debemos comer, beber y alegrarnos! ¡Disfrute de la vida mientras pueda!» Es fácil ver que estos puntos prácticos tienen sentido. «¡Qué vergüenza!», concluye él en el versículo 34. «¡Ustedes deberían saber esto!»

II. El proceso de la resurrección del creyente (15.35-49)

«¿Cómo resucitarán los muertos?» es la pregunta clave aquí. Pablo usa ilustraciones de la naturaleza para mostrar que no hay vida aparte de la muerte. La semilla que se planta muere para llevar fruto, y el fruto, aun cuando se identifica con la semilla original, es diferente a la misma. El cuerpo de resurrección, como los cuerpos en el cielo, tendrán su propia clase de gloria. No es el mismo cuerpo que se plantó (v. 37), sino que hay continuidad entre el cuerpo sepultado y el de resurrección. El cuerpo físico que se coloca en la tumba está sujeto a la descomposición; es humilde, un cuerpo de humillación; es débil, apropiado para un ambiente natural. El cuerpo de resurrección no se descompondrá; tendrá poder y gloria; será apropiado para un ambiente espiritual. Llevará la imagen de lo celestial.

El cuerpo de resurrección de Cristo ilustra lo que Pablo enseña aquí. Los creyentes le reconocieron, de modo que había continuidad entre su cuerpo crucificado y su cuerpo glorificado. Pero también podía cambiar su apariencia. Pasó a través de puertas cerradas y sin embargo comió pescado y miel (Lc 24.41-43) e invitó a los discípulos a que lo tocaran. Fue el mismo cuerpo, empero a la vez fue un cuerpo diferente. El cuerpo de resurrección retiene la identidad e individualidad del creyente, pero será apropiado para una nueva manera de vida.

III. El programa de la resurrección del creyente (15.50-58)

Aquí Pablo se refiere a la Segunda Venida de Cristo y lo que significa tanto para los vivos como para los muertos. «No todos dormiremos [moriremos]», porque algunos santos estarán vivos cuando Cristo vuelva; «pero todos seremos transformados». Este misterio concierne al Rapto de la Iglesia. Cuando Cristo vuelva, los muertos resucitarán primero, los vivos serán arrebatados y todos serán transformados para ser como Cristo. Y todo esto ocurrirá en un abrir y cerrar de ojos.

Pablo concluye con una nota de victoria. No puede haber aguijón en la muerte cuando una persona es cristiana, porque Cristo le ha quitado a la muerte ese aguijón. No puede haber victoria en el sepulcro, porque Cristo un día vaciará las tumbas y levantará a los suyos en el poder de su resurrección. ¡Qué poca esperanza tenían los griegos cuando pensaban en la muerte! Las inscripciones en las tumbas de la antigua Grecia y Roma indican que la muerte era su mayor enemigo, que no veían ninguna esperanza más allá de la tumba. ¡En Cristo tenemos vida y esperanza!

El versículo 58 se menciona con frecuencia fuera de su contexto. Los cristianos pueden estar firmes y constantes, debido a que saben que si su peor enemigo (la muerte) ha sido vencido ya no tienen que temer a ningún otro enemigo. Pueden abundar en el servicio cristiano, porque ese trabajo contará para la eternidad. Su labor no es en vano.

Varias veces en este capítulo Pablo usa la frase «en vano». Quiere decir «vacío, sin contenido». Debido a que la tumba está vacía, ¡nuestra fe no lo es! Pero si la tumba no está vacía, todo lo demás es en vano; nuestra predicación es vana (v. 14), nuestra fe es vana (v. 14) y nuestras obras son vanas (v. 58). La resurrección de Jesucristo es la respuesta de Dios al lamento de Salomón en Eclesiastés 1.2: «Vanidad de vanidades, todo es vanidad». ¡Gracias a Dios por la victoria que tenemos en la resurrección de Cristo!

1 CORINTIOS 16

En este capítulo final Pablo da instrucciones respecto a la ofrenda para los santos pobres de Jerusalén y también exhortaciones para los creyentes de Corinto respecto a su vida en la iglesia.

I. ¿Cómo recoger la ofrenda? (16.1-4)

Una iglesia local recibe sus instrucciones financieras de la Palabra («de la manera que ordené») y no del mundo. Qué triste es cuando las iglesias rechazan el método bíblico en cuanto a finanzas y adoptan métodos mundanos. Todas las iglesias en los días de Pablo seguían el mismo modelo bíblico: no había excepciones. Aun cuando estas instrucciones tienen que ver con una «ofrenda de auxilio misionero», los principios se aplican a las ofrendas cristianas en general; véase 2 Corintios 8–9.

A. *La ofrenda se centraba en la iglesia.*

De no ser así, ¿por qué Pablo menciona «el primer día de la semana»? Las iglesias se reunían en el día del Señor y traían sus ofrendas. Pablo no animó a los miembros a que le enviaran las ofrendas a él personalmente. Quería que la iglesia diera una muestra de amor a los creyentes judíos necesitados de Judea. Nótese en Filipenses 4.15,16 que Pablo estaba agradecido de las iglesias que le ayudaron con ofrendas. Un miembro de la iglesia tiene el deber de dar al Señor y a la iglesia sus diezmos y ofrendas. Esto no quiere decir que esté mal el sostenimiento personal a los obreros (2 Ti 1.16-18), sino que dar a las personas no debe ocupar el lugar de nuestra fidelidad a la iglesia.

B. La ofrenda era regular.

Pablo les animó a que trajeran su dinero semanalmente si les era posible. Algunas personas reciben cada semana su salario, otros cada mes. Lo que Pablo dice es: «No deje que sus diezmos y ofrendas se acumulen en su casa». Ofrendar sistemática y regularmente resulta en crecimiento espiritual.

C. La ofrenda era para toda persona.

La ofrenda no era algo para que la diera el rico nada más, sino ricos y pobres por igual. Es más, en 2 Corintios 8–9 Pablo nos dice que los santos pobres de Macedonia dieron de su pobreza abundantemente. Este es el modelo bíblico de ofrendar. El miembro de la iglesia que puede dar pero que no lo hace con fidelidad es un ladrón: le roba a Dios (Mal 3.7-12); les roba a otros cristianos, porque ellos pagan las cuentas mientras que él obtiene las bendiciones; aún más, se roba él mismo las bendiciones.

D. La ofrenda era proporcional: «según haya prosperado» (v. 2).

El diezmo era la norma mínima para la ofrenda en el AT y no hay razón para que esta norma no deba aplicarse a los cristianos del NT por igual. El diezmo se practicaba mucho antes de que se promulgara la ley (Gn 14.20; 28.22), de modo que no se puede argüir de que el diezmo es una práctica legalista.

E. La ofrenda se manejaba cuidadosamente.

Pablo siempre fue muy cuidadoso respecto al manejo del dinero. Quería que representantes elegidos por la iglesia le acompañaran, para que nadie le acusara de apropiarse del dinero. Es correcto que una iglesia tenga un sistema financiero que incluya recibos y registros. La situación financiera de la iglesia siempre debe ser la mejor posible como testimonio al perdido y lo será si los miembros son fieles al dar y si los fondos se distribuyen con cuidado y en oración.

II. Cómo ayudar a los siervos (16.5-12)

Pablo delineó sus planes futuros confiando en que la iglesia desearía participar en su ministerio. Estaba entonces en Éfeso, donde había tanto batallas como bendiciones; Pablo, por fe, miraba a las bendiciones, ¡no a las batallas!

Pablo quería entrañablemente al joven Timoteo, pero conocía su timidez y temores. Pablo animó a los santos a que lo recibieran y ayudaran por cuanto el joven estaba haciendo la obra de Dios. ¡Nunca debemos menospreciar a un obrero porque no es otro apóstol Pablo!

Apolos siguió a Pablo en Corinto (Hch 18.24-28) y los dos tuvieron buen compañerismo. Es maravilloso cuando un pastor que sucede a otro mantenga buena relación el uno con el otro. Tanto Pablo como Apolos estuvieron implicados en las divisiones de la iglesia (1.12), pero fueron muy cuidadosos al mostrarse unánimes en la obra.

Es importante que las iglesias reciban a los siervos del Señor y los traten bien. No es correcto que comparen a una persona con otra; esta conducta es carnal. La enseñanza de las Escrituras es clara en este punto. Si los siervos hacen la obra del Señor, debemos ayudarles tanto como sea posible.

III. Cómo fortalecer a la iglesia (16.13-24)

Las órdenes de Pablo en el versículo 13 suenan como órdenes militares, sugiriendo que la iglesia es un ejército y debe actuar como tal. «¡Actúen como adultos!», les exhorta, y ¡cómo necesitamos esa exhortación hoy! Demasiado a menudo la iglesia no tiene la disciplina y madurez de un ejército. Los corintios estaban actuando como bebitos; era tiempo de que crecieran y actuaran como adultos.

Debemos amar y apreciar a los obreros fieles de la iglesia. En los versículos 15-19 Pablo menciona a varios obreros, incluyendo a sus amados Priscila y Aquila. Pablo nunca pudiera haber hecho su obra si no hubiera sido por la ayuda de muchos cristianos y estaba contento de reconocer su deuda a ellos.

Pablo concluye con su firma (vv. 21-24). Indudablemente le dictó la carta a un secretario y luego tomó la pluma y puso su nombre. Esto probaba que la carta era auténtica y no un fraude. «Gracia» era la palabra clave siempre que firmaba su nombre.

La palabra *anatema* no se ha traducido y significa «maldito». La expresión «el Señor viene» es traducción de la palabra *maranata*. ¡Qué combinación de palabras! «¡Maldito el que no ame al Señor! ¡El Señor viene!»

Sin embargo, Pablo no concluye con una nota de juicio; sino con: «Mi amor en Cristo Jesús esté con todos vosotros», lo cual incluía hasta a los seguidores de Cefas y Apolos. Incluso la gente que estaba causando confusión en las asambleas. Incluso el hombre que necesitaba ser disciplinado. Qué ejemplo nos da Pablo aquí: él los amaba en Cristo, aun cuando no amaba sus pecados.

2 CORINTIOS

Bosquejo sugerido de 2 Corintios

I. Pablo explica su ministerio (1–5)

    A. Sufriendo, pero no derrotado (1)

    B. Afligido, pero no desesperado (2)

    C. Espiritual, no carnal (3)

    D. Sincero, no fraudulento (4)

    E. Serio, no descuidado (5)

II. Pablo exhorta a la iglesia (6–9)

    A. El ministerio de Pablo examinado (6.1-13)

    B. Pablo estimula separarse del pecado (6.14–7.1)

    C. Pablo pide reconciliación en el Señor (7.2-16)

    D. Pablo pide cooperación en la ofrenda (8–9)

III. Pablo vindica su apostolado (10–13)

    A. Pablo defiende su conducta (10)

    B. Pablo explica sus motivos (11)

    C. Pablo asevera sus méritos (12)

    D. Pablo habla de su misión (13)

Note en esta carta las muchas referencias a los sufrimientos de Pablo (1.3-11; 4.8-11; 6.4,8-10; 7.5; 11.23-28; 12.7-10) y también al estímulo (1.3-6; 2.7; 7.4,6-7,13).

Notas preliminares a 2 Corintios

I. Trasfondo

Repase la introducción a 1 Corintios para ver el trasfondo de la fundación de la iglesia corintia.

Pablo escribió 1 Corintios desde Éfeso, donde había ministrado tres años. Envió esta carta a la iglesia por medio de Timoteo (1 Co 4.17), pero los problemas en la iglesia sólo empeoraron. Tal vez fue la timidez del joven Timoteo que hizo que los creyentes en Corinto desobedecieran las palabras de Pablo. De todos modos, Pablo entonces envió a Tito a Corinto para estar seguro de que la iglesia obedeció las órdenes apostólicas que Pablo les dio (2 Co 7.13-15).

Mientras tanto, el alboroto de que se habla en Hechos 19.23-41 forzó a Pablo a salir de Éfeso. Pablo había prometido a los corintios que les visitaría (1 Co 16.3-7), pero las circunstancias fueron tales que se demoró en el camino. Había esperado encontrar a Tito en Troas (2 Co 2.12,13), pero ese plan falló. Al leer 2 Corintios 1–2 se siente el peso y el dolor que Pablo sentía, sufriendo tanto física como emocionalmente. Mientras estuvo en Troas, Pablo predicó un poco, luego se dirigió hacia Macedonia. Finalmente encontró a Tito, quizás en Filipos (2 Co 7.5,6), y le dio a Pablo las buenas noticias de que la mayoría de Corinto lo respaldaba y obedecería su palabra. Fue este gozo lo que le impulsó a escribir esta segunda carta a los corintios.

II. Propósitos

Pablo tenía varios propósitos en mente cuando escribió esta carta:
(1) Elogiar a la iglesia por disciplinar al ofensor (1 Co 5), y animarlos a perdonarlo y a recibirlo (2 Co 2.6-11).
(2) Explicar por qué al parecer «cambió sus planes» y no los visitó como había prometido (1 Co 16.3-7; 2 Co 1.15-22).
(3) Responder a los de la iglesia que cuestionaban su autoridad apostólica (2 Co 10–12).
(4) Responder a los que le acusaban de motivos equivocados (2 Co 4.1-2).
(5) Animar a la iglesia a participar en la ofrenda para los santos de Jerusalén (2 Co 8–9).
(6) Prepararles para su visita planeada (2 Co 13).

Esta carta contrasta directamente con el tono de 1 Corintios, porque es muy personal y llena de profundas emociones del consagrado apóstol. Si 1 Corintios «hace volar el techo» de la iglesia de Corinto y nos deja mirar adentro, 2 Corintios «abre el corazón» de Pablo y nos deja ver su amor y preocupación por la obra del Señor. En la primera carta Pablo es el instructor, respondiendo preguntas y arreglando cuestiones; en su segunda carta es el pastor cariñoso, el ministro de Cristo, derramando su vida para que sus hijos espirituales puedan ser perfeccionados en la fe.

Ninguna carta del NT revela el verdadero carácter del ministro cristiano como lo hace esta. Ninguna carta dice tanto acerca de la ofrenda del cristiano, así como de su sufrimiento y triunfo espiritual.

2 Corintios 1

Pocos capítulos del NT revelan el corazón de Pablo como lo hace este. Aquí vemos al gran apóstol admitiendo sus temores y fracasos al referirse a los sufrimientos que había soportado. El problema del dolor siempre ha dejado perpleja a la gente que piensa. «¿Por qué debe sufrir el justo?» es una pregunta que se halla en las Escrituras desde Job hasta Apocalipsis. En este capítulo, al recontar Pablo sus experiencias personales, nos da tres razones por las cuales Dios permite que su pueblo sufra.

I. Para que podamos consolar a otros (1.1-7)

La palabra «consolar» se usa diez veces en los versículos 1-7 («consolación» en 5, 6 y 7) y literalmente significa «llamar a alguien al lado de uno». Es la misma que Jesús usó en Juan 14.16 para el Espíritu, el Consolador. Qué gozo es saber que Dios está a nuestro lado para ayudarnos siempre que atravesamos problemas (Is 41.10,13; 43.2-3). Cada miembro de la Trinidad es un consolador: el Padre (2 Co 1.3), el Hijo y el Espíritu (Jn 14.16). Dios es el Dios de toda consolación, así como es el Dios de toda gracia (1 P 5.10). ¡Hay consolación y gracia para toda situación!

Pero esta consolación que recibimos de Dios no es simplemente para nuestro alivio personal; se nos da para que ayudemos a otros. Pablo atravesó tribulaciones (1.4,8; 2.4; 4.17; 6.4; 7.4; 8.2) para que pudiera ser capaz de ministrar a otros. Dios nos prepara para lo que está preparando para nosotros. No podemos guiar a otros a donde nosotros mismos no hemos estado. Pablo miraba sus aflicciones como «los sufrimientos de Cristo» (1.5; 4.10, 11); y según indica en Filipenses 3.10 estaba experimentando «la participación de sus padecimientos». Esto no significa que participamos de los sufrimientos de Cristo para expiar nuestro pecado, puesto que eso fue un ministerio que el único que lo puede realizar es Cristo. Más bien sugiere que sufrimos por su causa y para su gloria, y que Él sufre con nosotros (véase Hch 9.4).

¡Las matemáticas de la misericordia de Dios son maravillosas! Así como las aflicciones abundan, ¡igualmente abunda su consuelo! Donde abunda el pecado, ¡abunda también la gracia! (Ro 5.20). Pablo usa la palabra «abunda» con frecuencia en 2 Corintios, de modo que verifique en su concordancia estas referencias. En el versículo 6 Pablo enseña la maravillosa verdad de que la aflicción del cristiano da lugar a doble bendición: primero, para el creyente individual («se opera» significa que obra en el creyente; véanse 1 Ts 2.13; Flp 2.12-13) y luego para otros. Nosotros, como cristianos, debemos estar dispuestos a soportar aflicciones puesto que sabemos que nos traen personalmente bien espiritual y bendiciones para otros al darles la consolación de Dios. La palabra griega para «compañeros» en el versículo 7 indica compañerismo. Debemos estar dispuestos a ser «compañeros» con Cristo en el sufrimiento, puesto que este «compañerismo» conduce al consuelo y a la consagración.

II. Para que podamos confiar solamente en Dios (1.8-11)

Se necesita una alma grande para admitir el fracaso. Pablo desnuda su corazón aquí y le comunica a los creyentes los problemas que soportó en Asia. No escribió esto para ganar su simpatía, sino para enseñarles una lección que aprendió: confiar solamente en Dios. No estamos seguros del problema a que se refiere Pablo; tal vez incluía tanto el motín en Éfeso (cf. Hch 19.23-41 y 1 Co 15.32) como las tristes noticias de los problemas de la iglesia corintia. En 7.5 indica que había problemas de afuera y de adentro; de modo que tal vez era tanto debilidad y peligro físico como preocupación espiritual por la incipiente iglesia de Corinto. Cualesquiera que hayan sido estos problemas, eran suficientes para aplastar a Pablo y hacerle sentir como sentenciado a muerte. ¡Perdió la esperanza hasta de la misma vida! (¡Qué reconfortante saber que incluso los grandes santos de Dios están hechos de barro!) Pero Pablo aprendió la lección que Dios tenía para él: no debía confiar en sí mismo, sino únicamente en Dios. Nótese los tres tiempos de los verbos referentes a la liberación del creyente en el versículo 10 y compárelo con Tito 2.11-14. Sin embargo, Pablo se apresura a reconocer la provechosa oración de sus amigos (v. 11). Afirma que su liberación en respuesta a la oración hará que muchos alaben a Dios y le den a Él la gloria que merece.

Avanzamos una gran distancia en nuestras vidas cristianas cuando aprendemos a poner la fe solamente en Dios y no en uno mismo, ni en las circunstancias, ni en los hombres. Abraham tomó a Lot consigo y Lot se fue a Sodoma. Moisés insistió en contar con la ayuda de Aarón y este llevó al pueblo al pecado. Los consejeros de David desertaron. Incluso los discípulos abandonaron a Cristo ¡y huyeron! El creyente que teme al Señor y vive para agradarle disfruta de paz y seguridad aun en medio de los problemas. ¡Qué lección para aprender!

III. Para que podamos recibir las promesas de Dios (1.12-24)

Es fácil ver la conexión entre este pasaje respecto a los planes de Pablo y el tema general del sufrimiento; al entender el trasfondo podemos seguir el pensamiento de Pablo. Había prometido visitar Corinto, primero cuando emprendió camino a Macedonia y luego cuando en dirigía a Jerusalén con la ofrenda especial. Esta es la «segunda gracia» mencionada en el versículo 15. Pero las circunstancias le obligaron a cambiar sus planes y sus enemigos en Corinto le acusaron de ser voluble e inconstante. «¡No se puede confiar en las cartas de Pablo!», decían. «¡Con todo afirma que estas cartas son mensaje de Dios para nosotros!»

Pablo respondió a estas acusaciones mostrando que fue sincero al prometerles dos visitas y que sus motivos eran puros y piadosos. Les aseguró que sus cartas eran sinceras y dignas de confianza, como descubrirán cuando Cristo vuelva para juzgar (vv. 12-14). Era la confianza de Pablo en el amor y la comprensión de ellos (vv. 15-16) lo que hizo cambiar sus planes. Una paráfrasis lo dice así: «Tan seguro estaba del entendimiento y la confianza de ustedes, que pensaba hacer un alto en mi viaje a Macedonia y visitarlos, y hacer lo mismo en el viaje de regreso, para serles de una doble bendición y para que me encaminaran luego a Judea» (La Biblia al día). Donde hay amor y confianza nunca debe haber duda o cuestionamiento de motivos. Pablo no era como los hombres del mundo que dicen «sí» cuando quieren decir «no». Es aquí que Pablo nos enseña una lección duradera: La Palabra de Dios es fidedigna y todas las promesas de Dios hallan su «sí» en Jesucristo. Una manera de traducir el versículo 20 es: «Todas las promesas de Dios hallan sí en Cristo y por medio de Él decimos amén». En otras palabras, las promesas de Dios son verdaderas en Cristo, Él las cumple y nos da la fe para recibirlas.

¡Cuán agradecidos debemos estar por la inmutable Palabra de Dios! Con frecuencia requiere que haya problemas y aflicción en nuestras vidas antes de que podamos reclamar y confiar en las promesas de Dios. Hacemos planes, pero Dios los deja a un lado. Hacemos promesas y no siempre podemos cumplirlas. Pero en Cristo todas las promesas de Dios hallan su cumplimiento y en Él tenemos el poder para reclamar estas promesas para nosotros mismos y nuestra situación.

En los versículos finales (vv. 21-24) Pablo recuerda a los creyentes que su vida cristiana proviene de Dios. Él fue establecido en Cristo por el Espíritu, ungido y sellado, y le fue dado las arras (garantía) del Espíritu. ¿Cómo no ser sincero cuando el Espíritu estaba obrando en su vida? El sello del Espíritu se refiere a la obra del Espíritu al marcarnos para la salvación eterna. Una vez que hemos confiado en Cristo, somos sellados y estamos seguros en Él (Ef 1.13,14; 4.30). Las «arras» se refiere a las bendiciones del Espíritu en nuestras vidas hoy, que no son sino la «garantía» de las bendiciones eternas que disfrutaremos en gloria (véanse Ro 8.9,14,23; Ef 1.14).

Finalmente Pablo indica que se alegraba de que Dios había cambiado el viaje planeado, porque hubiera tenido que reprenderles si los hubiera visitado en esa ocasión. En lugar de navegar desde Éfeso a Corinto, viajó a Troas y Filipos, y así le dio más tiempo a la iglesia para que corrigiera las cosas. Una visita en ese tiempo hubiera sido dolorosa; pero ahora que las cosas se habían resuelto (2.6-11), podía visitarlos en gozo y no en aflicción.

2 CORINTIOS 2

En este capítulo Pablo sigue explicando el cambio de sus planes (1.15ss) y muestra su amor y preocupación por la iglesia y sus necesidades espirituales.

I. Las lágrimas de Pablo por la iglesia (2.1-4)

En 11.23-28 Pablo hace una lista de las muchas tribulaciones que había soportado por causa de Cristo, e indica que la mayor carga que siente es «la preocupación por todas las iglesias» (v. 28). Como un verdadero pastor Pablo tenía a estas iglesias infantes en su corazón y sobre sus hombros, como el sumo sacerdote de Israel (Éx 28.12-21). Las lágrimas son parte importante de un ministerio espiritual. Jesús lloró; Pablo ministraba con lágrimas (Hch 20.19,31); y el Salmo 126.5,6 indica que no habrá cosecha sin lágrimas.

Pablo no quería visitar a la iglesia como un padre riguroso, sino como un amigo cariñoso. La iglesia debería haber traído gozo a su corazón, no tristeza. Si los había entristecido, ¿cómo podían, a su vez, alegrarlo? Quería darles tiempo para que corrigieran las cosas en la iglesia; entonces los visitaría y su compañerismo sería de gozo. Cuando les escribió, lo hizo con una pluma mojada en lágrimas. Había llorado al escribir la carta (2.4). (Tal vez se refería a 1 Corintios o quizás a una carta austera y dura que no tenemos.)

En el capítulo 1 el tema de Pablo era la consolación abundante; aquí es el amor abundante. «El amor nunca deja de ser» (1 Co 13.8). Donde hay amor, siempre existe la preocupación de ver a otros disfrutar de lo mejor. Cuántas veces los pastores lloran por los cristianos descarriados. Dios honró las lágrimas de Pablo y obró en la iglesia para que se corrigiera el pecado.

II. El testimonio de Pablo al ofensor (2.5-11)

Esta sección nos lleva de regreso a 1 Corintios 5, donde Pablo había amonestado a la iglesia para que disciplinaran al hombre que vivía en pecado abierto. Aquí Pablo afirma que el ofensor no le causó problemas y tristezas solamente a Pablo: ¡le causó problemas a toda la iglesia! Pablo les había instruido que reunieran a la iglesia y separaran de su compañerismo a este hombre. Este acto de disciplina le conduciría al punto de lamento y arrepentimiento. Pues bien, así lo hicieron, pero entonces ¡se fueron al otro extremo! El hombre dio muestras de arrepentimiento por el pecado, ¡pero la iglesia no estaba dispuesta a recibirle de nuevo después de su confesión!

«Perdónenlo y recíbanlo de nuevo», dice el apóstol. «Si no lo hacen, Satanás les sumirá en demasiada tristeza». Con cuánta frecuencia los cristianos confiesan sus pecados y sin embargo no quieren creer que Dios perdona y olvida. Hay una tristeza anormal que no es en realidad verdadero arrepentimiento; sino remordimiento, la tristeza del mundo. Pedro mostró arrepentimiento; su tristeza fue piadosa y le condujo de regreso a Cristo. Judas mostró remordimiento; la suya fue una tristeza sin esperanza, del mundo, que le alejó de Cristo y le llevó al suicidio. Satanás quiere hacernos creer que no podemos ser perdonados (véase Zac 3.1-5); sin embargo, lea Romanos 8.31-39. Si Satanás puede acusarnos de pecado y desanimarnos con nuestros fracasos pasados, nos privará de nuestro gozo y utilidad para Cristo.

Si Dios perdona a una persona de pecado, nosotros también debemos perdonarla (Ef 4.32).

III. El triunfo de Pablo en Cristo (2.12-17)

Pablo hace referencia a su viaje de Éfeso a Filipos. Lo que comenzó como resultado de problemas ¡terminó en triunfo! Con cuánta frecuencia ocurre esto en la vida cristiana. Las mujeres vinieron a la tumba aquella mañana de resurrección cargadas de desaliento, tan solo para encontrar que se había ganado una gran victoria. Pablo vino a Troas y no pudo hallar a Tito, pero encontró «una tremenda oportunidad» para predicar el evangelio (Ro 8.28). En cada lugar de tribulación hay siempre una puerta abierta de oportunidad. José hizo de sus aflicciones un triunfo en Egipto; Daniel lo hizo en Babilonia; Pablo lo hizo en Troas.

Pero el servicio no es un sustituto de la paz y Pablo añoraba ver a Tito y recibir noticias de la iglesia de Corinto. Salió de Troas y se dirigió a Macedonia (quizás a Filipos), pasando por alto a Corinto. En Filipos encontró a Tito y recibió las buenas noticias de que habían disciplinado al ofensor, la mayoría de la iglesia respaldaba a Pablo y las cosas parecían marchar mejor. Esto regocijó tanto a Pablo que prorrumpió en un canto de alabanza.

El cuadro en los versículos 14-17 era familiar a todo ciudadano romano, pero no lo es para los cristianos del siglo veinte. Cuando un general victorioso regresaba de la batalla, Roma le hacía un desfile público, no muy diferente a los grandes desfiles de homenaje de los tiempos modernos. Este desfile estaba repleto de pompa y gloria, y se quemaba una gran cantidad de incienso en honor del héroe. En el desfile tanto soldados como oficiales disfrutaban de gloria y alabanza, pero los esclavos y los prisioneros presentes terminarían en la arena del circo romano para morir luchando contra bestias salvajes. Al oler los victoriosos el incienso, inhalaban el aroma de la vida y el gozo; pero para los cautivos el incienso era un recordatorio de la muerte que se les aproximaba.

En el «desfile cristiano» que Pablo describe, Jesucristo es el Victorioso. Por medio de su muerte en la cruz ha conquistado a todo enemigo. Nosotros los cristianos marchamos con Él en el desfile, participando de su victoria (1 Co 15.57). El cristiano, sin embargo, es el incienso (dulce aroma de Cristo) en esta procesión conforme el Espíritu esparce el conocimiento de Cristo en nuestra vida y a través de ella. Este aroma, o perfume, quiere decir vida para otros creyentes, pero para el no creyente que se dirige a la condenación eterna, significa muerte. José fue olor de muerte para el panadero, pero olor de vida para el copero (Gn 40).

La descripción de Pablo es un cuadro hermoso y desafiante. ¡Qué tremenda responsabilidad es introducir a las personas a la vida, o que ellas rechacen a Cristo y vayan a la muerte! Ser cristiano es una seria responsabilidad, porque nuestras vidas conducen a las personas bien sea al cielo o al infierno. No es de sorprenderse que Pablo exclame: «Y para estas cosas, ¿quién es suficiente?» (v. 16). ¿Cómo puede un cristiano poseer todo lo que necesita para ser el mejor cristiano posible, el mejor testigo, el mejor soldado? En 3.5 Pablo responde a esta pregunta: «Nuestra competencia proviene de Dios». Pablo usa la palabra «competencia» o «suficiencia» varias veces en esta carta. Cristo es suficiente para nuestras necesidades espirituales (3.4-6), materiales (9.8) y físicas (12.7-10).

En el versículo 17 Pablo vuelve a la acusación de que no se podía fiar en su palabra. Desafortunadamente hay, incluso hoy, líderes religiosos que «hacen mercadería» (v. 17: medran falsificando) con la Palabra de Dios, que son insinceros y engañadores. La palabra «falsificando» tiene la idea de «vender» el evangelio, usando el ministerio sólo como un medio de ganarse la vida antes que de construir la iglesia de Jesucristo. Una forma de esta palabra griega se usaba para describir al mesonero o al vendedor ambulante, y lleva la idea de hacer cualquier tipo de negocio simplemente para lograr ganancia. El ministerio de Pablo no era un negocio; era una preocupación. No servía a los hombres; servía a Cristo. Era sincero en el método, en su mensaje y en su motivo. Se daba cuenta de que el ojo de Dios estaba sobre él y que la gloria de Cristo estaba en juego.

En estos dos capítulos hemos visto que el ministerio de Pablo estuvo lleno de sufrimiento y tristeza, sin embargo experimentó triunfo y gozo en Cristo. Recordemos que «nuestra competencia proviene de Dios» (3.5).

2 Corintios 3

Este capítulo es clave, porque muestra la relación entre el mensaje del AT de la ley y el ministerio del NT del evangelio de la gracia de Dios. Todo parece indicar que la facción judía en Corinto estaba diciendo que Pablo no era un verdadero apóstol porque no tenía cartas de recomendación de la iglesia de Jerusalén. Al parecer algunos maestros habían llegado a Corinto con tales cartas y esta falta de credenciales parecía desacreditar a Pablo. El apóstol usó esta acusación como una oportunidad para contrastar el evangelio de la gracia con la Ley de Moisés.

I. Escrito en los corazones, no en piedras (3.1-3)

«¡No necesito cartas de recomendación!», dice Pablo. «Ustedes cristianos en Corinto son mis cartas, ¡escritas en los corazones, no en piedras!» «Por sus frutos los conoceréis» (Mt 7.20). La vida y ministerio de una persona se pueden ver en su trabajo. Pablo se autodescribe como el secretario de Dios, escribiendo la Palabra en las vidas del pueblo de Dios. Qué asombrosa verdad: ¡todo cristiano es una epístola de Cristo que leen todos los hombres!

> *Tú escribes un evangelio, un capítulo por día,*
> *por tus palabras, tus obras, que son tu expresión de vida.*
> *Los hombres las van leyendo y van aprendiendo así,*
> *de Jesús... ¿verdad?... ¿mentira?...*
> *Y no les falta criterio, aprenden en tu evangelio,*
> *el quinto según tu vida.*

Moisés escribió la Ley de Dios en piedras, pero en esta era Dios escribe su Palabra en nuestros corazones (Heb 10.16,17). La ley fue una cuestión externa; la gracia habita internamente, en el corazón. Pero Pablo no escribió siquiera con tinta que se desvanecería; escribió de manera permanente con el Espíritu de Dios. La ley, escrita en piedra, sostenida en la mano del hombre, nunca podría cambiar su vida. Pero el Espíritu de Dios puede usar la Palabra para cambiar las vidas y hacerlas semejantes a Jesús. El ministerio del NT, entonces, es un ministerio espiritual, conforme el Espíritu escribe la Palabra en los corazones de los hombres.

II. Trae vida, no muerte (3.4-6)

Cuando Pablo dice: «La letra mata», no se refiere a la «letra» de la Palabra de Dios en oposición a su «espíritu». A menudo oímos a la gente decir confundida: «No está bien seguir la letra de la Biblia; debemos seguir su espíritu». Tenga presente que por «la letra» Pablo quiere decir la ley del AT. En este capítulo usa diferentes frases al referirse a la ley del AT: la letra (v. 6); ministerio de muerte (v. 7); ministerio de condenación (v. 9).

La ley no vino para dar vida; fue definitivamente un ministerio de muerte. Pablo era un ministro del nuevo pacto, no del antiguo pacto de obras y muerte. ¡Ningún hombre jamás fue salvo mediante la ley! Sin embargo, había maestros en Corinto que le decían a las personas que obedecieran la ley y rechazaran el evangelio de gracia que Pablo predicaba. Trace la palabra «vida» en el Evangelio de Juan, por ejemplo, y verá que el ministerio del NT es uno de vida a través del Espíritu Santo.

III. Gloria duradera, no pasajera (3.7-13)

Ciertamente que hubo gloria en el ministerio del AT. La gloria llenaba el templo; la gloria de Dios flotaba sobre el pueblo en el desierto. El templo y sus ceremonia, y la misma promulgación de la Ley de Moisés, todo tenía su debida gloria. Pero era una gloria pasajera, no era duradera. Pablo cita la experiencia de Moisés que se registra en Éxodo 34.29-35. Moisés había estado en la presencia de Dios y su gloria se reflejaba en su rostro. Pero Moisés sabía que esta gloria se desvanecería, de modo que se ponía un velo sobre su cara cuando hablaba con las personas, para que no vieran la gloria que se desvanecía y perdieran la confianza en su ministerio. (Por lo general, se enseña equivocadamente que Moisés se ponía el velo para evitar asustar a la gente. Nótese el v. 13: «Y no como Moisés que ponía un velo sobre su rostro, para que los hijos de Israel no fijaran la vista en el fin de aquello que había de ser abolido».) Dios nunca intentó que la gloria del antiguo pacto fuera permanente; debía desaparecer antes de la abundante gloria del evangelio. Si el ministerio de condenación (la ley) fue glorioso, el ministerio de justicia (el evangelio) ¡era aun más glorioso! Pablo no necesitaba velo; no tenía nada qué esconder. ¡La gloria del evangelio está aquí!

IV. Sin velo, no velado (3.14-16)

Pablo hace una aplicación espiritual del velo de Moisés. Indica que hay todavía un velo sobre los corazones de los judíos cuando leen el AT, y que este velo les impide ver a Cristo. El AT siempre será un libro cerrado para el corazón que no conoce a Cristo. Jesús lo quitó cuando rasgó el velo del templo y cumplió los tipos y profecías del AT. Sin embargo, Israel no reconoció que el ministerio de la ley era temporal; se aferraba a un ministerio que nunca tuvo el propósito de ser duradero, un ministerio con gloria pasajera. Hay una ceguera doble en Israel: una ceguera que afecta a las personas para que no puedan reconocer a Cristo según se revela en el AT y una ceguera judicial por la cual Dios cegó a Israel como nación (Ro 11.25). Satanás ciega el entendimiento de todos los pecadores, ocultándolos del glorioso evangelio de Cristo (2 Co 4.4).

Pero cuando el corazón se vuelve a Cristo, es quitado ese velo. Moisés se quitó el velo cuando subió al monte para ver a Dios y a cualquier judío que sinceramente se vuelve al Señor se le quitará el velo espiritual y verá a Cristo y le recibirá como Salvador. El ministerio del NT es uno que apunta hacia Cristo en la Palabra de Dios, tanto en el AT como en el NT. No tenemos nada que ocultar, nada que poner detrás de un velo; la gloria durará para siempre y será cada vez más brillante.

V. Libertad, no esclavitud (3.17,18)

Se abusa groseramente del versículo 17 y se cita de manera equivocada para excusar toda clase de prácticas no espirituales. «El Señor es el Espíritu»; cuando los pecadores se vuelven a Cristo es mediante el ministerio del Espíritu. En el Espíritu da libertad de la esclavitud espiritual. El antiguo pacto era un pacto de obras y esclavitud (Hch 15.10). Pero el nuevo pacto es un ministerio de libertad gloriosa en Cristo (Gl 5.1ss). Esta libertad no es licencia; es libertad del temor, del pecado, del mundo y de las prácticas religiosas legalistas. Todo cristiano es como Moisés: con un rostro sin velo podemos entrar a la presencia de Dios y disfrutar de su gloria. Sí, ¡recibir esa gloria y llegar a ser más como Cristo!

En el versículo 18 Pablo ilustra el significado de la santificación y de crecer en la gracia. Compara a la Palabra de Dios con un espejo (véase Stg 1.23-25). Cuando el pueblo de Dios mira su Palabra y ve su gloria, el Espíritu de Dios lo transforma para que sea como el Hijo de Dios (Ro 8.29). «Transformados» en este versículo es la misma palabra que se usa en Romanos 12.2 y que se traduce «transfigurarse» en Mateo 17.2, y explica cómo se renueva nuestro entendimiento en Cristo. El cristiano no está en esclavitud y temor; podemos entrar en la misma presencia de Dios y disfrutar de su gloria y gracia. No tenemos que esperar a que Cristo regrese para llegar a ser como Él; podemos crecer cada día «de gloria en gloria» (v. 18).

¡Verdaderamente nuestra posición en Cristo es gloriosa! El ministerio de la gracia es muy superior al del judaísmo o de cualquier otra religión, aunque los cristianos del NT no tengan ninguna de las ceremonias y atuendos visibles que pertenecían a la ley. Nuestro ministerio es glorioso y su gloria nunca se desvanecerá.

2 CORINTIOS 4

Algunos en Corinto acusaban a Pablo de insinceridad en su ministerio. «Pablo lo hace sólo por lo que puede ganar», era la acusación. En este capítulo Pablo pone de manifiesto que su ministerio es sincero.

I. Su determinación (4.1)

¿Por qué continuaba Pablo predicando, con todos los peligros y esfuerzos que involucraba, si no era sincero? Un hombre con motivos menos dignos, o con una perspectiva menos espiritual del ministerio se hubiera dado por vencido mucho tiempo atrás. Pablo miraba al ministerio como una mayordomía: Dios se la dio y Dios también le daba la fuerza para continuar y no desmayar. ¡El evangelio era demasiado glorioso como para que Pablo se diera por vencido! Para él ser un ministro del evangelio era un privilegio demasiado grande como para arriesgarse a caer o descarriarse.

II. Su honestidad (4.2-4)

Hay algunas cosas que Pablo se negaba a hacer. Rehusó usar prácticas solapadas y engañosas para ganar seguidores. Los falsos maestros estaban haciendo estas mismas cosas. «No empleamos artimañas para que la gente crea», es cómo la versión *La Biblia al día* lo dice. Pablo no andaría con astucias ni usaría engañosamente la Palabra, o sea, «adulterando la palabra de Dios». Usamos la Biblia con engaños cuando mezclamos la filosofía y el error con la verdad de Dios para ganar la aprobación humana. No así con Pablo. Su ministerio era honesto. Usaba la Palabra de una manera abierta, sincera y animaba a las personas a que escudriñaran las Escrituras por sí mismas (véase Hch 17.11).

Si el evangelio está escondido, nunca debe ser culpa del maestro. Satanás ciega el entendimiento de los pecadores porque no quiere que vean la gloria de Cristo. Multitudes hoy, que no quieren mirar el rostro de Jesús para salvación, un día tratarán de esconderse de su rostro (Ap 6.15-17). La mente del pecado es ciega e ignorante (Ef 4.17-19), y sólo la luz de la Palabra puede traer el conocimiento de la salvación. Mas nunca debemos torcer o corromper la Palabra de Dios en un intento de lograr convertidos. Debemos usar la Palabra con buena conciencia hacia los hombres y hacia Dios.

III. Su humildad (4.5-7)

Si Pablo quería obtener a alguien que lo siguiera y hacer dinero, debería haber predicado de sí mismo y no de Cristo. Sin embargo, no predicaba de sí mismo; procuraba honrar únicamente a Cristo. Lea otra vez 1 Corintios 3.1-9 para ver cómo Pablo se presenta a sí mismo como siervo de Dios y esclavo por amor de Jesús. No, no puede haber luz si exaltamos a los hombres; sólo Dios puede hacer que la luz brille en las tinieblas.

Aquí Pablo nos refiere de nuevo a Génesis 1.1-5, donde Dios hizo la luz en la creación y de ella trajo vida y bendición. El corazón del pecador perdido es como esa tierra original: sin forma, vacía y en tinieblas. El Espíritu se mueve sobre el corazón. La Palabra viene y trae luz: la luz del glorioso evangelio. El pecador entonces llega a ser una nueva creación, una nueva criatura y empieza a dar fruto para la gloria de Dios.

«Sí, tengo un tesoro», admite Pablo, «pero está en un vaso de barro. No quiero que me vean a mí; yo soy sólo el vaso. Lo más importante es que vean a Cristo y que Él reciba la gloria». Es muy malo cuando los obreros cristianos hacen al instrumento más importante que el tesoro del evangelio.

IV. Su sufrimiento (4.8-10)

Si Pablo andaba buscando ganancia personal, como decían ellos, ¿por qué sufrió tanto? El hombre que entra en componendas en vez de ajustarse a la Palabra de Dios, no sufrirá; los hombres le acogerán y le honrarán. Pero la gente maltrataba a Pablo, le rechazaba y le hacía la vida imposible. Le trataban como los hombres trataron a Cristo.

La disposición de Pablo para sufrir por Cristo es una de las pruebas más grandes de su sinceridad como siervo de Dios. Lea estos versículos en una traducción moderna para captar el vigor de su mensaje.

V. Su abnegación (4.11-15)

Pablo estaba dispuesto a enfrentar el sufrimiento y muerte por causa de Jesús y por causa de las iglesias. Las experiencias que le traían muerte significaban vida para los creyentes a medida que sufría por darles la Palabra. Los falsos maestros no sabían nada de sufrimiento ni sacrificio. A través de la carta Pablo señala sus llagas como credenciales de su ministerio. En Gálatas 6.17 dijo: «Yo traigo en mi cuerpo las marcas del Señor Jesús».

«Todas estas cosas padecemos por amor a vosotros». ¡Qué espíritu de abnegación y desprendimiento! Pablo estaba dispuesto a ir dondequiera, dispuesto a sufrir lo que fuera, si daba gloria a Dios y bien a las iglesias. Tenía el Espíritu de fe; sabía que sus sufrimientos redundarían en bendiciones.

VI. Su fe (4.16-19)

Estos versículos dan al creyente la seguridad maravillosa en tiempos de sufrimientos. Aunque el hombre exterior se va desgastando día por día, el hombre interior, el hombre espiritual, se renueva de día en día (véase 3.18). Aquí Pablo está pesando sus sufrimientos en las balanzas de Dios. Descubre que sus sufrimientos son ligeros cuando se les compara con el peso de gloria que Dios tiene almacenado para él. Sus días y años de aflicción no son nada comparados a la eternidad de bendición que le espera. Cuán importante es que vivamos «con los valores de la eternidad a la vista». La vida cobra un nuevo significado cuando vemos las cosas a través de los ojos de Dios.

El versículo 18 es una paradoja para el inconverso, pero una preciosa verdad para el cristiano. Vivimos por fe, no por vista. Es la fe la que le permite al cristiano ver las cosas que no se pueden ver (Heb 11.1-3); esta fe viene de la Palabra de Dios (Ro 10.17). Las cosas por las que el mundo vive y muere son temporales, pasajeras; las cosas del Señor duran para siempre. El mundo piensa que estamos locos porque nos atrevemos a creer a la Palabra de Dios y a vivir de acuerdo a su voluntad. Pasamos por alto las «cosas» que los hombres codician porque nuestros corazones están fijos en valores más elevados.

Es importante que tengamos una vida y ministerio cristianos sinceros. Nuestros motivos deben ser puros. Nuestros métodos deben ser bíblicos. Debemos ser fieles a la Palabra de Dios. Pablo tenía esta clase de ministerio e igualmente debemos tenerlo nosotros.

2 CORINTIOS 5

En este capítulo Pablo todavía está refiriéndose a su ministerio, respondiendo a las acusaciones de sus enemigos. Destaca que su ministerio es serio, no negligente; que trabaja por motivos honestos y no por deseos carnales. Pablo explica cuatro motivos que controlan su vida y su ministerio.

I. Su confianza en el cielo (5.1-8)

En el capítulo anterior Pablo mencionó su determinación para servir a Cristo a pesar del sufrimiento e incluso la muerte. Vivía por fe, no por vista. Pero esta fe no era una confianza ciega; era una confianza cierta en la Palabra de Dios. Cuando usted sabe a dónde va, ninguna tormenta puede amedrentarlo ni enemigo derrotarlo. El hombre exterior se puede estar desgastando (4.16), pero, ¿qué hacía esto diferente? Pablo sabía que la gloria yacía al otro lado.

La «morada» a que Pablo se refiere aquí no es el hogar que Cristo está preparando para los creyentes (Jn 14.1ss); es el cuerpo glorificado que será nuestro cuando Cristo vuelva (Flp 3.21; 1 Co 15.50ss). Nuestra habitación terrestre no es más que una tienda (tabernáculo) que un día será desarmada (deshiciere). ¡Pero Dios tiene un cuerpo glorificado para nosotros! No obstante, nuestro deseo como cristiano no es que se nos quite este cuerpo terrenal en la muerte, sino que sea «vestido» y transformado cuando Cristo venga. ¿Cómo sabemos que tenemos este glorioso futuro? Tenemos las arras del Espíritu (v. 5), esa «garantía eterna» que nos asegura que el resto de la bendición prometida será nuestro. Ahora estamos «en el cuerpo pero ausentes del Señor». Nuestro anhelo ferviente es estar «en casa con el Señor» y vivir con cuerpos glorificados que nunca cambiarán. Véase Filipenses 1.19-24.

II. Su preocupación por agradar a Cristo (5.9-13)

Pero Pablo no es egoísta; su servicio cristiano está motivado por más que una esperanza para el futuro. Busca agradar a Cristo y serle aceptable ahora mismo. Pablo quería también serle «agradable» (v. 9). Tenía un saludable temor del Señor (v. 11), porque sabía que todos los creyentes un día serían juzgados ante el tribunal de Cristo (véanse 1 Co 3.10-15; Ro 14.7-13). Sabiendo que sus obras un día serían reveladas y probadas, Pablo quería vivir la clase de vida que agrada y honra a Cristo.

La palabra griega para «comparezcamos» del versículo 10 significa más que «mostrarse» o «presentarse ante» alguien. Lleva la idea de ser revelado; y su significado es: «porque todos nosotros seremos mostrados como somos». No habrá pretensión en ese juicio; nuestro carácter y obras se revelarán como son y se dará la correspondiente recompensa. Pero el verdadero siervo de Dios se cuida incluso hoy de tener una vida abierta, manifiesta tanto a Dios como a los hombres (v. 11). Qué importante es que dejemos que Dios juzgue, porque Él ve el corazón. Los corintios se gloriaban «en las apariencias» (v. 12) al jactarse de varios predicadores y criticar a Pablo. Tenga presente que los «resultados» no son la única prueba de la vida y servicio de un obrero. Los motivos del corazón son muy importantes.

III. Su exigencia de amor (5.14-17)

A Pablo lo acusaron de estar loco (véase Hch 26.24) puesto que iba a tales extremos para ganar a los hombres para Cristo. Pero el poder controlador de su vida era el amor de Cristo. Esto no denota el amor de Pablo a Cristo, aunque es cierto que estaba allí. Significa más bien el amor que Cristo tenía por Pablo. El apóstol estaba tan asombrado del amor de Cristo que servirle y honrarle llegó a ser el motivo controlador de su vida. En los versículos 14-17 describe este amor que llevó a Cristo a la cruz para morir por los pecadores. ¿Por qué murió? Para que nosotros *vivamos por Él* (1 Jn 4.9); para que *vivamos juntamente con Él* (1 Ts 5.10); y para que vivamos *para Él* (2 Co 5.15). No puede haber egoísmo en el corazón del cristiano que entiende el amor de Cristo.

Uno de los problemas de Corinto era que los creyentes juzgaban según la carne (1 Co 4.1-7). Comparaban a Pablo con otros maestros y usaban juicio carnal en lugar de discernimiento espiritual. Se olvidaban de que la vida cristiana es una nueva creación con nuevos valores y nuevos motivos. Es incorrecto juzgar a Cristo según la carne; o sea, mirarle (como el mundo lo hace) solamente como un gran maestro o ejemplo. Pablo, como rabí judío inconverso, quizás miró a Cristo según la carne. Pero cuando vio al Cristo glorificado, cambió su punto de vista. Debemos tener una evaluación espiritual basada en la Palabra de Dios. Otros maestros dijeron que Pablo se promovía a sí mismo; juzgaban según la carne y demostraban así que les faltaba ese amor de Cristo como la fuerza controladora de sus vidas.

IV. Su comisión dada por Dios (5.18-21)

Hemos visto tres motivos que controlaban la vida y ministerio de Pablo; su confianza en el cielo, su preocupación por agradar a Cristo y su exigencia de amor. Había un cuarto motivo: la comisión que Pablo había recibido de

Dios. ¡Pablo era un embajador de Cristo! Su mensaje era de paz: Dios había pagado el precio por el pecado; Dios no estaba en guerra contra los pecadores; los pecadores ahora podían creer y ser salvos. ¡Qué tremendo mensaje! Considere algunos hechos en cuanto a los embajadores.

(1) Los embajadores son escogidos y Cristo había escogido a Pablo para ser su representante. Pablo no se representaba a sí mismo (véase 4.5). Su mensaje era el evangelio que Cristo le encomendó (1 Ts 2.4). Su meta era agradar a Cristo y ser fiel a la tarea que se le dio.

(2) A los embajadores se les protege. Un embajador debe ser ciudadano de la nación que representa, y Pablo (como lo es todo cristiano) era un ciudadano del cielo (véase Flp 3.20). La nación suple a sus embajadores de todo lo necesario y está lista para protegerlos. De la misma manera Cristo suplió toda necesidad de Pablo y estuvo con él en toda crisis.

(3) A los embajadores se les considera responsables. Los embajadores representan a sus países y dicen lo que se les instruye. Saben que un día deben rendir cuenta de su trabajo.

(4) A los embajadores se les llama de regreso si se declara guerra. Dios todavía no ha declarado guerra a este perverso mundo, pero un día lo hará. Hay un día venidero de la ira (1 Ts 1.10) que juzgará a los malos, pero los cristianos serán llevados a su hogar antes de que llegue ese día (1 Ts 5.1-10). La Iglesia, los embajadores de Dios, no atravesarán la tribulación.

El mensaje de la iglesia de hoy es de reconciliación: Dios reconcilió al mundo consigo mismo por Cristo en la cruz y está dispuesto a salvar a todos los que confían en su Hijo. Nuestro mensaje no es de reforma social (aunque el evangelio transforma vidas, Tit 2.11-15); el nuestro es un mensaje de regeneración espiritual. Representamos a Cristo al invitar al perdido a que le reciba. ¡Qué privilegio... qué responsabilidad!

Todos los creyentes son embajadores, sea que aceptemos la comisión o no. «Como el Padre me envió, así también yo os envío», dijo Cristo (Jn 20.21). Asegurémonos de que nuestro mensaje, métodos y motivos sean los correctos, de modo que nuestra obra pueda ser duradera y resista la prueba de fuego cuando estemos ante Él.

2 CORINTIOS 6

Los capítulos 6–9 se componen de una serie de amorosas exhortaciones a los cristianos de Corinto. En 6.1-13 Pablo les exhorta a que examinen su vida y ministerio, y que ensanchen sus corazones para hacerle lugar a Él. Segunda de Corintios 6.14–7.1 (la división de capítulos aquí no es la más apropiada) es un llamado a la separación, mientras que 7.2-16 es una súplica por reconciliación. Los capítulos 8–9 se refieren a la ofrenda que Pablo estaba recogiendo para los santos pobres de Judea y exhorta a los corintios a que cooperen. Notamos, entonces, dos apelaciones aquí en el capítulo 6.

I. Una apelación a examinar (6.1-13)

En los primeros cinco capítulos Pablo ha estado defendiendo su vida y ministerio. Sus enemigos en Corinto le habían acusado de métodos y motivos errados, y con éxito había respondido a las acusaciones. Su declaración final en el capítulo 5 analiza su ministerio de reconciliación, de modo que sólo le quedaba dar un paso hacia adelante para hacer a los corintios una apelación a reconciliarse con Él y a recibir la gracia de Dios. No solamente ruega a los pecadores en 5.20, sino también a los santos en 6.1. Qué trágico es cuando las iglesias y los cristianos reciben la gracia de Dios en vano. Los corintios eran niños en Cristo, santos inmaduros, porque no habían crecido en la gracia y el conocimiento. Tenían el mejor pastor disponible (Pablo) y sin embargo, ino se habían beneficiado de su ministerio!

Pablo se había cuidado de hacer algo que sirviera de tropiezo a otros o que de alguna manera desacreditara su ministerio. En los versículos 3-10 Pablo da varios argumentos para probar que su ministerio era limpio.

A. *Las batallas que libraba (vv. 3-5).*

«Paciencia» aquí quiere decir «resistencia». No es un cuadro de un cristiano en una mecedora, sin hacer nada, sino más bien del soldado en batalla, en pos de la inminente victoria a pesar de la oposición. Las batallas que Pablo libró en obediencia a Cristo eran prueba de su ministerio sincero y abnegado. La aflicción vino, no porque fue desobediente y necesitaba castigo, sino porque fue obediente y una amenaza para Satanás. Las llagas se refieren a los azotes que Pablo sufrió; tumultos, las chusmas que enfrentó; «trabajos» nos recuerda de su esfuerzo día y noche para sostenerse a sí mismo y a sus compañeros; «desvelos» describe las noches que pasó sin dormir en oración y el ministerio de la Palabra; «ayunos» indica que con frecuencia se las pasaba sin alimento. iNingún ministro falso hubiera soportado tanto!

B. *Las armas que usaba (vv. 6-7).*

El carácter y conducta de Pablo siempre eran semejante al de Cristo. Tenía las manos y una conciencia limpias, y su amor por los santos era sincero, no «fingido». Usaba la Palabra de verdad y las oraciones como armas para derrotar a Satanás. Los ministros deshonestos hubieran usado métodos carnales para promover su obra.

C. *La reputación que ganó (vv. 8-10).*

Tenemos una serie de paradojas, o lo que parecen ser afirmaciones contradictorias. Es cierto que al siervo cristiano los santos lo miran diferente que los pecadores. Los pecadores lo ven en una luz, los santos en otra, así como los hombres miran a Jesús con diferentes opiniones. iQué emocionante descripción es el versículo 10 del cristiano que es todo por Cristo!

Pablo concluye su apelación recordándoles su amor. Su corazón estaba abierto de par en par en amor, pero sus corazones se habían estrechado (cerrado). Apeló a ellos como sus hijos a que lo recibieran.

II. Una apelación a apartarse (6.13–7.1)

Los problemas en la iglesia corintia eran espirituales: los miembros vivían como mundanos y no como cristianos. Estaban en componendas con el pecado. Pablo presenta dos argumentos principales para apartarse del mundo.

A. *El argumento del principio (vv. 13-16).*

Un principio básico de la vida es que los contrarios no pueden tener compañerismo. El «yugo desigual» nos lleva de regreso a la amonestación de Moisés en Levítico 19.19. Estos corintios se enyugaban con los inconversos en el matrimonio, en los negocios y en otras cosas, y estaban perdiendo su testimonio por Cristo. Después de todo, si los cristianos viven como el mundo, ¿cómo pueden testificarle al mundo?

Nótese la serie de contrastes aquí: justicia/injusticia; luz/tinieblas; Cristo/Belial (nombre del AT para Satanás); creyente/incrédulo; templo de Dios/ídolos. La actitud de demasiados cristianos de hoy es que la Iglesia debe cortejar y complacer al mundo para tratar de ganarlo. ¡Nada puede estar más lejos de la verdad! Debe haber separación del pecado. Esto no significa aislamiento, retirarse del mundo; lo que quiere decir es que nos guardamos de contagiarnos con el mundo. Es correcto que la nave esté en el agua, pero cuando el agua se mete en el barco, ¡cuidado! Pablo cita a Levítico 26.11,12 para mostrar que Dios vive y anda en el creyente, de modo que su relación con el mundo afecta su comunión con Dios.

B. *El argumento de la promesa (vv. 17-18).*

Dios promete bendecir a quienes se conservan puros. La mundanalidad es sutil; se introduce gradualmente. Esta progresión descendente empieza con la amistad con el mundo (Stg 4.4); luego con el amor por el mundo (1 Jn 2.15-17); más tarde conformidad con el mundo (Ro 12.1,2). Pero Dios promete bendecir a quienes se aparten para Él (Is 52.11). El cristiano contemporizador pierde la alegría del amor de Dios y una comunión más profunda en el Espíritu.

El versículo que da inicio al capítulo 7 debía ser el que terminara el capítulo 6. Este versículo resume de una manera compacta lo que Pablo tiene que decir respecto a la santidad personal.

(1) Dos motivos para apartarse del mundo: el amor a Dios («amados») y el temor de Dios. Ambas condiciones deben operar en nuestras vidas. Así como la esposa amante se conserva pura debido a que ama a su esposo, el cristiano mantiene su vida limpia porque ama a Cristo. Pero también es necesario ese saludable temor de Dios, para que no tenga Él que disciplinarnos para enseñarnos la obediencia.

(2) Dos responsabilidades: debemos limpiarnos (esto es negativo) y perfec-

cionar la santidad (esto es positivo). Es bueno pedir a Dios que nos
limpie (Sal 51.2,7) y Él nos promete en 1 Juan 1.9 darnos completa
limpieza. Pero también debemos limpiarnos nosotros mismos al sacar
de nuestras vidas todo lo que le desagrada. «Lavaos y limpiaos» dice
Isaías 1.16. No debemos esperar que Dios nos quite las cosas con las
cuales nosotros mismos debemos lidiar. «Si tu mano te hace pecar,
¡córtala!» (cf. Mt 6.30). Entonces, podemos crecer en santidad mediante el Espíritu.

(3) Dos clases de pecado: contaminación de la carne y del espíritu. Estos
   son pecados de acción tanto como de actitud. El hijo pródigo fue culpable de pecados de la carne, pero su hermano mayor cometió pecados
   del espíritu. Véase el Salmo 51.17.

Apartarse es lo negativo; perfeccionar la santidad es lo positivo. Qué
triste es ver a las iglesias y a los cristianos que se han apartado del pecado,
pero que nunca han crecido en santidad personal ni desarrollado los frutos
del Espíritu. Los fariseos se apartaron del pecado, pero carecían de amor y
verdadera obediencia.

2 CORINTIOS 7

En 1.12,13 Pablo empezó a contarles a los corintios de su experiencia con
Tito en Macedonia y en este capítulo concluye su relato. Así como encontramos con frecuencia la palabra «consolación» en los capítulos 1–2, reaparece
aquí (vv. 4-7,13). La apelación en este capítulo es para que los corintios se
reconcilien con Pablo. Habían sido criticones y desobedientes, pero ahora
era tiempo de que le recibieran y tuvieran de nuevo compañerismo con él,
particularmente a la luz de su visita que se aproximaba. En la primera parte
de su carta Pablo les refirió las aflicciones que atravesó cuando salió de Éfeso,
esperó a Tito y se preocupó por la situación en Corinto. Ahora explica cómo
Dios lo consoló y le dio gozo. Se mencionan tres consuelos.

I. El consuelo por la llegada de Tito (7.1-6)

«Admitidnos» literalmente significa: «Hagan lugar para nosotros en sus corazones» (nótese 6.11,12). Pablo de nuevo les recuerda de su vida limpia y
ministerio honesto; se apresura a asegurarles que al escribirles de esta manera
no es para condenarles. ¿Cómo podría condenar a quienes llevaba en el
corazón y eran parte vital de su vida? Es reconfortante para nosotros hoy ver
que Pablo conocía lo que era la aflicción y la desilusión (v. 5). ¿Dónde estaba
Tito? ¿Cuál era la situación en Corinto? ¿Duraría la iglesia de Éfeso? Todas
estas preguntas y muchas más atiborraban la mente de Pablo mientras viajaba
a Macedonia.

Pero la llegada de Tito fue una gran consolación para Pablo. Admite que
estaba afligido («humilde», v. 6), pero que la llegada de su amigo fue para él

un gran alivio. Esta es la manera en que los cristianos deben ayudarse los unos a los otros. Debemos sobrellevar los unos las cargas de los otros (Gl 6.2); estimularnos mutuamente (Heb 10.25); ministrarnos los unos a los otros (1 P 4.10,11). Cristo envió a sus discípulos de dos en dos sabiendo que «no es bueno que el hombre esté solo» (cf. Gn 2.18), incluso en el servicio cristiano. Eclesiastés 4.9-12 indica que «dos son mejor que uno». ¡Qué privilegio y responsabilidad es para los cristianos animarse los unos a los otros! Cuando Elías pensó que era el único fiel a Dios, empezó a retroceder. Jonás ministró solo y desarrolló un espíritu de amargura.

II. El consuelo por la obediencia de los corintios (7.7-12)

«Como el agua fría al alma sedienta, así son las buenas nuevas de lejanas tierras» (Pr 25.25). Fue un consuelo ver de nuevo a Tito (véase Hch 28.15), pero fue un mayor consuelo oír las buenas noticias de que la carta severa de Pablo había dado resultados. El versículo 7 menciona una lista de los resultados: ellos deseaban ardientemente ver de nuevo a Pablo; se habían lamentado por su pecado; habían reavivado su cariño por Pablo; se habían arrepentido y habían disciplinado al ofensor (v. 8). Lea en 1 Corintios 5 las órdenes de Pablo para disciplinar al fornicario en la iglesia. En el versículo 11 Pablo indica otras de sus reacciones: estaban llenos de solicitud, o preocupación, por obedecer a Pablo; procuraron arreglar sus cuentas con los hombres y con Dios; mostraron indignación por el pecado, en lugar de jactarse de él (véase 1 Co 5.2); temieron para que Dios no los castigara; y se esforzaron por obedecer a Dios con fuerte determinación. «Vindicación» en el versículo 11 no lleva ninguna idea de venganza personal. Indica que el ofensor había sido castigado adecuadamente.

Pablo enseña aquí la importante doctrina del arrepentimiento. Indica que hay una vasta diferencia entre el arrepentimiento y el remordimiento. El arrepentimiento es de Dios y es una tristeza que atrae a la gente a que se acerque más a Dios y al lugar de confesar y olvidarse del pecado. El remordimiento es del mundo; aleja a la gente de Dios y los empuja hacia las manos de Satanás. Por ejemplo, Pedro mostró arrepentimiento y fue perdonado; Judas mostró remordimiento y se quitó la vida. La tristeza piadosa es buena; lleva a la vida. Pero la tristeza del mundo conduce a la muerte. Algunas personas se suicidan porque no saben nada del verdadero arrepentimiento y del perdón de la gracia que Dios otorga a aquellos que le invocan con fe.

En el versículo 12 Pablo indica que había escrito la carta severa (por la cual incluso él mismo se había entristecido temporalmente, v. 8) para demostrar su amor hacia ellos. No fue sólo para corregir al ofensor, o proteger a aquella contra la cual este hombre había pecado, sino para demostrar el interés y solicitud de Pablo por ellos. Los obreros espirituales que se cohíben de disciplinar y evaden enfrentar los hechos no aman con sinceridad a su gente ni a su Señor. Pablo anhelaba fervientemente que los creyentes no sufrieran ninguna pérdida espiritual (v. 9); su aguda reprensión procedía de un corazón de amor, para bien de ellos y para la gloria de Dios.

III. El consuelo por ver cómo recibieron a Tito (7.13-16)

Tito estaba muy contento cuando encontró a Pablo y este gozo se debía a la calurosa recepción que había recibido en Corinto. La iglesia no había mostrado tanta gracia con Timoteo (1 Co 4.17), de otra manera Tito nunca hubiera sido enviado. Nótese 1 Corintios 16.10,11.

Pablo se había jactado ante Tito respecto a la iglesia corintia y ahora su «jactancia piadosa» había demostrado ser cierta. Qué emocionado estaba Pablo del amor que los corintios habían mostrado hacia su colaborador. Recibir a Tito con tanto calor, pensaba Pablo, era lo mismo que haberle recibido a él. Pablo sabía que su próxima visita a Corinto sería de gozo.

Los corintios recibieron a Tito «con temor y temblor». Esto se debió a que habían recibido la Palabra de Dios por Pablo y estaban dispuestos a obedecerla. Dios quiere que temblemos ante su Palabra (Is 66.2). Es extraño, pero el primer ministerio de Pablo en Corinto se desempeñó con temor y temblor (1 Co 2.3). Respetaron a Tito como el siervo de Dios y recibieron su liderazgo como del Señor (véanse 1 Ts 2.13 y 5.12-15). «Obedezcan a los que los gobiernan [espiritualmente]» es el mandato de Hebreos 13.17. La manera en que tratamos a los siervos fieles de Dios es la manera en que tratamos a Cristo, porque sus siervos lo representan (2 Co 5.20; Jn 13.20).

Es interesante leer la Biblia y notar que los siervos de Dios se regocijan cuando el pueblo de Dios es obediente, y se preocupan cuando el pueblo de Dios desobedece. Moisés con frecuencia se sentía a punto de darse por vencido debido a que el pueblo era rebelde. Jeremías lloró amargamente por la dureza de Israel. Jesús mismo lloró porque los judíos ignoraron el día de su visitación. El ministerio de Pablo fue de lágrimas (Hch 20.19,31). Los siervos de Dios son humanos; tienen el tesoro «en vasos de barro» (2 Co 4.7) y saben de las desilusiones y decepciones que la vida puede traer. Qué importante es que nosotros nos acordemos de nuestros pastores (véase Heb 13.7), que los obedezcamos (véase Heb 13.17) y que saludemos (o sea, que los saludemos en amor) «a todos vuestros pastores» (véase Heb 13.24).

Habiendo respondido a sus críticos y defendido su ministerio, y habiéndole asegurado su amor a la iglesia, Pablo pasa a suplicar por la ofrenda misionera para los santos pobres de Judea. Es peligroso recoger ofrendas de cristianos que no andan bien espiritualmente. Les hacemos daño y hacemos daño a la causa de Cristo. Pablo se enfrentó primero a las necesidades espirituales de los corintios y después les recordó su promesa de contribuir en la colecta misionera de auxilio.

2 CORINTIOS 8

El tema de los capítulos 8 y 9 es la ofrenda misionera que Pablo estaba recogiendo para los creyentes de Judea (1 Co 16.1-3; Ro 15.25-28). En los primeros días de la iglesia (Hch 2–10), estos creyentes judíos habían dado todo y «tenían todas las cosas en común» (Hch 4.32-37). Fue un bocado anticipado de prueba del reino de Dios prometido a Israel. Pero cuando Israel fue puesto a un lado y la iglesia traída a escena, este «comunismo cristiano» se extinguió, dejando a estos santos en gran necesidad. Fue para ellos que Pablo estaba recogiendo la ofrenda. En tanto que estos capítulos enfocan principalmente una ofrenda misionera especial de socorro, nos ayudan a captar algunos de los principios y promesas del ofrendar cristiano.

I. Las ofrendas deben traerse a la iglesia (8.1)

En el capítulo 8 se hallan las mismas instrucciones que Pablo dio en 1 Corintios 16.2, pero que todavía no habían obedecido. El primer día de la semana (el día del Señor), los creyentes (el pueblo del Señor) debía traer sus ofrendas (los diezmos y ofrendas del Señor) a la reunión de la iglesia (la casa del Señor). La primera responsabilidad del creyente es con su iglesia local. Todavía más, puesto que esta ofrenda iba a ser un testimonio a los judíos de parte de las iglesias gentiles, era importante que cada congregación estuviera representada.

El dar espiritual es el dar bíblico. Si los cristianos no traen sus diezmos y ofrendas a la iglesia local, sus corazones no están en el ministerio de la iglesia local (Mt 6.21). Es cierto que se permite dar ofrendas individuales para objetivos apartes a la iglesia local, porque Pablo recibía ayuda de un sinnúmero de personas (2 Ti 1.16-18; y véase los muchos nombres en Ro 16); pero nuestra primera obligación es la iglesia donde tenemos comunión y servimos.

II. Las ofrendas deben brotar del corazón (8.2-9)

El dar cristiano no depende tanto de las circunstancias materiales como de las convicciones espirituales. Los creyentes de Macedonia (v. 1) eran pobres y atravesaban sufrimiento; sin embargo, debido a que amaban a Cristo, querían participar en la ofrenda. No dijeron: «¡Debemos guardar esto para nosotros!» Estaban dispuestos a dar para que otros pudieran recibir ayuda. Consideraban que ofrendar era una gracia (nótense los vv. 1,6,7,9,19 y 9.8). El dar cristiano fluye del corazón, la expresión espontánea del amor a Cristo por su salvación total y completa.

Los corintios habían sido enriquecidos con muchas bendiciones espirituales (v. 7) y Pablo les instó a que tuvieran también la gracia de dar. Si profesamos ser espirituales y sin embargo no damos con fidelidad al Señor, es negar lo que profesamos. La fe, la predicación, el testimonio, el estudio de la Biblia, nada de esto sustituye a la gracia de dar.

Pablo usa no sólo el ejemplo de las iglesias macedonias, sino también el ejemplo de Cristo mismo. ¡Cuán rico era Él... y cuán pobre se hizo! Lea en Filipenses 2 los detalles. Dar es ser como Cristo, porque su vida entera fue dedicada a dar.

III. Las ofrendas deben medirse proporcionalmente (8.10-15)

Un año antes la iglesia corintia había sugerido la ofrenda y anuncia su disposición para participar en ella. Tito había ayudado en el comienzo del proyecto (v. 6) y ahora Pablo les exhortaba a que terminaran lo que habían empezado. ¡Cuán fácil es hacer promesas y luego no cumplirlas! Si hubieran cumplido sus demás obligaciones financieras de la misma manera, ¡hubieran ido a parar en la cárcel!

Pablo entonces asentó, en el versículo 2, el principio de la dádiva proporcional, así como lo hizo en 1 Corintios 16.2 («según haya prosperado»). El diezmo es la única manera equitativa de dar. El diezmo no le roba a nadie; es justo para el rico y también para el pobre. Permite a todos los hombres dar y recibir la bendición de Dios. Lo que Dios busca no es la *porción* sino la *proporción*. Esta es la única manera en que puede haber «igualdad» (v. 14) en el proyecto. Pablo cita Éxodo 16.18 para mostrar que así como Dios bendijo a los judíos conforme le obedecían, Dios bendice a los cristianos que obedecen su Palabra respecto a dar. Dios no envía más bendiciones a la persona que da el 10% de $500 que las que envía a la persona que da el 10% de $100, si esto es lo que tienen para dar. La persona que se opone al diezmo se opone a la única manera justa de dar.

IV. Las ofrendas deben ser manejadas con honestidad (8.16-24)

Pablo deseaba ardientemente que nadie lo acusara de malversar esos fondos misioneros, de modo que hizo que las iglesias designaran tres mensajeros para que manejaran el dinero. Ellos fueron Tito (vv. 16,17), otro hermano (vv. 18,19) y un tercer hermano (v. 22). Esta es una buena práctica de negocios. Es triste ver iglesias y organizaciones cristianas manejar fondos de una manera contraria a las prácticas correctas de los negocios. Debe anotarse y extenderse un recibo por todo el dinero que se recibe. Los fondos deben contarlos más de una persona. Muchos obreros cristianos han perdido su reputación y testimonio debido al mal uso de fondos, o al descuido en el manejo del dinero del Señor.

Los versículos 20 y 21 son la clave: no debe haber oportunidad para acusaciones, ni de Dios ni de los hombres. No es suficiente que el obrero cristiano diga: «Dios conoce mi corazón». Debemos recordar que otros nos están observando y no debemos atrevernos a darle al enemigo ninguna oportunidad de acusarnos de deshonestidad.

Ningún cristiano ni iglesia local debe enviar dinero a obras que no son estables financieramente. El hecho de que «hay una necesidad» no es suficiente razón para dar; debe haber prueba de que el dinero se usa con honestidad y se invierte con sabiduría. No estamos obligados a pagar una deuda que nunca hemos contraído.

2 Corintios 9

Después de analizar en el capítulo 8 los principios del dar cristiano Pablo ahora se refiere a las promesas que podemos reclamar si somos fieles en dar a Dios. Estos dos capítulos presentan el dar como una gracia cristiana, una bendición, no una obligación legal que cae sobre la gente como una carga. Si dar es difícil para un cristiano, ¡algo anda mal en su corazón! Nótese la promesa triple que Pablo da:

I. El dar será de bendición a otros (9.1-5)

En 8.1-5 Pablo usó a las iglesia de Macedonia como ejemplos para animar a los corintios y ahora usa a los corintios ¡como un estímulo para las iglesias de Macedonia! Los cristianos deben servir de estímulo los unos para los otros. Pablo se había «gloriado» de la generosidad de la iglesia en Corinto (8.24) y ahora quería asegurarse de que los corintios no lo abochornaran. Sabía que tenían buena disposición y que estaban anhelantes de participar en la ofrenda misionera, pero de todas maneras quería recordárselo.

«Su entusiasmo ha servido de estímulo a la mayoría de ellos» (v. 2, NVI). ¡Qué testimonio! Desafortunadamente algunos cristianos estimulan a la gente de la manera equivocada. Hebreos 10.24 nos insta a estimularnos los unos a los otros a las buenas obras, y esto es lo que los corintios estaban haciendo. Un año antes le insistieron a Pablo a que recogiera una ofrenda misionera y le prometieron su respaldo. El apóstol usó su entusiasmo como un estímulo para otras iglesias y ahora les recuerda la promesa que habían hecho. Tal parece que decía: «Si ustedes no hacen su parte, desanimarán a otros cristianos y afectarán la ofrenda».

Pablo llamó a esta ofrenda «generosidad», o sea, una bendición. Quería que la miraran como una oportunidad para ser de bendición y recibir bendición, y no como un yugo sobre sus cuellos. ¡Con cuánta frecuencia la gente malentiende la verdadera bendición de dar! Esto es una bendición tanto para otros como para los que reciben (v. 12, «suple lo que a los santos falta») y para los que dan. Cuando un cristiano es fiel en dar, es de bendición a otros y estimula a otros cristianos a ser obedientes a la Palabra.

II. El dar nos será de bendición (9.6-11)

Pablo usa un principio agrícola aquí para ilustrar su punto. El agricultor que siembra generosamente segará generosamente. Véanse Proverbios 11.24, Lucas 6.38 y Gálatas 6.7,8. «Generosamente» aquí es la misma palabra que se usa en el versículo 5. Sembrar así quiere decir «sembrar con bendición» y segar también de esa manera significa «cosechar con bendición». Dios no es deudor a nadie. Él es fiel para bendecir cuando somos fieles para obedecer. Con frecuencia el versículo 7 se aplica mal. Pablo no habla tanto aquí respecto a cuánto damos sino a cómo lo damos. En 8.12-15 les dijo cuánto dar; debía ser en proporción a lo que tenían. Pero que el creyente dé a regañadientes, o por obligación, es perderse la bendición de dar. Dar debe brotar del corazón y Dios ama al dador alegre («hilarante» en el griego). Algunos cristianos interpretan este versículo diciendo que no importa cuánto demos, con tal que demos con alegría cualquier cantidad que nos hayamos propuesto en el corazón. ¡De ninguna manera! Un corazón alegre no es sustituto para un corazón obediente. Nuestros corazones deben ser tanto fieles como alegres, debido a que damos la ofrenda correcta con el motivo correcto.

Nótese los «todos» en el versículo 8: toda gracia; todas las cosas; todo lo suficiente; toda buena obra. ¡Nada se deja fuera! Esta es la promesa de Dios para los que le obedecen. Esta palabra «suficiente» se halla otra vez en 3.5 y 12.9. Dios es fiel para suplir lo que necesitamos espiritual (2.6), material (9.8) y físicamente (12.9). Pero Dios suple nuestras necesidades, no sólo para nuestro contentamiento, sino para que podamos servirle y ayudar a otros. Debemos abundar en «toda buena obra» (v. 8). Pablo exhorta a los cristianos a trabajar para que puedan ayudar a otros (Ef 4.28). Aquí se refiere al Salmo 112.9 e Isaías 55.10 para demostrar que Dios bendice a la persona que es fiel en dar. Dios suple la semilla para que el que siembra pueda hacer el pan para comer y también tener más semilla para sembrar.

Humanamente hablando la persona que da debe ser la que pierde; pero ese no es el caso. «Más bienaventurado es dar que recibir» (Hch 20.35). «Dad, y se os dará» (Lc 6.38). Esto no quiere decir que debemos regatear con Dios o mirar a nuestra ofrenda como un medio de comprar la bendición de Dios. ¡No! Más bien debemos mirar la ofrenda como una oportunidad para mostrar nuestro amor a Dios y nuestra confianza en su Palabra. El industrial cristiano R.G. LeTorneau solía decir: «¡Si das solamente para recibir, no recibirás!»

III. El dar glorificará a Dios (9.12-15)

Cuántas veces les recordó Pablo a los corintios sus riquezas espirituales en Cristo (véanse 1 Co 1.5; 4.8; 2 Co 8.9; 9.11). ¡Dios nos enriquece, nosotros enriquecemos a otros y Dios recibe las acciones de gracias y la gloria! Pablo recalca que la distribución de esta ofrenda no sólo ayudará a los santos, sino que dará la gloria a Dios.

El versículo 13 muestra dos razones por las cuales los judíos que recibirían esta ofrenda glorificarían a Dios: (1) debido a que los dadores mostraron obediencia a la Palabra de Dios y (2) porque esta generosa ofrenda les ayudó a ellos y a todos. Los que la recibían, a su vez, orarían por las iglesias y los amarían más.

Hay, por supuesto, un pensamiento muy práctico detrás de esta ofrenda. Pablo anhelaba ligar a las iglesias gentiles que había fundado con los corazones de los cristianos judíos de Judea. Esta ofrenda demostraría que Pablo no era enemigo de los judíos y que había unidad en la iglesia, independientemente de las distinciones raciales, nacionales o étnicas.

Pablo cierra este capítulo con una palabra de alabanza. Había estado escribiendo respecto a dar y su corazón había estado tan lleno de la bondad de Dios que exclama: «¡Gracias a Dios por su don inefable!» Este don es, por supuesto, el de su Hijo, Jesucristo, y la vida eterna.

Uno no puede leer estos dos capítulos sin ganar una nueva actitud hacia el dar. En la vida cristiana no hay tal cosa como lo «material» y lo «espiritual». Todo lo que tenemos viene de Dios y todo lo que tenemos se debe usar para fines espirituales. Pablo enseña que dar no es una carga sino una bendición. Nos muestra que el verdadero dar cristiano enriquece la vida y abre la fuente de las bendiciones de Dios. Dar es una gracia (8.1,6,7,9,19; 9.8,14) y el cristiano que entiende algo de la gracia comprenderá cómo dar.

2 CORINTIOS 10

Esta última sección de 2 Corintios (caps. 10–13) presenta a Pablo vindicando su apostolado. En estos capítulos responde a las acusaciones de sus enemigos en Corinto. Conforme leemos su respuesta podemos descubrir las mentiras que decían respecto a Pablo; que no era un verdadero apóstol puesto que le faltaban las credenciales de la iglesia de Jerusalén; que sus motivos no eran sinceros; que su presencia física era tan débil que no inspiraba respeto; que sus cartas eran audaces, pero que nunca las respaldaría en persona; y que sus promesas no eran de confiar.

Tenga presente que Pablo no estaba defendiéndose a sí mismo en estos capítulos; lo que estaba defendiendo era su oficio apostólico y, por consiguiente, el mensaje que predicaba. Estas mentiras las estaban promoviendo los falsos maestros que habían visitado a Corinto y ganaron a una parte de la iglesia para su falsa doctrina, que era una mezcla de judaísmo y evangelio. Pablo no estaba meramente respondiendo a sus críticos; estaba respondiéndole al mismo Satanás (11.13-15). Cuando Pablo habla de «gloriarse» es con un toque de sarcasmo. «A sus maestros favoritos les encanta jactarse», dice, «de modo que trataré de ganarme su cariño ¡jactándome yo mismo un poco!» Por supuesto, la jactancia de Pablo era en el Señor y no en sí mismo. Aquí en el capítulo 10 Pablo da varias respuestas a la acusación de que su presencia era débil en tanto que sus cartas eran osadas.

I. Sigo el ejemplo de Cristo (10.1)

A los corintios les encantaba gloriarse en los hombres (1 Co 3.21; 4.6,7) y se quedaban embelesados con los predicadores judaizantes que venían de

Palestina. A pesar de que estos predicaban una falsa doctrina (11.4) y se aprovechaban de los cristianos (11.18-20), la iglesia les hizo un gran recibimiento y les honró más que a Pablo, quien había fundado la iglesia y arriesgado su vida por ello. «¡Pablo es tan débil!», decían estos maestros a medida que se imponían sobre la iglesia. «¡Síganos, porque nosotros damos muestra del poder real!»

«Si yo soy débil», replicó Pablo, «no es debilidad, es la mansedumbre de Cristo» (v. 1). Cristo nunca «se impuso como dictador» sobre la gente; su poder lo ejerció en mansedumbre y humildad. Mansedumbre no es debilidad; mansedumbre es poder bajo control, la capacidad de encolerizarse contra el pecado y sin embargo estar dispuesto a sufrir maltrato por causa de Cristo. No cometamos el error de juzgar por las apariencias externas (10.7) y pensar que algún «predicador poderoso» está necesariamente mostrando el poder de Dios.

II. Uso armas espirituales (10.2-6)

Simplemente debido a que Pablo no usaba métodos carnales ni ejercía el poder de una «personalidad fuerte», los creyentes pensaban ¡que era un enclenque! Sus armas eran espirituales, no carnales. Como todos nosotros, Pablo andaba «en la carne» (o sea, tenía todas las debilidades del cuerpo), pero no batallaba contra la carne dependiendo de la sabiduría carnal, ni en las capacidades humanas ni en la fuerza física. Moisés tuvo que aprender que las armas de Dios son espirituales (Hch 7.20-36) y Pablo enseñó este principio en Efesios 6.10ss. La Palabra de Dios y la oración son las únicas armas eficaces en esta batalla contra Satanás (Hch 6.4).

Había desobediencia en Corinto debido a que los cristianos estaban creyendo en mentiras en lugar de creer en la verdad de la Palabra de Dios. Pablo les advierte que hará polvo sus argumentos y falsas doctrinas, y conducirá sus corazones y mentes a la obediencia. Los problemas de la iglesia no se resuelven simplemente cambiando la constitución, revisando su programa o reorganizando una junta, sino al confrontar a la gente y los problemas con la Palabra de Dios.

III. No juzgo por las apariencias (10.7-11)

La persona que juzga por las apariencias siempre vive para dar una buena apariencia. Pablo vivía para agradar a Dios y nunca trataba de agradar a los hombres. Confiaba en su llamamiento y las credenciales del Señor, y esto era lo que importaba. Por cierto, pudo haber esgrimido rangos e invocado su autoridad apostólica, pero prefería usar esa autoridad para edificar la iglesia, no para derribarla. También es cierto que a menudo es necesario derribar antes para tener el lugar del edificio real (Jer 1.10).

¡Qué locura la de estos cristianos al desacreditar a Pablo debido a que le faltaba la vitalidad física de Pedro o el poder de la oratoria de Apolos! Los cristianos carnales son «jueces de predicadores» y les encanta comparar un siervo de Dios con otro. ¡Pablo les advierte que su presencia en su próxima visita sería tan poderosa como sus cartas!

IV. Dejo que Dios haga los elogios (10.12-18)

Estos falsos maestros eran miembros de una «sociedad de admiración mutua», ya que se comparaban unos con otros; y por consiguiente tenían un exagerado concepto de sí mismos. (Véase lo que Jesús dijo respecto a esto en Mt 5.43-48. También véase Gl 6.3,4.) Pero, dice Pablo, ¿dónde estaban estos «grandes maestros» cuando yo arriesgué mi vida para empezar la iglesia en Corinto? Cualquiera puede venir después que el trabajo duro se ha hecho, criticar al fundador y ¡recibir toda la gloria! Pablo se había esforzado todo lo posible para alcanzar a la gente de Corinto con el evangelio, y esperaba obtener de ellos ayuda para llevar el evangelio a «los lugares más allá». Los judaizantes vinieron y se jactaron de una obra que nunca realizaron. La costumbre de Pablo era llevar el evangelio a donde nadie había ido antes (véase Ro 15.20), en tanto que la costumbre de los judaizantes era invadir el territorio de otro y apoderarse del trabajo que ya estaba hecho.

Pablo fue lo suficientemente sabio como para dejar sólo al Señor la cuestión de los elogios. En el versículo 17 se refiere a Jeremías 9.24 (un pensamiento que cita también en 1 Co 1.31). Después de todo, es el Señor el que da la gracia para que podamos servirle y únicamente Él conoce nuestros corazones y motivos. El apóstol estaba dispuesto a esperar de Dios el «¡bien hecho!» y también debemos hacerlo nosotros.

Al repasar este capítulo notará varias lecciones importantes que todos debemos aprender para ser obreros eficaces en el servicio de Cristo.

(1) No se deje influenciar por asuntos físicos. Los más grandes siervos de Dios no siempre son los más agraciados o los más fuertes, desde el punto de vista humano. Con cuánta facilidad algunos cristianos se quedan boquiabiertos por algún obrero cristiano «estilo Hollywood» que les embelesa con su apariencia imponente u oratoria hipnótica. Esto no significa, desde luego, que debamos deliberadamente esforzarnos por mostrar una apariencia desaliñada o practicar una humildad fingida. Dios nos ha hecho diferentes a cada uno de nosotros y debemos usar para su gloria todo lo que Él nos da.

(2) La obra más duradera se hace cuando usamos armas y herramientas espirituales. Es una cosa reunir una multitud y otra muy diferente edificar la iglesia. Programas teatrales, esquemas de promoción tipo de grandes almacenes, exhibiciones que honran al hombre y que dependen de los esfuerzos de la carne, todo esto puede captar la atención popular, pero nunca recibirán la aprobación de Dios. Edificamos mediante la oración y la Palabra de Dios, y esto demanda tiempo, dedicación y sacrificio.

(3) No juzgue antes de tiempo (1 Co 4.5). Deje que Dios dé los elogios. Viva procurando la aprobación de Él, y su vida y ministerio serán bendecidos.

Tal vez sea un fracaso a sus ojos y a los de otros, pero Dios le verá a usted y a su obra como un gran éxito para su gloria.

2 CORINTIOS 11

Este capítulo presenta lo que Pablo llama «su jactancia». Observe que aquí hay una «ironía santa» a medida que Pablo les devuelve a sus enemigos las acusaciones vertidas. «Puesto que a sus nuevos maestros les encanta jactarse», dice Pablo, «entonces iusaré ese método aprobado y me jactaré un poco también!» Admite que no sigue el ejemplo de Cristo en esta acción (11.17), pero sabe que «su jactancia» lo glorificará a Él porque todo lo que había soportado fue para la gloria de Cristo. Pablo se jacta sobre tres asuntos:

I. Su celo por la iglesia (11.1-6)

Hay diferencia entre celo y envidia. La envidia es carnal y egoísta; el celo se basa en el amor y procura el bienestar de otros. Es correcto que el esposo cele a su esposa o que un pastor cele a su iglesia. Pablo compara a la iglesia local con una desposada o novia. Una comparación similar la hace en Efesios 5.22,23 con relación a la Iglesia universal. Ambos ejemplos son válidos. Así como en el AT Israel se compara con la esposa de Jehová («esposa» porque se había casado con Él en Sinaí), a la iglesia se le llama la desposada de Cristo («desposada» porque todavía no está casada con Él). El deseo de Pablo era conservar a la iglesia pura, libre de falsa doctrina y de vida mundanal. En el AT irse tras los dioses falsos se compara con el adulterio; en el NT a la mundanalidad se le llama adulterio (Stg 4.1-4).

¿Cómo puede una iglesia local dejarse seducir para alejarse de Cristo? Al seguir a los falsos maestros de Satanás (vv. 3,13-15). Así como Satanás con su astucia engañó a Eva en Génesis 3, los falsos maestros engañan a los creyentes y los alejan de la verdad. «Sincera» (v. 3) significa devoción sin dobleces. No podemos servir a Dios y a Mamón. iCuán importante es que la iglesia permanezca fiel a la Palabra de Dios! Actualmente, hay líderes religiosos que intentan darnos otro Jesús y no el Cristo que Pablo predicaba; y otro Espíritu, no el Espíritu Santo de Dios; y otro evangelio, no el evangelio de la gracia de Dios (véase Gl 1). La única defensa en contra del adulterio espiritual es la fidelidad a la Palabra de Dios. iCuán celosos debemos ser por la Iglesia por la cual Cristo murió!

II. Su generosidad hacia la iglesia (11.7-21)

«Pablo no puede ser un verdadero apóstol», decían sus enemigos, «de otra manera aceptaría dinero por sus servicios. El hecho de que rehúse aceptar sostén de la iglesia de Corinto es prueba de que sabe que no es honrado». iQué trágico cuando se juzga la generosidad de un hombre y se cuestiona sus motivos! Pablo usa un poco de ironía aquí cuando sugiere que ha pecado ial negarse al sostén material de los corintios! (v. 7). Se había mantenido para que no se acusara su ministerio (1 Co 9 analiza esto), ¡y sin embargo sus enemigos hallaban falta!

Les asegura que por amarlos se negó a su sostén. Permitió que la iglesia de Filipos se lo enviara, pero no lo recibió de los corintios, aunque su llamamiento apostólico se lo hubiera permitido. Quería «quitar» cualquier oportunidad que sus enemigos pudieran tener para acusarlo (v. 12).

Por primera vez Pablo acusa abiertamente a estos falsos maestros de ser siervos del diablo. El arma más eficaz de Satanás es la imitación (véase Mt 13.24-30,36-43). Sin embargo, los cristianos deberían haber sabido que estos maestros venían de Satanás, puesto que sus vidas y ministerios no manifestaban nada del espíritu de Cristo. El versículo 20 es una descripción de un ministerio carnal: aquel que lleva a la gente a la esclavitud, no a la libertad; los devora egoístamente; sus líderes se autoexaltan en lugar de exaltar a Cristo; hiere a los santos en lugar de ayudarles a sanar de sus heridas. ¡Qué diferencia con el ministerio de Pablo! ¡Qué hay en la carne que le encanta la esclavitud, las artimañas y honores humanos, en lugar del sencillo amor y la gracia de Cristo?

III. Sus sufrimientos por la iglesia (11.22-33)

Las credenciales principales del ministerio apostólico de Pablo eran las marcas que llevaba en su cuerpo y que las recibió al servir a Cristo (véase Gl 6.17). Tenga presente que Pablo escribió esto antes de los acontecimientos de Hechos 20ss, ¡y la mayoría de las cosas en esta lista ni siquiera se mencionan en Hechos! Y el gran apóstol nunca los habría mencionado si no fuera porque estaba defendiendo el evangelio. Es un hecho contundente que Pablo dijera que sus sufrimientos, no los elogios de los hombres, eran la mejor prueba que tenía para afirmar su apostolado. Cuando seleccione a un líder espiritual, busque las marcas.

Estos sufrimientos no necesitan mayor comentario; hablan por sí mismos. Sea suficiente decir que Pablo fue a todas partes y lo soportó todo con tal de llevar el evangelio a las almas perdidas. ¿Por qué nosotros hacemos muchísimo menos hoy cuando tenemos a nuestra disposición herramientas que hacen la tarea más fácil y rápida?

Al parecer la carga más pesada de Pablo era «la preocupación por todas las iglesias». Las batallas espirituales siempre son más costosas que las físicas. Orar por los nuevos cristianos, alimentar a los corderos y a las ovejas, y rechazar los ataques de Satanás son tareas absorbentes.

Nótese que Pablo no se jacta de las cosas que atestiguaban su fuerza, ¡sino de sus debilidades! Mientras que los judaizantes se jactaban de sus convertidos, Pablo contaba el número de veces que lo encarcelaron, azotaron o dejaron en el mar. «¡Me gloriaré en mis debilidades mientras ellos se jactan de sus poderes!», dice preparándose, desde luego, para el relato de su aguijón en la carne en el capítulo 12.

Cierra con un asunto especialmente interesante: Su huida de Damasco (Hch 9.23-25). ¡Qué humillante debe haber sido para este gran rabí que lo descolgaran por el muro en una canasta! ¿Se hubieran atrevido a descender así los judaizantes? ¡No! Hubieran hecho alguna componenda con su mensaje ¡y salido por la puerta principal de la ciudad! Pablo enfrentó sufrimientos desde los primeros hasta los mismos últimos días de su ministerio. «Y también todos los que quieren vivir piadosamente en Cristo Jesús padecerán persecución» (2 Ti 3.12).

Estas actitudes de Pablo hacia la iglesia deberían estar en el corazón de cada pastor y miembro de la iglesia hoy. Debemos ser celosos y precavidos por nuestras iglesias, no sea que alguna mentira satánica empiece a seducirla y la aleje de la verdadera consagración a Cristo. Qué fácil es para las iglesias (y los cristianos) robarle a Cristo el amor que se merece. «Has dejado tu primer amor» le advirtió Cristo a la iglesia de Éfeso (Ap 2.4). Si los cristianos no ejercen un santo celo por la iglesia, esta se alejará tras el pecado.

Igualmente debemos tener una actitud desprendida y generosa hacia la iglesia. No debemos tener la actitud de «¿cuánto puedo obtener?», sino de «¿cuánto puedo dar?» Debemos estar dispuestos a sacrificarnos para que la iglesia crezca para la gloria de Dios.

2 CORINTIOS 12

Aunque con frecuencia extraemos pasajes de este capítulo para bendiciones devocionales, debemos tener presente el propósito de Pablo al responder a sus críticos y probar su llamamiento apostólico. En el capítulo anterior hace un recuento de las cosas que mostraban sus debilidades, para que Cristo reciba la gloria. En este capítulo hallamos cuatro pruebas de su apostolado.

I. La revelación de Cristo (12.1-6)

El «hombre» del que Pablo habla aquí es, por supuesto, él mismo. ¡Imagínese poder mantener una experiencia tan emocionante como esta en secreto catorce años! (¡Imagínese también sufrir en silencio catorce años!) Es cierto que a Pablo le fueron dadas revelaciones que ningún otro hombre vio ni oyó. Fue el instrumento escogido de Dios para revelar al mundo la grandeza de su gracia (note cuidadosamente Hch 26.16). El «tercer cielo» (v. 2) es el paraíso, el mismo cielo de la presencia de Dios. No sabemos qué oyó Pablo de Dios. Pablo mismo no dijo nada al respecto, para que ningún cristiano empiece a honrarle más de lo que se merecía. ¡Qué humildad!

Dios no le hubiera dado estas revelaciones a Pablo si no hubiera sido su siervo escogido. Como Pablo afirma en Gálatas 1.11ss, las verdades que enseñaba las recibió directamente de Dios; no las recibió de segunda mano de algún otro apóstol.

II. El aguijón en la carne (12.7-10)

No sabemos qué era este aguijón, pero la mejor sugerencia es que se trataba de alguna enfermedad de los ojos. Pablo fue cegado sobrenaturalmente cuando se convirtió (Hch 9.9) y es posible que le quedó alguna debilidad incluso en los años posteriores. Gálatas 4.15 y 6.11 («con cuán grandes letras») sugieren problemas de los ojos. Esto hubiera sido una dificultad para Pablo, tanto física como emocionalmente, y quizás con franqueza llamarle un aguijón (estaca) en la carne. (Algunas veces atravesaban con estacas a los prisioneros y los dejaban sufrir una muerte horrible.) Cualquier cosa que haya sido el aguijón, era una carga para él y le producía dolor. Él pidió que le fuera quitado.

La presencia de este aguijón era prueba de su experiencia celestial relatada en los versículos 1-7; porque Dios le dio el aguijón (¡qué regalo!) para que no se enorgulleciera. Los enemigos de Corinto le acusaron de ser débil (véanse 10.1,10; 11.6,29), y ahora él admite que era débil, pero su debilidad era un don de Dios. La misma debilidad de que se le acusaba ¡era en realidad un argumento en favor de su autoridad apostólica!

Hay varias lecciones muy prácticas que aprender de la experiencia de Pablo con el aguijón:

(1) Las bendiciones espirituales son más importantes que las físicas. Pablo pensaba que podía ser un mejor cristiano si se aliviara de su debilidad, pero la verdad fue exactamente lo opuesto. Los «sanadores de fe» que predican que la enfermedad es pecado tienen mucha dificultad con este capítulo.

(2) La oración sin contestar no siempre significa que no se suple la necesidad. Algunas veces recibimos mayor bendición ¡cuando Dios no responde a nuestras oraciones! Dios siempre contesta la necesidad aun cuando parezca que no responde a la oración.

(3) La debilidad es fortaleza si Cristo está en ella. Lea una prueba en 1 Corintios 1.26-31; recuerde los cántaros de Gedeón, la honda de David y la vara de Moisés.

(4) Hay gracia para satisfacer toda necesidad. ¡La gracia capacitó a Pablo para que aceptara su debilidad, se gloriara y se regocijara en ella! Pablo sabía que su debilidad daría gloria a Cristo y eso era todo lo que importaba. Véase 2 Corintios 4.7.

III. Sus señales apostólicas (12.11-18)

Pablo no se autoexalta cuando afirma no ser menor que ninguno de los apóstoles; simplemente defiende su posición. Nótese que hace una lista de varias «señales» que probaban su apostolado, empezando ¡con la paciencia! Esperamos que mencione milagros y maravillas, ¡pero no paciencia! Sin embargo, fue la paciente persistencia de Pablo bajo la tribulación lo que mostraba que había sido divinamente llamado y comisionado (véase cap. 4).

Pablo menciona su actitud hacia el dinero. Puede afirmarse como un hecho aceptado que la actitud del siervo hacia las cosas materiales indica su vida y perspectiva espiritual (Lc 16.1-15). Un verdadero siervo de Cristo no puede amar el dinero. Pablo les recuerda que él y Tito demostraron su amor sincero por la iglesia por la manera en que se sostuvieron y ayudaron generosamente a los corintios.

Señales y milagros por sí solos no prueban que un hombre es enviado de Dios, porque el mismo Satanás tiene credenciales milagrosas (véase 2 Ts 2). Cuando la vida y motivos de un siervo son puros, podemos confiar en cualquier señal que Dios pudiera dar; pero cuando su vida no es correcta, esos milagros no pueden ser del Señor.

IV. Su valor al tratar con el pecado (12.19-21)

«Cuando vaya, ¡ya verán cuán débil soy!», escribe Pablo. «Me parece que será mejor que empiecen a limpiar la iglesia de inmediato», aconseja. «Si esperan a que yo lo haga, ¡ya verán qué humilde puedo ser en las manos del Señor!»

Cuando el asalariado ve venir al lobo, huye (Jn 10.13), pero el verdadero pastor se queda y protege a las ovejas. Pablo no iba a salir huyendo. Llegó al punto de mencionar los pecados que predominaban en la iglesia. Aunque arreglaron el asunto del ofensor mencionado en 1 Corintios 5, había otros pecados ahora que necesitaban atención. «Un poco de levadura» en verdad había leudado toda la masa (1 Co 5.6).

Hay dos tipos de pecados que se mencionan aquí: los sociales (v. 20) y los sexuales (v. 21). Había tanto hijos pródigos como hermanos mayores en la iglesia y ambos necesitaban arrepentirse. Lo que empezó como facciones en 1 Corintios 1.10 ¡creció hasta convertirse en contiendas, divisiones y desórdenes! Satanás estaba al mando, porque Dios no es Dios de confusión. La enseñanza falsa conduce a una vida falsa.

Este capítulo bien pudiera servir como una prueba para los siervos cristianos. Mientras que ninguno de nosotros recibe revelaciones especiales hoy, todos debemos estar en comunión con Dios y recibir nuestros mensajes únicamente de Él. Debemos tener gracia para soportar el sufrimiento. Ojalá no haya ningún amor al dinero y temor alguno de hombre que nos impida resolver el pecado. ¡Que Dios nos ayude a ser la clase de siervos que Él pueda elogiar y bendecir!

2 Corintios 13

Pablo llegaba al final de su carta y la cierra con varias admoniciones para la iglesia.

I. Prepárense para mi visita (13.1-4)

En 12.14 mencionó su tercera visita y ahora repite su admonición. Hace referencia a la ley del AT de que dos o tres testigos son necesarios para resolver la verdad de un asunto (Dt 19.15) y como si esa tercera visita fuera la oportunidad final que Dios da para que la iglesia arregle las cosas. Les dijo antes, y ahora se los recuerda, que su visita significaría juicio implacable para los culpables de pecado. ¡Su osadía para resolver el pecado sería prueba suficiente de que no era ningún enclenque! (véanse 10.10; 11.6).

Es interesante su afirmación en el versículo 4. Cristo en su muerte pareció revelar debilidad; pero su resurrección reveló el poder de Dios. En su visita anterior Pablo mostró lo que parecía ser debilidad mientras servía; la próxima visita sería diferente. Hay ocasiones cuando mostramos su poder en nosotros dando la apariencia de debilidad; hay otras en que debemos ser severos mediante el poder de Dios. La experiencia de su aguijón en la carne es un ejemplo de ser «débil en Él» y sin embargo vivir por el poder de Dios.

Si los corintios hubieran obedecido a la Palabra de Dios, se hubieran evitado una gran cantidad de agonía tanto para ellos como para Pablo. Es cuando los cristianos ignoran y se oponen a la Palabra de Dios que acarrean problemas para sí mismos, para otros y para la iglesia. ¡Cuántos pastores han atravesado un Getsemaní debido a cristianos que rehúsan escuchar la Palabra de Dios!

II. Asegúrense de que son salvos (13.5-7)

Los corintios estaban gastando una gran cantidad de tiempo examinando a Pablo; ahora era tiempo de que se autoexaminaran. Sócrates dijo: «Una vida sin examen no vale la pena vivirla». Una experiencia cristiana verdadera resistirá el examen. «¿Están en la fe?», les preguntó Pablo. «¿Son salvos de verdad?» Todo creyente debe probar su fe; nadie puede decirles a otros si han nacido de nuevo o no.

Un verdadero cristiano tiene a Cristo en sí. La palabra «reprobados» significa «falsificados». Significa literalmente «no pasar el examen». Sus enemigos le acusaron de falsedad (un falso apóstol), acusación que negó en el versículo 6. Rogó a los corintios que se alejaran de la vida y de las palabras malas, no simplemente para que pudieran probar que Pablo era un verdadero apóstol, sino para su bien. Si se arrepentían, no tendría que probar su apostolado viniendo a disciplinarlos. Estaba dispuesto a dejar a un lado este privilegio por amor a ellos. Pablo prefería perder su reputación para verlos recibiendo la ayuda espiritual antes que continuar en el pecado y forzarlo a ejercer su autoridad apostólica. Pedro advierte a los pastores que no deben ejercer dominio sobre la iglesia (1 P 5.1ss) y Pablo aquí manifiesta el mismo espíritu humilde. La advertencia de la disciplina nunca tiene el propósito de exaltar al pastor, sino que siempre es para conducir al ofensor al arrepentimiento.

En este día de falsificaciones satánicas es importante que los cristianos profesantes sepan que son salvos. Recuerde las advertencias de Mateo 7.15-29 y las verdades asombrosas de 2 Corintios 11.13-15.

III. Sean obedientes a la Palabra de Dios (13.8-10)

En el versículo 8 Pablo no sugiere que no hay ninguna manera de oponerse a la verdad. Satanás ciertamente se opone a la verdad con mentiras y la gente ¡se inclina más a creer sus mentiras que a creer la verdad de Dios! Lo que Pablo dice es que el arrepentimiento de los corintios debería ser «bueno» (v. 7) y según la Palabra de Dios. Puesto que obedecerían a la verdad, Pablo no haría nada en contra de ellos en términos de juzgar al pecado o disciplinar a los ofensores. Él mismo no quería hacer nada en la iglesia de Corinto sino la verdad.

Es más, Pablo prosigue para decir que se alegraría de hacer de su próxima visita una demostración de su debilidad (1 Co 2.1-5) si esto quería decir que ellos estaban viviendo en el poder de Dios. Su meta era la perfección de ellos, su madurez espiritual en Cristo. Eran niños en Cristo, carnales y mundanos, y necesitaban madurar. «Quiero edificarlos, no destruirlos», les aseguró. «Por eso es que les escribo una carta tan severa. Quiero que empiecen a prestar atención a la Palabra de Dios y a arreglar las cosas en la iglesia. Si lo hacen, no tendré que hablar con severidad cuando llegue».

IV. Sean maduros en su fe (13.11-14)

Nótese el amor que fluye de estas palabras finales. Llama hermanos a todos los cristianos corintios y no hace ninguna distinción entre los que le atacaron y los que le respaldaron. «Tened gozo» dice en el versículo 11. Pablo había escrito con lágrimas (2.1-5) y sin embargo se dispuso a «regocijarse aún más» y «dar gracias en todo».

«Perfeccionaos» es otra admonición a crecer en la fe (véase v. 9). Si fueran cristianos maduros, la bendición con la que Pablo cierra en estos versículos sería su porción. Había consolación, unidad, paz y comunión de los unos con los otros y con Dios.

El «ósculo santo» (v. 12) era una costumbre oriental entre los creyentes; una versión moderna tal vez diría (como *La Biblia al día*): «Dénse un cálido abrazo en nombre del Señor».

Pablo concluye con una de las más grandes bendiciones de la Biblia, la bendición de la Trinidad (v. 14). «La gracia del Señor Jesucristo» nos lleva de regreso a Belén, donde Él se hizo pobre por nosotros (2 Co 8.9); «el amor de Dios» nos lleva al Calvario, donde Dios el Padre dio a su Hijo; y «la comunión del Espíritu Santo» nos lleva a Pentecostés, donde el Espíritu bautizó a todos los creyentes del cuerpo de Cristo. ¡Qué apropiada era esta bendición para esta iglesia dividida y con poca espiritualidad! Muchas iglesias necesitan esta bendición hoy.

GÁLATAS

Bosquejo sugerido de Gálatas

I. Personal: La gracia y el evangelio (1–2)

    A. La gracia declarada en el mensaje de Pablo (1.1-10)

    B. La gracia demostrada en la vida de Pablo (1.11-24)

    C. La gracia defendida en el ministerio de Pablo (2.1-21)

        1. Ante el colectivo de los líderes de la iglesia (2.1-10)

        2. Ante Pedro personalmente (2.11-21)

II. Doctrinal: La gracia y la ley (3–4)

    A. Argumento personal de la experiencia (3.1-5)

    B. Argumento escriturario, la fe de Abraham (3.6-14)

    C. Argumento lógico (3.15-29)

    D. Argumento dispensacional (4.1-11)

    E. Argumento sentimental (4.12-18)

    F. Argumento alegórico (4.19-31)

III. Práctico: La gracia y la vida cristiana (5–6)

    A. Libertad, no esclavitud (5.1-5)

    B. El Espíritu, no la carne (5.16-26)

    C. Otros, no uno mismo (6.1-10)

    D. La gloria de Dios, no la aprobación del hombre (6.11-18)

Notas preliminares a Gálatas

I. Trasfondo

La antigua Galia la poblaban tribus guerreras que migraron a través de Europa al Asia Menor varios siglos antes de Cristo. Fundaron una nación llamada «Galacia» que quiere decir «país de los Galos». Como un cuarto de siglo antes de que Cristo naciera los romanos hicieron de Galacia una parte de una de sus provincias más grandes y llamaron «Galacia» a toda el área. En otras palabras, cuando se hablaba de Galacia en los días de Pablo había que especificar si la referencia era a la pequeña nación de Galacia o a la provincia romana entera. El problema es parecido al que uno enfrenta cuando alguien dice en nuestros días: «Me voy a Nueva York». ¿Va al estado de Nueva York o a la ciudad de Nueva York?

Este problema se presenta mientras estudiamos la Epístola a los Gálatas. ¿Escribió Pablo esta poderosa carta a las iglesias en la nación de Galacia o a las iglesias en la provincia romana de Galacia? Vea el mapa correspondiente del mundo apostólico en la parte posterior de su Biblia y sabrá a qué nos referimos. La mayoría de los eruditos bíblicos de hoy creen que Pablo escribió a las iglesias de la provincia, las que fundó durante su primer viaje (véase Hch 13.1–14.28). En otras palabras, estaba escribiendo a los cristianos de Iconio, Listra y Derbe. Si esto es verdad, quiere decir que Gálatas fue la primera de las epístolas de Pablo, probando que Pablo presentó con claridad el evangelio de la gracia de Dios tanto al principio de su ministerio como al final.

II. Tema

Le será útil repasar el material introductorio a Hechos y las notas sobre Hechos 15. Usted recordará que el mensaje del reino lo presentaron Pedro y el resto de los doce en los primeros capítulos de Hechos, ofreciendo a Cristo a los judíos que respondieron apedreando a Esteban (Hch 7). Fue entonces que el mensaje se llevó a los samaritanos (Hch 8) y a los gentiles (Hch 10–11). Pablo recibió la salvación entre estos dos sucesos (Hch 9). Dios le reveló especialmente a Pablo que estaba haciendo algo nuevo y que el mensaje de profecía del reino había sido reemplazado (de forma temporal) por el misterio de la Iglesia. Sin embargo, las masas de creyentes (algunos de los cuales seguían siendo fieles a la religión judía) no se dieron cuenta que este maravilloso y nuevo programa de gracia, tanto para el judío como para el gentil, había entrado en escena.

Por último, esta cuestión se debatió en Jerusalén (Hch 15). Los creyentes concluyeron (guiados por el Espíritu) que: (1) el programa de Dios para hoy era tomar de los gentiles un pueblo para su nombre; (2) Pablo fue su apóstol a los gentiles, con un ministerio especial al cuerpo, la Iglesia; (3) el programa del reino se reanudaría después que el cuerpo quedara completo. Sin embargo, había judíos que no recibieron el simple mensaje de la gracia y trataron de mezclarlo con la ley, amalgamando inapropiadamente el mensaje del reino con el de la Iglesia. A estas personas las llamamos «judaizantes», puesto que su meta era seducir y atraer a todos los gentiles creyentes a que entraran dentro del sistema judío. Enseñaban que una persona se salva por fe y por guardar la ley, y que el creyente era santificado y capacitado para vivir una vida santa de la misma manera. Estos maestros habían visitado las iglesias gentiles de Galacia y estaban perturbando a la gente (Gl 1.6-9; 3.1; 4.8-11; 5.7-9,12; 6.12,13). Querían que los creyentes siguieran las leyes y costumbres judías respecto a las festividades religiosas, la circuncisión, etc. Este era el «otro evangelio» que Pablo condenó en Gálatas 1.6-9. El único evangelio que Dios aprueba y bendice es el de la gracia de Dios, la justificación por la fe en Cristo Jesús únicamente. No somos salvos por hacerle promesas a Dios, sino por creer en sus promesas.

III. Su valor hoy

Gálatas es la palabra más fuerte de Dios en contra del legalismo. A la carne le encanta hacer actividades religiosas: celebrar días santos, practicar rituales, intentar hacer las buenas obras de Dios. Muchos sistemas religiosos de hoy mezclan la ley y la gracia y presentan una manera tergiversada y confusa de salvación, que en realidad es un camino a la esclavitud (Gl 2.4; 4.9; 5.1). Guardar el sábado, leyes dietéticas, un sacerdocio terrenal, días santos, obedecer reglas... ¡todo esto se barre en Gálatas y se reemplaza por la gloriosa libertad que el creyente tiene por la fe en Cristo!

GÁLATAS 1

Los primeros dos capítulos son personales y la palabra clave es «evangelio», que se halla diez veces en estos cuarenta y cinco versículos. La meta de Pablo era mostrar que su mensaje y ministerio vinieron directamente de Cristo y no de los hombres. Pablo no predicaba un mensaje de segunda mano, aprendido de Pedro o de cualquier otro de los apóstoles. Antes bien, Dios tuvo el cuidado de mantener el ministerio de Pablo separado del de los doce, para que ninguno pensara que Pablo recibió ese ministerio de los apóstoles.

I. El anuncio de Pablo de su evangelio (1.1-5)

Los judaizantes que «fascinaron» a los gálatas (3.1) les decían que el apostolado y mensaje de Pablo no eran fidedignos porque le faltaba el endoso oficial de Jerusalén. «¡Nosotros recibimos nuestras credenciales de Pedro!», decían, como si la aprobación de los hombres contara para saber si un predicador es enviado por Dios. Pablo empieza su carta afirmando que su mensaje y ministerio vino directamente de Jesucristo. (Nótese que Pablo usa el «ni lo» en los vv. 1, 12 y 17.) De inmediato expone el evangelio que predicaba.

El evangelio de Pablo se centraba en Cristo (su muerte, sepultura y resurrección) y no en Moisés o la ley. Era un evangelio de gracia que traía paz. Era un evangelio de libertad; «para librarnos» (v. 4). Los judaizantes llevaban a las iglesias a la esclavitud de la ley (véanse 2.4; 3.13; 4.9). La muerte de Cristo nos ha librado de este presente siglo malo y nos ha dado una nueva posición en libertad (5.1ss). No es de sorprenderse que Pablo añadiera: «A quien sea la gloria por los siglos de los siglos» (v. 5).

Ojalá que nunca confundamos el contenido e intención del evangelio. El evangelio no es «seguir a Cristo e imitar su vida» sino «recibir a Cristo por fe y permitirle que Él nos haga libres». En el evangelio no da cabida a una salvación que se obtenga al guardar la ley.

II. El asombro de Pablo por su alejamiento (1.6-10)

Dos cosas maravillaban a Pablo: (1) de que después de experimentar la bendición de la salvación (3.1-5) se hayan alejado tan pronto hacia otro mensaje; (2) que se alejaran de él (Pablo) que había sufrido para llevarles a Cristo. La palabra griega para «alejarse» (v. 6) es un gerundio: literalmente «alejándose». Estaban en el proceso de alejarse de la gracia sencilla hacia una mezcla de la ley y la gracia. En 5.4 Pablo dice: «De la gracia habéis caído [salido]». Esto no implicaba que hubieran perdido su salvación, sino más bien que habían salido de la esfera de la gracia y entrado a la esfera de la ley. Gracia quiere decir: dependo de Dios para suplir mis necesidades; mediante la ley trato de manejar yo mismo las cosas, con mis propias fuerzas.

El apóstol habla con energía al condenar cualquier otro evangelio, sin importar quién fuera el predicador, ¡incluso un ángel! Tenga presente que hay muchos «evangelios» (mensajes de buenas nuevas), pero un solo evangelio de la gracia de Dios conforme Pablo lo predicaba. Abraham creyó «al evangelio» (3.8), las «buenas nuevas» de que por medio de su simiente serían benditas todas las naciones. En todas las épocas los hombres se han salvado al creer en cualquier promesa que Dios les reveló. Noé creyó a la Palabra de Dios respecto al diluvio y al arca; Abraham creyó la Palabra de Dios respecto a su simiente prometida; hoy nosotros creemos la Palabra de Dios respecto a la muerte y resurrección de su Hijo. Desde la llegada de Pablo y la revelación de la justificación por fe, no hay otro evangelio. El «evangelio del reino» que se enfatiza desde Mateo 3 hasta Hechos 7 no es nuestro mensaje hoy.

III. El argumento de Pablo para su ministerio (1.11-24)

En estos versículos Pablo procura mostrar su independencia de los doce y de la iglesia de Jerusalén.

A. Recibió su evangelio personalmente de Cristo (vv. 11-14).

Pablo vio al Cristo resucitado (Hch 9) y recibió su comisión y mensaje directamente de Él. Esta experiencia lo capacitó para ser un apóstol. Nunca hubo la intención de que Pablo debía ser el doceavo apóstol para reemplazar a Judas (Hch 1.16-26). Por un lado, Pablo no podía llenar los requisitos; también Dios a propósito mantuvo a Pablo separado de los doce para que ninguno pudiera acusarlo de haber tomado prestado su mensaje. Nadie podría acusar a Pablo de inventar su mensaje, porque había sido un perseguidor de la Iglesia, no su amigo. Su vida se transformó radicalmente después de su encuentro con Cristo en el camino a Damasco. La única manera de explicar tan asombroso cambio es aceptar el hecho de que Pablo se encontró con Cristo.

B. Recibió su evangelio aparte de los apóstoles (vv. 15-17).

Se debe decir de nuevo que Dios nunca intentó que Pablo perteneciera a los doce. El ministerio de ellos fue principalmente a los judíos y se relacionaba con el reino; el ministerio de Pablo fue a los gentiles y se relacionaba al misterio de la Iglesia, el cuerpo. Los doce recibieron su llamamiento de Cristo en la tierra porque su mensaje presentaba la esperanza del reino terrenal de Israel. Pablo recibió su llamado del cielo, porque su mensaje presentaba el «llamamiento celestial» de la Iglesia en Cristo. Hubo doce apóstoles, asociados con las doce tribus. Pablo era un solo hombre (judío con ciudadanía gentil) representando un cuerpo en Cristo.

Pablo no conferenció con hombres después de recibir su llamamiento. Si se hubiera encontrado de inmediato con los doce, la gente hubiera dicho que tomó prestado su mensaje y recibió de ellos su autoridad. En lugar de eso, Dios envió a Pablo a Arabia para un tiempo de meditación e investigación. Alguien ha dicho: «Pablo fue a Arabia con la ley y los profetas, y ¡regresó con Romanos y Gálatas!» Como Moisés y Elías antes de él, Pablo se fue al desierto para bregar con el programa y plan de Dios para su vida. Luego regresó a Damasco, donde testificó de Cristo al principio.

C. Las iglesias reconocieron su evangelio (vv. 18-24).

Los creyentes allí en realidad temían a Pablo; y si no hubiera sido por Bernabé, nunca hubieran aceptado a Pablo. Este hecho en sí mismo prueba que Pablo nunca se apoyó en la iglesia de Jerusalén en busca de su aprobación. Después de esta visita se fue a Siria (Antioquía). Su ministerio allí se registra en Hechos 11.22-30; pero él mismo era personalmente desconocido para los creyentes de Judea. No obstante, las iglesias de allí habían oído las maravillosas noticias de la conversión de Pablo y glorificaban a Dios.

Qué trágico es que los hombres de hoy rechacen la revelación de Pablo del evangelio y traten de mezclar la ley y la gracia. Tratan de «encajar» a Pablo en los primeros capítulos de Hechos donde todavía se recalca el programa del reino. ¡Desvisten a Pablo para vestir a Pedro! Necesitamos regresar al sencillo mensaje de la gracia, el evangelio de Jesucristo solamente. Mezclar a la Iglesia con el reino, la ley y la gracia, Pedro y Pablo, es crear confusión y «pervertir» (1.7) el evangelio de Jesucristo.

GÁLATAS 2

En el primer capítulo Pablo demostró que su evangelio y apostolado vinieron de forma directa de Cristo, independientemente de los doce. Es natural que los lectores pregunten: «Entonces, ¿cuál fue la relación de Pablo con los doce y la iglesia de Jerusalén?» En este capítulo Pablo responde ese interrogante.

I. Su evangelio fue aprobado por los apóstoles (2.1-10)

Pablo, catorce años después de su visita a Jerusalén (Hch 9.26-29), regresa a la «ciudad santa» para asistir al concilio sobre el problema de la ley y la gracia (Hch 15). Fue a esa conferencia «por revelación»; es decir, Cristo personalmente le dijo que fuera, así como también le había dado el evangelio años antes (1.11,12). Pablo había estado ministrando entre los gentiles; y Bernabé y él habían visto a muchos gentiles salvados y establecido muchas iglesias locales; ahora los líderes de la iglesia estaban debatiendo la suerte del ministerio gentil. Lea de nuevo en Hechos 15 el relato de esta importante conferencia.

Algunos han sugerido que hubo en realidad cuatro reuniones diferentes: (1) una reunión pública en la cual Pablo contó lo que Dios había hecho entre los gentiles, Hechos 15.4; (2) una reunión privada entre Pablo y los líderes, Gálatas 2.2; (3) el debate público de Hechos 15.5 y de Gálatas 2.3-5; y (4) la sesión del concilio en la cual finalmente se resolvió la cuestión, Hechos 15.6ss.

Pablo se reunió en privado con los líderes, pero no porque sintiera temor de que su mensaje estuviera equivocado. Sabía que su mensaje era el correcto porque había venido de Jesús. Más bien se reunió de esa manera para dejar fuera a los «espías» (Gl 2.4) y evitar cualquier desacuerdo abierto que sólo hubiera añadido leña al fuego.

Tito iba con Pablo y, siendo gentil, no estaba circuncidado. De acuerdo a los judaizantes ¡Tito ni siquiera era salvo! (Hch 15.1). Pero los líderes de la iglesia no exigieron que Tito se circuncidara; de modo que, concluye Pablo, esto prueba que la circuncisión no tiene nada que ver con la salvación. Había falsos hermanos allí, personas que querían privarles a los creyentes de la gloriosa libertad que tenían en Cristo. Este partido debe haber exigido la circuncisión de Tito, pero Pablo «los derrotó». El grupo se dividió: algunos estaban por el legalismo; otros por la libertad; algunos más por un compromiso entre las dos cosas. La iglesia de hoy todavía está dividida, con algunos que enseñan la salvación mediante los ritos; y otros que insisten en una mezcla de la ley y la gracia. La minoría se aferra al evangelio de la gracia de Dios que predicaba Pablo.

La conclusión del asunto fue que los líderes de la iglesia acordaron que el mensaje y ministerio de Pablo venían de Dios, y que él debía ministrar a los gentiles mientras que Pedro y los doce ministraban a los judíos. En el versículo 8 Pablo cuidadosamente destaca que el mismo Espíritu que obraba en Pablo obraba también en Pedro. Ambos tenían el mismo mensaje y el mismo Espíritu, pero eran responsables de diferentes esferas de ministerio. El concilio no añadió nada al mensaje de Pablo (v. 6) y lo endosó como bueno. Pablo había preservado «la verdad del evangelio» (2.5) de las mentiras del enemigo.

II. Defendió su evangelio ante Pedro (2.11-21)

Pablo hizo lo correcto al ignorar las «posiciones espirituales» de la gente que se menciona en el versículo 6. Incluso los mejores líderes pueden equivocarse, y Pablo cita a Bernabé y a Pedro como ejemplos. Después de la reunión en Jerusalén, Pedro visitó la iglesia gentil de Antioquía, donde Pablo y Bernabé todavía ministraban (Hch 15.35). En Hechos 10 Dios le había revelado claramente a Pedro que ningún alimento y ninguna persona era inmunda; pero el apóstol cayó de nuevo en el legalismo de todas maneras. Cuando vino por primera vez a Antioquía, Pedro se reunía con los gentiles y comía con ellos; pero después que algunos visitantes vinieron de Jerusalén, se apartó y levantó de nuevo sus antiguas barreras judías. Incluso Bernabé cayó en la trampa (v. 13), asombrando a su compañero misionero, Pablo. La razón fue el temor (v. 12); porque «el temor del hombre pondrá lazo» (Pr 29.25).

Pedro y Bernabé no estaban andando rectamente. Lo que creemos determina cómo nos comportamos. Debido a que Pedro y Bernabé estaban confusos en cuanto a la verdad espiritual, no podían andar en línea recta. La «verdad del evangelio» no es algo para que la defendamos (v. 5), sino algo para que lo practiquemos (v. 14). En los versículos 14-21 encontramos un resumen de la reprensión que Pablo le hizo a Pedro. Sin duda Pablo dijo más que esto, pero el siguiente sumario define bien la cuestión:

«Tú eres judío», le dijo Pablo a Pedro, «pero solías vivir como los gentiles, sin barreras entre ti y otros cristianos. ¡Ahora quieres que los gentiles vivan como judíos, haciendo lo que ni siquiera tú mismo haces!»

El «nosotros» en los versículos 15-17 se refiere, por supuesto, a los judíos. «Nosotros los judíos tenemos privilegios especiales y tal vez no seamos culpables de los pecados de los gentiles; pero ¡somos salvos de la misma manera que ellos lo son!» Esperaríamos que Pablo dijera: «Ellos deben ser salvos de la manera que lo somos nosotros», pero invierte el orden. La salvación no quiere decir que los gentiles se han convertido en judíos, sino ¡que los judíos tienen que descender al nivel de los gentiles condenados! «Somos justificados (recibir una posición correcta ante Dios) por fe en Jesucristo», arguye Pablo. «Las obras de la ley nunca justificarán a ningún hombre. ¿Fue salvo algún judío alguna vez por guardar la ley? ¡Por supuesto que no!»

En los versículos 17-18 Pablo mostró la necedad de regresar a la ley. «Dices que has sido salvado por la fe en Cristo. Pues bien, si regresas a la ley, estás confesando que todavía eres un pecador que necesita la salvación y que Cristo no te ha salvado. Es más, estás diciendo que tu fe en Cristo te ha hecho de nuevo un pecador y ¡eso hace a Cristo el ministro de pecado!» Regresar a la ley es negar la obra de Cristo en la cruz. «Predicaste la Palabra a los gentiles», Pablo prosiguió, refiriéndose a Hechos 10, «pero no has cambiado de parecer. Predicaste salvación por fe; ahora predicas salvación por la ley. Edificas lo mismo que una vez derribaste, lo cual te hace pecador, debido a que derribaste algo que Dios quería que siguiera en pie». En otras palabras, Pablo le mostró a Pedro la inconsistencia de sus acciones y creencias.

«La ley no es un camino de vida, Pedro; es un camino de muerte. La ley nos mata (v. 19) para que el evangelio pueda resucitarnos. Un cristiano no es alguien que intenta obedecer una ley externa. Un cristiano es alguien que tiene dentro de sí al Cristo vivo. Por fe, estoy unido a Cristo para siempre. Cuando Él murió, yo morí; cuando Él resucitó, yo resucité con Él. Cristo vive su vida por medio de mí conforme ando por fe... ¡esta es la vida cristiana! No es un conjunto de reglas y regulaciones. ¡Regresar a la ley es frustrar (vaciar) la gracia de Dios! ¡Si la ley es el camino de Dios para la salvación, Cristo murió en vano!»

Ni Gálatas ni Hechos anotan la respuesta de Pedro, pero sabemos que la reprensión de Pablo logró su propósito. A decir verdad, una de las últimas admoniciones que Pedro escribió fue que los creyentes deben leer las cartas de Pablo para hallar la verdad de Dios respecto a esta edad presente (2 P 3.16-18).

GÁLATAS 3

Los capítulos 3–4 son doctrinales, porque en ellos Pablo explica la relación entre la ley y la gracia. Tres palabras que se repiten con frecuencia son fe (catorce veces), ley (diecinueve veces) y promesa (once veces). Pablo presenta seis argumentos, tres en cada capítulo, procurando probar que la salvación es por gracia, por medio de la fe, y aparte de las obras de la ley.

I. El argumento personal (3.1-5)

Pablo empieza con la experiencia personal de los gálatas con Cristo, porque esta es una de las mejores evidencias de cómo obra Dios. Pablo había predicado a Cristo crucificado, no la obediencia a la ley; ellos creyeron este mensaje y eso cambió sus vidas. Habían recibido al Espíritu (la evidencia de la salvación, Ro 8.9) por el oír con fe y al creer a la Palabra de Dios (Ef 1.13,14), no por obedecer alguna ley. Sin duda, el evangelio que Pablo predicaba, el evangelio que cambió su vida y la de ellos, era el verdadero mensaje. ¡Regresar a la ley después de todo lo que el Espíritu había hecho por ellos era actuar como necios!

Habían sufrido voluntariamente por su fe. Los ministros en la iglesia de Galacia mediante los dones del Espíritu estaban haciendo cosas maravillosas, obras que no serían posibles por medio de la ley. Todo en su experiencia personal apuntaba hacia un hecho: la salvación es por gracia, no por la ley.

Los cristianos de hoy necesitan la verdad del versículo 3, porque muchos piensan que el mismo Espíritu que les salvó no puede guardarlos o ayudarles a vivir por Cristo. Tienen la idea de que la salvación es por gracia por medio de la fe, pero que la vida cristiana depende de sus fuerzas. ¡Qué equivocación! Romanos 7 enseña con claridad que los creyentes no pueden hacer nada por sí mismos para agradar a Dios; Romanos 8 enseña que el Espíritu continúa la obra de gracia y cumple las exigencias de la ley en nosotros.

II. El argumento escriturario (3.6-14)

Por «escriturario» no sugerimos que los otros argumentos de Pablo no sean fieles a la Palabra, sino más bien que en esta sección se apela con fuerza al AT. Es más, tal vez quiera verificar cuidadosamente cada una de estas referencias bíblicas.

A. Los versículos 6-7 citan Génesis 15.6.

Los judaizantes apuntaban a Abraham, el «padre de los judíos», como su ejemplo, y Pablo hace lo mismo. ¿Cómo fue salvo Abraham? ¡Por fe! Y todos los que confían en Cristo son hijos de Abraham, el padre de los creyentes. Véase en Romanos 4.1-8 una ampliación de este argumento.

B. Los versículos 8-9 citan Génesis 12.3.

Dios prometió bendecir a los gentiles a través de Abraham, lo que quiere decir que judíos y gentiles son salvos exactamente de la misma manera. Desde luego, el «evangelio» que Abraham creyó no fue el pleno evangelio de la gracia de Dios que predicamos hoy; incluso los apóstoles no comprendieron a plenitud el significado de la muerte de Cristo sino hasta que se les explicó. El evangelio que Abraham creyó fue las buenas nuevas de que Dios le bendeciría y le haría una nación poderosa. Abraham creyó a la promesa y esta fe le fue contada por justicia.

C. El versículo 10 cita a Deuteronomio 27.26.

«Ustedes quieren salvarse por las obras de la ley? ¡Pero la ley no salva, maldice!»

D. El versículo 11 cita a Habacuc 2.4.

Ya hemos encontrado este versículo antes: «El justo por la fe vivirá» (Ro 1.17; Heb 10.38). Este pequeño versículo de Habacuc es tan rico que Dios escribió tres comentarios de él en el NT.

E. El versículo 12 cita a Levítico 18.5.

¡Hay una vasta diferencia entre «hacer» y «creer»! Nadie jamás fue salvo por la ley, porque nadie nunca puede obedecer completamente la ley.

F. Los versículos 13-14 citan Deuteronomio 21.23.

La ley nos pone bajo maldición, pero Cristo murió para quitar la maldición. Murió en un madero (la cruz, 1 P 2.24) y cumplió la palabra dada en Deuteronomio. Debido a que ha llevado nuestra maldición sobre sí mismo somos libres para vivir en Él. La bendición que Dios prometió a Abraham está ahora al alcance de los gentiles por la fe.

Lea otra vez estas seis citas y vea cómo prueban conclusivamente que aun la ley del AT enseñaba que la salvación es por gracia, por medio de la fe.

III. El argumento lógico (3.15-29)

Por supuesto, todos los argumentos de Pablo son lógicos. Pero el argumento particular aquí depende del razonamiento, al comparar la ley con un contrato humano. «Cuando dos personas hacen un contrato, es ilegal que una tercera intervenga y lo cambie o lo cancele. Ahora bien, Dios hizo un contrato (pacto) con Abraham cuatrocientos años antes de que fuera dada la ley. La Ley de Moisés jamás podría cancelar la promesa original de Dios a Abraham. Dios lo prometió igualmente a la simiente de Abraham y el versículo 16 indica que esta Simiente es Cristo. La Ley Mosaica no fue una nueva manera de salvación que cancelaba las promesas de Dios a Abraham; esto no sería lógico. La promesa y la fe van juntas, pero no la promesa y la ley.

«Pero, ¿por qué Dios les dio la ley?», argüirían sus oponentes. Pablo les da tres respuestas:

A. La ley fue temporal y sólo para Israel (vv. 19-20).

Romanos 2.14 y Hechos 15.24 dejan en claro que Dios nunca dio la ley a los gentiles. La ley moral ya estaba escrita en los corazones de los gentiles (Ro 2.15). Pero la ley ceremonial (incluyendo las leyes del día de reposo) nunca fue dada a los gentiles. La ley fue «añadida» y no era un sustituto en lugar de las promesas abrahámicas. Una vez que la Simiente (Cristo) vino, la ley fue reemplazada. «¡Pero la ley fue promulgada con tanta gloria!», replicarían los judaizantes. «¿Cómo puedes decir que era sólo temporal?» Pablo está listo con una respuesta: la ley fue dada por mediadores angélicos, pero Dios le habló personalmente a Abraham. Dios es uno, y el cumplimiento de su promesa a Abraham depende únicamente de Él.

B. La ley nos convenció de pecado, pero nunca nos salvó del pecado (vv. 21-22).

Si hubiera una ley que salvara a los pecadores, Dios hubiera librado a su Hijo y usado la ley en lugar de la cruz. La ley no es contraria a las promesas de Dios; al revelar el pecado, la ley obliga al pecador a confiar en las promesas de Dios. La ley nos muestra la necesidad de la gracia; la gracia nos capacita para agradar a Dios mediante la fe. La ley coloca a todos bajo pecado, lo que significa que todos podemos ser salvos por gracia. Si Dios permitiera que aunque sea un solo pecador se salvara por la ley, nadie se salvaría por la gracia. Todos debemos ser salvos de la misma manera.

C. La ley preparó el camino para Cristo (vv. 23-29).

«Antes que viniera la fe que ahora conocemos la ley dejaba a todos los hombres con la boca cerrada, revelando su necesidad de un Salvador». Como L.E. Maxwell lo dice: «¡Se nos empuja a Cristo!» La ley fue el «ayo» (tutor) para los judíos en su infancia nacional. El tutor, tanto romano como griego, solía cuidar y enseñar a los niños menores hasta que alcanzaban la edad legal de adultos, después de lo cual los hijos quedaban bajo su propia responsabilidad. La ley mantuvo a los judíos «en línea», por así decirlo, hasta que Cristo vino y la revelación completa del evangelio fue dada a judíos y gentiles.

GÁLATAS 4

Pablo continúa con tres argumentos más para probar que la salvación es por la gracia y no por la ley.

I. El argumento dispensacional (4.1-11)

Cualquiera que lee la Palabra con cuidado debe admitir que en diferentes épocas Dios se relaciona de diferentes maneras con diferentes personas. Cuando hablamos de la «verdad dispensacional», queremos decir la verdad de la Palabra según se relaciona al programa de Dios en las edades de los judíos, gentiles y de la Iglesia (1 Co 10.32). En esta sección Pablo explica que el período de la ley fue una dispensación, una manera especial en la cual Dios se relacionó con Israel con un propósito especial. Dios nunca dio la Ley Mosaica a los gentiles. Imponer regulaciones judías a los gentiles (o incluso a los judíos de hoy) es totalmente contrario a las Escrituras.

Los judíos fueron herederos, por cuanto Dios les dio maravillosas promesas a través de Abraham, pero pasaron muchos siglos antes de que recibieran esas promesas. Pablo sigue en su comparación entre la situación de los judíos y el tutelaje del niño romano o griego. El niño, razona Pablo, puede ser heredero de una fortuna, pero mientras no haya llegado a la edad legal de heredar, no es diferente al esclavo. De la misma manera, los judíos estaban en su «infancia espiritual» bajo la ley. Las reglas y rituales de la ley eran el «ABC religioso» que tenían que aprender antes de que pudieran graduarse a su herencia completa. Este legalismo era esclavitud al sistema mosaico («rudimentos del mundo», véase Col 2.8,20). Pero esta dispensación de la ley llegó a su punto final, habiendo preparado el camino para Cristo. El Señor nació en el momento preciso, de la manera precisa (de una mujer, un nacimiento virginal) y para el propósito preciso: darnos libertad. Fue puesto bajo la ley, la obedeció y cumplió en su vida y muerte. Su muerte en la cruz hizo a los judíos libres de su esclavitud legalista y abrió el camino para el cumplimiento de las promesas a Abraham.

Si Israel hubiera recibido a su Mesías cuando Pedro lo presentó en Pentecostés (y de nuevo a través de Hch 2–7), la nación hubiera entrado en la edad adulta. Las bendiciones hubieran fluido a los gentiles mediante Israel y las promesas abrahámicas se hubieran cumplido. La nación en general rechazó a Cristo, pero Dios en su gracia abrió las bendiciones a los judíos y a los gentiles igualmente en una base individual. Los gentiles no fueron salvos a través del levantamiento de Israel, sino por medio de su caída (léase Ro 11.1-12). Ahora bien, los judíos recibieron su adopción de manera individual: Su «colocación como hijos», como hijos maduros, crecidos, en la familia de Dios. Ya no son niños bajo la dirección de tutores; los creyentes son hijos, no siervos, disfrutando de la completa herencia en Cristo.

Pablo ahora aplica su argumento: «¿Por qué quieren regresar a la esclavitud, a una segunda infancia? ¡Dejen el ABC y disfruten de la herencia plena que tienen en Cristo!»

II. El argumento sentimental (4.12-18)

«Os ruego, hermanos». Esta es la apelación de un siervo espiritual cariñoso, un padre preocupado dirigiéndose a sus hijos espirituales. «Yo me hice como uno de ustedes cuando les prediqué», escribe Pablo; «ahora háganse como yo y sean fieles a Cristo». Les recuerda que debido a una aflicción física fue que llegó por primera vez a ellos y que le habían tratado como si fuera un ángel. Ahora le trataban como a un enemigo debido a que les estaba diciendo la verdad. «Sus falsos maestros hacen un gran espectáculo del cariño por ustedes ("Tienen celo por vosotros", v. 17), pero sus motivos no son puros. ¡Quieren usarlos para hacer alarde de sus conquistas espirituales!» (Véase 6.12-14.)

III. El argumento alegórico (4.19-31)

Una alegoría es un suceso o historia que tiene un significado oculto. Pablo usa la historia de los dos hijos de Abraham (Gn 16 y 21) para mostrar que el nuevo pacto de la gracia ha reemplazado al antiguo pacto de la ley. Podemos ilustrar los contrastes de la siguiente manera:

El antiguo pacto de la ley	El nuevo pacto de la gracia
1. Simbolizado por Agar, la esclava	1. Simbolizado por Sara, la mujer libre
2. Ismael, hijo nacido de la carne	2. Isaac
3. Representa a Jerusalén en los días de Pablo, en esclavitud espiritual (y política)	3. Representa la Jerusalén celestial que es libre y gloriosa

Nosotros, los cristianos, somos hijos de la promesa, como Isaac (v. 23) y por consiguiente hijos de libertad (v. 31). Dios le prometió a Abraham un hijo mucho antes de que Ismael naciera. Ismael «fue añadido» (como la ley, 3.19) y fue hijo según la carne, hijo de la esclava. El antiguo pacto de la ley nunca fue el plan final de Dios para Israel. Fue añadido, como Ismael, y trajo esclavitud y tristeza. ¡Dios le ordenó a Abraham que echara fuera a Ismael y a Agar! La ley y la gracia, la fe y las obras, promesa y mandamiento, nunca pueden habitar en la misma casa. ¡Los judaizantes de Galacia querían invitar a Agar e Ismael a que volvieran a la familia!

Pablo se refiere a Isaías 54.1 y aplica este versículo a la Iglesia. Así como Sara era estéril y tuvo que esperar por muchos años por su hijo, los judíos tuvieron que esperar muchos años antes de que las promesas de Dios a Abraham se cumplieran. Isaías describió el gozo de Jerusalén después del regreso del exilio. Pablo ve un significado mucho más profundo: gozo en la Iglesia a pesar de su persecución y sufrimiento.

El peligro que Pablo vio en Galacia está con nosotros hoy. A la carne le encanta y anhela «la excitación religiosa» y se siente gratificada cuando puede guardar alguna ley religiosa. En tanto que no hay nada de malo con las tradiciones de la iglesia que están ligadas a las Escrituras y magnifican a Cristo, debemos tener cuidado de invitar a Agar y a Ismael de vuelta a la familia. No puede haber mezcla de la ley y la gracia. Que Dios nos ayude a perseverar firmemente en su simple gracia.

GÁLATAS 5

Ahora avanzamos a la sección final de la carta en la cual Pablo hace la aplicación práctica de la libertad cristiana a la vida del creyente en una serie de cuatro contrastes.

I. Libertad, no esclavitud (5.1-15)

«¡Tu doctrina de gracia y libertad es peligrosa!», argüían los enemigos de Pablo. «Porque si los cristianos están libres de la ley, ¡vivirán en perversidad! ¡Necesitamos la ley para controlarlos!» Así es como la gente ha argumentado a través de los siglos, sin casi darse cuenta de que la gracia, no la ley, es la mejor del mundo para enseñar y «controlar» (Tit 2.11,12).

Pablo nos amonesta a estar firmes en nuestra libertad cristiana. Si retrocedemos al legalismo, corremos el riesgo a enredarnos y esclavizarnos. ¡Cuán bien conocían los judíos del día de Pablo lo que era la esclavitud legal! (Hch 15.10). La circuncisión era el sello del pacto y por eso Pablo les advierte a los gálatas que retroceder al antiguo pacto es privarse de las bendiciones que Cristo compró para ellos. Cristo no puede satisfacer al pecador que rechaza la gracia y confía en la ley; Cristo no puede satisfacer al santo que trata de vivir por la ley en lugar de por la gracia. «Circuncisión» en los versículos 2-3 denota el sistema mosaico por entero. La gente que se colocaba bajo la ley se convertía en deudores al sistema entero.

«Caer de la gracia» (v. 4) no quiere decir «caer de la salvación». Pablo no escribe a personas que han «perdido su salvación» debido a que tal cosa no es posible. Les escribe a santos que han salido de la esfera de la gracia y entrado en la agobiante esfera de la ley. Watchman Nee dice: «La ley significa que debo hacer algo por Dios; la gracia significa que Dios hace algo por mí». ¡Qué maravilloso es para el cristiano disfrutar de la libertad de la gracia! Esto quiere decir: ¡salir de la esclavitud descrita en Romanos 7 y entrar en la gloriosa libertad de Romanos 8! En los versículos 5-6 Pablo describe el verdadero andar cristiano: nuestro poder es el del Espíritu; recibimos este poder por fe; esta fe produce amor y obras en nuestras vidas. En otras palabras, la doctrina de la libertad cristiana no estimula una vida perversa; en lugar de eso, nos liga más de cerca a Cristo y Él vive a través del creyente (2.20).

¿Cómo se introdujo tal falsa enseñanza en los gálatas? De la misma forma que la levadura se introduce en la masa buena. A la levadura siempre se le considera mala (cf. Mt 13.33; 1 Co 5.1-7). La falsa doctrina se plantó en la iglesia como un poquito de levadura, pero luego creció e infectó a todo el cuerpo. Los gálatas corrieron bien hasta ese punto; ahora les estaban estorbando en su andar cristiano.

Pablo entonces se señala como ejemplo y les recuerda cómo había sufrido por predicar el evangelio. Sus enemigos tal vez mentían respecto a él y decían que en realidad predicaba la circuncisión (o sea, la obediencia a la ley del AT). Pero, arguye Pablo, si estuviera predicando legalismo, ¡los judíos nunca me hubieran perseguido! «El tropiezo de la cruz» (v. 11) significa el tropezadero de la cruz para los judíos (1 Co 1.23-25), quienes no podían aceptar a un Salvador crucificado. Usando la circuncisión como ejemplo Pablo dice: «¡Quisiera que se mutilasen los que los perturban!»

Pablo cierra esta sección con el recordatorio de que la libertad no es libertinaje. «Servíos por amor los unos a los otros», dice. Cumplimos la ley cuando vivimos en amor (Ro 13.8-10). El cristiano que dice: «¡Tengo libertad para pecar!», no comprende nada de la cruz ni de la gracia de Dios.

II. El Espíritu, no la carne (5.16-26)

La primera admonición de Pablo fue: «¡Estén firmes!» Ahora dice: «¡Anden en el Espíritu!» Nuestro estar en Cristo determina nuestro andar en Cristo. Las palabras «carne» y «Espíritu» se encuentran diez veces cada una en los capítulos 5–6. Los que viven de acuerdo a la ley dependen de la energía de la carne; los que viven por gracia dependen del poder del Espíritu. «Andar en el Espíritu» significa tener nuestras vidas diarias bajo su control, o sea, bajo la dirección de la Palabra de Dios. «Ser guiado por el Espíritu» significa ser libre de una vida de esclavitud al legalismo. El hermano mayor de la parábola del hijo pródigo (Lc 15) vivía en esclavitud y no tenía gozo en su andar o servicio. ¡Cuántos cristianos son como él!

«La carne» se refiere a la naturaleza caída que persiste en el creyente. El cuerpo en sí mismo no es pecaminoso; los apetitos no son necesariamente pecaminosos, pero las tendencias de la vieja naturaleza van en declive. En Romanos 6 Pablo nos dice que el viejo hombre ha sido crucificado y que podemos vencer a la carne al considerarnos como muertos al pecado y al presentarnos a Dios. Aquí en Gálatas, Pablo describe el conflicto entre las dos naturalezas del creyente. Después de la conversión, los nuevos cristianos disfrutan de inmediato de varios días o semanas de maravillosa victoria; entonces viene la tentación y la derrota, y se desaniman. Alguien debería haberles dicho que la vieja naturaleza volverá a surgir. La última frase del versículo 17 no enseña que el creyente no puede obtener victoria. La frase se traduce bien en español: «para que no hagáis lo que quisiereis». O sea, una simple determinación del cristiano nunca controlará la carne o producirá el fruto del Espíritu. Pablo amplía este tema en Romanos 7, donde muestra que determinados intentos del creyente para agradar a Dios en su fuerza están destinados al fracaso.

¡Qué contraste entre las obras y el fruto! El fruto es el resultado de una unión viva; una máquina puede producir obras, pero nunca fruto. Incluso la ley produce obras, pero Dios las llama obras muertas (Heb 6.1). La ley nunca produciría el fruto de la gracia que se describe aquí. Lea esta lista de «obras de la carne» en una versión moderna para que obtenga la magnitud completa de su significado. ¡Qué terrible catálogo de pecados! ¡Cuántos se hallan incluso entre cristianos!

El carácter cristiano viene de adentro, por el poder del Espíritu. El Espíritu procura transformarnos a la semejanza de Cristo (2 Co 3.18; Ro 8.29; 12.1,2). Podríamos meditar por horas en el fruto de nueve aspectos producido por el Espíritu. Nótese especialmente que el amor encabeza la lista. Pablo aclara que ninguna ley jamás podría desarrollar esta clase de carácter. ¡Cuándo aprenderá la gente que hacer resoluciones jamás la santificará!

«Si vivimos por el Espíritu» (esto es salvación, vivificados por el Espíritu), «andemos también por el Espíritu» (esto es santificación, permitiendo que el Espíritu controle y dirija nuestras vidas). Compare Efesios 5.18-24 con Colosenses 3.15-19 y verá que estar lleno del Espíritu es ser controlado por la Palabra de Dios, porque los resultados son idénticos. «Andar en el Espíritu» no es alguna experiencia emocional, ajena a la vida diaria. Es una experiencia diaria del creyente que se alimenta en la Palabra, que ora y obedece lo que dice la Biblia.

Para concluir note los tres ruegos que Pablo hace a los cristianos para que vivan en santidad por la gracia de Dios: Dios el Padre les ha llamado (v. 13); Dios el Hijo ha muerto por ellos (v. 24); y Dios el Espíritu Santo mora en ellos (vv. 16-23). Cada Persona de la Trinidad nos ayuda en nuestra batalla contra la carne.

GÁLATAS 6

En este capítulo final Pablo presenta dos contrastes más de la vida cristiana. Tenga presente que está describiendo la vida espiritual del creyente que está bajo la gracia y no bajo la ley. Es una vida de libertad, no de esclavitud (5.1-15) y que se vive en el Espíritu, no en la carne (5.16-26).

I. Otros, no uno mismo (6.1-10)

Hay una ley que el creyente obedece; la ley del amor en Cristo. «Un mandamiento nuevo os doy: Que os améis unos a otros» (Jn 13.34). El Espíritu de Dios es el Espíritu de amor, porque Dios es amor. Si andamos en el Espíritu no usaremos nuestra libertad en Cristo con propósitos egoístas; le permitiremos al Espíritu que obre por medio nuestro para ayudar a otros. «Otros» es la gran palabra del evangelio. Jesús vivió por otros y debemos seguir su ejemplo. Ser libres de la ley no quiere decir que somos independientes los unos de los otros, porque somos miembros de la misma familia y nos ministramos unos a otros.

A. Ayuda espiritual (vv. 1-5).

Imagínese a un creyente que de súbito el enemigo lo atrapa y cae en pecado. (O pudiera ser que la palabra «sorprendido» sugiere que cayó en pecado y otros creyentes se enteraron del asunto.) ¿Debería ser nuestra actitud de juicio y condenación? ¡No! Si somos espirituales (andando en el Espíritu, guiados por el Espíritu, produciendo el fruto mediante el Espíritu), procuraremos restaurar al caído. La palabra griega para «restaurar» es un término médico que significa la reparación de un hueso roto. Los cristianos son miembros del cuerpo de Cristo y un cristiano en pecado debilita el cuerpo. Por supuesto, si la persona no se somete a la restauración, se deben considerar las medidas de disciplina delineadas en Mateo 18 y 1 Corintios 5.

Debemos sobrellevar los unos las cargas de los otros, pero también debemos llevar nuestras propias cargas. Véanse las palabras de Pablo a los gálatas en Gálatas 6.1-5. Hay algunas cargas que podemos compartir con otros, pero hay otras que sólo nosotros podemos llevar. Evadir mi responsabilidad so pretexto de ayudar a otro es pecar. Debe haber un espíritu de humildad al procurar ayudar a otros, sin pensar que somos mejores. Dejemos que Dios juzgue y dé la recompensa; Él jamás se equivoca.

B. Ayuda material (vv. 6-10).

El creyente que presta atención a la Palabra compartirá las bendiciones materiales con los que enseñan; esta es la lección de los versículos 6-8. A menudo aplicamos estos versículos al hecho de cosechar lo que sembramos en términos de pecado y desde luego que este principio es cierto. Pero la lección básica aquí es la de dar y ofrendar; «haga partícipe» en el versículo 6 indica «compartir». Este principio se ha indicado en Romanos 15.27; donde recibimos bendiciones espirituales tenemos el privilegio y la obligación de compartir las bendiciones materiales. «Sembrar para la carne» significa vivir para la carne, invirtiendo tiempo y dinero en cosas que no duran; «sembrar para el Espíritu» significa invertir tiempo y dinero en cosas eternas. Cuántos cristianos usan carnalmente su tiempo y dinero (y el dinero es sólo tiempo acuñado como para que podamos volver a invertirlo) en cosas de la carne... y ¡se preguntan por qué nunca crecen en la gracia o cosechan frutos espirituales! Por cierto que sembrar para el Espíritu exige fe y paciencia, pero Dios promete la cosecha a su debido tiempo. Demanda tiempo crecer espiritualmente. Debemos ser fieles sembradores en nuestras actividades.

II. La gloria de Dios, no la aprobación del hombre (6.11-18)

Hasta el mismo final de la carta Pablo tiene la gracia en mente. El cristiano que depende de la gracia, a través del Espíritu, dará siempre la gloria a Dios; el legalista que «practica religión» se ganará la aprobación de los hombres. ¡Cómo honra el mundo a la «gente religiosa» y detesta al cristiano consagrado!

Pablo solía usar un secretario cuando escribía, dictando la carta, y luego añadía al final su «rúbrica de gracia» personal (1 Co 16.21-24; Col 4.18; 2 Ts 3.17,18). Pero al parecer escribió Gálatas personalmente y debido a su deficiencia visual (nótese Gl 4.15) tuvo que escribir con letras grandes. «Cuán grandes letras» no quiere indicar un gran número de palabras, porque la carta es relativamente corta; se refiere al tamaño de las letras. Pablo no permitió que su deficiencia física le impidiera obedecer a Dios y advertir a sus amigos cristianos sobre los males del legalismo.

«Estos judaizantes quieren usarlos a ustedes para su gloria», afirma Pablo (v. 12). «No están ministrándolos para bien de ustedes, sino para su propia alabanza. Quieren evitar la persecución que viene a los que predican la cruz. ¡Pero ni siquiera ellos mismos obedecen la ley!» ¡Qué represión tan incisiva! Estos judaizantes, como los fariseos del día de Cristo, recorrían mar y tierra para hacer un convertido (Mt 23.15), no para ayudarlo, sino para añadir más gloria a sus propios nombres. Pero Pablo no era de este tipo: se gloriaba en la cruz y voluntariamente llevó toda la vergüenza y persecución que ella traía. Pablo podía gloriarse en la cruz porque conocía a la Persona que estuvo en la cruz, el propósito de la cruz y el poder de la cruz.

De nuevo Pablo menciona su propia crucifixión (6.14; véase 2.20). La salvación quiere decir que Cristo murió por mí: Sustitución; santificación quiere decir que yo muero con Cristo: identificación. «Estos falsos maestros pertenecen al mundo y viven para el mundo», afirma el apóstol. «El mundo no tiene atracción para mí; he sido crucificado al mundo y el mundo ha sido crucificado a mí». Hoy a menudo la cruz es un objeto pulido; en los días de Pablo era un vergonzoso instrumento de dolor y muerte. La «religión» ha hecho de la cruz un símbolo; el Espíritu hace de la cruz una realidad en la vida del cristiano que vive por gracia.

El cristiano pertenece a una «nueva creación» (2 Co 5.17), al verdadero «Israel de Dios» (v. 16). Esto no quiere decir que la iglesia del NT ha tomado el lugar del Israel del AT, porque en Cristo no hay distinciones raciales (3.28). Más bien lo que Pablo está diciendo es que estos judaizantes no son parte del verdadero Israel, el pueblo real de Dios. Los gentiles que reciben a Cristo como Salvador no son hijos de Abraham genéticamente, sino en sentido espiritual (3.7). La iglesia de hoy es el verdadero Israel de Dios, porque por un tiempo el pueblo antiguo de Dios se ha desechado en incredulidad y calificado como «no pueblo mío» (Os 1.9,10; 2.23; Ro 9.25,26). Un día Israel se convertirá en el pueblo de Dios y heredará sus promesas nacionales.

La «regla» por la cual debemos vivir es la gracia y la nueva creación en Cristo. Cuántos cristianos bien intencionados, pero ignorantes, andan con una regla diferente, tratando de «traer el reino» o reformar al mundo.

Con un solo golpe de su pluma Pablo barre con todos esos buscapleitos legalistas. «Ustedes falsos maestros están marcados por la circuncisión», escribe, «pero yo tengo en mi cuerpo las marcas de Jesucristo». Esto no significa que Pablo tenía cinco heridas en su cuerpo similares a las de Cristo; lo que significa más bien es que tenía en su cuerpo las cicatrices que probaban que llevó el reproche de la cruz de Cristo. En los días de Pablo se solía marcar a los soldados, esclavos y gente que se autoconsagraba a algún dios. Pablo era el soldado de Cristo, esclavo de Cristo y su devoto seguidor.

¡Qué maravillosa bendición: «La gracia de nuestro Señor Jesucristo sea con vuestro espíritu»! (v. 18).

EFESIOS

Bosquejo sugerido de Efesios

I. Doctrina: Las bendiciones en Cristo del creyente (1–3)

  A. Nuestras posesiones en Cristo (1.1-14)
    1. Del Padre (1.1-6)
    2. Del Hijo (1.7-12)
    3. Del Espíritu (1.13,14)

  B. Oración por entendimiento (1.15-23)

  C. Nuestra posición en Cristo (2)
    1. Resucitados y sentados en el trono (2.1-10)
    2. Reconciliados y colocados en el templo (2.11-22)

  D. Oración por capacitación (3)

II. Deberes: La conducta en Cristo del creyente (4–6)

  A. Andar en unidad (4.1-16)

  B. Andar en pureza (4.17-32)

  C. Andar en amor (5.1-6)

  D. Andar en la luz (5.7-14)

  E. Andar con cuidado (5.15-17)

  F. Andar en armonía (5.18–6.9)
    1. Esposos y esposas (5.18-33)
    2. Padres e hijos (6.1-4)
    3. Amos y siervos (6.5-9)

  G. Andar en victoria (6.10-24)

Efesios equilibra la doctrina y el deber. Primero Pablo nos recuerda de lo que Dios ha hecho por nosotros; luego nos dice lo que debemos hacer por Él en respuesta a su misericordia. La vida cristiana se basa en el aprendizaje cristiano. El creyente que no conoce mucho de su riqueza en Cristo nunca podrá andar por Cristo. Nuestra conducta depende de nuestro llamamiento. Demasiados cristianos viven en los capítulos 1–3 y estudian las doctrinas, pero no avanzan a los capítulos 4–6 para poner en práctica los deberes.

Notas preliminares a Efesios

I. La ciudad

Éfeso era una de las grandes ciudades del Asia Menor: una capital romana, centro de adoración de la diosa Diana y un rico centro comercial ubicado en una amplia bahía que invitaba al comercio mundial. El templo de Diana era una de las siete maravillas del mundo antiguo y se guardaba celosamente la adoración a esta diosa (véase Hch 19.23ss). Éfeso era la principal ciudad de esa área, de modo que no sorprende que Pablo se haya quedado allí tres años (Hch 20.31) y que desde esa ciudad el evangelio se expandiera por «toda Asia» (Hch 19.10).

II. La iglesia

Pablo visitó brevemente a Éfeso en su segundo viaje, dejando allí a sus ayudantes Priscila y Aquila (Hch 18.18-28). Regresó a Éfeso en su tercer viaje y permaneció allí tres años (Hch 20.31). Empezó su ministerio en la sinagoga judía; cuando sus compatriotas rechazaron su mensaje, se fue a la escuela de un profesor llamado Tiranno (Hch 19.9) y predicó y enseñó durante dos años aproximadamente. Su ministerio tuvo un tremendo efecto en la ciudad: los que practicaban la brujería se convirtieron a Cristo y quemaron sus libros de conjuros mágicos; se ganaron muchos para la adoración al Dios verdadero; y las ganancias de los plateros (que vendían templecillos de Diana) menguaron grandemente. La clara enseñanza de Pablo y su predicación de la Palabra de Dios enardeció de tal manera al enemigo que se produjo un motín y obligaron a Pablo a salir de la ciudad. Más tarde (Hch 20) se reunió con los ancianos de Éfeso mientras iba de regreso a Jerusalén.

III. La carta

Pablo era un prisionero de Roma cuando escribió esta carta (Ef 3.1; 4.1). En Hechos 21.25ss se registra cómo lo apresaron. Mientras estaba en Jerusalén, Pablo fue al templo y lo arrestaron bajo acusaciones falsas. Su «juicio» no llegó a ninguna conclusión y lo mantuvieron dos años en prisión en Cesarea (Hch 21.27–26.32). Cuando Pablo apeló por un juicio ante el emperador, fue enviado a Roma (Hch 27–28). Mientras estaba preso en su casa de alquiler, Pablo tenía libertad para recibir visitantes y fue en este tiempo que escribió Efesios. La carta quizás la llevó Tíquico (Ef 6.21), quien tal vez también ayudó a entregarla a Colosas, junto con Onésimo (Col 4.7-9).

A pesar de que la carta está dirigida a la iglesia en Éfeso, hay razón para creer que esta debió haber circulado entre las muchas iglesias del Asia Menor. Usted notará que la carta se refiere a la verdad de la iglesia en general, no a la clase de problemas locales que se analizan en las dos cartas a los Corintios o 1 Tesalonicenses. En todo sentido, Efesios es la expresión más grande de Pablo sobre la Iglesia, enseñándonos lo que es la iglesia para Dios y lo que debe ser en la práctica a los ojos de los hombres. El tema de Pablo es Cristo y la Iglesia, el eterno plan de Dios para reunir todas las cosas en Cristo Jesús. La carta empieza con la eternidad del pasado y nos lleva a la eternidad del futuro. Vemos al creyente sentado en lugares celestiales, pero también andando con Cristo en la tierra y luchando contra Satanás. Si bien Efesios no nos dice todo lo que Dios quiere que sepamos en cuanto a la Iglesia, no hay otra parte en la Biblia donde la doctrina de la Iglesia o la vida cristiana práctica sea superior. Es interesante comparar la descripción en Hechos 20 del ministerio de Pablo en Éfeso con las doctrinas enseñadas en la epístola a los Efesios.

IV. La iglesia en Efesios

En las cartas de la prisión (Efesios, Filipenses, Colosenses) Pablo se refiere a la Iglesia en general como el cuerpo de Cristo, la esposa y el templo. En las epístolas pastorales (como Timoteo y Tito), analiza a la iglesia sirviendo a Cristo como un cuerpo local. Ambos énfasis son necesarios para un ministerio equilibrado. Sin duda, Dios ve todo el cuerpo con Cristo como la Cabeza; pero en lo que se refiere al ministerio Él obra mediante iglesias locales en diferentes lugares. La «iglesia universal» (el cuerpo de Cristo), en el cual el creyente es bautizado por el Espíritu, es un concepto válido; pero el concepto de «iglesia universal» no sustituye a la acción de la iglesia local. La «iglesia universal» nunca envió un misionero, ni construyó un hospital, ni observó la Cena del Señor, ni ayudó a una familia necesitada. Es en la iglesia local donde más se enfatiza en el NT, pero el ministerio de la iglesia local será más fuerte si los miembros se dan cuenta de su posición en el cuerpo de Cristo.

EFESIOS 1

El pensamiento clave en este capítulo es la riqueza de las bendiciones que tenemos como cristianos, bendiciones espirituales que son nuestras debido a que estamos en Cristo (1.3). Pablo nos informa que cada Persona de la deidad nos ha bendecido (vv. 1-14) y luego ora para que entendamos esas bendiciones y el poder que pueden dar a nuestras vidas (vv. 15-23).

I. Bendiciones del Padre (1.1-6)

A. *Él nos ha escogido (vv. 3-4).*

Esta es la maravillosa doctrina de la elección, una doctrina que no podemos explicar por completo, pero que la podemos disfrutar a plenitud. No trate de descartar con explicaciones el misterio de la gracia. Dios no nos escogió por nosotros mismos; nos escogió en Cristo, por gracia. Nótese 1 Corintios 1.26-29; 2 Tesalonicenses 2.13,14; y Juan 6.37.

B. *Nos ha adoptado (v. 5).*

La «elección» se refiere a personas; la predestinación a los propósitos para esas personas. Dios nos elige para ser santos (los apartados), luego predestina a que ciertos propósitos en nuestras vidas ocurran (véase Ro 8.28ss). La «adopción» en el NT se refiere al acto oficial de un padre que otorga el status de adulto al hijo menor de edad. No es recibir a un extraño; es colocar a un miembro de la familia en posición de gozar de los privilegios y bendiciones del adulto. Esto significa que incluso el cristiano más joven tiene todo lo que Cristo tiene y es rico en gracia.

C. *Nos ha aceptado (v. 6).*

En nosotros mismos no somos aceptables a Dios, pero en Cristo «nos hizo aceptos». Lea en la epístola a Filemón una hermosa ilustración de esta verdad. Pablo escribió: «Recibe a tu esclavo Onésimo como me recibirías a mí» (Flm 17). Aun cuando hemos pecado Cristo le dice al Padre: «Recibe a este santo como me recibirías a mí». Siga el rastro de la maravillosa frase «en Cristo» por las cartas de Pablo; ¡quedará encantado!

II. Bendiciones del Hijo (1.7-12)

A. *Nos ha redimido (v. 7a).*

Al dar su vida en la cruz, Cristo nos compró de la esclavitud del pecado. Tenemos una redención presente en que Él nos ha librado de la pena y del poder del pecado; tendremos una redención futura (v. 14) cuando Cristo nos liberte de la presencia del pecado en su venida.

B. *Nos ha perdonado (v. 7b).*

La palabra «perdonar» literalmente significa «enviar lejos». El pecado es una carga terrible que Cristo le quita al pecador que se vuelve a Él. Cristo llevó la carga en la cruz (1 P 2.24). Se ilustra como el macho cabrío expiatorio que se soltaba en el desierto en el Día de la Expiación (Lv 16.20-22).

C. Nos ha revelado la voluntad de Dios (vv. 8-10).

Un «misterio» es una verdad divina que sólo conoce el pueblo de Dios mediante revelación. En Cristo somos parte del eterno propósito de Dios «de reunir todas las cosas en Cristo» (v. 10). Este mundo presente está destrozándose con guerras, contiendas y pecado. Pero un día Dios introducirá una nueva creación, con todas las cosas unidas en Cristo.

D. Nos ha hecho una herencia (vv. 11-12).

Dios no solamente nos ha dado una herencia en Cristo (1 P 1.3,4), sino que nos ha hecho herencia para Cristo. La Iglesia es su cuerpo, templo y esposa; un día participaremos de su gloria.

III. Bendiciones del Espíritu (1.13,14)

A. Nos ha sellado (v. 13).

Este importante versículo bosqueja el camino de la salvación. El pecador oye la Palabra de Verdad, confía en Cristo, recibe el Espíritu Santo y es sellado para siempre. «Habiendo creído en Él» también se podría traducir como «cuando creísteis en Él», porque el Espíritu entra en el corazón en el instante en que el pecador confía en Cristo. Este sello quiere decir que Dios nos posee y nos guardará. ¡Nadie puede romper el sello de Dios».

B. Nos ha dado la garantía (v. 14).

«Garantía» en los negocios significa el dinero que se entrega como señal por la posesión que se compra. Cristo ha adquirido nuestro futuro para nosotros, pero todavía no hemos entrado en todas las bendiciones. Dios nos ha dado su Espíritu como la «garantía» que nos asegura que experimentaremos la redención total y recibiremos en gloria las bendiciones que Dios nos prometió.

Por favor, note que al final de cada una de estas tres secciones Pablo nos dice por qué el Padre, el Hijo y el Espíritu nos han dado estas bendiciones: «Para alabanza de su gloria» (vv. 6,12,14b). ¡La salvación es por la gracia de Dios y para la gloria de Dios! Dios no tiene que salvar a nadie; cuando salva al pecador lo hace para su gloria.

IV. Oración por entendimiento (1.15-23)

Hay dos oraciones en Efesios: (1) «que ustedes puedan conocer», 1.15-23; y (2) «que ustedes puedan ser», 3.13-21. La primera oración es por entendimiento, la segunda por capacitación. Pablo ora primero para que entendamos lo que Cristo ha hecho por nosotros; luego para que vivamos a la altura de estas maravillosas bendiciones y las pongamos en obra cada día. Nótese las peticiones de Pablo:

A. Que Dios les diera entendimiento espiritual (vv. 17-18a).

Las verdades espirituales deben discernirse espiritualmente (1 Co 2.9-16), y este entendimiento viene sólo del Espíritu. Él escribió la Palabra; Él es el único que puede enseñarnos lo que ella dice.

B. Que conocieran la esperanza de su llamamiento (v. 18b).

Debido a que Dios nos escogió en Cristo antes de la fundación del mundo tenemos una bendita esperanza por toda la eternidad, que no depende de nuestra bondad, sino en su gracia. Repase los versículos 4-6, en donde se resume este llamamiento. El cristiano que no conoce su supremo llamamiento (Flp 3.14), su llamamiento santo (2 Ti 1.9), y su llamamiento celestial (Heb 3.1), nunca será capaz de andar como es digno de ese llamamiento (Ef 4.1, en donde «vocación» es «llamamiento»).

C. Que conocieran las riquezas de su herencia (v. 18c).

No sólo tenemos una herencia en Cristo, sino que somos una herencia para Cristo (véase v. 11). La palabra «riquezas» aparece con frecuencia en Efesios, sugiriendo que nada falta, nada más de lo que necesitamos. Los cristianos maduran en el Señor cuando aprenden cuánto significan para Cristo y entonces empiezan a vivir para traer gozo a su corazón.

D. Que conocieran su poder (vv. 19-23).

El mismo poder que resucitó a Jesús de los muertos está a nuestra disposición cada día. Cristo ya ha ganado la victoria sobre el pecado, la muerte, el mundo y Satanás. El pueblo de Dios no lucha por victoria, sino ¡desde la victoria! Estamos sentados con Él en lugares celestiales, donde hay poder, paz y victoria.

Por supuesto, todas estas bendiciones son únicamente para quienes reúnen las condiciones estipuladas en los versículos 1-2. Nótese que Pablo escribe a santos vivos (no muertos), gente que ha puesto su fe en Cristo. Estos santos (apartados) han experimentado la gracia de Dios y ahora disfrutan de su paz. La Biblia en ninguna parte enseña que la Iglesia hace santos a las personas; sólo Dios puede hacer al pecador un santo. Y el pecador debe llegar a ser santo mientras esté vivo, porque después de la muerte es el juicio (Heb 9.27).

EFESIOS 2

El capítulo 1 enfatiza nuestras posesiones en Cristo; el capítulo 2 enfatiza nuestra posición en Cristo. Su posición determina sus posesiones y autoridad. Sin importar dónde esté el presidente de Estados Unidos, su posición como el hombre que se sienta a su escritorio en la Casa Blanca le da poder y autoridad. Así es con el cristiano. Independientemente del lugar en que estemos (Pablo estaba preso cuando escribió esta carta), tenemos poder y autoridad en el campo espiritual debido a nuestra posición en Cristo.

I. Nos resucitó y nos hizo sentar en el trono (2.1-10)

A. Lo que éramos (vv. 1-3).

¡Qué cuadro del pecador perdido! Para empezar, los pecadores están muertos espiritualmente; o sea, el hombre interior está muerto a las cosas espirituales y no puede responder a ellas. Los Evangelios describen cómo Jesús resucitó a tres personas: (1) una muchacha de doce años, Lucas 8.49-55; (2) un joven, Lucas 7.12-15; y (3) un hombre adulto, Juan 11. Cada uno estaba muerto; la única diferencia era su estado de descomposición. ¡Lázaro hedía ya!, hacía cuatro días que lo habían sepultado. Todo pecador está muerto, sin importar su edad; la única diferencia entre el miembro de la iglesia inconverso y el vagabundo en los tugurios es el estado de putrefacción. Los pecadores no sólo están muertos, sino que son esclavos del mundo y viven para sus placeres y costumbres. Dígales que este mundo está bajo condenación de Dios y desaparecerá, y se reirán de usted. También son esclavos de Satanás, el cual obra en las vidas de los inconversos. Esto no quiere decir que necesariamente los convierte en borrachos u homicidas; su táctica usual es darles una falsa seguridad mediante la justicia propia. Jesús llamó a los fariseos «hijos del diablo» (Jn 8.44), sin embargo, eran muy religiosos, ciudadanos de mucha reputación.

Nacimos por naturaleza hijos de ira; cuando rechazamos a Cristo a sabiendas después de llegar a la edad de responsabilidad, nos convertimos en hijos de desobediencia por elección propia. Cuando confiamos en Jesucristo, nos convertimos en hijos de Dios.

B. Lo que hizo Dios (vv. 4-9).

«Pero Dios». Estas palabras están entre las más grandiosas de la Biblia. Dios pudo dejarnos seguir en el pecado y vivir eternamente con el diablo en el infierno, pero en lugar de eso Él decidió salvarnos. Nos dio vida (movimiento), nos resucitó de la tumba del pecado y ¡nos sacó del cementerio! Más que eso, ¡nos hizo miembros de Cristo! Nos dio vida, nos resucitó y nos hizo sentar juntamente con Él en los lugares celestiales. Dios lo hizo debido a que es rico en misericordia y grande en amor. Misericordia significa que Dios no me da lo que merezco; gracia significa que me da lo que no merezco.

C. Lo que somos ahora (v. 10).

Somos hechura suya, su nueva creación (2 Co 5.17). Lea Filipenses 2.12,13 y ¡atrévase a creer que Dios obra en usted! ¿Qué nos depara el futuro? No lo sabemos, pero sí sabemos quién tiene el futuro en sus manos. El mismo Padre amante que me escogió, me llamó y me salvó, ¡también ha trazado un plan maravilloso para mi vida! «¡Oh, qué deudor a la gracia a diario debo ser!»

II. Nos reconcilió y colocó en el templo (2.11-22)

En la primera parte de este capítulo Pablo nos ha dicho lo que Dios ha hecho por los pecadores en general; ahora habla de los judíos y gentiles en particular. Dios no ha hecho ningún pacto mesiánico con los gentiles, sino que Dios les ha prometido a los judíos un reino. ¿Cuál es la situación de judíos y gentiles en el programa actual de Dios?

A. Lo que eran los gentiles (vv. 11-12).

Dios hace una distinción entre judíos y gentiles (1 Co 10.32) como raza no así como individuos (Ro 10.11-13). Los gentiles estaban sin Cristo; o sea, no tenían la promesa de un Mesías. No eran parte de la nación de Israel; es más, las leyes del AT ponían un gran abismo entre judíos y gentiles. En lugar de ser «el pueblo de Dios», los gentiles eran extraños. Eran extranjeros, sin esperanza y sin el verdadero Dios en el mundo. Contraste esta triste situación con la posición privilegiada de Israel que se describe en Romanos 9.4,5. El versículos 13 resume en dos palabras la condición de los gentiles: «estaban lejos». En tanto que el problema de los pecadores en general (vv. 1-10) era la muerte espiritual, el de los gentiles en particular era su distancia espiritual de Dios y sus bendiciones. Nótese en los Evangelios que siempre que Cristo ayudó a un gentil, lo hizo a distancia (Mt 8.5-13; 15.22-28).

B. Lo que hizo Dios (vv. 13-17).

«Pero ahora» en el versículo 13 traza un paralelo con el «pero Dios» del versículo 4. Cuando Cristo murió en la cruz rompió toda barrera que se interponía entre judíos y gentiles. En el templo judío había una muralla que separaba el «atrio de los gentiles» del resto de la estructura; y sobre esta pared había un rótulo que advertía que matarían a cualquier gentil que pasara más allá de ese punto. ¡Jesús derribó esa pared! Derribó la pared física porque en Él todos son hechos uno (v. 15, y véase Gl 3.28,29). Derribó también la pared espiritual y acercó a los gentiles que estaban «lejos» (v. 13). Destruyó la pared legal porque cumplió la Ley y dio término al reinado de la Ley Mosaica que separaba a judíos y gentiles (vv. 14-15). Cristo no sólo hizo la paz entre los pecadores y Dios (Ro 5.1), sino también entre judíos y gentiles. Tomó a los judíos pecadores y a los gentiles pecadores y mediante su cruz hizo «un nuevo hombre»: la Iglesia.

Tenga presente que el misterio de la Iglesia se reveló a través de Pablo (como veremos en el capítulo 3) y que a los judíos cristianos les llevó algún tiempo comprender el nuevo programa de Dios. Por siglos, Dios mantuvo a judíos y gentiles separados, y los judíos enseñaban que la única manera en que un gentil se podía acercar a Dios era convirtiéndose en judío. Ahora se revelaba la verdad de que la cruz de Cristo condena como pecadores tanto a judíos como a gentiles, pero que también reconcilia a Dios en un cuerpo a los que creen en Jesús.

C. Lo que son ahora los gentiles y los judíos (vv. 18-22).

Ambos tienen acceso al Padre en el Espíritu. Bajo el sistema judío solamente el sumo sacerdote podía entrar a la presencia de Dios y eso una vez al año. Pero en la nueva creación todo creyente tiene el privilegio de entrar al Lugar Santísimo (Heb 10.19-25). Tanto judíos como gentiles ahora pertenecen a la familia de Dios, y el judío no puede tener privilegios mayores. Es mediante la fe en su sangre que judíos y gentiles son justificados.

Pablo finaliza describiendo a la iglesia como un templo. Esto sería una figura apropiada no sólo para judíos, quienes reverenciaban al templo santo de Jerusalén, sino también para los efesios, quienes tenían al gran templo de Diana en su ciudad (Hch 19.21-41). Cada creyente es una piedra viva colocada en el templo (1 P 2.4-8). Los apóstoles y profetas (profetas del NT, 4.11) no son el fundamento; colocaron el fundamento puesto que fueron los primeros en proclamar el mensaje. Cristo es el fundamento de la iglesia local (1 Co 3.11) y la piedra angular de todo el edificio. La iglesia hoy es un templo vivo, creciente; cuando se complete, Cristo vendrá y llevará el templo a su gloria. Dios moraba en el tabernáculo judío (Éx 40.34), en el templo de Salomón (2 Cr 7.1) y en el templo del cuerpo de Cristo (Jn 1.14; 2.18-22), y hoy en el creyente (1 Co 6.19-20) y en la iglesia (Ef 2.21,22). ¡Qué privilegio ser la misma habitación de Dios a través del Espíritu!

EFESIOS 3

Este capítulo cierra la primera parte de Efesios donde Pablo ha descrito nuestra riqueza en Cristo. Pablo está a punto de pasar a la sección práctica (nuestro andar con Cristo), pero primero hace una pausa para orar. Empieza su oración en el versículo 1, ¡pero no sigue sino hasta llegar al versículo 13! Los versículos entre esos dos forman un largo paréntesis, pero son importantes, porque explican el ministerio especial de Pablo a la Iglesia y a los gentiles.

I. Pablo explica su ministerio (3.1-12)

Lo primero que notamos es que Pablo se llama a sí mismo prisionero y ¡que relaciona su prisión con los gentiles! Regrese a Hechos 22 para buscar la explicación. Pablo fue arrestado en Jerusalén e hizo su defensa ante el pueblo. Los del pueblo le escucharon hasta que llegó a la palabra «gentiles» (Hch 22.21) y ¡entonces estalló el motín! La relación de los gentiles y los judíos era un problema incluso entre los primeros creyentes judíos, conforme lo revela Hechos 10 y 15.

Pablo explica que Dios le había dado una revelación especial y una administración especial, que la califica como «el misterio de Cristo». (Sería bueno que repase tanto las notas introductorias a Hechos como las notas a Romanos 9–11.) En el AT Dios reveló a través de los profetas su programa para el pueblo de Israel; que Él le establecería en su reino cuando recibieran a su Mesías y después mediante Israel convertiría a los gentiles. Dios les ofreció el reino por medio del ministerio de Juan el Bautista (Mt 3.2), a quien los judíos permitieron que asesinaran durante el ministerio de Cristo (Mt 4.12-17); y mediante los apóstoles y Esteban (Hch 2–7), a quien los judíos en efecto mataron (Hch 7.54-60). A Israel se le hicieron tres ofertas, pero la nación las rechazó. Rechazó al Padre, quien envió a Juan; al Hijo; y al Espíritu, quien le daba poder al testimonio de los apóstoles. Con la muerte de Esteban las ofertas del reino cesaron de forma temporal; el mensaje salió y fue a los samaritanos y a los gentiles (Hch 8 y 10); y mientras tanto Pablo fue salvo milagrosamente en Hechos 9.

El ministerio de Pablo fue a los gentiles y su mensaje fue uno de gracia. Su tarea especial fue anunciar la verdad de un cuerpo, el misterio de la Iglesia. Nótense tanto Romanos 16.25,26; Colosenses 1.26,27; 4.3,4; como Efesios 6.19. Aquí en el versículo 6 afirma claramente el misterio: que los gentiles y judíos creyentes son un cuerpo en Cristo. Este misterio no se había dado a conocer antes de este tiempo; pero ahora Dios lo revela mediante el Espíritu a sus apóstoles y a los profetas del NT. Decir que los doce comprendieron desde el principio el misterio de la Iglesia es negar las palabras inspiradas de Pablo aquí. Incluso Pedro tuvo que tener una visión del cielo en Hechos 10 antes de poder ir a los gentiles. Pablo recibió la verdad del cuerpo y su significación surgió poco a poco en la iglesia primitiva.

«Las inescrutables riquezas» en el versículo 8 quiere decir literalmente «riquezas que no se pueden rastrear». Usted no puede detectar el misterio de un cuerpo en el AT; fue un misterio escondido en Cristo. En los versículos 9-10 vemos un ministerio doble: Pablo debía dar a conocer al pueblo en general la «dispensación» («administración», es la misma palabra que en el v. 2) del misterio; la iglesia debía revelar a los seres angélicos («a los principados y potestades», véase 6.12) la sabiduría de Dios. ¡Los ángeles aprenden a través de la iglesia respecto a la gracia de Dios! (Véase 1 P 1.10-12.) Satanás conoce las Escrituras; al mantener oculto su programa para la Iglesia, Dios evitó que Satanás estorbara el plan. Satanás llevó a Cristo a la cruz y ¡al hacerlo así selló su condenación! Es trágico hoy cuando vemos a pastores e iglesias deambular sin meta en sus ministerios porque no entienden el propósito de Dios para la iglesia en esta edad. Si pasaran del mensaje de Hechos 1–6 hasta el de Efesios y Colosenses, no desperdiciarían el tiempo, ni talentos, ni dinero «edificando el reino», sino que en lugar de eso edificarían la iglesia.

II. La intercesión de Pablo por los santos (3.13-21)

Usted recordará que las dos oraciones en Efesios (aquí y en 1.15-23) se complementan. La primera es una oración por conocimiento; la segunda por capacitación. Pablo quiere que los efesios aprendan todo lo que tienen en Cristo y después que vivan lo aprendido. Pablo ora por la familia de Dios en el cielo y en la tierra, porque allí es donde está su familia; no hay ninguna «debajo de la tierra» (véase Flp 2.10). Esto quiere decir que no hay purgatorio donde se prepara a la gente para ir al cielo. Ora para que la persona interior pueda conocer la fortaleza espiritual. ¡Con cuánto descuido algunos cristianos tratan a la persona interior! El Espíritu Santo nos da poder desde el interior a través de la Palabra de Dios y la oración. En los versículos 20-21

Pablo recalca que cuando oramos el Espíritu de Dios obra en nosotros; y en
1 Tesalonicenses 2.13 (junto a Col 3.16) enseña que Dios nos concede poder
mediante su Palabra. Los santos primitivos se entregaron «a la oración y a la
Palabra de Dios» (Hch 6.4) y Dios obró con poder en ellos y mediante ellos.
Él quiere que Cristo «se sienta en casa» (habitar, v. 17) en sus corazones.
Por supuesto, Cristo vive en el corazón de cada creyente verdadero, pero no
todo corazón es un hogar agradable para Él. A Cristo le encantaba ir a
Betania porque sus amigos le querían, se alimentaban de su Palabra y le
servían. Cuando Cristo vino a esta tierra para hablar con Abraham (Gn 18),
envió delante a dos ángeles a que visitaran a Lot (Gn 19) debido a que no se
sentía a sus anchas en la casa de un creyente mundano. ¿Se siente Él como
en casa en nuestros corazones?

Cristo se siente así en nuestros corazones cuando Él halla fe y amor.
«Arraigados» (v. 17) sugiere una posición firme, un hábito de fe y amor, como
un árbol enraizado en la tierra. Demasiados cristianos quieren los frutos del
Espíritu sin estar enraizados en las cosas espirituales.

«Comprender» en el versículo 18 significa «asir», «aprehender». Pablo ya
ha orado para que ellos tengan entendimiento; ahora ora para que se acojan
a estas maravillosas bendiciones y las capten y tomen por sí mismos. Por fe
nos apropiamos de las promesas de Dios. Pablo quiere especialmente que se
aferren del inmensurable amor de Dios, un amor que llena todas las cosas.
Demasiados cristianos se imaginan a Dios como un Juez colérico o un Capa-
taz riguroso en lugar de un Padre amoroso.

«Llenos de toda la plenitud de Dios» (v. 19): este es el propósito supremo
de Dios para nuestras vidas. Lea cuidadosamente Juan 1.16 y Colosenses
2.9-10. «Vosotros estáis completos en Él» afirma Colosenses 2.10. ¿Por qué
vivir como mendigos cuando Dios nos ha dado su plenitud? Una vida vacía
es decepcionante y peligrosa; si el Espíritu de Dios no nos llena, el espíritu
de desobediencia (2.2) se pone en acción y caemos en pecado.

Los versículos 20-21 declaran una bendición emocionante, cerrando la
primera sección de la carta. ¡Dios obra en nosotros! ¡Dios obra a través de
nosotros! ¡Dios es glorificado en nosotros! ¡Qué maravillosa salvación tenemos! Este poder obra en nosotros conforme abrimos nuestros corazones a
Cristo, cultivamos este compañerismo y comunión perseverante, oramos y
nos sometemos a la Palabra. No hay razón para que los creyentes estemos
«por los suelos» cuando estamos sentados con Cristo (2.6) y llenos de la
plenitud de Dios.

Al concluir esta primera sección sería útil notar las «posturas espirituales»
de Pablo, por cuanto nos dan el secreto de la bendición de Dios. Pablo está
sentado con Cristo (2.6), edificado sobre Cristo (2.20) y dobla sus rodillas
ante el Padre (3.14). Esto es lo que hace posible que camine (4.1), crezca
(4.15) y esté firme (6.14ss) contra Satanás. Nuestra posición espiritual en
Cristo hace posible nuestro andar victorioso sobre la tierra.

EFESIOS 4

Ahora empezamos la segunda mitad de la carta, la cual hace hincapié en el andar del cristiano (4.1,17; 5.2,8,15). A la vida cristiana se la compara con una caminata porque empieza con un paso de fe, involucra progreso y exige equilibrio y fuerza. Si no aprendemos a andar, nunca seremos capaces de correr (Heb 12.1,2) ni de estar firmes en la batalla (Ef 6.11ss).

I. Andar en unidad (4.1-16)

Hemos sido llamados a un cuerpo; por consiguiente, en la medida en que procuramos andar en unidad, andamos como es digno del llamamiento (vocación) que tenemos de Dios. En los capítulos 1–3 Pablo ha descrito ese supremo llamamiento; ahora nos suplica que vivamos a la altura de esas bendiciones. No vivimos por Cristo nada más que para conseguir algo; ¡vivimos por Cristo porque Él ya ha hecho mucho por nosotros! Nótese que Pablo no nos dice que fabriquemos la unidad, sino que mantengamos la unidad que ya existe en el cuerpo. Esta no es uniformidad denominacional, ni una «superiglesia»; es una unión y unidad orgánica viva. Nótese Juan 17.20-23.

Las bases para esta unidad se mencionan en los versículos 4-6. Notará que el asunto central en esta lista es «un Señor». El hecho de que hay «un cuerpo» no minimiza la importancia de los cuerpos locales de creyentes. Notará que Pablo habla aquí de las verdades espirituales que se relacionan con el programa completo de Dios. Cuando leemos sus otras epístolas (tales como Corintios y las cartas a Timoteo y a Tito), vemos los resultados prácticos de estas verdades. El principal énfasis del NT es sobre la iglesia local; pero la administración de la misma se debe basar en lo que Pablo enseña respecto a «un cuerpo».

En los versículos 7-11 se mencionan los dones para la unidad en la iglesia. Cuando Cristo ascendió, dio dones a su pueblo mediante la venida del Espíritu Santo. También puso a estas personas dotadas en las iglesias locales. En tanto que los versículos 1-6 se refieren a un cuerpo y su unidad, los versículos 7-11 lo hacen a los muchos cuerpos locales y la diversidad de dones.

En los versículos 12-16 se describe la meta de la iglesia. El pastor-maestro debe alimentar a los santos con la Palabra de Dios y equiparlos para el servicio; los santos, a su vez, desempeñan la obra del ministerio. A medida que cada santo crece y gana a otros, el cuerpo entero crece en Cristo. El versículo 12 debe leerse: «para la maduración de los santos en la obra del ministerio, para la edificación del cuerpo de Cristo». Cada santo participa en el crecimiento de la iglesia. Desafortunadamente hay algunos cristianos que todavía son bebés (v. 14, véase 1 Co 3.1ss), inestables y se desvían con facilidad. Satanás y sus ministros (véase 2 Co 11.14,15) esperan derribar a la iglesia con sus mentiras. La iglesia se edifica mediante la Palabra de Dios

(Hch 20.32; 1 Co 14.4). No se edifican ni fortalecen mediante programas de hombres, ni por entretenimiento, diversión, recreación ni «empujes». La iglesia es un cuerpo y debe tener alimento espiritual; este alimento es la Palabra de Dios. Cuando el cuerpo esté completo, Cristo volverá y llevará a su cuerpo (del cual Él es la Cabeza, 1.22-23) a su hogar en gloria.

II. Andar en pureza (4.17-32)

La primera parte de este capítulo describe la relación del creyente con la iglesia; ahora Pablo analiza la relación del creyente con el mundo. Ciertamente estamos «en Cristo» y somos una parte del cuerpo; pero también estamos en el mundo, donde hay tentación y contaminación. No podemos salir del mundo porque tenemos una responsabilidad de testificarle; sino que debemos andar en pureza y no permitir que el mundo nos contamine.

Pablo empieza con lo negativo: no andar de la manera que lo hacen los inconversos. Explica las razones por las cuales andan en impiedad: (1) su entendimiento está entenebrecido debido a que creen en mentiras y no han recibido la verdad; (2) están muertos espiritualmente; (3) se han entregado a cometer toda clase de pecados. Compare esta descripción con 2.1-3 y 2 Corintios 4. Pudiéramos resumir su condición diciendo que andaban de la manera errada debido a que no conocían la verdad y nunca habían recibido la vida. Sólo el Cristo de Juan 14.6 podía satisfacer sus necesidades espirituales.

La vida cristiana debe ser radicalmente diferente de la vida vieja. Pablo esperaba que los efesios experimentaran cambios y les hace tres admoniciones: «despojarse» (vv. 22-23); «vestirse» (v. 24) y «desechar» (vv. 25ss). Romanos 6 nos enseña que el viejo hombre ha sido crucificado y sepultado y que a medida que consideramos que esto es verdad, nos «despojamos» de ese viejo hombre. Dios ha hecho su parte; ahora nos resta que creamos lo que Él ha dicho y que «nos cambiemos de vestidos». La instrucción que Jesús dio respecto a Lázaro se aplica a cada creyente: «Desatadle [quítenle los vestuarios de sepultura], y dejadle ir». Pero no es suficiente morir a la vida vieja; también debe haber la resurrección y la manifestación de la vida nueva. Nos quitamos las «ropas de sepultura» de la vida vieja y nos vestimos de los «vestidos de la gracia» de la nueva vida. Somos parte de la nueva creación de Dios (v. 24 y 2.10) y por consiguiente andamos en vida nueva (Ro 6.4).

Debemos «desechar» (de una vez por todas) ciertos pecados y Pablo los menciona en 25ss. Nótese cómo liga cada mandamiento a una verdad espiritual: somos miembros los unos de los otros (v. 25); somos sellados para el día de la redención (v. 30); Dios nos ha perdonado (v. 32). La doctrina y el deber son bendiciones gemelas en la Biblia, tanto la riqueza del cristiano como su andar en Cristo.

Si pertenecemos a la verdad, ¿cómo podemos darnos a las mentiras? Satanás es el padre de toda mentira (Jn 8.44); sus espíritus hablan mentiras (1 Jn 2.21,27); un día todo el mundo creerá en «la mentira» (2 Ts 2.9-11).

Hay una ira que no es pecado (Mc 3.5). Si nos encolerizamos contra las personas, hay lugar para el pecado; si nos enojamos contra el pecado y los principios pecaminosos, podemos mantener un andar santo. ¡Qué fácil es que los cristianos llamen «indignación santa» a sus arranques de cólera! La ira del hombre nunca produce la rectitud o justicia de Dios (Stg 1.20).

Darle lugar al diablo (v. 27) incluye tanto el mentir como la cólera; porque Satanás es mentiroso y homicida. ¿Nos damos cuenta de que las mentiras, la hipocresía y la cólera le dan a Satanás una entrada en nuestras vidas? Las mentiras y la cólera de Caín le llevó al homicidio (Gn 4).

El versículo 25 se liga con 1 Tesalonicenses 4.11 y 2 Tesalonicenses 3.6-12. El inconverso ladrón solía robar para complacerse; ahora que ha sido salvado debe trabajar para poder dar a otros. Este es el maravilloso cambio que genera la gracia en el corazón de una persona.

Nuestros labios deben hablar lo que edifica (Col 4.6; Sal 141.3). La corrupción de labios sólo denota corrupción del corazón. El Espíritu nos ha sellado (1.13,14); no debemos entristecerlo al permitir que estos pecados de acción y actitud estén en nuestras vidas. En las Escrituras al Espíritu se le describe como una paloma (Jn 1.32) y esta es un ave limpia que ama la paz. Se debe eliminar la ira y la gritería mediante el amor y el perdón cristianos.

EFESIOS 5

Pablo continúa su descripción del andar cristiano.

I. Andar en amor (5.1-6)

«Imitadores» (v. 1) da la idea de «mímica»; como hijos de Dios debemos imitar a nuestro Padre. Dios es amor y nosotros debemos andar en amor. El ejemplo del amor de Cristo debe inspirarnos. Véanse Juan 15.9 y 12 y 1 Juan 3.16-18. Aquí Pablo describe a Cristo como la ofrenda a Dios de olor fragante, que trae gozo al corazón de Dios al darse a sí mismo por los pecadores.

Por supuesto, la clase correcta de amor implica que detestaremos ciertas cosas (Ro. 12.9). Hay algunos pecados que ni siquiera deben nombrarse entre los santos. En el versículo 4 Pablo no hace objeciones al humor, sino a las bromas inapropiadas y sucias. Por cierto que ningún cristiano debe usar sus labios para esparcir cuentos cuestionables. Nunca deberíamos decir: «Tómelo con la debida cautela», debido a que nuestro hablar siempre debe estar sazonado con sal (Col 4.6). Los falsos maestros pueden decirle que usted puede ser cristiano y vivir en pecado habitual y deliberado; pero Pablo llama a estas enseñanzas «palabras deshonestas». Compárense los versículos 5 y 6 con Gálatas 5.21ss y 1 Corintios 6.9-10. Éramos «hijos de desobediencia» (2.1-3); ahora somos hijos de Dios y debemos andar en amor.

II. Andar en la luz (5.7-14)

La palabra que se traduce «partícipes» (v. 7) implica tener algo en común; y con frecuencia se traduce «comunión» o «compañerismo». Los cristianos son partícipes de: (1) la naturaleza divina, 2 Pedro 1.4; (2) las promesas de Dios, Efesios 3.6; (3) los sufrimientos de Cristo, 1 Pedro 4.13; (4) la santidad, Hebreos 12.10; (5) el llamamiento celestial, Hebreos 3.1; y (6) la gloria de Dios, 1 Pedro 5.1. Puesto que tenemos este maravilloso compañerismo con Dios, ¿cómo podríamos no llegar a asociarnos con los que pertenecen al pecado y a las tinieblas? «¿Qué comunión tiene la luz con las tinieblas?», pregunta 2 Corintios 6.14. Somos hijos de luz y debemos andar en la luz. Las tinieblas engendran pecado y mentiras; el fruto de la luz (que sería una mejor traducción del v. 9) es bondad, justicia y verdad. La luz no puede entrar en componendas con las tinieblas; tan solo puede exponerla. Note Juan 3.19-21 y 1 Juan 1.5-10.

III. Andar cuidadosamente (5.15-17)

La palabra «con diligencia» (v. 15) lleva la idea de observar los alrededores con cuidado, como para no tropezar. Significa andar con inteligencia y no en ignorancia. ¡Cuán necio es andar a tropezones por la vida y nunca procurar conocer la voluntad del Señor! En lugar de andar «con exactitud» (que es equivalente de «con diligencia»), yerran el blanco, el camino, y acaban sufriendo en algún desvío. Dios quiere que seamos sabios y comprendamos su voluntad para nuestras vidas. A medida que obedecemos su voluntad, «aprovechamos las oportunidades» (aprovechando bien el tiempo, v. 16) y no desperdiciamos el tiempo, ni la energía, ni el dinero, ni el talento en lo que está fuera de su voluntad. Las oportunidades perdidas nunca se recuperan; han desaparecido para siempre.

IV. Andar en armonía (5.18–6.9)

Esta sección concluye en el capítulo 6 y trata sobre la armonía entre esposos y esposas, padres e hijos, y trabajadores y sus patrones.

El secreto de la armonía en el hogar y en el trabajo es ser llenos del Espíritu. Tanto la unidad de la iglesia como la armonía en el hogar dependen del Espíritu (4.3; 5.18). Es el poder desde adentro, no la presión de afuera, lo que mantiene unida a la iglesia y al hogar. Note las señales de la vida llena del Espíritu: gozo (v. 19), gratitud (v. 20), obediencia (v. 21ss). Compare Colosenses 3.15-17 y verá que cuando los cristianos están llenos de la Palabra de Dios tendrán las mismas características. En otras palabras, estar llenos del Espíritu de Dios quiere decir ser controlados por la Palabra de Dios. Las marcas del cristiano lleno del Espíritu no son experiencias emocionales desusadas, milagros o lenguas, sino más bien carácter cristiano.

El principio de la cabeza es lo que ayuda a traer armonía al hogar. «Como al Señor» es el motivo. Las esposas deben someterse a sus esposos como a Cristo; los esposos deben amar a sus esposas como Cristo ama a la Iglesia; y los hijos deben obedecer como al Señor. Los miembros de la familia que están bien con el Señor, estarán bien los unos con los otros.

A la Iglesia se le describe como la esposa de Cristo. Es interesante comparar la Iglesia con la primera esposa de la Biblia (Gn 2.18-25). Fue tomada del costado de Adán y a Cristo le abrieron el costado por nosotros en la cruz. A Eva la formaron mientras Adán dormía y Cristo experimentó el sueño de la muerte para crear a la Iglesia. Eva participaba de la naturaleza de Adán y la Iglesia participa de la naturaleza de Cristo (vv. 30-31). Eva fue el objeto del amor y cuidado de su cónyuge y Cristo ama a la Iglesia y la cuida. Adán estuvo dispuesto a convertirse en un pecador debido al amor que le tenía a su esposa (1 Ti 2.11-15) y Cristo voluntariamente fue hecho pecado debido a su amor por la Iglesia. Eva fue formada y traída a Adán antes que el pecado entrara en la familia humana; la Iglesia estaba en el corazón de Dios antes de la fundación del mundo. Nótese Romanos 7.4 y 2 Corintios 11.2 para ver la aplicación de esta verdad del matrimonio a cada creyente y a la iglesia local.

¿Cuál es el ministerio presente de Cristo a la Iglesia? Está santificando y purificando a la Iglesia mediante la Palabra de Dios y lo hace a través de la obra del Espíritu en sus siervos escogidos (4.11-16). El agua que se menciona en el versículo 26 no es el bautismo. Por un lado, Pablo está hablando de un proceso continuo y a ningún cristiano se le bautiza continuamente. El agua para el lavamiento es un símbolo de la Palabra de Dios (Jn 15.3; 13.1-12). Cuando Cristo lleve a su Iglesia a la gloria será entonces perfecta, sin mancha ni arruga. Véase Juan 17.22-24.

La Palabra no es sólo agua que limpia a la Iglesia, sino que es también el alimento que la nutre (v. 29). Es el alimento espiritual para la nueva naturaleza del creyente.

En 6.1-9 Pablo aplica la misma verdad a los hijos y a los siervos. Los hijos deben obedecer a sus padres por varias razones: (1) es lo correcto; (2) así se le ordena; (3) trae bendiciones. El padre que honra al Señor tendrá pocos problemas para ganarse el amor y respeto de sus hijos o el sincero amor de su esposa. En el versículo 4 Pablo también advierte a los padres a abstenerse de provocar a ira a los hijos mediante exigencias indebidas. La regla de oro se aplica al hogar y a los hijos se les debe tratar como a personas, no como cosas. Los padres deben disciplinar (criarlos) a sus hijos y aconsejarlos (amonestarlos) en el Señor.

Los siervos deben recordar que antes que todo sirven a Cristo. Ser de dos caras o tratar de servir a dos amos sólo creará problemas (Mt 6.24); la sencillez de corazón es aquel que su objetivo es agradar a Cristo y no ganar al mundo. «Sirviendo al ojo» quiere decir trabajar cuando el patrón está observando y darse a la ociosidad cuando se va; ¡pero si servimos a Cristo en el trabajo, nos damos cuenta de que Él siempre está observándonos!

EFESIOS 6

Esta sección final (6.10-24) nos dice cómo andar en victoria. Es triste cuando los creyentes no conocen las provisiones que Dios ha hecho para la victoria sobre Satanás. Cristo ha vencido por completo a Satanás y a sus huestes (Col 2.13-15; Ef 1.19-23) y su victoria es nuestra por fe.

I. El enemigo contra el cual luchamos (6.10-12)

Satanás es un enemigo fuerte, de modo que Pablo nos exhorta a que nos fortalezcamos. Pablo sabía que la carne es débil (Mc 14.38) y que podemos vencer únicamente en el poder de Cristo. Nótese que antes de que Pablo nos diga en el versículo 11 que estemos firmes, en el versículo 10 nos ordena a fortalecernos. ¿Cómo recibimos esa fortaleza para estar firmes? Al darnos cuenta de que estamos sentados con Cristo en los lugares celestiales muy por encima de todos los principados y potestades de Satanás (1.19-23) y que el mismo poder de Dios está a nuestra disposición mediante el Espíritu que mora en nosotros (3.14-21). Debemos sentarnos antes de poder caminar y debemos andar antes de poder estar firmes. Debemos entender nuestra posición espiritual antes de que podamos tener poder espiritual.

Muchos eruditos bíblicos creen que Satanás fue el querubín ungido al que Dios puso a cargo de la tierra recientemente creada (Ez 28.11-19). Por su orgullo cayó (Is 14.9ss) y arrastró consigo una multitud de seres angélicos que ahora forman su ejército de principados y potestades. Satanás tiene acceso al cielo (Job 1–3), pero un día lo echarán fuera (Ap 12.9ss). Es el engañador (2 Co 11.3) y el destructor (Ap 9.11, donde Abadón significa «destructor»), porque se presenta como serpiente y como león (1 P 5.8-9). Los cristianos debemos darnos cuenta de que no luchamos contra sangre y carne, sino contra «el espíritu que ahora opera en los hijos de desobediencia» (Ef 2.2). Así como el Espíritu de Dios opera en los creyentes para hacerlos santos, el espíritu de desobediencia (Satanás y sus demonios) opera en los incrédulos. Qué necio es luchar contra sangre y carne cuando el enemigo real está usando simplemente la carne y la sangre para obstruir la obra del Señor. Esta fue la equivocación que Pedro cometió en el huerto del Getsemaní cuando trató de vencer al diablo con la espada (véase Mt 26.51). Moisés cometió la misma equivocación cuando mató al egipcio (Hch 7.23-29). La única manera de luchar contra los enemigos espirituales es con las armas espirituales: la Palabra de Dios y la oración.

Debemos estar alertas contra las asechanzas del diablo (Ef 6.11), lo cual significa su estrategia, sus maquinaciones (2 Co 2.11) y artimañas (1 Ti 3.7). Es el gobernador de las tinieblas y usa a las tinieblas (ignorancia y mentiras) para promover su causa (2 Co 4.1ss; Lc 22.53).

II. El equipo que usamos (6.13-17)

Es importante que el cristiano «no le dé lugar al diablo» (4.27), o sea, que no deje ningún área desprotegida como para que Satanás encuentre una rendija para meter el pie. La armadura que Pablo describe es para protección; la espada (la Palabra de Dios) es para la batalla real. Cada parte de la armadura espiritual nos dice lo que los creyentes deben tener para estar protegidos contra Satanás:

Verdad: Satanás es un mentiroso, pero el cristiano que conoce la verdad no será engañado.

Justicia: Esto quiere decir el andar diario consistente del cristiano. Satanás es el acusador (Ap 12.10), pero el creyente que anda en la luz no le dará a Satanás oportunidad para atacar. Estamos en la justicia imputada de Cristo y andamos en la justicia impartida del Espíritu Santo.

Paz: Satanás divide y destruye. Cuando el creyente anda en la senda de paz, el camino del evangelio, Satanás no puede alcanzarlo. Los pies del cristiano deben estar limpios (Jn 13), ser hermosos (Ro 10.15) y calzados con el apresto del evangelio. Los cristianos que están listos para testificar de Cristo tendrán un tiempo más fácil para derrotar al maligno.

Fe: Satanás es la fuente de la incredulidad y la duda. «¿Conque Dios os ha dicho?», es su pregunta favorita (Gn 3.1). La fe es lo que vence a cualquier enemigo (1 Jn 5.4). A medida que el creyente usa el escudo de la fe, apaga los dardos de fuego de la incredulidad y la duda.

Salvación: Este versículo (17) quizás se refiera a nuestra suprema salvación cuando Cristo vuelva (véase 1 Ts 5.8). El creyente cuya mente está fija en la inminente venida de Cristo no caerá en las trampas de Satanás. La esperanza bendita debe ser como un casco que protege la mente y el entendimiento. A Satanás le encantaría hacernos creer que Cristo no va a regresar y que tal vez no sea hoy en día. Lea Mateo 24.45-51 para ver lo que le sucede a la persona que se quita el yelmo de la salvación.

Estos componentes de la armadura son para la protección del creyente; la espada del Espíritu y la oración son las armas para atacar las fortalezas de Satanás y derrotarlo. El cristiano debe luchar contra los enemigos espirituales con armas espirituales (2 Co 10.4) y ¡la Palabra de Dios es la única espada que necesitamos! La espada de Dios tiene vida y poder (Heb 4.12) y nunca pierde su filo. Los cristianos conquistan a medida que comprenden, memorizan y obedecen la Palabra de Dios.

III. La energía que usamos (6.18-24)

La armadura y las armas no son suficientes para ganar una batalla; tiene que haber energía para hacer el trabajo. Nuestra energía viene de la oración. Usamos la espada del Espíritu y oramos en el Espíritu: el Espíritu Santo nos fortalece para que ganemos la batalla. Lea de nuevo Efesios 3.14-21 y atrévase a creerlo. La Palabra y la oración son dos recursos que Dios le ha dado a la Iglesia para vencer al enemigo y ganar territorio para la gloria de Dios. Note Hechos 20.32 y 6.4; también 1 Samuel 12.23.

Los soldados cristianos deben orar con sus ojos abiertos. «Velar y orar» es el secreto de Dios para vencer al mundo (Mc 13.33), la carne (Mc 14.38) y al diablo (Ef 6.18). También debemos «velar y orar» por oportunidades para servir a Cristo (Col 4.2,3).

No debemos orar sólo por nosotros mismos, sino también por los solda-dos hermanos (6.19ss). Pablo nunca fue demasiado orgulloso como para no pedir oración. Quería tener el poder para ser capaz de dar a conocer el misterio (véase 3.1-12), el mismo mensaje que lo llevó a la prisión. «Emba-jador en cadenas» es un título peculiar, sin embargo, eso es exactamente lo que Pablo era. Encadenado a un soldado romano diferente cada seis horas Pablo tenía una excelente oportunidad para testificar de Cristo.

Pablo concluye esta magnífica epístola con varios asuntos personales, sabiendo que sus amigos desearían saber su condición. Sin duda, podrían orar más inteligentemente por él si sabían sus necesidades. Pero Pablo quiere darles consuelo también (v. 22). Pablo era un verdadero santo, tomando de la provisión de Dios para todas sus necesidades.

FILIPENSES

Bosquejo sugerido de Filipenses

I. Un solo sentir (1)
   A. La comunión del evangelio (1.1-11)
   B. El progreso del evangelio (1.12-26)
   C. La fe del evangelio (1.27-30)

II. Un sentir sumiso (2)
   A. El ejemplo de Cristo (2.1-11)
   B. El ejemplo de Pablo (2.12-18)
   C. El ejemplo de Timoteo (2.19-24)
   D. El ejemplo de Epafrodito (2.25-30)

III. Un sentir espiritual (3)
   A. El pasado del cristiano: salvación (3.1-11)
   B. El presente del cristiano: santificación (3.12-16)
   C. El futuro del cristiano: glorificación (3.17-21)

IV. Un sentir confiado (4)
   A. La presencia de Dios: «está cerca» (4.1-5)
   B. La paz de Dios (4.6-9)
   C. El poder de Dios (4.10-13)
   D. La provisión de Dios (4.14-23)

Notas preliminares a Filipenses

I. La ciudad

Filipos era una colonia romana, gobernada por leyes romanas y sujeta al gobierno de Roma. Era una pequeña Roma en medio de una cultura griega, así como la Iglesia es una «colonia del cielo» aquí en la tierra (Flp 3.20, nótese «ciudadanía»). La ciudad original, nombrada en honor al rey Felipe de Macedonia, quien la conquistó arrebatándosela a los tracianos, era notoria tanto por su oro como por su agricultura. Su suelo era muy fértil. Busque en un mapa su ubicación en Macedonia.

II. La iglesia

La primera iglesia que se fundó en Europa la organizó Pablo en Filipos (véase Hch 16) en su segundo viaje misionero. Después que Pablo siguió hasta Tesalónica, los creyentes filipenses le enviaron ayuda económica (Flp 4.15; véase 2 Co 11.9). Cinco años más tarde, durante su tercer viaje misionero, Pablo visitó Filipos camino a Corinto, y luego en su viaje de regreso (Hch 20.1-6). Había un profundo cariño entre Pablo y la gente de Filipos. ¡Sin duda que esta iglesia le dio al apóstol muy pocos problemas! ¡No es de sorprenderse que disfrutaba con su compañerismo y comunión!

III. La carta

La iglesia había oído del arresto domiciliario de Pablo en Roma y quería enviarle ayuda. Mandaron a uno de sus hombres (tal vez un anciano) llamado Epafrodito para que le llevara una ofrenda al necesitado apóstol en Roma. El viaje de Filipos a Roma usualmente llevaba un mes. Epafrodito se quedó con Pablo en Roma y le ministró a él y junto a él, a tal punto, que se enfermó (Flp 2.25-30). Evidentemente cuando Pablo escribió su reconocimiento a la iglesia mencionó la enfermedad de su amigo. La iglesia entonces se preocupó tanto por él como por Pablo. Es también posible que Epafrodito se haya quedado con Pablo demasiados meses y la iglesia le criticó por su tardanza. En cualquier caso, cuando Epafrodito recuperó su fuerza, Pablo le envió de regreso con la carta que nosotros conocemos como la epístola a los Filipenses. Pablo tenía varios propósitos en mente cuando escribió la carta: (1) explicar sus circunstancias a sus amigos preocupados por él; (2) explicar la situación de Epafrodito y defenderlo de los que lo criticaban; (3) agradecerles de nuevo a los filipenses por su generosa ayuda; (4) animarles en la vida cristiana; (5) estimular la unidad de la iglesia.

IV. El énfasis

Uno de los temas clave de Filipenses es el gozo. El «gozo» se menciona, de una manera u otra, diecinueve veces en estos cuatro breves capítulos. Otro énfasis es el sentir. Al leer Filipenses, nótese cómo Pablo habla acerca del pensar. Podemos resumir el tema del libro como «el sentir semejante al de Cristo que trae el gozo cristiano». En cada capítulo Pablo describe la clase de sentir que los cristianos deben tener para disfrutar la paz y el gozo de Cristo. Es cierto que nuestros pensamientos tienen una gran influencia en nuestras vidas y el pensamiento equivocado conduce a vivir equivocadamente. Debemos notar cuatro aspectos del sentir, como lo señala el bosquejo que hemos sugerido: un solo sentir, el sentir sumiso, el sentir espiritual y el sentir confiado.

Por supuesto, no debemos concluir que esta es la única lección que se puede obtener de esta maravillosa carta. Pablo nos enseña mucho respecto a Cristo en esta epístola: Él es nuestra vida (cap. 1), nuestro ejemplo (cap. 2), nuestra meta (cap. 3) y nuestra fuerza (cap. 4). La palabra «pecado» no se menciona en ninguna parte en Filipenses y la única sugerencia de tristeza se halla en 3.18, donde Pablo llora por los que profesaban ser cristianos, pero tenían una mente mundana y por eso deshonraban a Cristo.

FILIPENSES 1

Las circunstancias de Pablo eran desde luego cualquier cosa ¡menos gozosas! Lo arrestaron ilegalmente, lo llevaron a Roma y estaba esperando el juicio. Había división entre los cristianos allí (1.14-17) y algunos trataban de empeorarle las cosas. ¿Cómo podía tener gozo en medio de circunstancias tan desagradables? Tenía «un sólo sentir», su preocupación no era por él, sino por Cristo y el evangelio. En este capítulo menciona cinco veces al evangelio (vv. 5,7,12,17,27) y a Cristo ¡diecisiete veces! Pablo miraba a las circunstancias como algo enviado por Dios (v. 13) con el propósito de exaltar a Cristo (v. 20). Si Pablo hubiera sido de doble ánimo se hubiera quejado debido a que la vida era tan molesta. Tener un solo sentir es preocuparse por las siguientes tres prioridades.

I. La comunión del evangelio (1.1-11)

Estar «en Cristo» y ser parte de la comunión cristiana es una fuente de gozo cuando las cosas se ponen difíciles. Aquí está Pablo, prisionero en Roma, y sin embargo regocijándose de la comunión en el evangelio. Tres frases resumen su actitud gozosa.

A. «Los tengo en mi mente» (vv. 1-6).

Pablo no pensaba en sí mismo; en lugar de eso pensaba en sus amados santos (los apartados) en la distante Filipos. Todo recuerdo era una bendición para él, incluso el sufrimiento que experimentó en la cárcel de Filipos (Hch 16). Al orar por ellos se regocijaba de su salvación y crecimiento. Sabía que lo que Cristo comenzó en sus vidas, lo perfeccionaría, porque Él es el Alfa y la Omega, el Autor y Consumador de nuestra fe (Ap 1.8; Heb 12.1,2).

B. «Los tengo en mi corazón» (vv. 7-8).

La iglesia filipense se componía de un grupo mixto de personas, pero unidos en amor. Entre ellos estaba la acomodada Lidia, el carcelero, la muchacha esclava (todos mencionados en Hch 16), más otros creyentes, la mayoría gentiles. Participaban en el ministerio del evangelio junto a Pablo; sus corazones estaban unidos en su amor por Cristo y del uno para el otro. ¡Qué diferencia con la iglesia de Corinto! (2 Co 12.20,21).

C. «Los tengo en mis oraciones» (vv. 9-11).

Pablo siempre buscaba tiempo para orar por las personas; su oración aquí es para que pudieran tener vidas plenas. ¡Un cristiano vacío es una tragedia! Pablo oraba para que pudieran llenarse de amor y discernimiento; que pudieran ser fieles en su andar diario; y que llevaran fruto en el servicio cristiano. Esta fue una oración por madurez cristiana.

II. El progreso del evangelio (1.12-26)

Nótese cómo Pablo describe todo el sufrimiento que había atravesado; llama a estas aflicciones «las cosas que me han sucedido» (v. 12). La mayoría de nosotros hubiéramos entrado en lujo de detalles respecto al naufragio y a las cadenas, pero Pablo no. Su deseo era honrar a Cristo y promover el evangelio.

A. Ponía a Cristo primero (vv. 12-21).

¿Estaban las cadenas en sus muñecas? Estaban en sus «prisiones[...] en Cristo». ¿Estaban sus enemigos causando problemas por su predicación egoísta? «¿Qué, pues? ¡Están predicando a Cristo!» ¿Estaban sus amigos preocupados por él y orando por él? «¡Excelente! ¡Esto exalta a Cristo!» ¿Existía la posibilidad de que muriera? «¡Entonces Cristo será magnificado por vida o por muerte!» Esto es un solo sentir: poner a Cristo y al evangelio por encima de cualquier otra cosa.

Cuando pongamos a Cristo en cualquier circunstancia, tendremos gozo. Pablo no era el prisionero de Roma; era «prisionero de Cristo Jesús» (Ef 3.1; 4.1). Los soldados encadenados a sus muñecas no eran guardias; eran almas por las cuales Cristo murió. Pablo tenía una «audiencia cautiva», y por 1.13 y 4.22 concluimos que ganó a algunos de ellos para Cristo. El cristiano de un solo sentir no permite que las circunstancias le venzan; convierte las mismas en oportunidades para magnificar a Cristo y ganar almas.

B. Ponía a otros en segundo lugar (vv. 22-26).

El egoísmo siempre alimenta la infelicidad. Pablo tenía gozo porque amaba a otros. Oraba por ellos, los animaba y procuraba darles gozo. A Pablo le encantaba ayudar a los demás. A pesar de que anhelaba estar con Cristo, deseaba fervientemente permanecer y ayudar a estos creyentes a crecer en Cristo.

C. Se ponía a sí mismo en último lugar.

Su cuerpo no era suyo; su futuro no le pertenecía; su reputación era la de Cristo. En contraste, cuando nosotros nos ponemos primero, eso siempre acarrea miseria.

Siempre que las dificultades afecten nuestras vidas, debemos asegurarnos de que tenemos un solo sentir que dice: «Señor, cualquier cosa que venga quiero que Cristo sea glorificado». Este es el secreto del gozo cristiano.

III. La fe del evangelio (1.27-30)

Hay batallas que emprender en la vida cristiana, y Pablo nos advierte aquí que los enemigos nos atacarán. Los nuevos cristianos atraviesan estas tres etapas: (1) llegan a ser hijos de la familia (la comunión del evangelio); (2) llegan a ser siervos (el progreso del evangelio); y entonces (3) llegan a ser soldados (la fe del evangelio). Satanás está tratando de derrotar a la Iglesia, y los cristianos deben tener un solo sentir para hacerle frente y «pelear la buena batalla de la fe». Pablo da varias exhortaciones para animar al cristiano a defender la fe del evangelio.

A. «Ustedes no están solos» (v. 27).

Qué maravilloso es saber que otros están a nuestro lado mientras libramos las batallas de la vida. No hay sustituto para la unidad y la armonía en la iglesia cristiana. Satanás es el gran divisor y destructor; Cristo es el unificador y el edificador.

B. «Ustedes están del lado ganador» (v. 28).

«¡No permitan que el enemigo les atemorice!», aconseja Pablo. «¡Él sabe que está perdiendo y ustedes están ganando!» La unidad y la fe de los creyentes es un «indicio» (clara señal) para el enemigo de que lleva las de perder.

C. «Es un privilegio sufrir por Cristo» (vv. 29-30).

Es maravilloso creer en Cristo y recibir el regalo de la salvación, pero hay otro obsequio: Sufrir por Jesús. Filipenses 3.10 destaca que nuestro sufrimiento es en comunión con Él; véase también Hechos 5.41. ¡Qué privilegio seguir en el entrenamiento de tales santos como Pablo cuando sufrimos por Jesús!

Pero, ocurra lo que ocurra, un cristiano siempre debe actuar como tal. «Que su comportamiento sea tal que pueda ser identificado con el evangelio», advierte Pablo en 1.27. Alguien le preguntó una vez a Gandhi: «¿Cuál es el más grande obstáculo para las misiones cristianas en la India?» Gandhi replicó: «Los cristianos». Tal crítica pudiera aplicarse a cristianos de otras tierras. Incluso en medio de la batalla debemos comportarnos como cristianos.

En medio de los problemas Pablo mostraba tranquila confianza. Estaba seguro de que los filipenses continuarían en su andar cristiano (v. 6); se regocijaba de que sus tribulaciones daban nuevo ánimo a los creyentes de Roma (v. 14); y confiaba en que saldría adelante de esas tribulaciones y volvería otra vez a sus amigos (v. 25). Esta es la bendición de un solo sentir: esa confianza gozosa en Dios, sabiendo que Él está en control de la situación.

FILIPENSES 2

Las circunstancias pueden hacernos perder nuestro gozo, pero *las personas* también pueden traernos problemas que nos roban el gozo. Cuántas veces perdemos nuestra paz debido a lo que la gente dice o hace. El mejor remedio para estas dificultades es el sentir sumiso, humilde, que procura honrar sólo a Cristo. El orgullo es la causa de mucha intranquilidad y contención (lea Stg 4), pero la humildad trae paz y gozo. Pablo nos da cuatro ejemplos para que los sigamos de manera que logremos un sentir sumiso.

I. El ejemplo de Cristo (2.1-11)

En este pasaje hay una sugerencia de desunión en la iglesia filipense (véase también 4.1-3). Pablo hace un llamamiento basándose en la experiencia cristiana de ellos, a que tengan un solo sentir y unanimidad de corazón, y que pongan a los demás antes que a ellos mismos. ¿Qué motivos hay para la unidad en la iglesia? Cristo es el gran incentivo; si estamos en Cristo, ¡debemos poder vivir los unos con los otros! Otros incentivos incluyen el amor, la comunión del Espíritu, los deseos profundamente arraigados que tenemos en Cristo y el gozo que podemos dar a otros. Pablo vio rencilla y ambición egoísta entre los creyentes romanos (1.14-17) y advierte que esto no debe estar presente en Filipos. «Sentir humilde» es el que no piensa en sí mismo, sino en Cristo y en los demás. «La humildad no es pensar mal de uno mismo, es no pensar en uno mismo». Pablo señala la actitud de Cristo antes de su encarnación. ¿Estaba tratando de aferrarse egoístamente a sus privilegios como Dios? ¡No! Voluntariamente dejó a un lado su gloria y «se vistió» en forma de siervo. No dejó de ser Dios, sino que dejó a un lado su gloria y el uso independiente de sus atributos como Dios. Su vida como el Dios-Hombre en la tierra estaba sujeta por completo al Padre. «Yo hago siempre lo que le agrada» (Jn 8.29). Jesús se humilló a sí mismo para venir a ser carne y luego para ser hecho pecado al ir voluntariamente a la cruz.

Pero la experiencia de Cristo prueba que la exaltación siempre sigue a la humillación. «Humillaos, pues, bajo la poderosa mano de Dios, para que Él os exalte cuando fuere tiempo», promete 1 Pedro 5.6. La persona que se autoexalta será humillada (Lc 14.11). ¿Recuerda lo que le pasó a Faraón, al rey Saúl, Nabucodonosor, Amán y Herodes? Nosotros no adoramos a un «bebé en un pesebre» ni a un «sacrificio en una cruz»; adoramos a un Señor exaltado sentado en el trono del universo. La vida, muerte y resurrección de Cristo probaron eternamente que la manera de ser exaltado es humillarse ante Dios. No hay gozo o paz en el orgullo y la vanagloria. Cuando tenemos el sentir sumiso que Cristo tenía, tendremos el gozo y la paz que sólo Él puede dar.

II. El ejemplo de Pablo (2.12-18)

Siempre que hay un sentir sumiso habrá sacrificio y servicio. Esto fue cierto en Cristo (vv. 7-8), Pablo (v. 17), Timoteo (vv. 21-22) y Epafrodito (v. 30). Un solo sentir lleva a un sentir sumiso: conforme procuramos vivir por Cristo vivimos por otros. ¡Cuán cierto fue esto en la vida de Pablo! ¿El secreto? Los cristianos le permiten a Dios obrar en ellos. La carne no puede «producir» humildad o consagración; esto debe venir desde adentro por el poder del Espíritu. Dios obra en nosotros antes de obrar por medio nuestro, y usa la Palabra (1 Ts 2.13), el Espíritu (Ef 3.16,20-21) y la oración.

Pablo nos da varios cuadros de cristianos que tienen un sentir sumiso. Los describe como hijos obedientes de Dios, procurando honrar al Padre; como estrellas brillando en un mundo oscuro; como atletas que le extienden el testigo al siguiente corredor. En los versículos 17-18 Pablo se autodescribe como la ofrenda de libación que se derrama sobre el altar. Donde hay un sentir sumiso y humilde debe haber sacrificio y servicio.

III. El ejemplo de Timoteo (2.19-24)

Pablo llama a Timoteo su «hijo en la fe» debido a que había ganado a este joven para Cristo (véanse Hch 16.1-5; 2 Ti 1.1-6; 1 Co 4.15-17). Como Pablo, Timoteo vivía para otros, no para sí mismo. Demasiados cristianos viven de la manera en que se habla en Filipenses 2.21 ¡en lugar de vivir como dice Filipenses 1.21! Timoteo era un ayudante y representante de Pablo, y había demostrado ser fiel al Señor. Aunque era un joven, sabía cómo servir a Cristo y estaba dispuesto a sacrificarse por Él.

Pablo no llamó a Timoteo al servicio de inmediato; le dejó que se quedara en casa y creciera durante cinco o seis años. Timoteo tenía un buen testimonio de servicio en su propio lugar cuando Pablo lo añadió a su personal misionero (Hch 16.2; 1 Ti 3.6,7). Es peligroso darles a los nuevos cristianos tareas importantes de inmediato.

IV. El ejemplo de Epafrodito (2.25-30)

A. *Era un cristiano equilibrado (v. 25).*

Era un hermano, lo que quiere decir que conocía la comunión del evangelio; un compañero de labores, lo que lo unía al progreso del evangelio; y un compañero de milicia, lo que quiere decir que sabía cómo batallar por la fe del evangelio. ¡Qué fácil les resulta a los cristianos perder el equilibrio! Algunos piensan sólo en el compañerismo, la hermandad, y no tienen tiempo para ganar almas ni luchar contra el enemigo. Otros están tan involucrados en el servicio que se olvidan de la comunión. Esta fue la equivocación de Marta (Lc 10.38-42). También hay quienes están siempre luchando, tanto, que descuidan el compañerismo y el servicio. Necesitamos ser cristianos equilibrados.

B. *Era un cristiano preocupado (vv. 26-27).*

Tenía un sentir sumiso y pensaba en los demás, no en sí mismo. Aunque se enfermó y casi muere, su preocupación era Pablo y la iglesia que había dejado en Filipos. Necesitamos más cristianos que se preocupen no solamente por las misiones foráneas, sino también por sus iglesias locales.

C. *Era un cristiano bendecido (vv. 28-30).*

¡Qué bendición fue Epafrodito para Pablo! Cómo debe haber animado a Pablo en esos días difíciles al orar y laborar juntos. También fue una bendición para su iglesia. Fue quien hizo posible que los filipenses participaran en el importante ministerio de Pablo. Es más, ¡Epafrodito es bendición para nosotros hoy en día! Aquí estamos, siglos más tarde, estudiando su carácter y beneficiándonos de su vida y ministerio.

Los siervos fieles de Cristo deben honrarse de la manera correcta. «Recibidle, pues, en el Señor» es la admonición de Pablo. Véase 1 Tesalonicenses 5.12,13. «Tened en estima a los que son como él» (v. 29) de ninguna manera contradice 2.7: «se despojó a sí mismo». La frase en 2.7 literalmente significa que Cristo se vació a sí mismo. Pablo le dijo a la iglesia que mostrara el debido honor a su líder porque se había arriesgado «exponiendo su vida» (v. 30) por servir a Pablo.

¡Qué diferente es que ejerzamos el sentir sumiso, el mismo que hay en Cristo! Al andar por vista, como lo hacemos, pensamos que humillarnos es perder; sin embargo, la Palabra enseña que la única manera de subir es bajar. Cristo fue sumiso y Dios le exaltó a lo sumo. Pablo, Timoteo y Epafrodito también lo fueron y recibieron honra por su sacrificio y servicio. La mejor manera de lograr la victoria sobre las personas y el orgullo es el sentir sumiso, el de Cristo. Y lo recibimos sólo en la medida en que le permitimos al Espíritu y a la Palabra obrar en nuestras vidas (vv. 12-13).

FILIPENSES 3

Demasiados cristianos se involucran en las «cosas» y pierden el gozo y la paz que deben tener en Cristo. «Sólo piensan en lo terrenal» (3.19) y les falta el sentir espiritual del creyente consagrado. Nótese cuántas veces se usa en este capítulo la palabra «cosas». Aquí Pablo describe la mente espiritual, la que piensa los pensamientos de Dios y se dirige hacia las metas de Dios. Léase en Romanos 8.1-17 más acerca de la mente espiritual. En este capítulo Pablo describe su pasado, presente y futuro, una biografía completa de la vida cristiana.

I. Salvación: El pasado del cristiano (3.1-11)

Pablo era religioso antes de ser salvo, pero su religión no pudo salvarle. ¡Tuvo que perder su religión para hallar la vida eterna! Este capítulo lo inicia advirtiendo a los creyentes en contra de la religión separada de Cristo. Los judíos llamaban «perros» a los gentiles, pero aquí Pablo usa el término «perros» para describir a los maestros judíos que enfatizaban la circuncisión y guardar la ley. (Hallamos a estos sujetos en Hechos 15 y Gálatas.) A decir verdad, ni siquiera llama «circuncisión» al rito; lo llama «mutilación», que significa «un corte en la carne». La verdadera adoración es en el Espíritu (Jn 4.20-24) y no en la carne; honra a Jesucristo, no a los líderes religiosos; depende de la gracia de Dios, no de la fuerza carnal. Mucho de lo que pasa por fe cristiana en este mundo es realmente sólo religión carnal.

Pablo tenía la mejor reputación posible como rabí judío. Por nacimiento y educación sobrepasaba con mucho a todos sus amigos (véase Gl 1.11-24). También era sincero; su religión judía significaba para él vida o muerte. Era tan sincero que incluso perseguía a quienes diferían con él. Si alguien pudiera llegar al cielo en base a su carácter y religión, ese sería Pablo, y sin embargo, ¡sin Jesucristo era un pecador perdido! ¡Cuando halló a Cristo, consideró todos sus logros carnales como mera basura! «Las he estimado» (v. 7) es la manera en que Pablo lo dice. Lo midió cuidadosamente, se vio por lo que era y decidió que toda su religión y honores mundanos no valían la pena. ¡Él quería a Cristo!

¿Qué obtuvo mediante su fe en Cristo? Justicia, por un lado (v. 9). Pablo tenía abundancia de justicia legal (v. 6), pero le faltaba la verdadera que Dios exige y que sólo Él puede dar. Una cosa es ser lo suficientemente religioso como para entrar en la sinagoga y otra muy diferente ser lo suficientemente justo como para entrar al cielo. Pablo también obtuvo conocimiento personal de Cristo. La salvación no es saber acerca de Cristo; es conocerle a Él (Jn 17.3). Pablo también experimentó el poder de la resurrección (véase Ef 3.14ss) en su vida. Añadido a estas bendiciones estaba el privilegio de sufrir por Cristo (Flp 1.29). Finalmente, mediante Cristo recibió una nueva promesa: la «resurrección de entre los muertos» (v. 11). Los judíos creían en la resurrección, o sea, una resurrección general al final de la edad; pero Cristo introdujo una resurrección del justo de entre los muertos. A esta se le llama la primera resurrección (1 Ts 4.13-18; Ap 20.5). Cuando Pablo dice: «Si en alguna manera» no sugiere incertidumbre, sino humildad. ¡Pensar que él, un homicida, participaría en esa gloriosa resurrección!

II. Santificación: El presente del cristiano (3.12-16)

En la sección anterior Pablo es un «tenedor de libros espiritual» calculando sus ganancias y pérdidas. En esta sección es un corredor, esforzándose por alcanzar la recompensa. La ilustración del corredor es una de sus favoritas (véanse 1 Co 9.25-27; 1 Ts 2.19,20; Heb 12.1-3; 2 Ti 2.5). Por supuesto, Pablo no sugiere que corramos para entrar en el cielo. Los corredores olímpicos de la antigua Grecia tenían que ser ciudadanos de la nación que representaban. También tenían que ser hombres libres, no esclavos. El pecador inconverso es un esclavo, pero el cristiano es ciudadano del cielo (3.20) y ha sido hecho libre por Cristo. A cada cristiano se le da un lugar especial en la «pista» para su propio servicio y cada uno tiene una meta establecida por Cristo. Nuestra tarea en la vida es «asir aquello para lo cual fui también asido por Cristo Jesús» (v. 13). Pablo no habla respecto a la salvación sino a la santificación: el crecimiento y progreso en la vida y el servicio cristianos.

¿Cómo alcanzamos la meta que Dios ha fijado para nosotros? Por un lado, debemos ser sinceros con nosotros mismos y admitir dónde estamos, como Pablo declaró: «No que lo haya ya alcanzado» (v. 12). Luego, debemos poner nuestros ojos de fe en Cristo y olvidarnos del pasado: los pecados y fracasos pasados, y también los éxitos pasados. Debemos proseguir en su poder. La vida cristiana no es un juego; es una carrera que exige lo mejor que haya en nosotros: «esto hago» (v. 13). Demasiados cristianos llevan vidas divididas. Una parte disfruta de las cosas del mundo y la otra trata de vivir para el Señor. Se vuelven ambiciosos por las «cosas» y empiezan a preocuparse por ambiciones terrenales. Nuestro llamamiento es un «supremo llamamiento» y un «llamamiento celestial»; y si vivimos para este mundo, perdemos la recompensa que va con nuestro supremo llamamiento.

III. Glorificación: El futuro del cristiano (3.17-21)

Nada mantendrá espiritual a nuestra mente más que esperar la venida de Cristo. «¡Cuidado con la multitud del mundo!», advierte Pablo a sus lectores. Aquí expresa gran tristeza en una carta que de otra manera sería llena de gozo. Pablo llora por los que se dicen ser cristianos, pero cuyas vidas llevaban el fruto de una mente mundanal. Los describe: (1) «sólo piensan en lo terrenal», lo que quiere decir que piensan únicamente en este mundo y lo que este les ofrece; (2) viven para la carne, porque su dios es su estómago; y (3) ¡su fin es la destrucción! Estas personas eran enemigos de la cruz de Cristo. La cruz derrotó al mundo y a la carne; la cruz habla de sacrificio y sufrimiento; sin embargo, estas personas vivían para el mundo y sólo buscaban autocomplacerse. ¡Qué cosa tan terrible ser enemigo de la cruz y sin embargo decir ser cristiano!

Nuestra ciudadanía está en el cielo (v. 20). Cuando las personas llegan a ser miembros de la familia de Dios sus nombres son escritos en el cielo (Lc 10.20). Llegan a ser ciudadanos del cielo. Esto quiere decir que viven para la gloria del cielo y no para la alabanza de esta tierra. Cada ciudadano debe honrar a su patria y ¡de seguro que el cristiano honrará al cielo! La gente en Filipos estaba gobernada no por las leyes de Macedonia, sino por las romanas; de la misma manera la Iglesia vive por las leyes del cielo. Filipos era una colonia de Roma en Macedonia y los cristianos formamos la colonia del cielo en la tierra. Muchas veces las leyes del cielo estarán en conflicto con las de la tierra, pero nuestra responsabilidad es obedecer a Dios, no a los hombres.

¡Qué futuro bendito tiene el ciudadano del cielo! Pablo proclama que «seremos como Él es». Este cuerpo «de humillación» será cambiado para ser su cuerpo glorioso. Lea en 1 Tesalonicenses 4.13-18, qué feliz acontecimiento será para el santo el regreso de Cristo. Por supuesto, será un día de resurrección y reunión, pero también será de reconocimiento y recompensa. Ojalá seamos hallados fieles a Él y no avergonzados en su venida (1 Jn 2.28–3.3).

FILIPENSES 4

¡Ansiedad, afán, preocupación! ¡Cuántos cristianos pierden su gozo y paz debido a la ansiedad! En este capítulo Pablo nos dice que la mente segura, la mente que la paz de Dios guarda, nos libra de la preocupación. Por supuesto, el creyente que no tiene un solo sentir (cap. 1), ni el sentir sumiso (cap. 2), ni el sentir espiritual (cap. 3), nunca puede tener el sentir confiado. Debemos primero vivir la vida que Pablo describe en los tres capítulos anteriores antes de recibir las promesas y provisiones de este capítulo final.

¿Qué es la ansiedad? La palabra castellana significa un estado de agitación, inquietud o zozobra. La ansiedad ciertamente ataca a la persona física, emocional y espiritualmente. El término bíblico «estar afanosos» significa literalmente «destrozarse». La ansiedad viene cuando los pensamientos de nuestra mente y los sentimientos del corazón tiran hacia diferentes direcciones y «nos destrozan». La mente piensa respecto a los problemas y estos sentimientos pesan en el corazón creando un círculo vicioso que destruye nuestro estado emocional. Nuestra mente nos dice que no deberíamos afanarnos, pero a menudo no podemos controlar la ansiedad de nuestros corazones. Antes de poder disfrutar de la paz tenemos que romper este círculo de ansiedad.

¿Qué provoca la ansiedad? Actitudes y pensamientos equivocados hacia las personas, las circunstancias o las cosas. Nótese aquí, en el capítulo 4, que Pablo no se afana con respecto a las personas (vv. 1-5), ni por las circunstancias (vv. 10-13), ni por las cosas materiales de la vida (vv. 14-19). Por supuesto, tenía un solo sentir como en el capítulo 1 y ganaba la victoria sobre las circunstancias; tenía la sumisión del capítulo 2 y triunfaba sobre las personas problemáticas; y tenía el sentir espiritual del capítulo 3 y triunfaba sobre las circunstancias físicas. De modo que era natural que tuviera el sentir confiado del capítulo 4. Su mente y corazón estaban en paz y ni las personas, ni las circunstancias, ni las cosas podían perturbarlo. En este capítulo Pablo nos da el remedio cuádruple de Dios para la ansiedad.

I. La presencia de Dios (4.1-5)

«El Señor está cerca» no quiere decir que «su venida está cerca», sino que Él está cerca para ayudarnos ahora mismo. Evodia y síntique (v. 2) eran dos mujeres de la iglesia filipense que peleaban entre sí y Pablo las anima a que arreglaran las cosas. Recuerde esto: la ansiedad con frecuencia viene cuando no arreglamos las cosas con las personas. Debemos enfrentar con sinceridad las diferencias y hacer lo que Dios quiere que hagamos (véase Mt 18.15-17).

«Gentileza» en el versículo 5 significa «dulzura razonable». Es maravilloso cuando los cristianos pueden tener convicciones y no obstante es fácil llevarse con ellos. Si tenemos presente que el Señor está con nosotros en toda circunstancia, es fácil obedecerle y llevarse bien con otras personas. Si nos regocijamos en Él y fijamos nuestros ojos en Él en lugar de fijarlos en las personas, tendremos su gozo y paz. Nótese las admoniciones que Pablo da: estar firmes en el Señor; tener un mismo sentir en el Señor; regocijarse en el Señor; el Señor está cerca. Esto es «practicar la presencia de Cristo», verle en toda situación de la vida y dejarle que obre su perfecta voluntad.

II. La paz de Dios (4.6-9)

«Paz con Dios» es el resultado de la fe en Cristo (Ro 5.1); «la paz de Dios» y la presencia del «Dios de paz» vendrán cuando el creyente practique las cosas correctas, ora en forma correcta y vive correctamente. La ansiedad es tensión entre la mente y el corazón. La paz de Dios guarda (como centinela) nuestros corazones y mentes si llenamos las condiciones que Él impone.

A. Orar correctamente (vv. 6-7).

No un simple orar, sino orar *correctamente*. En ninguna parte de la Biblia se dice que cualquier clase de oración traerá paz a nuestros corazones. ¿Qué es orar correctamente? Empieza con adoración, porque esto es lo que la palabra «oración» significa en el versículo 6. Esto es amar, disfrutar de la presencia de Dios, honrarle en adoración. No es suficiente que estemos prestos a ir a su presencia y suplicarle paz mental. Debemos postrarnos ante Él en adoración y permitirle que escudriñe nuestros corazones. Luego viene la súplica que significa el deseo fervoroso y ardiente del corazón. La verdadera oración viene del corazón, no de los labios. ¡Qué gozo es presentarle nuestras peticiones! Finalmente, hay agradecimiento o acción de gracia (véanse Ef 5.20 y Col 3.15-17). Agradecerle por circunstancias incómodas y por peticiones que todavía no han sido concedidas exige fe. ¡Cómo le encanta a Dios escuchar a sus hijos darle gracias! Lea Daniel 6.10 y verá que así oraba Daniel. ¡No sorprende que haya tenido tanta paz en la cueva de los leones!

B. Pensar correctamente (v. 8).

La paz involucra a la mente (véanse Is 26.3; Ro 8.6). Los pensamientos son poderosos: «Porque cual es su pensamiento en su corazón, tal es él» (Pr 23.7). Los pensamientos erróneos conducen a la intranquilidad y al desaliento, pero el pensamiento espiritual llevará a la paz. Pablo nos dice en este versículo acerca de qué pensar; si compara estas virtudes con el Salmo 19.7-9 verá que la Palabra de Dios llena todos estos requisitos. La meditación en la Palabra de Dios siempre trae paz (Sal 119.165).

C. Vivir correctamente (v. 9).

Si hay algo en mi vida por lo cual no me atrevo a orar, nunca tendré paz. Vivir correctamente siempre trae paz; véase Isaías 32.17 y 48.18,22. No es suficiente usar la Biblia como la base para orar y reclamar sus promesas; debemos también usarla para nuestro vivir, obedeciendo sus preceptos. Lea con cuidado Santiago 4.1-11 y note que la oración incorrecta (4.3), la vida incorrecta (4.4) y el pensamiento incorrecto (4.8) ¡origina guerra en lugar de paz!

III. El poder de Dios (4.10-13)

Pablo nunca fue víctima de las circunstancias; aprendió por experiencia el secreto de la paz; «¡Todo lo puedo en Cristo que me energiza!» La traducción de J.B. Phillips [en inglés] dice: «Estoy listo para cualquier cosa mediante la fuerza de Aquel que vive en mí» (v. 13). Vuelva a Filipenses 2.12,13 y verá que Dios no obra mediante nosotros si primero no lo hace en nosotros; Él obra en nosotros por medio de su Palabra (1 Ts 2.13), la oración por el Espíritu (Ef 2.14ss) y algunas veces mediante el sufrimiento (1 P 5.10). Si dependemos de nuestro poder, fracasaremos; pero si lo hacemos en su fuerza, haremos todo mediante Él. Esto explica por qué Pablo podía regocijarse incluso en la prisión: había aprendido el secreto de la seguridad mediante el poder de Dios.

IV. La provisión de Dios (4.14-23)

¡Qué fácil es afanarse por las «cosas»! Jesús nos advierte en el Sermón del Monte (Mt 6.19-34) que no debemos afanarnos, pero nosotros lo hacemos de todas maneras. Pablo tenía paz en su corazón respecto a sus necesidades personales, ¡porque Dios había prometido suplirlas todas! Pablo agradece a los filipenses sus regalos y les asegura que el significado espiritual de sus ofrendas es mucho más importante para él que los regalos en sí. ¡Qué bendición es saber que nuestras ofrendas son vistas como sacrificios espirituales al Señor, que alegran su corazón! Pablo creía en la providencia de Dios, que Dios estaba en control de los acontecimientos y que era capaz de suplir cada una de sus necesidades (Ro 8.28). Cuando el hijo de Dios está en su voluntad, todo el universo obra a su favor; pero cuando el hijo de Dios está fuera de la voluntad de Dios, todo obra en su contra. Esta es la providencia de Dios.